縱橫捭闔一局棋

現代強權博奕四講

汪榮祖

題詩　七絕十四首

過隙時光已百年
幾多哀樂夢魂牽
回頭細品人間事
且把辛酸入史篇

堅船利炮征瀛海
天擇憑誰話是非
荼毒山河驚眼看
萬千民瘼欲何依

誰知變局已難回
汩水湘陰濟世才
倘使津門曾納郭
圓明那有百年哀

三島橫行天下久
中歐奮起已難回
忽傳槍擊皇家子
引發環球戰火來

農奴億萬生如死
北國群情喚自由
有道列寧春日說
十天風暴撼環球

長白風雲動地來
榆關失守費疑猜
君王無意戡強寇
莫怨飛將不肯來

破碎河山意轉茫
貧窮易使國人狂
誰知歌德文風地
竟是希魔好故鄉

百萬雄兵東向指
長驅直入陷重關
德軍且料漫天雪
遺骨春閨夢裏還

菊花有意最無情
血染鍾山泣玉京
偷襲珍珠雖得手
廣長原爆悔窮兵

千年一系僅斯人
白馬戎裝令出頻
兵敗國亡誰禍首
天皇依舊是天神

滿樹桃花爛漫開
君王不許別人栽
枝空葉落惟餘恨
失盡風華只自哀

美蘇冷戰何時了
七十年來夢一場
牆倒地分應有恨
無非競武致衰亡

獨領風騷二十年
自雄輕慢誤山川
蹉跎失落無知覺
驚見飛龍在遠天

俄烏本是一家人
孰使相殘不可親
莫道鬩牆非少見
恩讎似此向誰陳

目次

第二講　為何又有第二次世界大戰？

第三講　冷戰的開始與結束

自序

我在國內外教研五十年，專題研究與論文寫作多聚焦於中國史，特別是十七世紀以降的中國歷史。但在美國州立大學執教，由於本科生的必選課，學生人數眾多，各專業教授多須承擔部分必選課程。我選擇了「二十世紀世界史」，教這門課長達十餘年之久，教學相長，累積了不少經驗與知識。新世紀之後，我在台灣以及大陸講學，也常以近現代史事為題，講述我的所知與所見。沒料到的是，多年前大陸的新亞公司，邀我以「二十世紀大國博弈與興衰」為題，作系列錄音講課，借用日本天皇的話說，那是「玉音放送」（Gyokuon-hōsō），使我所講不僅能傳達到廣大的聽眾，而且「玉音」永存，欣喜何似！

大國興衰，史不絕書，中華帝國於三千年間，朝代興亡，屢見不鮮，雖然分分合合，終歸統一。泰西的羅馬帝國，一傾不復，千餘年間，崩裂形成列國之勢。再經十七世紀的科學革命、十八世紀的工業革命、資本主義，走向發達國家之列。歐洲各國因利之所在，力爭富強，競奪越來越烈，形成大國博弈的局面。博弈的結果，使戰爭成為常態。至十九世紀，大英帝國崛起，憑其強大的海軍，擁有遍布全球的殖民地，號稱「日不落國」，稱霸世界。二十世紀之初，德國崛起，挑戰英國，引發史無前例的第一次世界大戰。一戰不足，尚有「二戰」。德國經過二次大戰，極盛而衰，大英帝國雖未「與子偕亡」，卻「與德偕衰」；乘二次大戰而興者，美利堅是也。美國於二戰後，軍事占領日本，太平洋幾成其內湖，而其經濟實力更獨步寰宇，儼然代大英帝國而興。然蘇聯乘二戰崛起，席捲東歐，因而形成美蘇兩霸爭雄的棋局，號稱「冷戰」。其間博弈之劇烈，不啻生死搏鬥，核武之競逐，尤令人類有滅絕之威脅。冷戰亦有勝負，蘇聯因軍備拖垮經濟，而導致解體，美國遂獨霸世界；然其不脫西方霸權傳統，往往一意孤行，導致各地動亂不已，中東的苦難尤甚，疏解無望。寰宇所期盼的和平紅利，終不可得。於此可見，大國之博弈與興衰，洎乎現代，甚是劇烈，誠為人類歷史上的頭等大事，豈可不知其原由？

我出生在二十世紀的四〇年代之初，目睹「二戰」與冷戰，又因旅美長達四十年，不僅身處其境，亦勤讀其史，故而不僅看到北美的民主、自由與富強，也能洞悉其深層的自負與偏見；美國人自以為站在「道德的高度」（moral pretension），其實往往是「政治上的偏狹」（political parochialism），經常利用美元與軍事的優勢，在世界各地強行其意志，造成動亂與災難。美國畢竟是多元的社會，存在不同的意見，即以美國的對外政策而言，有洞見流弊的史家如威廉斯（William A. Williams）者，指出美國於「二戰」之後，外交政策多誤，特別是自以為是的所謂理想主義，每以希臘式的悲劇收場。然而威廉斯被視為左派，而未得應有的重視，更未被決策者所關注。所以雖說多元社會，主流依然故我，依然主宰全局。主流思維扎根於潛在的、具有美國特色的民族國家意識，所謂「昭昭天命」（manifest destiny），自認為是「上帝的選民」，具有使基督恩典，光被天下的天職。然而特色歸特色，實質仍然是西方盛行的國族主義。國族主義（nationalism）乃多民族國家的意識形態，當今各國幾乎都由多民族所組成，稱之為「國族主義」，更為允當。國家間之爭霸，競爭激烈，國族主義遂越來越烈，甚至成為攻擊性的精神武器。

中國直到二十世紀初，仍然是統一的傳統帝國，並非西方式的多民族國家，自無近代國族主義可言，卻是列強具有攻擊性之國族主義的一大受害者，受盡屈辱後，被迫加入其國家之林，接受西方制定的秩序。國人亦熱望國族主義，因民貧國弱，國族主義僅勉強自衛而已。及中國崛起，竟能於三、四十年間，成為世界第二大經濟體，坐二望一，為當今霸主華府主政者始料未及；據其西方爭霸思維，以己度人，以為中國必步列強之後塵，起而爭霸，因而視中國為敵，亟欲遏制打壓，其仇華態勢益趨明朗。然而中國明言「和平崛起」，亟言「不稱霸」，但華府不信，因為在西方人的心目中，只有「霸道」，沒有「王道」概念，連「王道」恰當的英譯都沒有。中國自五四新文化運動以來，雖然傾心西化，但畢竟數千年王道文化的底蘊猶在。進入新世紀二十餘年以來，泰西輿論已視美中為雙「超強」（super power），美國也不諱言，以中國為最強大對手，阻遏中華，不餘遺力。我們處此極大的變局之中，要知己知彼，須知美國霸權之挑戰、須知美國霸權之本質，須知西方列強興衰的時代大背景，當然也須知自家應對挑戰的政治與文化背景，此乃二十世紀最重要的歷史。進入二十一世紀，中國崛起舉世皆知，即使要韜光養晦，已無可能。西方霸權，臥榻之旁不容他人酣睡，必定會棒打「出頭鳥」，中國要想出頭，民族復興，就必須面對現實，如何面對，知己知彼，才能百戰不殆。如何以中國王道的軟實力化解西方的霸道，使一帶一路，成為王道的實踐，將是中國最大的挑戰與使命。

溯自二戰結束以來，專業史家漸重社會、經濟、文化史，然晚近有識之士，認知到政治史，畢竟仍然是歷史課題的重中之重。對一般讀者而言，更有需要從根本的政治史來理解歷史，居今知昔，此乃筆者講述現代大國博弈的初衷。

二〇二三年二月二十二日
寫於新北林口大未來居

第一講

前事不忘後事之師

第一節　尚未遠去的世紀

歷史的發展如長江大河，順流而下，浩浩蕩蕩，難以抽刀斷流，但歷史學家為了記事的方便，不得已而須斷代，要分一個一個世紀。英國哲學家懷海德（Alfred North Whitehead）曾說：十九世紀的成就，超過所有前世紀的總和。我們現在進入二十一世紀已二十餘年，回看二十世紀的成就應該更超過十九世紀。由於科技日進千里，不斷改變了物質環境，衣食住行娛樂都在二十世紀有了飛躍的進展，可以說日新月異，不以為過。只看讀書與寫作，一個時代即把中文方格稿子、英文打字機變成古董。物質環境的改變，無可避免地影響到歷史的格局，人文世界也換了面貌。

十七世紀的科學革命、十八世紀的工業革命、十九世紀的技術革命，使得二十世紀初，先進的西歐各國，成為控制世界的主要國家。英、法、德、意，以及後起的美、日等國，完成工業化後，以強大的政軍實力向海外擴張，成為趾高氣揚的殖民國家，與受壓迫的被殖民國家，形成完全不同的兩個世界。殖民國家從殖民地取得資源、勞力、市場，而後發展資本主義，成為帝國主義國家。其實資本主義和帝國主義有非常密切的關係。列寧就說過：帝國主義是資本主義的最高階段。帝國主義國家以武力逞強，欺侮亞非拉貧弱民族，而貧弱民族無力抵抗，受盡屈辱。然而強權不只一個，列強之間的競爭，成為二十世紀世界大戰的禍根。第一次世界大戰原稱「歐戰」，也即歐洲列強的兵戎相見。一戰英法勝而德奧負，但並未解決列強抗衡的局面，戰敗的德國借機復仇，觸動二戰。東方的日本，仿效老牌帝國主義手法，與新興的美帝隔太平洋爭霸，導致太平洋戰爭。

第一次世界大戰後，出現不同的意識形態：威爾遜的自由主義、列寧的共產主義、墨索里尼與希特勒的法西斯主義。第二次世界大戰貌似是雙方意識形態之爭，實際上仍然是列強之間的國家利益之爭，所以希特勒的德國可以和史達林的蘇聯一度訂約，互不侵犯；「自由民主」的英美也可與蘇聯聯手擊敗法西斯的德日，可見意識形態還是不如國家利益重要。美蘇聯手獲勝之後，又貌似資本主義與共產主義之間的矛盾，然實際上仍不過是美蘇兩大超強國家，為了掌控世界的冷戰，足見國家利益的重要，絕對會超越意識形態。

第二次世界大戰之後，美國成為民主國家的「老大」。盟國雖多，但「老大」自己國家的利益，並不因盟友而稍假借。羅斯福總統規劃戰後世界，不允許殖民主義繼續存在，貌似道德高度，實則針對盟國英法。英法兩國於戰前，因擁有眾多殖民地而成強國，戰後若殖民地盡失，唯有淪為二三流國家，永不會挑戰到美國的龍頭地位。令人最驚異的是，老美連最親近的盟邦，也不很信任。美國製造出第一顆原子彈的「曼哈頓計畫」，英國與加拿大都曾參與其事，貢獻頗大，然而美國國會於戰後，居然通過原子能法案，拒絕與英、加分享，以策安全，令邱吉爾大為惱怒，遂自行發展，至氫彈試爆成功，美國國會不得不改弦更張，只能前倨後恭。近年川普（Donald Trump）當選美國總統，這位毫無政治經驗的「素人」，更直白說出「美國第一」。何意？即不論是敵、是友，皆不能妨礙美國的國家利益。

所謂殖民主義，就是列強用強大的武力侵占弱小的亞非拉國家，作為其殖民地。早期的殖民，像英國人到美國、加拿大、澳大利亞，是真殖民；二十世紀的殖民，列強不是到亞非拉去殖民，而是去殖民亞非拉的人民。亞非拉與北美不同，北美空曠，而亞非拉的人口本已很多，所以列強彼時所謂的殖民，就是榨取亞非拉的原物料，把當地人當成廉價勞動力，並把西方工業化的剩餘物資賣到殖民地。中國同受此害，鴉片戰爭之後，洋貨進來，打垮整個中國的手工業，使中國人民不聊生。這即是現代的殖民主義。

十九世紀末，美國像其他歐洲國家一樣開始行殖民主義，開始海外擴張。有兩件大事把美國成為以殖民為主的帝國主義國家：一是殖民夏威夷，二是殖民菲律賓。菲律賓本來是西班牙的殖民地，古巴是西班牙的殖民地，當古巴反抗西班牙的過程中，美國幫助近鄰古巴鬧事，導致美西戰爭，結果美國勝出，而且這一仗打的時間很短，所以美國人稱其為「美好的小戰」（a splendid little war）——不僅贏了，而且沒有付出多少代價。菲律賓於是成了美國的殖民地。

美國在「二戰」後允許菲律賓獨立，一因不會損及美國的超強國家的地位。二是假如併吞菲律賓，會影響美國的政治生態，因為一旦成為美國的一個州，就必須按照人口比例選出參議員和眾議員，菲律賓人口眾多，將會選出很多的眾議員，山姆叔豈能容忍「棕色小兄弟」（the little brown brothers）左右美國政治。

美國於二戰後，獨霸世界，美元操縱環球金融，軍事預算超過其他主要國家的總和，不僅不能化敵為友，而且激化敵人，亦不能平等對待盟國，透露的依然是霸權心態。美國雖於「二戰」後放棄殖民主義，反對帝國主義，但換湯沒換藥，虛有其表。美國人有悠久的使命感傳統，因其先人來到新大陸廣闊的天地後，享受民主與自由，國力不斷上升，認為此乃是上帝的恩賜，於是要把自以為是的基督教與民主自由推廣到全世界，不自覺而產生「政治的偏狹症」，以其實力強加其理念與政策於其他國家，不惜以制裁、顛覆甚至動武為手段，其實質與老牌帝國主義沒什麼不同。

再看風行的「全球化」到底是什麼？美國因其富強，更鞏固其信念，提倡全球化（Globalization），其內容等同「美國化」（Americanization）。不過我個人認為，「Globalization」翻譯為「環球化」較為合適。因為首先，全球化是靜態的，環球化才是動態的。所謂「Globalization」實際上是一種環球的發展。其次，要達到全球化是很難的，地球上有很多地方跟全球化，並不相干。美國一旦發現，環球化不一定會美國化，特別見到中國借由一帶一路倡議的環球化，為了遏制中國，不惜斷鏈，逆環球化而行。

當蘇聯崩解，美國贏得冷戰，以為目的已達，所以有「歷史抵達終點」的說法。這是日裔美籍學者福山（Francis Fukuyama）提出來的結論。他有一本書叫作《歷史的終結與最後之人》（*The End of History and the Last Man: End of History*），寫於蘇聯崩解後的一九九二年。所謂「歷史的終結」，其實就是美國化的終點，美國化得到完勝。美國以為已經達到其之所欲，於是想要收拾剩餘的不服從者，尤其在中東，不惜先處處「放火」，然後到處「救火」，導致中東至今仍是不可救藥的亂源，正見美國偏狹之持續不斷，動輒啟動經濟制裁、軍事威脅。但橫行霸道難以服眾，以至世局的發展，與其願望相悖，和平紅利未得，更未真能將全球美國化。美國欲掌管世界，已有捉襟見肘之態。

至此，我總結一下對於二十世紀世界史的看法和評論。二十世紀是以歐洲的崛起為開端。歐洲的崛起，歸功於數世紀科技的發展及工業化的完成，所以那時世界上最強大的國家都在歐洲，如英、法、德、意。強大之後，便向海外擴張，利用殖民地的勞力、資源，使本國更加壯大，但是激烈的競爭，導致戰爭。兩次世界大戰，削弱了歐洲強國的實力，無論戰勝國還是戰敗國，都深受重創。但是美國由此崛起，美國雖參與了兩次世界大戰，因戰火未及本土，反而是是受益者。當二戰於一九四五年結束後，美國的產能占了全世界的六〇%。所以可以說，尚未遠去的二十世紀是歐洲從興到衰、美國躍登世界最強大國家的一個轉折點。

第二節　歐洲稱霸的弱肉強食時代

西歐國家於十六世紀地理大發現之後，憑其科技的強勢，經過工業化、都市化、資本主義化，進而向海外擴張。到十九世紀，亞、非、拉廣大地區不是受帝國主義國家控制，就是成為其勢力範圍。即使在新大陸，北美也曾是英國、法國、西班牙等歐洲強權的殖民地。美國獨立建國後，由原來的東岸十三州，跨過密西西比河，向西拓張。傑弗遜（Thomas Jefferson）總統於一八〇三年以總價八千萬法郎（約合當時的一千五百萬美元）向法國購得二一四萬餘平方公里路易斯安那的大塊土地，相當於今日美國國土的二二點三%。之後美國繼續向西推進，二十世紀到來之際，已抵達太平洋沿岸，也成為帝國主義國家。所有的帝國主義國家都憑蒸汽機與電力推動了工業化、資本主義以及國族主義。新興的美國以及德國，追趕英法強權，競逐帝國主義美夢，但帝國主義不僅對於被殖民的廣大民眾而言是大災難，也是二十世紀全球動亂的禍根。

帝國主義的本質是什麼？英國經濟學家哈布森（J. A. Hobson）認為：帝國主義之興起是因為金融家和工業家為了迅速累積資金，以及穩固工業實力之需求，以維護其投資利益與市場。帝國主義成為歐洲列強的代名詞，列強為了資本的出路而奪取海外殖民地。帝國主義風潮從一八八五到一九一四年，到達巔峰。列寧分析馬克思對資本主義的論述，資本主義必然會發展到帝國主義，而帝國主義必將導致資本主義的崩潰。這是列寧對帝國主義的經濟解釋，然而哈佛大學外交史學者藍久（William Langer）則認為：經濟解釋有所不足，甚且認為帝國主義與資本主義無關。在他看來，資本主義本質是反對擴張主義的，更不喜歡戰爭，而且對強大的工業國家而言，殖民地資源與貿易並不那麼重要，帝國主義實為人類內心的欲望與衝動所致。他用的英文字是「atavism」，意思是與生俱來的心理因素。歐洲列強在欲望與衝動的驅使下，競相爭奪亞非拉殖民地。歐洲社會的媒體又迎合一般人民喜歡刺激之心理，宣揚並鼓動輿情，再由於國內的危機與國族主義的煽情，才導致海外擴張。所以藍久認為：帝國主義扎根於明目張膽或潛意識的暴力、殘忍、野蠻，以及不人道，而國族主義向海外擴散、競爭，很容易發展成帝國主義。軍政階級要比銀行家或工業家更想向海外擴張，因為軍人的職業就是打仗，所以戰爭與帝國主義是連體嬰兒，而且對軍人而言，取得殖民地後，有許多職務可以安插。藍久認為人類有侵略本性的論斷，含有西方文化的因素，霸道自與擴張主義、帝國主義相關。總之，藍久強調政治、心理與思想因素，視帝國主義乃人性的表現，可備一說，未必能夠蓋全。他無法完全排除經濟因素。歐洲強權以其軍力取得海外殖民地，殖民地的資源與勞力必然會壯大母國。就看清朝時的中國，雖未成為殖民地，但各強權瓜分勢力範圍，無疑榨取了許多經濟利益，比如長江流域是英國的勢力範圍，西南是法國的勢力範圍，東北是日本和俄國的勢力範圍，都成為這些帝國主義國家獲取暴利的所在。至於藍久提到羅馬帝國、秦漢帝國，發生於資本主義之前，所以古代帝國主義與資本主義並無因果關係。這是顯而易見的事實，秦漢帝國，羅馬帝國根本是不同性質的帝國，舊帝國只是有皇帝的帝國。中華帝國從秦到清，兩千餘年間從來沒有向海外擴張，從未占領任何殖民地。古代既無資本主義，與舊帝國何來因果關係？

此外，社會達爾文主義流行於十九世紀的下半葉，此說主張物競天擇、適者生存，很容易為強權張目，因強者是物競天擇的勝出者，弱小民族理應被淘汰，對帝國主義的形成，自有推波助瀾的作用。強權在國族主義和社會達爾文主義的煽動下，認為自己有權控制、甚至消滅弱小民族，為當時新興的帝國主義國家，提供理論上的合法性，成為「新帝國主義（New Imperialism）」的一個思想淵源。新帝國主義奪取海外勞力、市場和資源，具有侵略性，與資本主義自然有了因果關係，固不待言。今人讀史，看到帝國主義國家富強的同時，也要看到其蠻橫野蠻之處。

新帝國主義的重鎮在歐洲，是當時世界的權力中心。然而何謂歐洲？德國名相俾斯麥（Otto von Bismarck）說：歐洲，指的是許多強權（Many Great Powers）。俾相點出：歐洲文明的要素是戰爭和經濟。當時的歐洲有六大強權，即大英帝國、德意志帝國、法蘭西帝國、奧匈帝國、俄羅斯帝國，以及義大利王國。這些少數已經工業化的國家，控制了整個世界。積弱貧國成為強權的殖民地或次殖民地。所以列強又被稱為殖民帝國（the Colonial Powers）或帝國主義強權（the Imperialist Powers）。

帝國主義的征服行動，始於十六世紀，到十九世紀末抵達高峰。英、法、俄三強占有地球上八〇%的土地，英、德、法占據全世界一半的工業與國際貿易。整個歐洲在一九一四年前，擁有世界六〇%的國民生產總值、世界上七〇%的資本、世界上三分之二的鐵路。鐵路是工業化很重要的因素。著名的經濟學家羅斯托（W.W.Rostow）曾說鐵路「是經濟起飛的必要因素」。歐洲作為一個整體呈現的是都市化，眾多城市具有相同的風格，地標性的建築包括火車站、市政府和歌劇院。歐洲看起來十分文明，但歐洲人的行徑卻非常野蠻，世界範圍內到處爭奪殖民地、搶奪新的市場、廉價的勞工、工業的資源、農業生產以及投資場所。從海外奪取殖民地，必須要控制通往各地的水域。所以海軍成為不可或缺的利器，經營海軍也就成為強權的要務。

此外還有文化帝國主義，表現在基督教傳教士的熱情上。歐美的傳教士要將基督教傳播到非基督教國家。宗教熱情在軍事實力的支持下，改變甚至摧毀了許多亞非國家。文化帝國主義用強制手段傳播文化，蔣夢麟在《西潮》書中說：印度的佛教文化坐在象背上進入中國，但西方的基督教文化卻是乘軍艦進入中國。一種是和平方式，另一種是武力方式。文化帝國主義也不限於基督教。「二戰」後美國文化的強勢興起，看起來不具備侵略性，但實際上具有覆蓋世界的意圖，比如好萊塢的電影、麥當勞速食、迪士尼遊樂園，遍布世界。美國文化有吸引人的地方，有形無形之間，強加給別的國家，消磨了別家文化。法國精英分子曾經反對在本國建立迪士尼，但最後還是妥協了。文化與科學不同，科學是可以普世的，但文化不必照搬。照搬過來的文化，是無根的文化。五四運動的錯誤就在於追求全盤西化，要以西方文化取代中國的傳統文化。但這是不可能的，中國還應從自身文化出發，參考西方文化，逐步現代化。

歐洲的擴張，向海外爭奪殖民地，非洲與亞洲成為帝國主義國家的獵物，開展弱肉強食的時代。落後的非洲成為列強爭奪最兇猛的地方，非洲沿海地帶早在十六世紀已被探索，鄭和下西洋，則更早抵達東非。但歐洲人很少到過西非，到十九世紀末，撒哈拉沙漠以南的非洲，尚未為外界所知。至於非洲內陸，除了少數探險家，幾無外人進入。然而非洲絕非空曠無人之地，在那裡早就居住了難以數計的「黑人部落」（Negro tribes），與外界隔絕，洎乎二十世紀，非洲人依舊過著原始的生活。

歐洲強權自一八七五年以後，開始在非洲大規模殖民。殖民者常伴有傳教士隨行。反對歐洲殖民的當地人不是沒有，但零零星星，也沒有能力反對。遼闊的非洲被劃分為若干勢力範圍。大英帝國在非洲擁有最大的利益，所謂享受「獅的一份」（lion's share）。英國有搞定南非的計畫，但未成功，因當地的「布林人」（The Boers，又稱Africana）拒絕屈服於英國統治。布林人不是黑人，而是自十七到十九世紀，從荷、法、德等國來到南非和納米比亞殖民的白人，長期居住之後變成所謂的「非洲人」。英國的強硬措施，常常引發衝突，布林人最後在一八九九年十月九日向英國宣戰，抵抗的力度出乎英國人的意料，法國與德國的輿情雖然非常同情布林人，但無力干預，因英國強大的海軍，掌控了地中海。最後英國靠強大的皇家海軍鎮壓了反抗。英國雖然勝利，代價卻也不小。白人所控制的南非到一九一〇年還是宣告獨立了。南非的白人經由法律，全面控制黑人原住民，包括一九一三年通過的「隔離法」（《土著土地法》）。「隔離法」就是要隔離白人與黑人，極具種族歧視意味。英國又於十九世紀初，據有甘比亞與獅子山，於一八七四年占領黃金海岸，於一八八六年在奈及利亞（含肯亞）和烏干達，建立了殖民地。

法國在一八八〇—一九〇〇年的二十年間，奪取了撒哈拉以南的整片土地，並任命總督，下屬八個省長，來統治西非與赤道非洲。當地的黑人族群是「附屬品」（subjects）而非「公民」（citizens），所謂「附屬品」，有義務而無權利者也。德國在非洲經營較晚，直到一九〇三年才取得東非與西南非的經濟利益。中非的剛果在一八七七年由於探險家斯坦利（H.M. Stanley）以及比利時的支援，才對外開放。歐洲十五個國家於一八八四年十一月十五日，由德相俾斯麥主持，舉行柏林會議，名義上是解決剛果河流域的歸屬問題，實際上確立列強瓜分非洲的原則，會議最終決定成立剛果自由邦，由比利時國王利奧波德二世，擁有剛果的統治權，故又稱比屬剛果，成為「自由邦」（Congo Free State），擁有豐富的象牙與橡膠資源。白人殖民者終結了奴隸販賣、吃人及人殉習俗，以及部落間的械鬥，但對當地人來說，換來的是經濟剝削與殘忍。葡萄牙人在安哥拉與莫三比克，取得了一些殖民地。他們於一八七〇年之後，向非洲內陸挺進，原希望於一八九〇年，連接這兩處殖民地，但未成功。葡萄牙人於往後的三十年中，建立起行政機構，強迫黑人族群猶如奴隸般的勞動。整個非洲只有賴比瑞亞和衣索比亞免於歐洲殖民。賴比瑞亞是十九世紀初，由美國黑人建立的國家，成為其回歸的家園。衣索比亞在東非已有三千年的歷史，有自己的皇帝與皇家，自稱可追溯到所羅門王與士巴女王（King Solomon and the Queen of Sheba）時代。

以上是帝國主義在非洲的殖民概況。列強在亞洲最大的殖民地是印度，印度是次大陸，多山地，天氣炎熱。莫臥兒帝國於十八世紀瓦解後，印度處於分崩離析的狀態，地方各自為政。就在此時，歐洲商人來到，英商在地方組織了一支軍隊（Sepoys，即印度兵）。英國初無領土野心，主要在奪取財富。孟加拉的統治者於一七五六年，拘捕了加爾各答的英國商人，將其囚禁在酷熱的密室，被稱為「加爾各答黑洞」事件。第二天一早，英國商人就死了一大半，遂被認為是印度人對英國人的暴行。英國人借此事件於一七五七年占領了整個孟加拉，成立了傀儡政府，按時向英國人繳納款項，而這些錢財大部分落入私人的口袋。英國人從此開始在印度擴張領土。到了一八四九年，整個印度都成了英國人的殖民地，主要由東印度公司掌控，該公司的成員享盡榮華富貴。

印度在二十世紀之初，仍然是非常落後的國家，但一九〇〇年已有三億人口，其中三分之二人口，信仰印度教，伊斯蘭教徒分布於印度的西北與孟加拉一帶。印度的殖民化長期過程中，用英語教育了部分印度人，形成一個有教養的中產階級。西方也給印度帶來自由與民主思想、社會改革，因而也引發印度人重新發現自尊。總之，在二十世紀初，英國已牢牢控制了印度，使之成為英國女王皇冠上閃亮的鑽石。然而，由於印度民族主義的抬頭，經濟問題以及宗教衝突，引發當地民眾的不滿，時有動亂。英國平定動亂後，在管理上做了些改善，譬如解散東印度公司，直接由倫敦派員統治，增添英軍，傳入英式文官、教育、司法等制度，又增修鐵路，改善當地人的生活品質。但是，反抗殖民統治的聲音和行動一直存在。印度兩大政治勢力，國大黨與穆斯林聯盟，於二十世紀初，都以取得自治，不要由英國直接統治為政綱。印度一直要到二戰結束後，才獲得獨立。

大英帝國也奪取了馬來西亞，同樣是為了經濟利益。英國東印度公司在十八世紀末，取得檳城，又於一八二六年奪取新加坡、麻六甲與檳城相連，形成海峽殖民地。馬來西亞的人口在十九世紀末約兩百萬，其中一半是馬來人，其餘大部分是華人，華裔大多數是在海港區的商人、農夫、工人。馬來西亞很富庶，除了糖與咖啡，擁有全世界一半的錫礦，橡膠工業也於一九〇〇年啟動。

法國在亞洲全力經營中南半島。中南半島指的是當時的越南、柬埔寨（現在的老撾）和寮國。中法馬江之役後，法國取得整個半島，於一八八七年將越南分成三個部分，並建立「印度支那聯邦」，包括安南、東京、交趾支那、柬埔寨，六年後寮國加入。河內成為法國殖民政府的所在地，但當地經常發生叛亂。不過，經濟發展相當迅速，特別是沿海與湄公河流域，所生產的橡膠、小麥、稻米成為重要的出口貨物；北部產煤，尚可出口，具有工業的潛力。唯有寮國沒有進展，至今仍然不發達。

中國也是西方帝國主義的受害者，經過八國聯軍入侵後，已無國防，任由列強宰割，雖未成為某國的殖民地，但被許多帝國主義國家瓜分成若干勢力範圍。孫中山稱之為「次殖民地」，意謂連殖民地都不如。日本被美國撬開門戶，也訂立了不平等條約，但經過明治維新，到了十九世紀末，通過學習西方強權的霸道，加入帝國主意俱樂部，以戰爭手段奪取朝鮮與清朝中國的台灣。大英帝國仍是俱樂部裡的「老大」，號稱「日不落國」，在世界各地都有殖民地，除印度外，還包括加拿大、澳大利亞等地。

「新帝國主義」是國家政策，也是國家行為，需要強大的海軍向海外擴張，去征服、而後掌控奪取的殖民地，取得政治和經濟控制，而控制的重點在金融。被列強奪取的新殖民地，多半人口密集，有異於早年地廣人稀的加拿大、澳大利亞等地。其結果是少數的白人，掌控大多數被認為沒有自治能力的民族，是新殖民主義最主要的內涵。由於海軍是征服殖民地的主要工具，所以不可能深入內陸，英法循海路出發，渡過好望角駛入了印度洋，抵達印度，再往西到馬來亞、中南半島，最後到達中國沿海。中國因有完整的中央政府，沒有成為殖民地，但仍然被列強魚肉，在中國劃分勢力範圍，強取豪奪。孫中山在一九二四年的演講中，指稱中國雖名義上有主權，實際上為外國勢力控制的次殖民地。美國也是從海上威嚇日本，打開日本的門戶。

第三節　美日加入帝國主義俱樂部

帝國主義俱樂部的成員，原來都是歐洲國家，到十九世紀之末，出了兩個新成員，就是美國與日本。

美國約於一八九〇年在西半球崛起，成為帝國主義國家。老羅斯福（Theodore Roosevelt）在當上美國總統之前，就自豪地宣稱：下一個一百年將是美國的世紀。美國於歐戰爆發之前，已經從西班牙手中「解放」了古巴，並建立巴拿馬國，開鑿連接太平洋與大西洋的運河。在之後的五十年間，美國軍事干預中南美洲事件不下三十起。華盛頓經常利用經濟與領土爭議，滿足自己的利益。更甚的是，美國政府會毫不猶疑地推翻不喜歡的拉丁美洲的領導人。最後美國奪取夏威夷與菲律賓為殖民地，與歐洲的殖民國家沒有兩樣。

美國帝國主義有三個思想淵源：首先來自「社會達爾文主義」（Social Darwinism）的優勝劣汰觀，成為強者勝出的理論依據。其次是「種族優越論」（racial supremacy），指的是白人至上主義，尤其是盎格魯—撒克遜（Anglo-Saxon）種族之優越性，特別表現在公眾自由，以及崇尚博愛、寬恕、祝福的「基督精神」之上。美國的傳教士也帶有向世界傳播優秀文明的使命感。費斯克（John Fiske）曾公開宣稱盎格魯—撒克遜文化優於其他所有的文化，所以必然要控制整個世界，就與美國與生俱來的使命感有關，美國的傳教士也帶有向世界傳播優秀文明的使命感。柏傑斯（John Burgess）曾把希臘、羅馬、斯拉夫、條頓等各族文化加以比較後，也得出「強者有權干涉弱者」的結論。

隨著美國國力的增長，這種優越論越來越得到宣揚。馬漢（A. T. Mahan）的「海權論」，強調海軍實力，指出在國際競爭中海上交通之越來越重要，呼籲要保護海外勢力，提倡「海權至上論」。馬漢的理論得到很大的重視，美國於十九、二十世紀之交，大力發展海上實力，無論海軍還是商船都有很大的增長。海上貿易得到海軍的保護，亦因而在海外建立了一系列的海軍基地和補給站、船塢等，一步一步地進行海外擴張。

美國人在十九世紀擴張的時候，有一句響亮的口號：「昭昭天命」，具有強烈的國族使命感，將擴張視為上帝賜給美國人的「命運」。傑弗遜總統在一八〇一年的就職演說中，就說過：「我們要讓我們的子子孫孫，有足夠的生存空間」，認為併吞附近的土地，是擴展文明的過程，以完成上帝賦予的道德使命。事實上，美國人確實自認是「上帝的選民」，具有上帝所授的「彌賽亞精神」（希伯來文מָשִׁיחַ，moshiahch），指被上帝選中的受膏之人，擁有特殊的權利和使命。這種精神可以追溯到殖民地時代的新英格蘭與喬治亞，為新大陸屬於民主與基督教美國的根基，而且認為此一美國價值，應該是全世界的模範。美國既然自認是上帝挑選的國家，所以有向全球推銷其價值的使命感，而「上帝的選民」專指白種人中的盎格魯—撒克遜新教徒，明顯帶有種族主義的意涵。這些都是扎根甚深、強烈的國族主義的意識，這一意識就是擴張主義的動力，目標在實現美國國家的最高利益。至於「昭昭天命」這一名詞，則是最早出現於美國新聞記者歐蘇利文（John L. O'Sullivan）筆下，他的〈兼併〉一文發表在一八四五年七—八月號的《民主評論》雜誌上，該文宣稱整個北美大陸都是屬於美國的。

這樣說來，「昭昭天命」是否是美國帝國主義的源頭？美國學者之間有不同的說法，哈佛大學教授牟克（Frederick Merk）受到史學家特納（Frederick Jackson Turner）「邊疆理論」的影響，辯稱美國的文化雖來自歐洲，但由於美洲的特殊地理環境，產生了新而特殊的美國文化。美國向西擴張的「西進運動」就是在擴張民主，與帝國主義擴張無關。可是牟克教授沒有親見二十世紀之初，美國加入了帝國主義的俱樂部，他也沒有想到，邊疆擴張可以延伸到太平洋。美國於一八九〇年，已展開一個海外擴張的新世紀。耶魯大學教授亞當斯（Ephraim D. Adams）於一九一三年，仍然正面論述「昭昭天命」，認為美國不過是要與世界分享民主與自由的生活方式。但是這兩位美國教授的說法，很快被弗萊明（Dena F. Fleming）駁斥。弗萊明（一八九三—一九八〇）是美國著名的歷史學家，著有《冷戰及其起源》（*The Cold War and its Origins*）一書。他直言「昭昭天命」就是帝國主義的同義詞。作為帝國主義俱樂部新貴的美帝，與歐洲老牌帝國主義到底有何區別？他們的區別在於：美國善於用社會價值與道德高度來包裝自己的帝國主義行為。美國原來是大英帝國的殖民地，應該是反對帝國主義的。傑克遜總統（Andrew Jackson）曾抨擊帝國主義，雖然他在任期內，奪取的領土比任何一位前任都要多。美國國務卿海約翰（John M. Hay）於一九〇一年義和團事件後，提出「門戶開放」政策，成為美國最主要的對華政策。「門戶開放」主張保持中國領土完整，因為美國在中國沒有勢力範圍，若中國無法維持領土完整，必為當時列強在華勢力所瓜分，便無美國分享的餘地，所以要維持中國領土主權的完整，也是為了美國的利益，所以門戶開放政策中的「利益均沾」，才是美國所最關切的。

美國人的使命感有其「自然權利」的思想淵源，即人人具有擁有財產、民權，民主以及主權的權利，原是西方的老價值。自然權利因而也成為合理化領土擴張的道德工具，等而上之，更被用來為國家安全為由。美國常說有免於受害的權利，卻常為自己的安全而傷害別國的權利。美國政府於一七八六年曾保證不取印第安人一寸土地；然而，到一八四〇年，密西西比河以東之地，已經沒有印第安人的土地。美國未得當地人的同意，就從法國購得密西西比以西大塊土地，就是「路易斯安那買賣」（Louisiana Purchase）。原住民印第安人受到各種殘酷的不人道對待，美國政府當時在「追剿與摧毀」（search and destroy）的政策下，搜尋印第安人並消滅他們。結果北美的印第安人原住民於百年間，人口持續銳減，足稱「種族滅絕」。此外，墨西哥人也遭受了不正義的對待，美國西部的大片土地，包括德克薩斯州，新墨西哥州，以及大部分的加州，都是從墨西哥搶來的。但是美國人從不承認他們的兇惡，反而強調自己的擴張等同文明、自由與民主的延伸。傑克遜總統在他的告別演說中，就很有信心地說：上帝選擇美國人作為自由的衛士，為了全人類的利益來維護自由。

社會達爾文主義盛行於十九世紀，也為美國至上的理念，做了合理化的辯護。適者生存之說，加強了美國人的優越感，因為他們認為自己都是「適者」。類此學說，自然會含有白人優越論的種族主義成分，更具體地說，即最優秀的民族莫過於崇尚民主自由、信仰基督教的盎格魯—撒克遜民族；美國原住民被視為「劣種」，必須美國化。如美國歷史學家亞當斯（Charles Francis Adams Jr.）所承認的，「我們美國人對所有劣等民族無感」。另一位歷史學家賈斯克（John Fiske）更公開宣稱：盎格魯—撒克遜文明是最優秀的文明。也有不少著名的美國詩人，堅持說：美國的擴張意在增加全人類的自由與幸福。

優秀的民族理所當然要統治世界，而後才會有文明的世界。這種優越感又隨著美國的崛起而加深。海軍元帥馬漢（Admiral Mahan）在他一八九〇年出版的名著《海權對歷史的影響：

一六六〇—一七八三》中，大事宣揚海權。在此書中他指出，控制世界上重要的海路，為保護海外利益與霸權所必需。馬漢的海權至上論，在世紀交會之際，即十九世紀向二十世紀過渡的時候，影響甚大。當世界進入二十世紀，沒有一個強權可以不發展海軍。美國以其海軍實力，奪取夏威夷與菲律賓後，正式宣告加入了帝國主義的俱樂部。

百年來，美國一直在持續擴張，開國時領土不到九萬平方公里，在短短兩百年之間增加到現在的九百八十三萬平方公里，成為橫跨兩洋的大國。美國人跨越密西西比河西進，並不是進入無主之地，而是刻意在北美大陸進行領土擴張，迫使英、法、俄、西班牙諸國讓出殖民地，以及從墨西哥與當地的印地安人處用不同方式取得大塊土地。這種「擴張主義」具有高度的進取心，大有併吞整個北美洲之志，而其拓荒精神需要相當大的毅力，這也是後來美國得以強盛的一個精神力量。不斷擴張的美國擁有廣大的國內市場，能夠在一個較安定的環境下發展國內經濟，加快工業化生產的步伐，生產的蓬勃發展刺激科技的進步，而科技的進步又促進了生產力的增加。內戰後經濟得到更大的發展，為向海外擴張與競爭打下穩固的物質基礎。到了十九世紀末，已經擴張到太平洋海岸，國內市場也已經飽和，美國國內政治和社會也起了極大的變化外，擴張的要求越來越強烈，必然會走上帝國主義的道路。

美國奪取夏威夷和菲律賓海外殖民地之後，終於成為名副其實的帝國主義國家。夏威夷早在一八五〇年代已由美國人所控制，美國的商人、海員、傳教士已經立足於夏威夷，從事各種活動。當地的商會已由美國人掌握，當地的糖業也已由美國的路易斯安那糖業公司所獨占。夏威夷不但有糖業資源，而且還有大量的廉價勞動力可資利用，更何況夏威夷的大衛王（King David Kala Kaua）也完全聽命於美國，美國正式併吞夏威夷，只是時機的問題。沒有迫切性，主要是因為一旦併入美國，就必須施行所有的美國法律，根據美國的勞工法，就不能再獲得廉價的勞動力。當美國國務卿西華德（William Seward）在一八六九年要求把夏威夷併入美國時，國會雖然沒有通過，但仍於一八八四年取得珍珠港作為海軍基地。夏威夷大衛王對美國言聽計從，但當大衛王去世後，其妹利留卡拉尼（Queen Liliuokalani）接替王位，情況發生了變化。女后不僅厭惡美國的控制，而且還要爭取獨立。她在一八九三年頒布了新的夏威夷憲法，要使夏威夷重新歸於當地人統治，自與當地的美國人發生了利害衝突。美國人立即組織臨時政府，加以對抗。美國駐檀香山的領事斯蒂文斯（John Stevens）立即調動了海軍陸戰隊一五〇人登陸，宣布夏威夷是美國的保護地。當華府的克理夫蘭總統（President Cleveland）下令撤出海軍陸戰隊，夏威夷的白人即於一八九四年七月四日宣布獨立，並建立共和國。美國政府由於國會的反對，遲遲沒有採取行動，直到美西戰爭後，美國取得了菲律賓之後，夏威夷作為通往太平洋和遠東地區的戰略地位，越來越重要，而且日本也開始覬覦夏威夷，不得不先下手為強，再由於擴張主義的激蕩，美國終於在一八九八年七月七日做出決策，正式併吞了夏威夷。

高漲的擴張主義也是美西戰爭的大背景，導火線是古巴問題。當時古巴的叛軍以焦土政策來對付西班牙的殖民統治，美國在古巴有五千萬美元的投資，因利益所在對古巴局勢極為關注。當時美國的輿論同情古巴，所以古巴的叛軍乘機在美國境內建立基地，並從美國得到部分武器裝備，自然引起西班牙向美國抗議，難免不把美國捲入這場衝突之中。西班牙於一八九六年派韋勒將軍（General Weyler）到古巴鎮壓，並將許多古巴人關進集中營，引起美國報刊的注意，引發傳統的使命感，大肆宣傳西班牙慘無人道的做法，使美國的輿論譁然，要求美國為古巴而戰、為民主自由而戰、實行人道主義等。毫無疑問，美西戰爭的爆發與輿論的鼓噪，有極大的關係，刻意渲染，起了極大的鼓動作用，史稱「誇大不實的黃色報導」（Yellow Journalism）或稱「好戰的宣傳」（Jingoism）。一八九三年二月十五日那一天，有一突發事件，一艘抵達古巴執行護僑任務的美國「梅恩」號兵艦（S.S. Maine）突然在港內爆炸，造成二五〇多個美國官兵死亡。此事雖毫無實據，但報刊直指是西班牙所策劃，激化美國人的憤怒，如火上添油，戰爭一觸即發。美國國會決定撥款五千萬美元建造兵艦。美國的激烈反應又激怒西班牙人，西班牙報紙指責美國人以此進行訛詐，罵美國人是「洋基豬」（Yankee Pigs）。平心而論，「梅恩」號爆炸事件，至今仍是一個謎，最可能的是由於鍋爐爆炸而引起的事故。但不管正確與否，一般認為絕非西班牙人所為，端因美國好戰分子，感情用事之故。

美國的工商界並不希望戰爭，因有礙商業利益，但擴張主義的聲勢浩大，竭力主張交戰，如老羅斯福就主張：「我們寧可犧牲商業利益，也要為古巴的自由而戰」。當時的麥金萊總統

（President McKinley）政府，在強烈的輿論壓力下，向西班牙提出了兩點要求：（一）在十月一日以前，給古巴叛軍以特赦；（二）停止關押集中營裡的古巴人。這兩點要求是美國的最低要求，但是在西班牙看來，無異是最後通牒，甚至是一種侮辱，當然無法接受。而麥金萊正在爭取連任總統，不敢違背輿情，終於決定對西作戰。美國國會也於四月十一日，通過以武力解決古巴問題，又於十九日通過四點決議：（一）西班牙必須讓古巴自由；（二）西班牙軍隊必須全部撤出古巴；（三）國會授予美國總統以武力實現上述兩點的權力；（四）美國無意兼併古巴。對第四點決議，在國會中原有爭議，老羅斯福尤其力主吞併古巴，以免留下後患，但並沒有被採納。這些決議無異就是對西班牙正式宣戰。美西戰爭可說美帝首展肌肉，一戰而勝，更確立了美國的霸權。何況雖未取得古巴，卻從西班牙取得菲律賓殖民地，將實力深入遠東。

美國雖於美西戰爭後成為西太平洋的新興強權，但歐洲與日本帝國主義國家，已在包括中國在內的東亞地區，劃分了勢力範圍。美國對華北、東北與朝鮮興趣較大，不免與占有先機的俄、日有矛盾，同時也關心八千里外菲律賓殖民地的安全，遂想在亞洲複製在中南美洲行之有效的「大棒政策」，認為對付別國的方法是：「話可以說得好聽些，但手中要拿著大棒，才可以行遠」（speak softly and carry a big stick; you will go far），後來發展為「大棒加胡蘿蔔」的兩面政策。美國參與了八國聯軍之役，美國國務卿海約翰於一九〇〇年，再次宣布「門戶開放」說帖（Open Door note），貌似正義，但孤掌難鳴，中國又無力配合，美國只能與列強玩合縱連橫的帝國主義遊戲。美國外交史學者威廉斯，稱之為「門戶開放的帝國主義」，意謂儘量在不進行戰爭的情況下，使美國的政經勢力推向全球，獲得廣闊的世界市場。美國以崇高的使命感自許，但在實踐時，往往看不到道德與正義，多半還是國家利益。

日本是另一個帝國主義俱樂部的新成員，也是俱樂部中唯一非西方強權。日本經明治維新的成功而崛起，效法歐美，走上帝國主義之路。日本在十九世紀中葉仍是相當落後的封建國家。美國艦隊司令官佩里（Mathew Perry）於一八五三年率領現代化的軍艦，即所謂「黑船」（Black Ship），駛進東京灣，提出開國通商的要求，並說道：「我一年以後回來，希望彼時得到正面的答覆」。當時日本的江戶幕府由德川家康於一六〇三年所建，眼見現代軍艦的威力，江戶幕府只好被迫接受佩里開國的要求，並於一八五四年三月三十一日與美國訂立不平等的《神奈川條約》，規定日本必須開放下田與函館，作為與美國通商的兩個港口，並保證美國遇難船員得到安全的保障。即使日本的平常百姓也能親眼看到，停泊在東京灣的堅船利炮，認為無法阻擋。一年以後，美艦回來，日本只好乖乖開放。相比之下，中英鴉片戰爭後，因戰爭的地點在中國的南方，連北京官員也無法親眼目睹英艦的厲害，所以無甚感覺，反應遠較遲緩。

日本當政的德川幕府，下屬二百多個藩。幾乎所有的藩都有財政問題，必須改革，但大部分藩的改革都不成功，唯有薩摩、長州、土佐、肥前四個藩，因改革較為成功，成為日本現代化的動力。四個藩的志士，以「尊王攘夷」為號召，領導日本倒幕，協助明治天皇重握政權。

天皇的權力在歷史上，已漸漸旁落，先是旁落到貴族，後又旁落到幕府。但是天皇的名望猶在，日本的天皇是具有神格，一直受到日民崇拜。當德川幕府腐敗，無力抵禦外侮，故而盼望天皇恢復權力，可見之於「尊王攘夷」的口號。最後政歸明治天皇，得以維新成功。天皇的神聖「國體」（Kokutai），志士精神，與攘夷情緒，形成日本的現代國族主義。德川幕府雖被推翻，但其留下的遺產，非皆負面，諸如德川時代的商業化，出現富農之外，還有新興的商人。德川留下約四〇%的識字率，為傳統社會所罕見，有功於日本的現代化。所以明治維新也承繼了德川有益的遺產。日本現代化的成功，可說也是在傳統的基礎上展開的。

日本的四大強藩喊出尊王攘夷的口號，於一八六九年四月至九月在天皇的旗幟下，推翻了封建制，傾向中央集權。其他諸藩的志士，承繼日本武士傳統，紛紛向藩主「大名」（封建領主）勸說，各大名遂於一八六九年七月二十五日將象徵權力的「版籍奉還」給天皇，將轄內臣民交還給天皇，也就是地方權力交還給中央政府。然後天皇於一八七一年正式下詔廢除封建，藩主大名搖身一變，成為地方行政首長，共設七十二個府。天皇恢復權力後，輔助天皇的是來自強藩的志士，形成寡頭政治。寡頭主政的中央威權體制，實施了計劃經濟。

明治維新的確是相當成功，先後打敗中國與俄國，加入帝國主義的俱樂部。明治在政治層面，受到歐洲議會政治的影響，但是所產生的自由民主運動，一直在體制外運作。要求開國會的人，大都是沒有公職的知識分子。寡頭中的一個要角，就是著名的伊藤博文。明治憲法終於在十九世紀末完成，是一部極其威權主義的憲法，伊藤扮演了最重要的角色。

明治政府在經濟層面，採取資本主義。在寡頭們的努力下，政府啟動經濟制度改革，建立國家銀行，借重外國專家與資金，使工業與政府結合成一體。經濟改革頗得力於德川時代已經商業化的農村經濟，較為廉價而訓練有素的工人，民眾較高的識字率，以及傳統的價值觀與工作倫理，而工作倫理來自儒家的影響。傳統的影響，使新興的日本資本主義帶有濃厚的國家主義色彩。明治時代的澀澤榮一，號稱日本資本主義之父。但他不同於西方的資本家，他很情願為國家犧牲自己的私利，有所謂「商界的武士精神」。這種日本精神，一直延續，到二十世紀的五、六〇年代，兩個日本公司為了變成世界第一而合併，惟合併必有一個公司要吃虧，但為了國家榮譽，寧願吃虧，所以日本的資本家可說大都是愛國商人。

明治維新學習西方，但西學對日本並不很陌生。早在德川幕府的閉關時代，長崎港的出島，仍然容許與荷蘭人通商，同時也輸入了西學，日人稱之為「蘭學」（Rangaku），意思是來自荷蘭的學問。出島一隅，成為西學傳入日本的一扇窗戶。當時荷蘭的科技與醫學等都很發達，故而由於「蘭學」，日本也早有了西式的學校。而日本已有借重中國文化的先例，輸入西方文化不至於有心理上的障礙。

明治政府為了西化，於一八七一年十二月至一八七三年九月，派遣岩倉具視率領使節團，前往美國及歐洲諸國訪問考察與學習。使節團回來之後，帶回來西方進步的訊息，對日本輿論界的影響很大。於是西式教育正式上路了，設立了八個帝國大學，並先後於一八七九年頒布《教育令》，於一八八〇年頒布《改正教育令》，一八八六年頒布《帝國在學令》、《師範學校令》、《中學校令》、《小學校令》，一八九〇年頒布《教法敕語》。看日本在一八九〇年的教育，雖然借助西方大學的形式，卻仍有根深蒂固的威權印記，如開設倫理修身課程等。明治的知識界大概經歷三個階段：早期的「西學和魂」，即東方倫理配上西方的科學，有點類似「和體西用」；接著是全盤西化，以福澤諭吉為代表人物，到明治中期的一八八〇年，新一代知識分子崛起，宣導在接受西方文化之餘，也需重視日本的「國學」（Kokugaku）。新一代知識分子以「政教社」為代表，開啟日本的多元文化觀。

明治日本也無可避免武士傳統，埋下了對外侵略之根。不少武士出身的人成為主政的寡頭，如山縣有朋。軍方在政府裡的權力很大，而軍人多同一出身，如陸軍多來自長州藩，海軍多來自薩摩藩，容易結幫成派，形成軍閥。明治政府略上軌道後，就開始向海外擴張：一八七四年出兵台灣；一八七九年吞併琉球；一八九四—一八九五年發動甲午戰爭，奪取台灣；一九〇五年發動日俄戰爭，奪取南庫頁島；一九一〇年正式併吞整個朝鮮半島。至此日本像美國、歐洲帝國主義國家一樣，成為向海外擴張，擁有了殖民地的國家，加入帝國主義俱樂部，成為唯一非西方國家的成員。

日本稱霸東亞的第一步是挑釁中國。日本人的擴張野心，非起於一時，先是首相山縣有朋於一八九〇年提出所謂「主權線」、「利益線」理論。這個理論將日本本土視作「主權線」，將中國和朝鮮半島視為日本的「利益線」，聲稱必須以武力保衛「利益線」。甲午戰爭於一八九四年七月二十五日開始，於一八九五年四月十七日結束。此戰因朝鮮問題而起，朝鮮原是中國的藩屬，日本自明治維新之後，對朝野心日增。朝鮮人崔濟愚於一八九四年率領東學教徒，組成軍隊，拒絕西方文化，反抗當地郡守，起義的聲勢浩大。朝鮮政府急向宗主國清朝請求援助，清政府派二千餘名李鴻章創建的淮軍，於一八九四年六月六日分兩批登陸朝鮮的牙山，同時根據一八八五年《中日天津條約》通知日本。日本伊藤博文內閣於一八九四年六月二日，得報清廷將出兵朝鮮，決議也出兵朝鮮。日本於一周後派先遣隊四百餘人，以保護使館和僑民為由，進入漢城（今稱「首爾」），同時也根據《中日天津條約》告知中方，其後又增兵八百到漢城。朝鮮政府和東學黨很快達成和議，清軍不戰而亂平。朝鮮政府與東學黨既達成和議，要求中日兩國撤兵。但日本外務大臣陸奧宗光授權駐朝公使大鳥圭介，與清朝駐漢城大臣袁世凱，進行撤兵談判。但日本政府一方面電令大鳥拒絕撤兵協議，一方面則拋出中日兩國共同協助朝鮮改革內政的方案，撤兵協議便不了了之。日本提出共同改革朝鮮的方案，無非借此延遲不撤兵，以牽制在朝鮮的清軍。清政府拒絕日本提出的方案，要求日本撤兵。日本遂於六月二十二日首次向清政府提交絕交書。李鴻章希望美、英、俄等列強調停，促日本撤兵。但各國僅譴責日本，未採取任何實際有效行動，採觀望態度。於是日本不僅不撤兵，反而增兵。到六月二十八日日軍增至八千餘人，超過清軍，而李鴻章未增派援軍，予日本以可乘之機。日本於七月十四日再次向清政府提出絕交書，不僅拒不撤兵，而且污蔑中國滋事，出言威脅，於是談判破裂。

日本實已單獨改革朝鮮內政，逼朝鮮否認是中國的屬國，又提出五項改革方案，迫朝接受。但朝鮮政府敷衍日本之餘，仍促日本撤軍，日朝談判亦於七月十七日破裂，朝鮮再向清廷求救。清廷既有主戰的翁同龢，也有主和的李鴻章，意見不一。李鴻章看到朝鮮局面趨於緊張，開始派兵增援。日本大本營遂於一八九四年七月十七日決議開戰，日本聯合艦隊已經備戰。日本駐朝公使向朝鮮發出最後通牒，要求廢除華約、驅逐華兵，限四十八小時內答覆。朝鮮仍想拖延，但日本以武力控制整個朝鮮政府。日軍於一八九四年七月二十三日淩晨突襲漢城王宮，挾持朝鮮國王李熙；推翻親華的政府後，以國王生父大院君李是應攝政，促使其與清朝斷交，以便撤走駐朝清軍，並於一八九四年七月二十五日不宣而戰。日本於豐島海上突襲增援朝鮮的清朝軍艦，擊沉載運清兵的英國商船「高升」號，揭開甲午戰爭的序幕。

中朝有朝貢關係，中國有義務出兵護朝，而日本刻意挑釁，清廷忍無可忍，命李鴻章迅速進剿，援救朝鮮人民。日本明治天皇下宣戰詔書，譴責中國，聲稱要使朝鮮為「獨立國」，改革朝鮮內政、維持東亞和平。中日雙方雞同鴨講，戰爭全面爆發。主要戰場有二：一是海戰在黃海，二是陸戰在平壤。清軍增派四大軍，二十九營，一萬三千五百二十六人，於八月入朝，與在平壤之清軍會合，原駐平壤的清軍共三十五營，約一萬五千人，朝鮮政府與清軍暗通款曲。日軍有一萬六千餘人，分四路圍攻平壤，清軍戰術保守，互動不協，遂令日軍完成平壤合圍之勢。雙方經過幾度激戰，清軍大將左寶貴中炮犧牲，日軍傷亡亦多。但日軍控制朝鮮政府，清軍被迫自平壤撤退，日軍設伏，清軍中伏，陣腳大亂。平壤之戰以清軍大敗告終。日軍追擊清軍至鴨綠江邊後，占領朝鮮全境。

黃海海戰發生於一八九四年九月十七日，當時平壤陷落已經三天。戰場在鴨綠江口的大東溝（位於遼寧省東港市）近海。這是繼豐島海戰後的海上大決戰。北洋艦隊於九月十五日運兵返航，日本艦隊則是在尋找戰機，兩軍在當天中午各自發現敵蹤。日方有戰艦十二艘，北洋艦隊有主力艦十艘、附屬艦八艘。北洋「鎮遠」艦於上午十時三十分發現日艦，主帥丁汝昌命令各艦準備戰鬥。日艦布成一字陣，清軍則下令變陣為尖峰形。午後一時，開始炮擊。北洋「鎮遠」、「定遠」兩鐵甲主力艦攻勢猛烈，日艦被迫後退後，快速包抄擊滅右側的清艦。北洋旗艦「定遠」也遭到炮擊，主帥丁汝昌自艦橋跌落受傷。「定遠」艦長接手，全力炮擊日本旗艦「松島」號，雖然擊中，然因彈藥不足，沒能擊沉，逼日艦後退，日本指揮官伊東佑亨中將更換旗艦。北洋「致遠」艦管帶鄧世昌衝出佇列，撞擊日艦「吉野」號未果沉沒，鄧落水拒絕救援，以身殉國；艦上官兵二百餘人僅七人生還。然而日艦火炮皆無法擊穿北洋兩艘鐵甲，日艦反而多被重炮所創。伊東司令於下午五時半下令撤退。清朝艦隊因速度較慢，故未能追擊。此戰清軍傷亡千餘人，日軍傷亡約為清軍之半。北洋艦隊巡洋艦損失五艘、受傷四艘，而日艦僅有五艘受創。黃海大戰歷時五個多小時，規模之大與時間之久，為東亞海戰史上前所罕見。北洋水師雖然損失較大，但並未完全戰敗。然而李鴻章為保存實力，命令艦隊駛入威海港內不准出海迎敵，遂使日本占有黃海的制海權。

日軍占領朝鮮全境後，於一八九四年十月二十四日開始進攻鴨綠江。清軍在江北部署約二萬八千人，清廷任命宋慶為主帥。日軍以山縣有朋大將為統帥，約三萬人。兩軍人數相當，但清軍不服調度，士氣低落，缺乏抗敵決心；而日軍士氣高昂，野心勃勃，揚言要直搗北京。日軍過江，在九連城上游的安平河口登陸。清軍沒有覺察，守將雖然力抗，但因勢單力孤，傷亡重大，被迫撤出陣地。日軍遂占領虎山，清軍各部不戰而逃，全線潰敗。日軍於二十六日占領安東（今丹東）。日軍進攻鴨綠江清軍防線的同一天，抄旅順後路的花園口登陸。李鴻章一心想要保住旅順港，卻沒有在花園口設重防。日軍登陸十二天，清軍竟無動靜，唯有當地農民有些抗擊，暫時拖住日軍。日軍於十一月六日占領金州（今遼寧大連市金州區）。大連守將聞風潰逃，日軍不戰而入大連灣。日軍休整十天後，進逼旅順。旅順清軍三十三個營，約一萬三千人。日軍於十四日向守軍勸降，遭到嚴詞拒絕。一周後日軍發起總攻，攻陷旅順，旅順居民慘遭大屠殺，死難者多達兩萬餘人。旅順失陷，北洋門戶洞開，深藏在威海衛港內的北洋艦隊，危如蛋卵。日本大本營部署海陸夾擊北洋艦隊，李鴻章命堅守炮臺，並分兵駐守劉公島，在海港東西兩口布設水雷，威海衛港內尚有北洋水師各類艦艇二十六艘。由於日軍在主要水道布了雷，導致這些船出不去，最後猶如甕中之鱉。當日本在陸地上控制了炮臺，整個劉公島就都在其控制範圍內，很容易就可以把港內剩下的軍艦消滅了。

日軍又有二萬五千人於一八九五年一月二十日在日艦掩護下，在榮城登陸，六天後登陸完畢。日軍從榮城出發，於三十日進攻威海衛的南幫炮臺，守衛清軍頑強抵抗後犧牲，日軍左翼司令官大寺安純少將被炮彈擊斃，但成功占領南幫炮臺，於二月三日進占威海衛城。丁汝昌坐鎮孤島劉公島，日軍司令伊東佑亨致書勸降，丁汝昌拒絕。旗艦「定遠」艦於五日中雷擱淺，十日彈藥告罄，管帶劉步蟾自殺。十一日，丁汝昌也拒降自殺，「鎮遠」管帶楊用霖出面投降後也自殺。一八九五年三月十七日，日軍在劉公島登陸，北洋艦隊全軍覆沒。日軍在半年內，海陸皆勝，清廷求和，訂立《馬關條約》，割地賠款，喪權辱國。甲午一役，對中日兩國，都有深遠的影響：日本由此而國勢日盛，向華步步進逼；而北洋苦心經營的海軍，毀於一旦，自此一蹶不振。東亞地緣政治因而驟變，日本成為亞洲獨霸，中國備受欺淩，以至被全面入侵。直到抗日戰爭勝利，中國始有振興之機會。

從事後來看，北洋艦隊的失敗是很可惜的。甲午海戰決定中日國運的戰爭，中國失敗的真正原因是什麼？黃海海戰北洋艦隊雖然受挫，但並沒有完全戰敗。最後失敗的直接原因在於舉止的失措：陸戰潰敗以致避戰港內，終遭全殲。其實北洋艦隊非全無得勝之望，美國學者羅林森（John L. Rawlinson）指出：中國海軍在甲午前夜，噸位實在日本之上，僅北洋一支已相當日本皇家海軍之總和。而當時中國不僅有北洋，還有南洋艦隊。當時的西洋旁觀者，也多預測中國可勝，即使日本人亦並無全操勝券的把握，結果中國慘敗，大出意料之外。百餘年來，述論甲午往事的作品多如過江之鯽，列舉致敗之由也琳琅滿目，比如經費不足、衙門腐敗、訓練不精或是將校畏戰。羅林森認為雖然都是相關的原因，但不是根本原因。他看到的根本原因有二：一是制度，二是觀念。先說制度：清廷對新式海軍之興建，不可謂用力不多，但是籌組北洋新海軍的制度，仍然是舊式的。綠營遺制、個人治軍的遺風以及地方養軍的積習，都使清廷難有統一而集中的皇家海軍，更無統一而系統的海軍預算制度，所以財源不一、號令不行、各自為政，這如何能使現代海軍起有效的作用？換言之，北洋海軍是現代化的軍隊，卻沒有起到現代化海軍的效用，以至於一八八三年中法馬江之役，北洋不能相援；一八九四年甲午之役，南洋亦視若無睹。所以有人說：北洋海戰實際上是李鴻章以一人對一國。這是制度問題，至於觀念的問題，涉及有關海軍的種種基本戰略思想。自鴉片戰爭到甲午之役，新艦或購或造，製造兵器的工廠也有增加，但是運作新海軍的思維，仍然是舊式的。所謂舊式思維，乃是基於傳統防禦海盜的戰術，從無遠離港岸、在藍色海洋中作戰的概念。例如鴉片戰爭時，林則徐曾向美國購入一千八百噸的「劍橋」號兵艦，但翌年當中英戰端又啟，英艦由虎門而上，「劍橋」號竟不知發揮精良裝備，迎擊敵艦，反而撤退，停泊於木筏連成的封鎖線之後。其他戰艦也同樣如此。於是，隔線交火之後，待英國艦隊生力軍到來，清廷水師便不再能抵抗，終於被俘。這種消極的防守戰略，一直到甲午戰爭，並無多大改變。所以雖有堅船利炮，卻不知發揮其作用而束手待斃，才是北洋海軍最致命的弱點。羅林森所說的這兩點，確實是中國在甲午戰爭中失敗的重要原因。

對於甲午戰敗後的善後處理，也可見清廷缺乏近代制度和戰略觀念的弊害。例如對敗軍將校的處理，幾乎完全根據所謂道德的判決，而且捲入個人恩怨和派系之爭，完全沒有有組織的調查制度上的缺失。其實處罰失職將領，應是其次的事，主要應經仔細調查後，知道錯失在哪裡？致敗的原因何在？再由挫敗後求致勝之道。總之，羅林森認為：缺乏新觀念和新制度，於慘敗後，又不吸取教訓，乃是北洋海軍覆敗後，又一蹶不振的根本原因，頗有見地。

戰爭是政治的延伸，戰爭勝負已定，政治上要有一個解決的方案，所以戰後必須議和。北洋海軍覆滅，威海衛告急，清廷失去鬥志，曾於一八九五年一月十四日派員赴日求和。然而當時日本尚未滿志，因此藉口來使授權不足，驅逐清使回國。日本雖勝，但畢竟國力有限，戰爭帶來極大的財政負擔。日本首相伊藤博文於是年二月二日表示：願意接受清廷和談的要求，並指定李鴻章為全權代表，另外提出割地與賠款等先決條件。清政府為求停戰，決心不惜任何代價，於是在一八九五年三月，完全按照日本的意志，派李鴻章為全權大臣，以美國前任國務卿科士達（John Waston Faster）為顧問，前往日本馬關（今下關）與日本首相伊藤博文、外務大臣陸奧宗光進行談判。雙方於三月二十日在春帆樓正式開啟和談。日方提出包括占領天津等四項苛刻條件。李鴻章於三月二十四日開完會，回使館途中，突遭日本浪人小山豐太郎槍擊受傷，群情譁然。但日本仍於四月一日，提出十分苛刻的條款。李鴻章極力周旋後，伊藤博文於四月十日提出最後修正案，仍甚苛刻。清政府於四天後，電令李鴻章遵旨定約，清日兩政府遂於四月十七日簽訂了《馬關條約》。該約共十一款，主要內容為承認朝鮮「獨立」（實際是朝鮮由日本控制）、割讓遼東半島、台灣島及所有附屬島嶼（包括釣魚島）、澎湖列島，以及中國賠償軍費白銀兩億兩（幾乎是日本三年的國防預算），以及開放沙市、重慶、蘇州、杭州為通商口岸。後來俄、德、法三國干涉還遼，日本被迫把遼東還給中國，但提出增加三千萬兩作為補償。日本為完成吞併朝鮮，進軍「滿蒙」，決心以中國所得大量賠款整軍備戰，準備與俄國於十年後作一死戰。

日本打敗中國後，占據朝鮮，在東亞聲勢大震，導致日俄戰爭。這場戰爭的大背景是日俄兩大帝國主義國家，在東亞爭奪利益與勢力範圍。世界進入二十世紀，八國聯軍侵華，京師淪陷。屈辱的《辛丑合約》訂立後，聯軍開始撤退，但俄軍僅自北京撤退至東北，留滯不走。遲至一九〇二年四月八日，經中國交涉，俄國同意分三期撤離，但第一期撤離後就無動靜。中國無能為力，而日本政府不耐，因日本早對東北有其野心，因此於一九〇三年七月二十八日向俄方提議，雙方對遠東的共同利益互相磋商。日方提出六點，主要內容是：日本在朝鮮應有絕對的權力，指導朝鮮政府改革，朝鮮的鐵路應連接到「南滿」，也就是要俄國承認日本在朝鮮的全部權力；俄國則可擁有中國「北滿」鐵路沿線的利益；日俄雙方應保證對方在其勢力範圍內的貿易活動。俄國遲不回覆，長達兩個月之久。同時，俄國沙皇政府的強硬派認為：俄國需要一場軍事的勝利，以平息當時國內的革命風潮。俄國政府直到十月三日才回覆，以八點回覆日本的六點，包括雙方承認朝鮮「獨立」；俄國在東北獨具自由行動的權利；俄國只允許日本在朝鮮有經濟利益，不能有戰略目的、不能在朝鮮半島沿海有軍事設施，半島北緯三九度線以北劃為中立地區；日本須承認東北與濱海地區（即北朝鮮）為俄國的勢力範圍。日本拒絕俄方的要求，堅持擁有對朝鮮的所有權利，一如俄國在中國東北的權利。雙方僵持不下，法國政府於一九〇四年一月試圖調解，建議雙方各讓一步，日俄均不回應。至此，日本開始備戰，而俄國仍在等待西伯利亞鐵路沿貝加爾湖線的完成，需時至少四個月之後，才能輸送人員與物資，到遠在東方的戰場。俄國政府雖然沒有準備好，但毫不退縮，尤其駐紮旅順的俄軍總部，主戰尤其強烈。沙皇尼古拉二世不是果敢的君主，猶疑不決。日本政府遂在一九〇四年二月五日，宣布談判終止，與俄國斷絕外交關係。接著日本於二月八日，出其不意，派東鄉平八郎元帥率日本海軍突襲旅順港，擊沉俄國兩艘巨艦，旅順之戰的序幕於焉揭開。這也可視為四十年後偷襲珍珠港的預演，日本先下手為強，不宣而戰。

俄軍岸上火炮的掩護，使東鄉未能成功殲滅俄國艦隊，而俄艦也不出港，雙方呈對峙狀態。雖僵持不決，但日本突襲的成功，對俄軍在心理上衝擊很大，俄國對戰爭前景有點失去信心。日方則趁機登陸朝鮮的仁川，占領漢城而後進入朝鮮全部。日本的戰略想要儘快控制東北，而俄國方面則採取拖延戰術，等待經由西伯利亞鐵道而來的援軍與資源，只是鐵路尚未暢通。日軍於一九〇四年四月底，跨過鴨綠江，進入俄國占領的中國東北。五月一日的鴨綠江之役，首啟陸戰。日軍渡河，攻打俄軍據點，俄軍戰敗。日軍繼續在多處口岸登陸，逼俄軍向旅順後撤。之後的戰鬥，日軍雖占優勢，也受到重創，日軍傷亡甚多。日軍試圖封鎖旅順港，未能成功。俄國太平洋艦隊換將後，從旅順突圍出海，旗艦於四月十三日遇水雷而沉沒，主帥與艦同亡，其餘退回港內。俄軍將計就計，誘使日艦觸雷，有一艦沉沒，死四五〇名官兵。日本於一九〇四年六月底，炮擊旅順港，未能取勝，而傷亡以千計。旅順的戰事由此陷入漫長的僵持，日本直到十二月，才奪取高地，以遠程火炮轟擊港內俄艦，使其難以反擊。最後，俄國在太平洋的所有主力艦全被殲滅。俄國早在八月底，即欲解旅順之圍，陸軍部隊與日軍在遼陽一戰失敗後，被迫退回瀋陽。俄國駐旅順守軍海陸皆孤立無援，傷亡又重，未經高層同意，即於一九〇五年一月二日投降。事後守將斯特塞爾（Anatdy Mikhaylorich Stesse）於一九〇八年受軍法審判，先判死刑，後被赦免。

當時的俄國是沙皇尼古拉二世當政，他堅信可以贏得戰爭，不肯罷手。沙皇派波羅的海艦隊，前往增援。此一艦隊是俄軍的王牌，於一九〇四年十月十五日出發，從波羅的海經好望角，繞過半個地球，耗時七個月才抵達東亞海域，引起全世界的注目。艦隊於一九〇四年十月二十一日途經北海時，發生嚴重意外。俄艦得到誤報，稱有日本船隻出現，在慌亂中以為發現不明魚雷艇而開炮，擊中兩艘自家的船艦，以及一艘英國漁船。英國政府要求賠償與懲罰失職人員。俄國政府答應賠償，但拒絕其他要求。俄英之間關係已經緊張，更何況英日之間有同盟條約，於是俄國官員認為英國才是真正的敵人，日本只是英國的棋子，英俄之間幾乎要爆發戰爭。幸而兩國的外交部門都想避免戰爭，又經法國從中斡旋，雙方同意提交國際仲裁，最後俄方賠款六萬五千英鎊了事。

俄艦自北海南下，較大船隻繞道好望角，其餘艦艇經過蘇伊士運河進入紅海、印度洋。艦隊在法屬馬達加斯加港口，停留好幾個星期，然後繼續東航，於一九〇五年四月中旬，駛過新加坡海峽，於五月間抵達日本海域。當時的軍艦燒煤，整個艦隊長途跋涉，需煤五十萬噸，國際法不允許在中立國加煤，所以必須有許多運煤船同行。俄國艦隊改稱太平洋第二艦隊，原定任務是前往旅順港解圍，但駛至印度洋時，得報旅順已經易手，於是改往符拉迪沃斯托克（海參威），擬抄近路，所以經由對馬海峽北上。然海峽在日朝之間，日本海軍基地就在附近。此時艦隊已經歷一萬八千海里（約三萬三千公里）的遠航。日本東鄉元帥知道俄艦動態，既知旅順一失，俄艦必然前往海參威，於是擬定作戰計畫，整裝待發，攔截俄國艦隊。日本聯合艦隊有四艘主力艦，以及若干巡洋艦、驅逐艦與魚雷艇；俄國艦隊也有四艘主力艦，以及大小艦艇共三十八艘。為避免被敵人發現，俄艦乘夜間天黑穿過海峽，不意兩艘醫療船，未遵守規定，繼續燈火通明，被日本武裝商船「信濃丸」發現。經無線電通報東鄉總部後，聯合艦隊立即出動，又得到情報，知悉俄艦通過海峽的時間與位置。兩國艦隊遂於一九〇五年五月二十七日、二十八兩日間相遇，俄國艦隊遇到伏擊，幾乎全軍覆沒，只有三艘俄艦得以逃脫，抵達海參威。俄軍五千官兵喪生，而日本只損失三艘魚雷艇，死亡約一一六人，日本海陸兩軍並乘勝占領庫頁島。

對馬海戰後，雙方都有意結束戰爭。俄國人民為慘敗所震動，俄軍雖尚有實力，但戰事失利，仍使俄軍喪失自信，又逢財政匱乏，還有革命運動的威脅。三萬多名俄國工人在一九〇五年一月二十二日，聚集在冬宮廣場，向俄皇請願，要求選擇民意代表、改革農業，減輕農民負擔，遭遇到政府的血腥鎮壓，造成一千多人的死亡。此後，罷工、集會及暗殺行動層出不窮。沙皇尼古拉二世面對國內危局，難以繼續作戰，決定和平談判。當時歐洲主要國家英、法、德三國，都表示願意協調。至於日本方面，雖先下手為強，使俄軍屢遭敗績。然日本的勝利也付出極大傷亡的代價，日軍統帥自感無顏見扶桑父老。日本雖勝，代價不小，財政也不堪負荷，既然已經有所斬獲，而又戰無了局，何莫議和。

當和事佬的美國總統老羅斯福總統，以中立國立場出面調解。這位美國總統並不喜歡俄國，因俄國在中國東北的作為，影響到美國的商業利益，故視日本是為美國懲罰俄羅斯。同時老羅斯福是一個標準的帝國主義者，非常崇拜強者而瞧不起弱者，當看到「小日本」把俄國打敗，內心很是佩服，所以他實際上是偏袒日本的。老羅斯福甚至暗中警告德、法兩國不要介入助俄，否則美國會放棄中立幫助日本。美國民眾也同情與龐大的北極熊作戰的「小日本」，所以美國的中立是不真實的，俄國當然也知道日本背後有英美撐腰。老羅斯福出面還有二重考慮：一是日本既已得手，美國的利益仍須維持日俄在東亞的權力平衡；二是希望日本在外力干預之前，及時保住勝利果實，擔心再拖延下去，德國或法國會幫助俄國。美國在一九〇四年的年底，已準備調停，但日俄雙方都意猶未盡，不肯罷手。當日本贏得驚世海戰，把俄國龐大的艦隊打敗之後，羅斯福得到日俄雙方同意，才開始出來調停議和。最後的障礙是日方要求賠款，而俄國堅拒，因為俄國雖然在東亞敗了，但在歐洲還有強大的實力，仍有籌碼，日本未能得逞。老羅斯福要求英國向日本施壓未果，只好勸說日本說：文明世界不會同意戰爭繼續打下去。經過二十四天的折衝解紛，日俄終於一九〇五年九月五日，雙方接受美國出面調停，和談地點就在美國的樸資茅斯。俄國由財政專家維特（Sergei Witte）為沙皇全權代表率團出席，日方則由哈佛大學畢業的外務大臣小村壽太郎男爵領軍。俄國代表維特極有談判技巧，贏得美國輿情的同情；他無意再堅持俄國在朝鮮與「南滿」的利益，但堅持俄國海軍在東亞的權利；他拒絕賠款，因俄國雖然失利，但未完全戰敗；他堅持庫頁島是俄帝國的固有領土，不容分割。最後庫頁島一分為二，日俄各居一半。但第二次世界大戰後，日本戰敗，蘇聯取回南庫頁島，附加日本北方四島。賠款問題雙方僵持不讓，俄國堅持不賠款，日本堅持賠款，幾乎導致談判破裂。最後美國表示支持不賠款，條約遂於一九〇五年九月五日簽署。維特回到俄國後，於十月出任首相。美國現代史家莫瑞（George E. Mowry）認為：老羅斯福的調停非常成功，說他妥善平衡了日俄在東方的影響力，因任何一方取得優勢，將損及美國的利益。這位史家頗有遠見，後來日本在東亞一枝獨秀，立即成為美國的威脅，導致太平洋大戰，這是後話。

樸資茅斯條約，終結了日俄戰爭。此一條約告示天下，日本已是東亞強權，把一個歐洲大國打敗，迫使其放棄在東亞的擴張政策。朝鮮半島的韓國從此淪為日本的保護國，旅順也被迫轉讓給日本。日本還取得了南庫頁島，但因日本沒有得到賠款，日人抗爭激烈，導致日本桂太郎內閣垮臺。日本人只知道打了勝仗，卻沒有注意到，日本並沒有完全打敗俄國。日本也沒有理解到，如繼續作戰，無論在軍事上或經濟上，未必有利。

美國老羅斯福總統雖未親自與會，但是和談最終達成了，他因此獲得一九〇六年的諾貝爾和平獎。他獲得和平獎，可說是一大諷刺，因他絕非崇尚和平之人，他是一個強人，曾組織兩千餘人的志願騎兵，到古巴參戰，號稱「剽悍騎士」（Rough Riders），老羅斯福有一句非常有名的話：你可以輕聲細語，但不要忘記大棒（speak softly and carry a big stick）。這樣的人，卻因為調停日俄戰爭，而獲得和平獎，使美國登上國際外交舞臺，成為世界要角。

日俄戰爭一九〇五年的結局，影響到歐洲列強之間的關係，甚至可說是歐洲政治史上的一個轉捩點。日俄在東北亞爭奪勢力範圍，各不相讓。俄國需要在太平洋取得不凍港。俄國乘英法聯軍侵華時，與清廷於一八六〇年訂立《中俄北京條約》，取得烏蘇里江以東，黑龍江以北，包括庫頁島在內約四十萬平方公里的土地。海參威是不凍港，但是即使海參威，也只有在夏天才完全暢通，冬天也有冰封的時候。從中國租來的旅順港，位於遼東半島南端，卻是終年不凍。所以俄國人非常重視此一租借來的海軍基地。可是日本垂涎遼東久矣，更記恨俄國聯合德法逼迫歸還遼東，視俄國為最大的威脅，日俄戰爭勢必難免，自不待言。不過，日本若無英日同盟，而美國又宣布中立，沒有後顧之憂，日本未必敢於出手。

日本從日俄戰爭中，收穫其實不菲，租借到遼東半島上的旅順與大連，接收俄國在「南滿」鐵路的權益。俄國仍擁有「北滿」，但承認日本在朝鮮半島的權利。到一九一〇年，日本正式併吞朝鮮，少有國家抗議，日本自此以朝鮮半島為跳板，進入亞洲大陸，剝削朝鮮經濟，作為發展日本資本主義之資本。但是日本人民眼見日軍連連捷報，戰費龐大，財政瀕臨枯竭，於條約所得十分不滿，對沒有得到俄方賠款，尤感憤怒，遷怒美國，以為受到老羅斯福之騙，所以日本民眾於一九〇五年九月五日聚集在東京的日比谷公園，因反對和議，而發生騷亂事件，政府宣布戒嚴，三天之後，才平息下來。

日俄戰爭對二十世紀的世界，有特殊的意義。許多工業革命產生的技術革新，首先呈現於日俄戰爭的戰場上，如機關槍、卡賓槍的出現，海軍的品質也遠高於之前。新科技自十九世紀七〇年代起，改變了人類的作戰方式，海陸軍都發生很大的變化。日俄戰爭又是兩大現代化軍隊，在東亞的衝突，先進武器的殺傷力，為前所未見，無論俄國還是日本，都沒有預見傷亡如此龐大。這場戰爭對社會影響也很大，如紅十字會的出現，這些組織可以視為人類對共同關切問題的認知，逐漸成為二十世紀不可或缺的部分。此外，交戰國雙方都動員了大量的軍隊到戰場，需要相當的經濟支撐，始能滿足軍備與補給。日俄戰爭的結束也提醒每一個國家的領導人，對外戰爭需要注意國內的反應，有些學者認為，俄國的戰敗是導致沙皇政府被推翻的重要遠因。

西方人對日俄戰爭的研究與評論，幾乎沒有談到中國在這場戰爭中的尷尬與悲慘境遇。日俄幾次大規模的陸戰，都是在中國的東北開打，足見中國主權的淪喪。中國成為兩大強權爭食的弱肉，中國城市、港口以及平民百姓的生命財產損失，無法估計，但幾乎沒有被提及。魯迅於一九〇六年，恰在日本仙台醫專學習，看到老師在教室播放日俄戰爭的幻燈片，上有中國人因給俄軍當坐探，被日軍逮捕以間諜罪砍頭，而周邊許多中國人，只是面無表情地圍觀，使他感到國民愚弱的悲哀，覺得學醫不再是要緊的事，因為即使國民體格健全，沒有靈魂，便毫無意義，所以改變國民的精神，最為重要。改變精神則需要文藝，魯迅遂於一九〇六年三月棄醫從文，告訴他的好朋友許壽裳說：「我決計要學文藝了，中國的呆子，壞呆子，豈是醫學所能治療的麼？」這是日俄戰爭中被忽略的外一章。

第四節　八月的炮火：歐戰的偶然與必然

二十世紀之初，列強合縱連橫，關係錯綜複雜，為理解各國的政策與行為，至關重要。要成為列強必須要有軍事實力、工業能量、海外殖民地、社會與國家的協和。強權要合理化自身行為的理由包括：（一）需要未來的市場；（二）需要取得不可或缺的資源；（三）需要掌握戰略性的海路通道；（四）需要保護傳教士；（五）強調白人對世界負有責任，所謂「白人的負擔」（The White Man's Burden）。列強之間競爭激烈，如沒有能夠控制主權國家的組織，如何能維持和平共處？列強之間有所謂「歐洲協調會」（The Concert of Europe），但只是一個名稱，並不是組織，也沒有多大現實意義。列強之間，雖有條約，但條約對主權國家而言，並不是絕對的保證。更嚴重的是，列強之間，權力越來越失衡。法國與俄國於一八八八年結盟，但法國並沒對俄國保證：當俄英因君士坦丁堡起衝突時，在外交上支持俄國；俄國也沒有保證：當法國與德國發生戰爭時，會在軍事上支援法國。所以法俄聯盟以及之後的強權聯盟，都是由於強權之間競爭激烈，不得已以結盟自重，即所謂「權宜的夥伴」（reluctant partnership）：不可能是永久的，是不得已才成為夥伴的，敵人可以成為朋友，朋友可以成為敵人。

日帝於甲午戰爭後崛起，深入東北亞，使俄國警覺。所以俄國聯合德國與法國強迫日本歸還遼東，即所謂「三國干涉還遼」。德法兩國之所以配合俄國，不僅是想與俄國做朋友，而且希望俄國把注意力從歐洲轉移到亞洲，也是為了自身的利益。日本在三個歐洲強國的壓力之下，把遼東交還給了中國，心裡很不是滋味，好像一塊肥肉已在嘴裡，又被迫吐出來。法、俄、德三國於一八九五年的夏天，結成三國同盟，俄國支持法國與英國在埃及的對峙（因英法兩國在埃及有利益的衝突），以交換法國支持俄國與英國在君士坦丁堡的對峙。德國自覺不能不向海外擴張，以滿足德國民眾的經濟利益，而向海外擴張，勢必會挑戰英國的海洋霸權，所以支持南非布林人針對英國的獨立戰爭。可見俄、法、德三國都是針對英國而來。但法國對德國的不安全感，又導致法國與俄國較為親善。儘管如此，法國聯俄在外交上，特別有關君士坦丁堡之事，並沒有承諾協助俄國對抗英國；俄國也未能如法國所希望的，承諾以軍事行動幫助法國對付英國。法、俄、德三國聯盟因而註定不能持久。

英國當時自覺非常強大，足以孤立，並且認為這種孤立是「光榮的孤立」（splendid isolation）。但英國眼見法、德、俄聯合起來對付自己時，雖未真正感受威脅，但覺得該終結「光榮的孤立」，需要尋找夥伴了。此時，日本眼見三國合力干預，為了增強力量，亦需要盟友，英日雙方都有需要對付歐洲三強。於是一九〇二年一月三十日出現英日同盟。日方得到強大的盟友，支援在朝鮮的利益；英方萬一與俄國發生衝突，英日同盟可使法、德顧忌在亞洲的利益，會受到日本的牽制，而不敢輕舉妄動。所以強權結盟，完全以國家利益為考量。

德意志帝國在十九世紀七〇年代統一後，快速崛起，是歐洲的一大變局。德國在普魯士王國領導下，擁有極有效力的官僚體制，開始工業化，尋求富國強兵。鐵血宰相俾斯麥，自一八六〇年代到一八九〇年代，於德國之崛起扮演最重要的角色。德國於十九世紀末，提倡「世界政策」（Welpolitik），指的是向海外擴張的戰略，與英、俄等強權爭勝。德國的著名社會學家韋伯（Max Weber）於一八九五年呼應走向世界的新政策，公眾輿論也要求德國向海外擴張，奪取殖民地。欲達此目的，必須挑戰英國的霸權。英國的海上力量無與倫比，與英爭霸，勢必要建設強大的海軍。俾斯麥的繼承者，總理兼外交部長比洛（Bernhard von Bülow）將「世界政策」付諸實施。他要求海軍元帥提爾皮茨（Admiral von Tirpitz）加速海軍建設。德國認為英俄衝突必不可免，以為有機可乘。德軍於一八九七年十一月，占領中國的膠州灣，為德國海外政策之實踐，展示成為「世界帝國」（Weltreich）的野心。德國既登上世界舞臺，便開始挑戰法國在西非的勢力範圍。英國於一九〇四年承認法國在摩洛哥的利益，導致德國的不滿；德國皇帝威廉二世於一九〇五年，訪問西非的摩洛哥，有宣示實力之意，威脅要以武力解決摩洛哥爭端。當時的摩洛哥是法國殖民地，兩國之間的糾紛導致第一次摩洛哥危機。當摩洛哥的非斯（Fez）於一九一一年發生暴亂，法軍前往鎮壓，並占領非斯，德國立即派遣軍艦「黑豹號」（Panther）到摩洛哥的阿加迪爾（Agadir），警告法國，威脅之意甚濃，促使英國出面聲援法國，並警告德國，是謂第二次摩洛哥危機。本來法國和德國是盟國，一起對付英國，現在德國挑戰法國，英國又來幫助法國。此時柏林尚未準備好與英法開戰，在獲得法屬剛果一片土地後，便決定退兵。因英國的介入起了重要作用，德國人憤憤不平，增加對英仇恨。

英法因共同應對德國的挑戰，捐棄前嫌，遂於一九〇四年四月八日正式成為盟友。雙方各取所需，英國在埃及的地位得到法國的認可，法國在摩洛哥的地位得到英國的保障。然而，法國雖按下了西邊的葫蘆，但東邊的瓢浮了起來。東亞的日俄戰爭使法國左右為難。因法國仍需要俄國在東邊穩住德國，而日本與英國又有英日同盟條約，所以如果支持俄國對付日本，法國就要得罪英國。列強之間明爭暗鬥，時敵時友，端視私利之所在。

日本以東方島國，擊敗西方大國，震驚世界，也改變東亞的權力平衡。日本確保其朝鮮半島與中國東北的利益。英國因英日同盟，也穩固其在亞洲和在中國的利益。俄羅斯的戰敗，為其盟邦法國，製造了麻煩，因破壞了歐洲的權力平衡，有利於德國的崛起，也因而促使英、法、俄三國聯合起來，對付德國，於是出現了一九〇七年的「三國聯盟」（the Triple Alliance）；不過，此一聯盟並不穩固，如果德國保持低調，聯盟很快就會解體。然而德國已鐵了心，高調要趕超英國的海軍實力，兩次摩洛哥危機，更激化德法兩國之間的矛盾。德國與英國之間的爭霸，最引人矚目。德國海軍元帥提爾皮茨，是經營德國強大海軍的要角，使英國感到威脅，因而鞏固了三國聯盟。其結果是歐洲出現勢不兩立的兩大軍事集團，彰顯一九〇七年以來裁軍計畫的失敗。兩大軍事集團的對峙，各自作軍備競賽，很容易擦槍走火。到底哪一方開第一槍？德國歷史學家否認德國先下手為強，即所謂「預防戰爭」（preventive war），意思是：「在敵方有攻擊能力之前發動戰爭」，就是先下手為強，並不是要防止戰爭。有證據顯示，德國人多有被敵國包圍的憂慮，所以覺得與英、法、俄開戰，勢不可免。連德國的主要地理學家們也呼籲說：德國因人口的持續成長，需要更多的「生存空間」。如此看來，德國人似乎已在求戰，所謂想要先下手為強，不無可能。

大英帝國在當時仍是盛世，仍然是資本主義國家的模範，自一九〇〇年以來的十五年間，成為貿易成長飛快之「聯合王國」（United Kingdom），一九一三年的進出口貿易中遠超法國和德國的總和。大英的海軍固然首屈一指，商船團隊也是舉世最為龐大。英國人生活富裕，並不喜歡打仗，但對德國加速發展海軍，深表憂慮。英國人對德國的印象，也從勤奮、扎實、重視家庭，轉變為踢正步的好戰國家，反而對長久以來視為競爭對手的法國，抱有同情與好感，雖兩國在殖民地上有摩擦，仍然保持友好。英國輿論界厭惡德國的情緒，對政府自然也有影響，更加要拉攏法國，共同來保護英倫海峽與地中海的安全。當時的英國國王是喬治五世，也視與沙皇的俄國以及共和的法國結盟，共同對付德國的威脅，為國家安全的首要議題。

德國也與奧匈帝國結盟，以壯聲勢，當奧匈帝國攻打塞爾維亞時，俄國以血濃於血，動員助塞國抗奧匈，德國則針對俄國動員，而法國勢必站在盟國俄羅斯一邊。英國固然希望事態不要擴大，但沒有立即聲援盟友法國。當德國入侵中立國比利時，英國終於在一九一四年八月四日對德宣戰，第一次世界大戰正式拉開序幕。德國為什麼入侵中立國呢？因為德國想打法國，最方便的就是借道比利時。然而英國人視違反中立法是極為嚴重之事，故而英國不得不介入。歐洲群雄競爭，復又拉幫結派，形成集團與軍事對峙，終於擦槍走火，爆發了大戰。戰爭爆發在夏天絕非偶然，因這個季節最適合開仗。

從歷史脈絡來看，自進入二十世紀，世界各地多有內亂。在多國發生革命，發生在一九〇五－一九〇七年的俄國，一九〇八年的土耳其，一九一〇年的墨西哥，以及一九一一年的中國。革命都是發自國內，但在巴爾幹半島的塞爾維亞發生的民族革命，卻成為一場世界大戰的導火線。原因在哪裡？巴爾幹半島有火藥庫之名，動亂並不意外，德國首相俾斯麥（Otto von Bismarck）於一八八八年曾說：「在那裡會發生極其愚蠢的事情」（Some damned foolish things in the Balkans）。俾相指的是難纏的「民族自決」問題，受殖民和奴役的民族，有決定自己命運，擺脫殖民統治，建立獨立國家的權利，對皇朝帝國如奧匈帝國、奧斯曼土耳其帝國造成嚴重威脅。巴爾幹列國如塞爾維亞（Serbia）、黑山（Montenegro）、保加利亞（Bulgaria）、希臘（Greece）也老早想把土耳其人逐出歐洲。戰爭終於一九一二年十月在巴爾幹爆發，黑山對奧斯曼帝國宣戰，最後因大國干預而結束，但問題並沒有解決。奧斯曼帝國一旦在民族主義激蕩下動搖，戰爭又於一九一三年六月，再度爆發，使列強之間關係更趨緊繃。巴爾幹半島烽火再起，奧匈帝國與俄羅斯帝國之間的衝突，已如箭在弦上，因為巴爾幹半島的很多民族跟斯拉夫是一脈相承的。

戰雲密布之際，一件突發事件觸發了第一次世界大戰。一九一四年六月二十八日那一天在塞拉耶佛（Sarajevo），一位塞爾維亞的民族主義者，刺殺了奧匈帝國皇儲斐迪南大公（Francis Ferdinand）。刺客是名叫普林西普（Gavrilo Princip）的十九歲「青年波士尼亞」的成員。這是由塞爾維亞的秘密團體，是由從事恐怖活動的「黑手黨」（Black Hand）所指揮。那天一早，皇儲夫婦的坐車被刺客查布林諾維奇（Nedeljko abrinovi）擲手榴彈，手榴彈在車後炸開，傷及隨車的若干人，但皇儲並沒有受到傷害。皇儲到達該地首長的寓所後，非常生氣、責備說：「你們是用炸彈來歡迎客人嗎？」皇子夫婦休息後，堅持要到醫院去探視受傷人員，但司機沒有被告知此一行程的路線。當司機發現走錯路後，立即回轉進入旁邊一條街道時，車隊被阻擋。那時，刺客之一的普林西普正坐在對街的咖啡館內，他立即衝過去開槍。他先射中皇儲夫人索菲的腹部，接著又射中皇儲的頸部，皇儲轉身朝向哭喊的夫人。救援的人來到時，他仍活著，他對夫人說的最後一句話是：「親愛的，不要死，為我們的孩子活著」。但是皇儲夫婦在被送往醫院的途中，先後死亡。普林西普的手槍來自塞爾維亞的陸軍上校，此人也是「黑手黨」成員之一。奧匈帝國聞訊大怒，為了國家的聲譽，要嚴懲兇手；同時，作為報復，也想趁機併吞兇手所屬的塞爾維亞。俄國絕不允許同屬斯拉夫民族的塞爾維亞滅亡，但當時的俄國敗於日俄戰爭未久，顯得有點軟弱。德國皇帝威廉二世則強烈支持奧匈帝國懲罰塞爾維亞，並宣稱即使俄國要保護塞爾維亞，也會堅定地站在奧匈帝國一邊。俄國在德國最後通牒的威脅下退讓，但心有未甘。塞拉耶佛偶發的槍聲，引發大國之間的連環反應，終不免觸發歐洲大國之間的火拼。

奧匈帝國在德國的大力支持下，向塞爾維亞下最後通牒，同時又拒絕塞爾維亞的答覆，而且於七月二十八日，對塞爾維亞正式宣戰，第二天就炮轟其首都貝爾格勒。於是俄國與奧匈帝國各自動員。德國要求俄國在二十四小時內停止動員，因為動員是戰爭的前奏。俄國沒有理會，德國也開始動員，最後正式宣戰。法國對俄國有承諾，如德奧兩國攻打俄國，法國有義務出兵幫助俄國。法國總統龐安卡（Raymond Poincaré）於七月還訪問了俄國首都聖彼德堡，明確表示對俄國的支持。法國與德國是世仇，聯俄正是為了對付德國，但法國政府參戰，需要議會的通過。

德國前宰相俾斯麥曾警告：「不要陷入兩面作戰的危局」，言猶在耳，但德國軍方已做好面對東俄西法的準備，計畫在西線一舉擊垮法軍，然後再來對付東線動員效率低下、行動遲緩的俄軍。為了一舉擊潰法軍，必須繞過法國堅固的防線，入侵比利時為必然的選擇，但比利時是國際承認的中立國。按照歐洲的法律，破壞中立是不可容忍之事，不能侵犯的底線。然而德國為了軍事上的需要，不惜向比利時發出「哀的美敦書」（Ultimatum），也就是最後通牒，然後長驅直入，比利時可說是德國戰略需求下的無辜犧牲者。英國當時忙於內部改革，國富民裕，不想打仗，而且對外作戰也需要國會同意。但德國破壞由英國背書的比利時中立，而英國與法俄又已結成同盟，所以英國別無選擇，不得不介入戰爭。

觸發歐戰的深層原因，還是英德兩大國之間的難解矛盾。英國之所以進入三國同盟，就是想與法俄合力遏制德國的崛起。德國自統一以後，發展非常之快，一九〇七年以後，與英國在海軍上的競逐，更日趨激烈。當德國走出國境、邁向世界遭遇到三國的阻擋，使德國有被圍堵之感，不免產生恐慌，恐慌再經過媒體的渲染，德國人激昂的情緒更為高漲，覺得戰爭終不能避免。這種想法非常危險，不言可喻。英國也患焦慮，為德國在經濟和軍事上的突飛猛進，深感不安，尤其有鑒於德國海軍的快速成長，將挑戰英國引以為豪、不許超越的皇家海軍，憂慮德國會取代其世界主導的地位。英德之間的互不信任，彼此恐懼，互不退讓，兩雄雖想和平，終不成功，勢必一戰。正由於英德之間有難解的矛盾，英國與法國放下長久以來在海外殖民地上的爭勝，而趨於親善。英國與俄國也終止在波斯的敵對，趨於和好。這些都是因為德國的崛起而捨輕取重。毫無疑問，英國視德國的威脅高於一切。互信的喪失，使外交調解無功，戰爭也就逼上眉梢。奧匈帝國與塞爾維亞之間的衝突，螺旋上升，爆發整個歐洲的大戰。一般認為，歐戰的引爆點是塞拉耶佛的槍擊案。這種說法，過於簡單。最重要的還是大國之間的矛盾和互不信任，尤其是英國和德國之間的矛盾，也就是說：德國以新興強權，挑戰當道的英國霸主。槍擊案不過是一根火柴，引爆了整個火藥桶。

歐戰於一九一四年夏天的八月份開打。大戰點燃之後，英國強大的海軍，一時之間，對法國的幫助不大，而英國的陸軍並不十分強大，德國暫時占有優勢。俾斯麥曾告誡德國不要兩面作戰。德軍著名將領毛奇也說：德國不能夠同時打兩方面的戰爭。但一開打，德國就是西邊和英法作戰，東邊和俄國作戰。但是德方是有備而來，開戰前就已熱血澎湃，計畫先迅速擊潰法國，然後再從容對付俄國。德國與奧匈帝國在地理上連成一個整體，戰備也較好，而英、法、俄三國比較分散，相對難以相互呼應。然而德國破壞比利時的中立，借道攻擊法國，軍事雖有必要，但政治不智，引起公憤。然而即使借道比利時攻打法國，在軍事上並未如預期的勝算。德法兩軍在馬恩河（Marne）進行一場極為著名的戰役，從九月六日打到十日，以德軍敗績告終。此即著名的第一次馬恩河戰役，德國的失利，無法快速擊敗法國。德軍原本在八月間，乘勝追擊法軍已至巴黎東郊，法國都城危急。英國遠征軍統帥弗倫奇爵士（John French）開始向英倫海峽撤退。巴黎的軍事長官加里埃尼（Hoseph Simon Gallieni）將軍出任英法聯軍的統帥，急組聯軍以抗德軍，留住了想要撤退的英軍。加里埃尼將軍的計畫很簡單，所有聯軍全力在馬恩河邊反攻，阻擋德軍的前進。就在此時，聯軍的後備部隊投入戰場。法國六個軍於九月五日中午，遇到德國第一軍的先鋒隊，打到九月九日，德國第一軍和第二軍陷入包圍圈，有被殲滅的危險。德軍統帥毛奇將軍（Helmuth von Moltke）急得精神崩潰，他的屬下接替後，德軍突圍，但速戰速決已無希望。英法聯軍更在後追擊，惟速度很慢，一天只進十九公里。德軍於九月十三日，撤退六十五公里後扎營於埃納河（Aisne）之北，開始建築壕溝作持久戰，壕溝之長從瑞士一直到比利時海岸，可說是歐戰的一大奇觀。雙方展開壕溝戰，相持不下，浴血苦戰，延續達四年之久，傷亡極為慘重，後來甚至動用毒氣彈，卻沒有一方願意放棄。德軍參謀長施里芬（Afred von Schlieffen）所設計的以雷霆不及掩耳之勢，攻占法蘭西第三共和國，徹底失敗，已失決戰獲勝的先機，因而不陷入東西兩面作戰的難局。毛奇將軍通報德皇：「皇帝陛下，我們戰敗了」！這位德國名將遂被解職。德軍於一九一八年七月十五日到八月六日，試圖在西線戰場展開最後的攻勢，結果還是失敗了。聯軍動用了數百輛坦克車反擊，造成德軍重大的傷亡，史稱第二次馬恩河戰役。這是英法轉敗為勝的決定性戰役。此後聯軍不斷進擊，直到百日後的停戰為至。

英國憑其海軍優勢，封鎖德國的海岸，英德之間的海戰遂不可免。最具決定性的一戰，於一九一六年五月三十一日，發生在白德蘭半島（Justland）海域，英勝德敗，德國突破海岸封鎖無望，不得已於一九一七年一月三十一日採用無限制潛艇戰。所謂無限制者，德國潛艇可不予警告，即可擊沉任何開往英國水域的商船，目的在擾亂大西洋上的敵方船艦，以突破英國的封鎖。但涉及中立國商船的安全，最後導致美國參戰的一個主要原因。

德國於一九一四年八月二日，為增強實力，迫使奧斯曼土耳其加入戰鬥，而日本因英日同盟，站在英國一邊。日本遠在東亞，並未出兵相助，卻得到很多好處，比如接收了德國在東亞的權益，包括山東在內。英法又在一九一五年五月二十三日，誘導義大利站到自己一邊。艾倫比元帥（Edmund Allenby）率英國埃及遠征軍攻打中東地區，一路成功，於一九一七年十一日，進入耶路撒冷（Jerusalem），一九一八年占領大馬斯革（Damascus）。職是之故，原屬奧斯曼土耳其帝國的中東地區，一由大英帝國掌控。

關於東線戰爭，歷史學家很少提及，英國首相曾稱之為「被遺忘的戰役」（The Unknown War），以至於有許多不真實的說法，比如德軍有可能於一九一五年一舉殲滅俄軍。英國史學家斯通（Norman Stone）首先指出：德軍於一九一五年在東線的傷亡，多於西線，被俘的人數也多於西線，所以德國在東線戰場，所向無敵之說，絕非實情。很多史書上說：俄國打得很失敗，因其經濟情況不佳，軍隊士氣也不高，何況俄皇尼古拉二世內外交困，所以一般印象，俄國人在東線不堪一擊。其實俄軍在一九一七年的大革命之前，打得還不錯，德軍損失不小，戰績不遑多讓於西線戰場。俄國固然物質缺乏，但能生產飛機大炮、手榴彈與無線電等，都足備所需。很多人讀史，沒注意到：直至一九一七年初，俄國在東線戰場，雖然傷亡不小，但實力不容小覷，並不弱於西線盟軍。所以俄國戰敗，非因資源不足，而是由於反應遲鈍，沒能善用資源。所謂缺少槍炮，只是失誤與無組織的藉口而已。換言之，失敗主要不在經濟而在行政。一九一七年的革命，除了戰爭之外，多因內政的潰敗。先有二月革命，推翻了沙皇的政權，後有十月革命，把臨時政府推翻。列寧認為這次戰爭是帝國主義、資本主義國家之間的戰爭，所以主張退出戰場。列寧與德國訂立了非常屈辱的條約，割讓很多土地給德國與奧匈帝國。

美國於一九一七年介入，大大增強了英法聯軍的優勢。因為在西線戰場上，德國和英法的壕溝戰陷入僵持，美國生力軍的加入，飛機以及坦克部隊的進入，終於打破僵局，使德國感到絕望。到了一九一八年的夏初，德國已經打得有氣無力。同時，德國的盟國也都面臨敗戰，保加利亞在一九一八年的九月二十六日求和。最後，德國、奧匈帝國、奧斯曼土耳其於十月三日共同向美國總統威爾遜（Woodrow Wilson）要求停戰。柏林想通過議和，得到比較寬容的條件。當威爾遜於十月五日收到德國第一份停戰備忘錄時，盟國之間有是否要求無條件投降的爭議。威爾遜希望此戰之後，世界再無戰爭，所以不願對戰敗的德國，過於嚴苛，但英法的想法很不一樣。英法要使德國永不得翻身，以絕後患。所以當威爾遜準備接受德國求和的條件時，英法極力反對，最後威爾遜為免盟國分裂，只好讓步，英法得其所欲。所以德國得到非常苛刻的和議：德國工業重鎮萊茵蘭地區，必須非軍事化，支付大量賠款，限制商業來往，放棄所有的海外殖民地。德國因此失去了強權的地位。

當時俄國十月革命已起，德國想以國內紊亂會導致共產革命，來警告英、美、法戰勝國，停戰的條件不要太苛刻，不要相逼太甚，但並無效果。德國只好在一九一八年十一月十一日，很不情願地簽下了城下之盟。戰後德國躺平；英法雖勝力竭，只能說是慘勝；奧匈、奧斯曼、羅曼諾夫三大帝國崩潰。不論戰勝戰敗，通通受傷不輕，其結果是歐洲世紀的沒落。代之而起的是美利堅，有能力影響到歐洲事務。美國人先祖雖多來自歐洲，分享同樣的文化，但兩者有不同的政治傳統與政治文化。這場歐戰後來被稱作第一次世界大戰，此戰規模之大，前所未見，不像十八世紀或十九世紀古典式國與國之間的有限戰爭，而是兩大軍事集團的殊死戰。而且不僅是軍事戰，也是資源戰與持久戰。雙方都全國徵兵，幾乎每一個國民都可以說參與了戰爭，很多女性在工廠裡工作，在戰地當護士，盡衛國的責任。雙方都調集了龐大的軍隊，並首先使用宣傳戰，絞盡腦汁，不計真偽，譴責敵方的暴行。總之，此戰動搖了歐洲原有的結構，並在心理上與道德上對全世界產生巨大的衝擊。

歐戰由於美國的介入而終止戰爭，美國為何要參戰呢？是因為德國的無限制潛艇政策？是因為親英情緒？是為了國家安全？史學家之間頗多辯論。當戰爭於一九一四年爆發時，美國人雖感到震驚，但幾乎都覺得不關美國的事。時任美國的總統威爾遜是和平主義者，也公開說過：我們不會捲入歐洲大戰。那麼三年後美國為什麼介入不相關的戰爭呢？

威爾遜的說法是：德國的潛水艇傷及無辜人民的生命與財產，對美國的權益與尊嚴無可忍受的挑戰，使美國不得不介入戰爭。這成為美國介入歐戰最簡單的解釋，也是常見的說法。美國史家西摩（Charles Seymour）於一九三〇年代，出版的《世界大戰時期的美國外交》（*American Diplomacy during the World War*）一書，更以學術研究支撐了此一經典說法。他的結論就是：德國的潛艇政策導致美國的參戰。但也有不少學者，覺得此說尚未觸及問題的核心，應該追問為什麼德國政府要執行無限制潛艇政策，並認為美國由於不中立的情緒，以及對德極具偏見的行為，使德國政府別無選擇，只好出潛艇政策的下策。翻案者於是提出另一種說法：美國的介入是錯誤的，可以避免的，美國應該譴責自己。翻案派的名家巴恩斯（Harry Elmer Barnes）發現：威爾遜總統的盎格魯—撒克遜背景，導致其偏向與同情英國，威爾遜覺得英國是民主與文明的冠軍，而德國是民主與文明的破壞者，故而每使美國在外交上，一方面容忍英國違反國際法，另一方面譴責德國違反國際法，即所謂雙重標準。英國的宣傳也嚴重影響美國的公私意見。因此巴恩斯的結論是：美國參與歐戰，既無明顯的法律基礎，也無道德基礎。基於巴恩斯的結論，有的史家更強調美國沒有遵守中立法，明顯不中立的行動，而美國民眾不以不中立為意，當然要為不中立付出代價。即使於歐戰戰後，也有許多美國人認為：雖然美國打贏了，但也付出了相當的代價，他們質疑是否值得。也有史家強調法律問題，質疑威爾遜售賣武器給交戰國是否合乎國際法，同時質疑政府為什麼沒有警告美國人，不要搭乘交戰國的交通工具，質疑為什麼對德國嚴詞譴責而對英國的非法封鎖，只作有氣無力的抗議。也有學者，特別是譚西爾（Charles C. Tansill）在其《美國走向戰爭》（*America Goes to War*）一書中，強調美國參戰的經濟原因，也就是美國的軍火商與英法盟國關係密切，此一關係使美國軍火商獲得巨大利益，獲利者遊說威爾遜政府不中立，不理會德國抗議，資助與運送軍火給英國，這樣才使美國介入。另一位美國史家伯德薩爾（Paul Birdsall）也認為美國政府偏袒英法，不中立之故，但在他看來，這不是軍火商與銀行家追求暴利之故，而是由於美國的繁榮依賴戰時貿易，而與英法盟國貿易密不可分。所以他強調的同樣是經濟因素，即美國覺得如果英國戰敗，會殃及美國的經濟，所以難以抵擋盟國破壞美國的中立，因而在德國軍方眼裡，美國無疑已是英國的盟邦，是以美國抑制無限制潛艇政策的要求，顯得蒼白無力。

以上所有的翻案文章都認為，美國捲入歐戰是可以避免的，而且是愚蠢的、奸詐的，或是既愚蠢又奸詐。出現於一九三〇年代的翻案觀點，與戰後美國興起的孤立主義潮流有關，美國人只管美國事，不管其他事，不謂無因。美國其實一直有孤立主義的傳統，參與歐戰，多少有死傷，覺得不值。但當時檔案資料未全出，在反銀行家和大企業、經濟大蕭條，以及孤立主義彌漫的時代，必然是情緒高而視野短，翻案觀點不僅影響到公眾輿論，也影響到學術界。翻案派之外，還有對翻案派結論的翻案，所謂否定之否定。直到「二戰」結束，情緒沉澱之後，包括威爾遜檔案在內的新資料出現，更由於美國參與「二戰」，才發現美國介入歐戰不完全是美國自己可以控制的。史學家布赫裡格（Edward Buehrig）以原始史料，檢視美國介入的經濟因素，發現德國痛恨美國的軍火商是事實，但問題是此一事實是否可以管控。這位政治學家認為，沒有任何證據說明，美國政府受到銀行家或軍火商的壓力而行事，也就否定了翻案說法。另一位著名的美國外交史家歐內斯特．梅（Ernest May），根據德國方面史料，發現德國的潛艇戰術是內部強大的壓力所致，諸如海權主義者，擴張主義者，右派政客，軍事領袖以及部分媒體，最後形成公眾一致的輿論，認為不能戰而不決，需要用一切的手段，贏得勝利。到了一九一七年一月，德國總理霍爾維格（Bethmann-Hollweg）無法再抵擋壓力，不管美國是不是中立，德國必須堅持不擇手段，以突破僵局。所以歐內斯特・梅的結論基本上又回到早期的潛艇說，也就是德國的無限制潛艇政策是美國介入的主要原因。梅氏之說，得到威爾遜研究專家林克（Arthur Link）的肯定。林克認為德國軍方對軍事態勢，評估樂觀，相信無限制潛艇戰術，可以達到快速而又明確的勝利。總之，這三位學者，並沒有質疑翻案派提出疑問的正當性，但認為翻案派對問題的回答，肯定是不正確的。他們懷疑即使美國嚴守中立，德國也未必會放棄可能致勝的策略。另外一種論點，有鑒於一九四〇年代納粹德國的崛起，有人更認為歐戰如德國勝出，會危及美國的安全，遂又興起另一種說法：美國參戰是為了保護自身的安全，是出於對國家利益的現實考慮。同時也有學者認為安全說查無實據。

所謂現實派論點，注重對國家利益的現實考量，反對講法規或道德的外交政策，主張現實主義的外交政策。喬治肯南（George Kennan）認為美國沒有真正了解歐洲戰爭的原因與目的，沒有注意到結果與美國有關，為了維持歐洲權力的平衡而干預是現實的，卻用了錯誤的理由來解釋自己的干預，如歐陸權力平衡才能維持和平，德國的興起破壞了權力平衡，從而導致戰爭。所以肯南的結論是：「美國干預是正確的，但那些理由是錯誤的」。然而另外一位現實派的歷史學家奧斯古德（Robert E. Osgood）認為並無證據證明，如果歐洲權力平衡偏向德國，會對美國不利。他更指出威爾遜總統從未考慮歐洲權力平衡的問題，美國公眾也不認為歐洲的戰爭與美國切身的利益相關，所以中立權、國家榮譽、服務人類等理由。都是錯誤的情緒性理由。現實派與翻案派的不同處是，翻案派認為不中立的情緒導致不中立的政策，而後導致美國的介入；而現實派則認為為了維護中立權利的不現實的情緒，才導致美國的介入。諸多的解釋一定程度上，反映不同歷史學者的背景和思維。

美國人為什麼如此在意捲入歐戰？美國史家又為何如此爭辯為什麼美國會於一九一七年參戰？各種不同的說法，好像都言之有理，正如我國古人所謂「理未易明」，但可以看出美國自我中心的本質，孤立主義的本質。孤立主義就是自掃門前雪，莫管他人瓦上霜。美國人絕不願為歐洲流血，所以威爾遜總統要求他的國人無論在行動上，還是思想上，都要保持中立。然而，在行動上中立，尚有可能，在思想上保持中立，則絕無可能。因為美國是一個移民國家，人民來自歐洲各國，尤其是數以百萬計的英裔美國人、德裔美國人、義大利裔美國人、愛爾蘭裔美國人等。這些美國人對各自的母國，不可能沒有感情，但這種感情仍不足以為母國流血。威爾遜總統無論公開或私下都曾清楚表明，歐洲的戰爭不關美國的事。美國絕大多數人民也都是如此認為，連好戰的老羅斯福也同意威爾遜的主張。不過，雖然幾乎所有美國人都說要中立，但是中立並不容易。英國以優勢海軍，大規模封鎖德國，明顯違反國際法，德國以「潛艇戰」反封鎖英倫三島，理所當然。美國政府對英德兩國的封鎖，都表示抗議，亦理所當然。但是美國明顯輕重有別，對德國潛艇的反應特別強烈，因為潛艇攻擊危及美國人民的生命與財產。英國大郵輪「盧西塔尼亞」號於一九一五年五月七日在無預警下，被德國潛艇在大西洋愛爾蘭海外擊沉。這次事件死亡的一一九八人之中有一二八位美國公民，其中大部分是婦孺，包括嬰兒。這自然引起美國人極大的憤怒，斥之為冷血大屠殺，極盡譴責之能事。頭腦發熱的人要立刻開仗，但威爾遜及大部分的美國人還沒有準備好。威爾遜得到德國不再攻擊沒有武裝客船的保證後，以為可以高枕無憂。不料沒過多久，德國潛艇於一九一六年三月，又無預警擊沉了法國「蘇塞克斯」號商船，有若干美國人遇難。潛艇戰的厲害就在無預警，除非放棄此一戰法，否則不可能不出類似事件。然而威爾遜感到德國不守承諾，十分憤怒。盛怒之下，他發出最後通牒，如果德國繼續用此不人道的戰術，繼續攻擊商船與客輪，華盛頓將別無選擇，只得與柏林斷交，斷交即要交戰。這是嚴重的戰爭威脅，德國為了避免與美國攤牌，暫時有所節制。威爾遜於一九一七年初，見及戰爭陷入膠著，向交戰雙方提出和議，且在美國國會演說中，公開提出「不求勝利的和平」（Peace Without Victory）主張，他認為想要長久的和平，就要捨棄求勝心理，和平比勝利更加重要。然而就在一月底，德國宣布無限制潛艇政策，也就是會攻擊包括交戰國與中立國在內的所有船舶（之前只攻擊交戰的敵國船隻），顯然是急於打破封鎖。不過，德國准許美國每週派一條船，在無違禁品的條件下，於特定監控路線通過，作為對美國的讓步。但美國主張航行自由的權利，對此並不領情。就威爾遜來說，無限制潛艇戰的宣布，對威爾遜的和平建議是重大打擊，但總統及其國人不太相信德國會真的這樣做，美國也非真想要與德國斷交。不意三月一日發生「齊默爾曼電報案」。齊默爾曼（Arthur Zimmermann）是德國外交部長，該案指稱他打電報給駐墨西哥公使，說如與美國開仗，可幫助墨西哥收復被美國奪取的德克薩斯、新墨西哥與亞利桑那三州，並要求墨西哥總統請日本支持此一計畫。這一密電由英國公布，其真偽難辨。這顯然是英國人捏造的宣傳，以抹黑為手段來離間德美。事實上，墨西哥並無此實力，而日本已是英國的盟國，顯然子虛烏有之事，但一經公布，德國豈不是想要偷襲美國，美國人的反感可想而知。

到了三月中旬，四艘美國懸掛星條旗的商船，被德國潛艇擊沉，死了三十六人。這證明德國的無限制潛艇戰是來真的，而威爾遜一年前的通牒猶在，若不將斷交的諾言付諸實施，有傷美國的威信。但威爾遜是一和平主義者、人道主義者，他誤以為斷交威脅，能夠嚇阻德國，而德國誤以為威爾遜是虛張聲勢，結果威爾遜陷入不得不宣戰的窘境。值得注意的是，無限制潛艇戰確實起了作用，使英國有斷糧之虞；而同時俄國因革命而退出戰場，德國東線部隊可以西調；而義大利又已潰敗，德國以為勝算在握，顧不了美國的威脅。總之，威爾遜面臨痛苦的抉擇，他於四月二日面對國會議員時，他只說德國擊沉美國四艘商船，等於是向美國宣戰，又過了四天才對德國宣戰，並經過國會上下兩院通過，美國終於正式參戰。足見美國是為了堅持航行自由而戰，是為了美國人的生命與財產而戰，這些都是美國自身的利益，而直接挑戰美國利益的就是德國潛艇。如德國沒有無限制潛艇政策，美國很可能不會參戰。所以美國既不是為拯救英國而流血，也不是為軍火商而戰，更不是為了平衡歐洲政治而戰。

美國參戰之後，威爾遜為參戰的正當性，增加了新的理由，諸如為了拯救民主、為了全人類的權利、為了世界永久的和平等崇高理念而戰，其實都不是。威爾遜作為和平與人道主義者，內心殊不願意打仗，所以用崇高的理念使戰爭行為更加義正詞嚴。這位曾任普林斯頓大學校長，擁有哲學博士學位的美國總統，為了使參戰合情合理，身不由己成為世界主義者，不僅要關注自己國家內部正義，還要關心國際正義，並要求更多的國家對德宣戰，儼然要組十字軍，討伐不人道的德皇威廉二世。中國的北洋政府就在威爾遜的勸說下，對德國宣戰。但是絕大多數的美國民眾，並不願意擔負世界責任。美國的孤立主義有其特殊的歷史背景，因為美國是移民國家，來自歐洲的移民，多因在歐洲受到不公正的待遇，來到新大陸，覺得管好自家事就好，莫管他家事，豈願介入歐洲事務？美國的孤立主義不僅不參與歐洲事務，而且也不許歐洲來管美洲的事情，所謂「美洲是美洲人的美洲」。但是美國強大以後，事實上不能不管世界事務，而且愈管愈多，變成「世界警察」。歐戰後美國孤立主義更加高漲，乃勢所必然。

第五節　震驚世界的十天

歐戰於一九一八年十一月結束之前，俄國發生了共產革命，列寧創建的俄國無產階級政黨「布爾什維克」（Bolshevik）成功統治俄羅斯，史無先例的工農兵政權在俄國出現與德議和停戰，列寧認為歐戰是資本家之間的戰爭、是帝國主義之間的戰爭，與工農兵階級無關。十月革命震驚世界，尤其震驚了西方世界，不僅影響戰爭的進行，更是意識形態的挑戰。美國記者約翰瑞德（John Reed）親眼目睹十月革命，寫了著名的《震驚世界的十天》（*Ten Days That Shook the World*）。作者信奉社會主義，同情十月革命，自稱見解並不中立，書成不久即過世，死後葬於莫斯科克林姆林宮牆內（Kremlin Wall Necropolis），蘇維埃政府對這位美國記者，異常禮遇。瑞德之書在西方的反應，褒貶不一，可想而知。不少英美學者遺憾俄國沒有從專制演變為議會民主；其實，俄國自十九世紀以來，工業化的快速發展，有走向民主改革的趨向，俄國人稱之謂「杜馬」（Duma）的議會，已經出現，並已運作。俄國一九一七年的二月革命，原來也是資產階級的民主革命，在克倫斯基（Alexander Krensky）領導下的政府，也已經取代了諾曼諾夫（Normanov）王朝。但好景不長，就在同一年的十月，克倫斯基的政府就被共產黨推翻。究其原因，不僅僅由於在經濟現代化的同時，沒有進行政治改革，以至於民主憲政缺乏堅固的基礎，而且最後一位沙皇尼古拉第二（Nicholas II），懦弱無能，皇后因愛子患有血友病（haemophilia）而張惶失措，誤信奸臣，因為奸臣說自己有秘方可以治皇子的病。不過，克倫斯基政府的失策，才至關重要，十月革命的繼起，自有其不可阻擋的趨勢。

俄國自十九世紀以來，沙皇集權統治就遇到激進「知識階層「（intelligentsia）的抗議與反對。這種抗議和反對屢遭政府的鎮壓，被充軍到西伯利亞的知識分子不在少數。他們已經對馬克思主義發生興趣，流亡海外的普列漢諾夫（George Plekhanov），後來成為俄國的「馬克思主義之父」，拋棄「民粹主義者」（the narodniks）的暗殺恐怖手段，於一八八三年在瑞士組織了以解放勞工為名的第一個具有戰鬥力的「俄國馬克思群」（Russian Marxist group）。時至十九世紀的最後十年，馬克思學說湧入俄國，知識階層肯定馬氏歷史觀，即生產模式決定特定時期的歷史性格，而此一模式造成不同的社會階級，再經由激烈的階級鬥爭，決定勝負，並認為此乃唯一的真理。俄國的工業化觸發一波波因不滿工廠惡劣條件的罷工潮，但當時的工人抗爭，尚未由革命理論引導。馬克思學說在俄國流傳，與俄國快速工業化而缺乏資產階級傳統有關。馬說被俄國初成長的中產階級接受，要因可借此對抗封建主義和獨裁制度。普列漢諾夫將馬氏學說俄國化，得到恩格斯的贊賞。列寧也說：普氏《論一元歷史觀的發展問題》（*On the Development of the Monistic Conception of History*）培育了一個世代的俄國馬克思主義者。列寧亦認為普列漢諾夫是他的老師，以普氏的門生自居。

馬克思主義在俄國漸漸演變成布爾什維克學說，是經由一八九八年成立的「社會民主工黨」（the Social Democratic Workers' Party）激烈爭辯的結果。列寧不認為這個黨應該是「大多數人的組織」（a mass organization），因他重質而不重量。列寧一開始就是很現實的革命家，他的理論由俄國的需求來決定，俄國的實際情況決定他的思想。他認為工人以及學生作為不專業的革命團體，很容易成為沙皇軍警的犧牲品，所以在俄國搞革命必須由職業革命家來執行。他的結論是黨員必須精挑細選，必須經過嚴格訓練，行動必須保密。他所需要的是強而有力的，由中央領導的，小而嚴謹的黨，作為無產階級革命的先鋒。

俄國社會民主工黨在普列漢諾夫主持下，在一九〇三年開會，結果黨員意見不合，分裂為孟什維克（Mensheviks）和布爾什維克（Bolsheviks）兩派，到一九一二年雙方完全決裂。普列漢諾夫雖在原則上，同意列寧強化黨的紀律，但後來雙方變成死敵。列寧的中心思想是將既有紀律而又集中的黨，作為革命機器，他後來稱之為「民主集中制」（democratic centralism）。藍森保（Rosa Luxemburg）反對列寧甚力，在一九〇四年抨擊極端集中制是既官僚而又不民主的，但列寧不為所動。列寧指孟什維克信奉的是資產階級的個人主義，而布爾什維克才是有紀律的無產階級組織。列寧重視農民問題，但是正統的馬克思主義者，都認為農民比較保守，只有工人階級才能領導。當時大多數的貿易同業公會，由孟什維克主導，而布爾什維克的主要支持者為沒有技術的工人。兩者競爭，最後孟什維克失敗，是由於忽略了俄國的實際情況。當時俄國的社會與政治，無法給資產階級民主政治的成長提供沃壤。換言之，西歐的戲碼不可能在俄國重演。

沙皇於一九〇五年一月二十二日（俄曆一月九日），在冬宮前血腥鎮壓抗議群眾後，動亂逐步擴大。同一年的日俄戰爭，俄國敗北，沙皇顏面盡失，信用蕩然無存，集權政府風雨飄搖。孟什維克雖然人多，但組織鬆散；布爾什維克更為團結，而且有清楚明白的政策，更不必說其領導人列寧，既有節奏，又有決心。另外，堅信工人階級的孟什維克，不同意布爾什維克要與農民聯盟的革命戰略，在他們看來，農民基本上是反革命的群體。不過參與過一九〇五年革命的布爾什維克的領導人托洛茨基（Leon Trotsky），根據他在一九〇五年的經驗，經過深入分析無產工人階級在革命中的主要角色，也不認為農民可以扮演有意義的角色。

布爾什維克在聖彼德堡發行名為《真理報》（*Pravda*）的新報紙，試圖用輿論來重整士氣。但因沙皇政府鎮壓所有反政府者，列寧前往瑞士避難，且堅決認定歐戰為帝國主義戰爭。所以他希望俄國不要參與這場戰爭，而要進行社會主義革命，使俄直接由資本主義革命進入社會主義革命。隨著機關報《真理報》被查禁，有名有姓的布爾什維克，也都被驅逐出聖彼德堡（Petersburg），充軍到西伯利亞（Siberia），布爾什維克組織遭到破壞。然而俄國參戰之後，損失慘重，不僅死傷嚴重，經濟發展也中斷。到了一九一五年，所有的金屬工廠都移作軍用，仍無法完全滿足軍需，金屬不足，燃料缺乏。工業軍事化，則對農業有致命的打擊。戰爭動員了一千四百萬人，絕大多數來自農村，影響到農村勞力的短缺。農業生產急速下降，糧價在一九一五年增長五九％，一九一六年增長一二二％，一九一七年增長不可思議的二百％。社會生活越來越困難，在首都彼得格勒（一九一四年聖彼德堡更名為彼得格勒）發生了嚴重的搶麵包動亂，至一九一五年四月後，擴大到莫斯科。戰時過勞工作普遍，工作環境惡劣，童工現象嚴重，工資低而物價升。紡織工人發動工人罷工，到最後連軍人也加入反政府的行列。

一九一六年列寧在瑞士發表「帝國主義是資本主義發展的最高階段」的名言，激烈地反對歐戰。當時俄國存在窮困與作戰疲勞，到一九一七年沙皇的軍隊基本上被打敗了，而且傷亡慘重。所有問題都必須由沙皇政府負擔，但政府無能為力。所以內憂外患之下造成了一九一七年的二月革命，沙皇尼古拉二世退位，杜馬議員建立臨時政府，由克倫斯基主政。克倫斯基宣稱二月革命結束了絕對的絕對主義，開啟了絕對的民主，但是絕對民主並不穩固。

二月革命的成功，使資產階級看起來已在俄國形成氣候，克林斯基於一九一七的八月，在莫斯科召開政黨會議，有來自各個政黨與政治團體超過二千名的代表參與，但會議沒有成果，徹底失敗。孟什維克似乎受益最多，而布爾什維克所得最少。不過，臨時政府開放輿論，布爾什維克的機關報《真理報》得以重新發行。列寧也設法回到祖國，他譴責臨時政府是資本家與地主的政府。一九一七年三月，被充軍到西伯利亞的布爾什維克黨人陸續回到彼得格勒（Petrograd），其中包括托洛茨基（Leon Trotsky）和史達林（Joseph Stalin）。他們組織彼得格勒蘇維埃，並將從前無產階級專政的口號改為「一切權力歸蘇維埃」（All Power for the Soviets）。

列寧於一九一七年四月一日呼籲停止戰爭，土地歸於農民，讓人民吃飽飯。此鏗鏘有力的「四月提綱」（April Thesis），引發各方注目。他繼續譴責帝國主義戰爭，宣傳無產階級專政。他要求儘快將革命轉變為社會革命，反對臨時政府繼續作戰，要求將權力歸於蘇維埃。首都彼得格勒於一九一七年五月，革命熱情高漲，同時俄國戰爭失利，社會動盪，以及經濟解體，使列寧領導的布爾什維克行情看漲。到了七月，布爾什維克具有吸引力的口號，使許多孟什維克加入了布爾什維克的行列。克倫斯基於是年八月，在莫斯科召開政黨會議，來自各政黨與政治團體超過二千名的代表參與。但會議沒有成果，後來證明是徹底失敗。同時又發生保守將領科爾尼洛夫（Lavr Kornilov）的軍事叛變。所謂保守派，指主張復辟的一派。這位將領一叛變，所有左派的人都緊張了，因為一旦復辟成功，他們此前的革命成果，將都化為烏有。雖然叛變失敗，但所有左派為之警惕，遂形成聯合陣線，布爾什維克迎來了奪取大權的最後一里路。他們此時已是如日中天的明星，列寧重唱「一切權力歸蘇維埃」，當工人與士兵為代表的彼得格勒蘇維埃的成立，是以用武力取得國家權力的時機已至，可稱通向權力的轉捩點。

托洛茨基於一九一七年十月四日出獄，成為彼得格勒蘇維埃的主席，組織了布爾什維克主導的軍事革命委員會。托洛茨基於十一月五日繳了冬宮士兵的武器，克倫斯基雖想反擊，但為時已晚。臨時政府手足無措，軍事革命委員會取得大權，並立刻向全世界宣布革命的成就。布爾什維克就在一九一七年的十一月七日（俄曆十月二十七日）控制首都要衝，幾乎沒有遭遇抵抗，全俄工兵代表蘇維埃第二次代表大會（All Russian Congress of Soviets）接收了最高權力。眾多的見證者，無不贊佩托洛茨基的能力。托氏是俄國猶太人，非常能幹，也很有才華，文武兼資。勝利不僅屬於蘇維埃，也是屬於列寧及其布爾什維克黨人。

列寧在十一月八日宣布：我們將進入社會主義秩序。全場歡呼。大約二千五百名地下革命家，在八個月內成為一點五億人口國家的掌權者。有此成績，不得不歸功於列寧的政治理論、托洛茨基的軍事組織能力。沙皇留下的舊體制，無法解決多如牛毛的經濟與社會問題，列寧的政黨針對歷史悠久的農民問題提出解決方案（方案是土地屬於人民），已經勝過它的競爭者。總之，十月革命的成功證明西方資產階級民主模式不適合俄國的土壤，而列寧的政策是唯一可行的。

我的俄國史老師屈萊果（Donald W. Treadgold）教授的博士論文《列寧及其政敵》指出，由於帝俄農村經濟破產、民不聊生，知識階層為民請命而政府沒有能力回應，才驅使關切民生的知識人走向暴力革命，各為俄國的前途拼搏，列寧即其中之一人，並於一八九八年乘群眾政治運動興起之際，逐鹿問鼎。馬克思主義革命風潮之所以得勢，固有其系統哲學為之鼓動，然屈老師注意到逐鹿群雄中自由主義派的軟弱，不僅組織鬆散，其領導人如希波夫（Shipov）與米留科夫（Pavel Miliukov）缺乏清楚的理論與目標，對當時俄國的局勢又無清晰之認識。主張建立聯邦制民主共和國的社會革命派領導人切爾諾夫（Viktor Chevnov）對階級鬥爭並無認識，故難以建立堅固的社會階級基礎，雖注意到農村問題，但又無正確的農村計畫，採暗殺手段亦非長久之計。以上種種予列寧以成功之機會。

相比之下，列寧確是有遠見的偉大革命家，他有學問，分析能力也強，具優越的思辨能力，善於結合理論與現實，是他最偉大之處。他的最大成就在於一九一七年的十月革命，幾乎沒有流血即已完成。英國著名史學家卡爾（Edward Hallett Carr）在他的三卷本《布爾什維克革命史》（*the Bolshevik Revolution*）一書中稱讚列寧是有史以來最偉大的革命家，說：「列寧展現了極大的能量，他的能量不僅由於他能說善道，更由於頭腦清晰、論述精確，予人掌控情勢無人可及的印象」。

十月革命之後，列寧立即與德國單獨簽訂和約。《布列斯特—立託付斯克和約》（*the Treaty of Brest-Litovsk*）遂於一九一八年三月三日成立，俄國讓與德國大片土地。俄國退出戰爭觸怒了英法盟邦，盟邦因而於戰後進行軍事干預，並公然支持俄國國內反共勢力。英國進攻巴庫，日本占領貝加爾湖和符拉迪沃斯托克。不過，歐戰結束後，英法疲憊，也不欲長期干涉，俄國內戰亦以布爾什維克勝利終，唯日本兵久留西伯利亞不撤。新俄局勢趨於穩定後，共產國際（一九一九年）與蘇聯於一九二二年成立，為西方國家所嫉恨，因蘇俄在全世界協助反殖民主義勢力。布爾什維克的新俄國成立「人民書記處」，統管全國，掌握所有的權力，不惜逮捕自由派分子以及其他「人民公敵」，建立政治上、社會上、文化上的全面專政，如管控商人與勞工、設置集體農場，加強黨的控制，以便在全國建立起嶄新的政治秩序。到一九二九年，工業化與集體制全面運作，但並未達成平等與工業自主的革命期望。農業集體制導致災難，更非預期的樂觀。

研究俄國史的美國學者沃爾夫（Bertram D. Wolfe）於一九四八年出版《三人的革命》（Three Who Made Revolution）一書，「三個人」就是列寧、托洛茨基、史達林，這三位確實是最重要的俄共領袖。俄共在俄國成功，但馬克思主義是否確實在俄國落實，不無問題。列寧有鑒於十月革命後，民生凋敝，遂於一九二一年採「新經濟政策」，減輕農民負擔，放寬經濟管控，允許貨幣經濟、工資不均、個體農作、私營小企業以及相當的思想自由，取得良好效果。但列寧於三年後逝世，繼承者包括托洛茨基在內至少有四人競爭，結果由一九二二年以來出任俄共總書記的史達林勝出。托洛茨基一九二八年初被充軍到中亞，第二年就被驅逐出境。英國史家泰勒（A. J. P. Taylor）稱托、斯兩人為「最大的對手」，對此有這樣一段令人注目的議論：

> 史達林與托洛茨基可說是史上最強對手，他們之間關係緊張，但敵對遠非因個人因素。他們爭的是俄國的未來，甚至是人類的未來，因為沒有另外兩個人對人性與社會有如此相左的看法。托洛茨基生性浪漫，散發著十九世紀革命家的熱情。他能說善道，又能著述立說。布爾什

維克黨人於一九一七年取得政權後，他立馬想要回到寫作生涯。史達林一點浪漫氣息都沒有，他之所長就是組織能力與陰謀詭計。對他來說，講道德很虛偽，權力才是一切；雖非為權力而權力，但他確實愛上權力。史達林需要權力是為了達到偉大俄國的目標；托洛茨基則希望不斷革命，直到理想的共產世界完全出現。史達林只關心一個國家的社會主義。托洛茨基是全人類的傳道師，而史達林是新出的彼得大帝。

史達林順利取得最高權力，故一九二九年以來，蘇俄進入史達林時代。史達林的兩大政策是農村集體制與加速工業化。第一個五年計劃，在其雷厲風行下，帶來的是官僚的公權力膨脹、不平等與工人的貧窮。所謂無產階級專政有名無實，他們的日常生活與工作情景暗淡寡歡。集體農場更少顧及農民的權力與利益，農村難免有不人道的事情發生。最後蘇俄社會全面集體化，黨的嚴格控制不僅在政治層面，還擴張到人民生活的所有面向，所有的企業都要國家化，無論在農村或城市都不見任何自主的經濟活動，知識界也失去小資產階級的個人自由。對文學與藝術領域的控制，尤其嚴酷，無產階級文藝無異成為宣傳工具。史達林還要清算黨內同志，最聞名於世的是一九三六—一九三八年間的「大清算」。托洛茨基在域外譴責史達林「背叛了革命」，甚至說史達林主義與法西斯主義，雖出自不同的社會基礎，但兩者的性質可說是作對成雙，在許多方面極其相似。托氏譴責史達林甚是嚴厲，史氏也痛斥托洛茨基為叛徒，且於一九四〇年派特務用斧頭將遠在墨西哥的托洛茨基劈死。是非留待後人評說。

共產國際的成立以及史達林的獨裁統治，使西方國家產生舉世革命的恐懼，所以遏制反民主、反資本主義的蘇俄，不餘遺力，斷然拒絕予以外交承認。英國雖於一九二四年正式承認莫斯科為合法政府，但廢除所有商務條約，也就沒有貿易往來；法國對蘇俄既怕又恨，亦因此加強其經濟制度，以防共產意識形態的滲透；來自蘇俄的訊息，使義大利工人要求社會改革，義國的城鄉時有動亂，但最後勝出的是法西斯主義，而非共產主義。西方戰勝國在凡爾賽和會召開之前，就想用海軍封鎖蘇俄，並意圖將之割裂。至於戰敗的德國，於一九一八年十一月九日成立魏瑪共和國，也憂心布爾什維克的傳佈，非常嚴肅對待挑戰。德國社會主義陣營中有溫和派與激進派之爭，造成不少街道暴力事件，德國的魯爾（Ruhr）和漢堡於一九一九年初都曾發生動亂；同年四月在巴伐利亞，居然出現蘇維埃共和國，但這些革命運動均因失敗告終。

美國的反應更甚，當列寧與德國單獨議和，美國就有被俄國出賣的感覺，即將對德皇的仇恨，移轉到俄共頭上。不僅如此，在國內還針對「所謂激進派」人士，誇張為「布爾什維克的陰謀」，「懼赤症」（Red Scare）充斥全美。所以歐戰剛結束，華盛頓就派遣後來成為美國總統的胡佛負責糧食救濟，以免饑餓與貧窮引發革命運動。美國派兵干預俄國內戰，也就不足為異。威爾遜總統要撲滅布爾什維克之火，也勢所必然。美國也參與了經濟封鎖俄國，不承認蘇維埃政權，阻擋蘇俄參加巴黎和會。美國的「恐共症」更可見之於自一九一七—一九二〇年，對言論自由的鉗制，然而激進思想於戰後，仍然持續不斷。相比之下，馬克思主義在亞洲要比在工業發達的歐洲，更受歡迎，要因亞洲國家與非洲地區，大都是帝國主義的受害國。列寧強調反帝，把共產革命的希望，寄望於東方，如他公然宣稱「唯有當八億亞洲人民跟我們站在一起，唯有當非洲人民與我們手牽手，唯有當以百萬計的全世界人民接受共產主義……亞洲是通往歐洲之路，而中國、印度、北京是進入巴黎的門戶」。

十月革命的炮聲，也影響到中國。李大釗熱情迎接布爾什維克的勝利，稱這是「庶民的勝利」。然而凡爾賽和會出賣了中國的利益，把德國在山東的權益轉交給日本，激發了一九一九年的五四愛國運動，中國共產黨更於一九二一年成立。中國共產黨在動盪的中國，歷經挫折與磨難後，才成氣候。當左翼激進主義進入日本，對明治威權政府，是極大的挑戰。日本共產黨雖於一九二二年成立，但右派勢力反彈極為強勁，最後是法西斯主義而非共產主義在日本崛起。印度因在大英帝國殖民統治之下，包括國族主義在內的任何激進思想，都難以成長。

從意識形態來看，歐戰後興盛的三大思潮：歐美國家的自由主義，俄國興起的共產主義，以及在義大利、德國、日本的法西斯主義。這三大思潮在意識形態上水火不容，但在權力運作與現實利益考慮下，法西斯的希特勒與共產主義的史達林曾簽訂互不侵犯條約，號稱民主自由的英、美、法又與蘇俄聯手對付法西斯。法西斯被消滅後，三大思潮剩下兩大，兩大一旦失去互信，相鬥勢不可免，最後造成「二戰」後的冷戰。以蘇聯為首的社會主義陣營，和以美國為首的資本主義陣營持續對峙，直到一九九一年蘇聯崩解。蘇聯（蘇俄）自一九一七年興起，到一九九一年結束，延續七十餘年。對許多人而言，「眼看他起高樓，眼看他宴賓客，眼看他樓塌了」。蘇俄由列寧而興，由戈巴契夫而亡。湊巧的是，七十餘年中，蘇聯領導人只有列寧和戈巴契夫受過大學教育，其他人都沒有高等教育學歷。若列寧因有學問而成功，何以戈巴契夫因有學問而失敗？戈氏當然想要轉變失靈的蘇維埃制度，但他沒有找到改進的正確答案。他無法使蘇聯免於分崩離析，要因在於他一廂情願，沒有顧及國內實情，而相信西方經濟理論，說是若要經濟改革成功，必須與政治改革同步進行。然而歷經七十餘年的專政，一旦開放，必然眾說紛紜，莫衷一是，造成紊亂，何以進行有效的經濟改革？戈巴契夫的政治改革，博得西方國家的讚美，授予他諾貝爾和平獎，與英美建立友好關係。但他在國外受到歡迎，在國內卻被唾棄，因他將包含十五個共和國的龐大聯盟，打回到俄羅斯原來的疆域。

震動古今中外的十月革命，徹底改變了俄國，改朝換代，史不絕書，末代皇帝的命運，莫不悲慘；不過，悲慘的命運也有程度之分，有的禍不單行，雪上添霜；有的則較為幸運，至少存活下來。俄國末代皇帝尼古拉二世與遜清皇帝溥儀相比較，悲慘很多。溥儀雖然三歲繼統，半生傀儡，但畢竟是活到老年病死。至於他的皇親宗支，多未波及，何況還有《清室皇室優待條科》，民國政府允許清帝在紫禁城內繼續君主禮儀，並每年提供遜帝五十萬元的優遇。然而尼古拉二世一家，則慘遭滅門。根據比較可靠的說法，一九一八年七月十七日，沙皇一家清晨兩點起床，被帶到一間屋子的半地下室，理由是為了他們的安全，以免遭遇反革命的攻擊。這一家人，除沙皇、皇后、他們的子女外，還有私人醫生和三個僕人。當他們進入地下室後，官員宣布執行槍決，沙皇驚愕，與之爭辯未果，當場被手槍擊斃。其餘家屬先被刀刺而後槍殺。烏拉爾地區政府對外強調：反革命分子試圖進入俄國境內，解救沙皇，陰謀暴露，沙皇有叛國之罪，所以要處死。當時俄國紅（共產主義）白（反共產主義勢力）內戰正酣，又有外國軍隊入侵的威脅，烏拉爾地區蘇維埃為了貫徹革命，斷然屠殺沙皇一家，並加以「反革命」之罪。此後，還有與皇室有關而未出逃的人，也被處刑。例如一九一九年一月，有四大王公被處極刑，其中包括歷史學家米哈伊洛維奇。

尼古拉二世原來想退位後去英國流亡，英國雖希望他去中立國家，但還是在一九一七年三月十九日給他庇護。消息傳出後，英國的工黨與自由黨都勸阻，因怕極端左派分子借此鬧事，英皇喬治五世於四月撤銷給與庇護。法國政府也由於戰爭仍在進行，而皇后親德，所以也不歡迎沙皇家族。克倫斯基政府於是將沙皇一家於八月間搬到托博爾斯克（Tobolsk），這是烏拉爾山區以東俄國第二古老的殖民地，也是西伯利亞的歷史城市；意在保護沙皇一家，以免受到革命浪潮的衝擊，原來計畫到一九一八年春天，再送他們經由日本到國外。沙皇一家住在在托博爾斯克，相當舒適的前總督豪宅。

十月革命布爾什維克推翻克倫斯基的臨時政府，尼古拉二世注意到事態的發生，但未多警覺，他一直低估了列寧的重要性，結果幽禁越來越嚴格，要審判沙皇的風聲也越來越緊，沙皇被禁止再穿軍服。一九一八年三月一日，沙皇一家被撤銷十名傭僕，只給軍糧，不再供應奶油與咖啡等奢侈品。沙皇夫婦聽到與德國停戰訂立的屈辱條約，即俄國同意放棄波蘭、芬蘭、波羅的海三國，及烏克蘭、克羅埃西亞、考卡斯的大部，十分震驚。皇家仍然寄希望於有人相助，相信有幫助他們脫逃的計畫，相信能安全出走。不過，西方盟國因俄軍單獨與德國議和，對沙皇已不感興趣。德國政府則希望沙皇留在俄國，伺機復辟，與柏林重建良好關係。但沙皇全家於一九一八年四月三十日被移送到最後的落腳地，位於歐亞大陸中間的葉卡捷琳堡（Yekaterinburg），被關在一棟兩層樓的房子裡，直到被殺害。

俄國的末代沙皇，原本很想把國家建設好，努力糾正官員濫權，但他犯下一些愚蠢的錯誤，未能了解俄羅斯面臨的問題。他缺乏魄力，所任用的人能力欠缺。雖也有一些能幹的幕僚，如當過首相的斯托雷平（Pyotr Stolypin）與維特（Sergius Witte），但他們受制於暴戾與壓榨的官僚體系，施政效果不彰。當俄國進入歐戰，情況更加不妙，落後的體制，無法適應二十世紀的戰爭，不了解前方的士氣要靠後方政治與經濟的穩定來支撐。若說戰爭拖垮沙皇政府，並不為過。尼古拉二世於一九一七年二月革命後自動退位，先是傳位給兒子阿列克謝，但沒過幾小時，由於醫生告知尼古拉二世皇子如離開父母，恐有生命之虞，因為他患有血友病，於是他代表兒子詔命他的兄弟米哈伊爾大公繼位為俄國米哈伊爾二世皇帝（Emperor Michael II）。但是新皇帝未被接受，連軍隊也有人漠然視之。於是新皇帝決定由人民中經議會投票，決定帝制還是共和之後再說。至此，歷時三百年的羅曼諾夫王朝，終於畫下句號。沙皇制度的終結，英法兩國的自由主義者與社會主義者都感到高興。至於美國，更是搶先承認俄國的臨時政府。對俄國人而言，沙皇的退位，引發許多不同的感受，包括高興、恐懼、憤怒、迷惑，以及鬆了一口氣。

研究羅曼諾夫朝傾覆的史家不在少數，他們大多從政治、外交、軍事、社會、經濟等大處著眼。傳記作家馬西（Robert Massie）的《尼古拉斯與他的皇后》（*Nicholas and Alexandra*）則聚焦於沙皇尼古拉的家庭，以皇家周圍和時代環境作背景，但主題仍然是追尋皇朝覆亡的前因後果。馬西的取材和立論，著墨於皇家的悲劇。他所見到的悲劇是皇儲阿列克謝（Alexei）所患的血友病。尼古拉夫婦在連生幾女之後，於一九〇四年八月十二日誕下久所盼望的皇子阿列克謝，其欣喜可以想見，何況這一降生是十七世紀以來，沙皇有男性嗣子的首次。尼古拉二世在他的日記裡寫道：

這是一個重要而難忘的日子。上帝明白賜恩於我們。皇后亞歷山德拉（Alexandra）在一點鐘時出了一個男孩，已命名為阿列克謝。

皇子的誕生，應是羅曼諾夫王朝的吉兆，但歡欣尚未消失，突然發現這一新生的男孩患有令人心驚的血友病。血友病（Haemophilia）是一種神秘而不治的遺傳症。患者因血液中缺少血凝素，稍為撞擊，即起血腫；稍為擦傷，輕則血流不止，重則喪命。皇子的病症，遺傳自母系。追根究源，竟來自大名鼎鼎的英國維多利亞女王（Queen Victoria 1819-1901）。皇后亞歷山德拉是維多利亞女皇的外孫女，盛名蓋世的女王身上帶有此一絕症的遺傳因子，所以她的女兒分別嫁到各國，使得主要的歐洲皇室，如普魯士與西班牙，都有這種病例。阿列克謝就是不幸者之一。兒子的不幸給尼古拉夫婦帶來哀傷和苦悶。由於當時專制政府的脆弱，沙皇夫婦沒讓外界知道兒子血友病的實情，即使皇親國戚也不太了解病情。皇后最初請俄國的醫生治療，但沒有太大效果，於是越來越相信一個名叫拉斯普金（Grigori Rasputin）的「聖僧」。受到沙皇寵信，尤其得到皇后的信任。一九一二年有病的皇子，在度假時不慎受傷，血流不止，命入危殆，已定於一九一二年的十月十日做最後的彌撒（天主教儀式亦稱感恩祭）。皇后在絕望中，招來拉斯普金，「聖僧」說：「上帝見到你流淚，聽到你的禱告，不要憂傷，小孩不會死。不要讓醫生再多打攪他」。第二天血居然止住了，皇子開始康復。皇后因此視「聖僧」為神人，以為神在他那裡，從此迷信這個人的神力，毫無保留維護此人，不允任何人質疑此人，深信唯有這位「聖僧」，可以醫治愛子的病。每當阿列克謝略有起色，她即歸功於教士祈禱的功勞和神力。拉斯普金得到帝后的信任之後，大權獨攬，干擾朝政。他的權力在一九一五年達到高峰。那一年，尼古拉二世離開首都聖彼德堡，前往前線視察軍隊，致使教士的影響力更是劇增。當戰場傳來的消息越來越壞，皇后與教士也越來越讓俄國人民厭惡。一群保守的貴族們不喜歡教士干政，於一九一六年十二月十七日的清晨，將拉斯普金殺了。教士是沙皇垮臺的很重要的因素。史家多認為拉斯普金惡名昭彰，導致羅曼諾夫王朝的傾覆，正巧拉斯普金被殺幾個星期之後，王朝果然垮臺了。但是到底此人對沙皇制的滅亡，起了多大的作用，難以證明。但毫無疑問，拉斯普金的得勢是由於沙皇帝后愛子心切，尤其是皇后，簡直將兒子置於丈夫、朝廷以及整個俄國之上。就政治而言，這一對帝后誤用奸人，可說昏庸；但就情感而言，他們至少要比淩遲處死親子的彼得大帝（Peter, the Great,1672-1725）人道得多。

俄國二月革命後，臨時政府主席克倫斯基曾說：假如沒有拉斯普金，將不會有列寧。意即假如羅曼諾夫王朝不倒臺，就沒有列寧。如果引申克氏之言，也可以說：假如沒有血友病，將不會有拉斯普金。這一推論未免有點臆測，但絕不是妄測。事實上，一九〇五年革命之後，俄國已逐漸走向立憲政治，慢慢從一元社會趨向多元。若不是拉斯普金把持朝政，阻礙進步，變法維新未必沒有成功的希望。

第六節　歐戰可以避免嗎？

「歐戰」後來稱作第一次世界大戰，其慘烈前所未見，對戰後歐洲乃至世界政治、文明的影響，也極深遠。這是人類空前的大戰，死亡一千餘萬人，財產損失按當時幣值不下一千八百億美元，給一九二〇與一九三〇年代的歐洲人，留下了殘破的社會，揮之不去的挫折、怨懟、憤恨以及滄桑，久久難以磨滅。傷亡之所以慘重，是因新型武器的使用，如潛艇、坦克、飛機、大炮，甚至毒氣彈，破壞性極大，而又長達四年之久。當時的火炮已可從四十至五十英里外轟擊巴黎城。著名的壕溝戰，除死傷慘烈外，使交戰國雙方存活下來的年輕人，留下生理上與心理上無法磨滅的傷痛。

這次大戰的傷痛，造成西方文明的危機感，為什麼最文明的歐洲會發生這樣殘忍的大戰？負面影響波及政治、經濟、社會、文化各個層面。正常的社會生活與政治關係一時無法恢復，市場經濟運作艱難。中歐與東歐都受創甚深，金融混亂，民生艱苦，政治與社會幾乎全面崩潰，造成伏莽遍地、治安混亂，有些人因為生活艱苦而被迫做不法之事，造成令居民驚恐的失序現象。到一九二五年情況好轉，但歐洲整個機制已經動搖。當一九二九年因美國的經濟大危機，歐洲又首當其衝。

歐戰爆發之前，歐洲是最發達、最文明、最進步的地區，執全世界之牛耳，而戰後如彗星墜落，失去主導世界的地位，雖急欲恢復戰前的秩序而不能，主要是因大戰打破了歐洲的權力平衡。四個老牌帝國中的俄羅斯羅曼諾夫王朝與奧匈帝國與奧斯曼帝國，徹底崩解；德國因戰敗喪失強權地位，淪入任人宰割的窘境。俄國因共產革命而孤立於歐洲之外。美國因後悔參戰，而高唱孤立主義，不願再沾惹歐洲事務。歐洲失衡的權力只遺存於戰勝的英、法、意三國之中。義大利雖是戰勝國，但戰後問題叢生，自顧不暇，難起作用，而且義大利的國力，也不能與英法兩國相提並論。英國老謀深算，主張國家之間沒有永久的朋友、只有永遠的利益，只希望恢復歐洲大陸的權力平衡，也同情戰後德國，陷於苛刻的境遇，所以英國不排除恢復德國一些權力。再從戰前的歷史看，英德雖因海軍競賽而交惡，但也有長期合作的時候；英法因共同面對德國的挑戰而交好，但也有長期為殖民地交惡的經驗。戰後局勢蛻變，英法關係也起了變化，倫敦決定減少對歐洲大陸的承諾。法國成為戰後在歐陸，最有話語權的國家，成為穩定歐洲秩序的主力。但是法國因大戰受傷不輕，已非拿破崙時代的法國，也感力不從心，實在無力獨撐「歐洲大廈」。法國雖已報一九七〇—一八七一年的普法戰爭敗績之仇，仍要置德國於萬劫不復之境地，才感到安全。歐陸較小的國家如比利時、波蘭、捷克、羅馬尼亞與南斯拉夫，也像法國一樣，想要保持戰勝後的利益，不想改變現狀，所以任由法國壓制德國。法國在一九二二年，決定要求德國嚴格執行賠款事宜，英國雖譴責，但只得到比利時的支持、義大利的默許。德國人因為償付不起，只好向美國人借款。到一九二三年德國得不到借款，無法支付賠款，法國立刻派兵占領德國的工業重地魯爾。直到九月，德國才重新有能力繼續交付賠款，法國才撤兵。法國的強勢，使德人反感，法國雖成為歐陸的權力中心，但其實力並不能真正掌控歐洲。於是當希特勒被憤怒的德國人推上政治舞臺，且於一九三六年重新占領本來在歐戰之後成為非軍事區的萊茵地（Rhineland）。此時，法國已無能為力，英國亦無從著手。至此，無論英法都無實力阻止希特勒的崛起，證明歐戰勝利後，歐洲和平的重建已經無望，人類即將重複無法想像的浩劫，即第二次世界大戰。

由此看來，二戰與一戰，有因果關係。一戰摧毀了歐洲的傳統結構，歐洲除俄國之外，在民族主義的激蕩下，創新未能，而除舊未盡，所以搖搖欲墜，已無昔日雄風。因戰勝國缺乏決心，也未能改革舊有制度的陋習，恢復起來也是有氣無力，一直要到二戰結束，才完成除舊的未竟之業，但歐洲時代於焉告終。應除之舊，是指二十世紀初崛起的新帝國主義，造成海外擴張以及強國之間的互相爭奪而導致戰爭，但這一舊秩序於戰後，並沒有得到改變。所以兩次世界大戰之間的二十年，猶如休戰，並沒有真正的和平。史家阿爾布雷希特—卡利（René Albrecht-Carrié）在《第一次世界大戰的意義》（*The Meaning of the First World War*）一書中，將一戰開始至二戰結束稱為「第二個三十年戰爭」。因為一戰死傷之慘重為人類歷史所罕見，所以戰後反戰情緒高漲。此可見於一本著名的反戰小說《西線無戰事》（*Im Westen nichts Neues*）。作者雷馬克（Erich Maria Remarque）是德國退伍軍人，小說於一九二八年底，先在報章上首發，翌年初正式出版。此書一出就賣出二五〇萬冊，在十八個月內有二十二種語言的譯本。一九三〇年又拍成電影，獲奧斯卡最佳影片獎，一九七九年又拍成電視劇。這本小說的主角名叫保羅・博伊默爾（Paul Bäumer），他與同學被徵召入伍，年輕人初入戰場，豪情萬丈，但當他們在壕溝裡被無情轟炸時，所有受教的課程、文化、責任、修養都蕩然無存。這位主角歷經活生生的恐怖與苦難後，覺悟到仇恨使交戰雙方同一世代的青年，進行毫無意義的互相廝殺。就如書中所寫：「我很年輕，現在才二十歲，但是我所認識的人生，無非是絕望、死亡、恐懼以及與苦難的深淵，聯繫在一起的最無意義的苦海。」戰後餘生帶著痛苦的記憶，亦難以再適應正常的生活，因為戰爭的回憶太恐怖。所以作者雷馬克要凸顯整個世代的年輕人，即使逃過了子彈，仍不免被毀掉的命運。士兵都是青年，但年輕已離他們而去。戰時犧牲無數生命，換來之物，微不足道。書中更指出年輕的士兵，被送上前線送死，而他們的長官卻舒適地在後方指揮，完全不理會戰士在前線，日日夜夜面對的恐怖。此書雖是小說，卻生動透露德國軍人在戰場上身體與心理的煎熬，以及戰後返鄉，無法適應民間社會的疏離感，令讀者動容。好戰的希特勒當政後，這本反戰小說即被列為禁書。反戰又被好戰取代。歐戰後重建大國關係的失敗，導致另一場大戰，所以第二次世界大戰於一九三六年揭開序幕，可以說是歐戰後遺症的復發。

文學界之外，史學界、哲學界也在反思。歐戰給西方文明帶來危機，全世界最先進的文明，居然會發生如此野蠻的戰爭，給人類帶來莫大的災難。德國的歷史哲學家斯賓格勒（Oswald Spengler）寫出上下兩卷的《西方的沒落》（*Der Vntergang des Abendlandes*）一書。上卷在戰後的一九一八年夏天出版；下卷在一九二三年出版，副題為「世界史的視角」。他在書中否定了歐洲中心論的歷史觀，更認可西方文化外，尚有中國、印度、阿拉伯、巴比倫、埃及、中美洲、古典（希臘／羅馬）等七種文化。他認為文化是有機體，有生死盛衰，大約有一千年的存活期，而文化的最後階段是「文明」。依斯賓格勒之見，文化是內向的、成長的，而文明是外表的、發展的，而且是每一個文化的歸宿。從文化到文明的轉變無從選擇，不是任何個人或階級可以決定的。當文化成為文明，就不再有創造和成長，例如具有想像力的希臘文化，轉變為完全實用的羅馬文明。他又以同樣的邏輯區分城市與鄉村，即中樞與邊緣之別。城市集中了周邊各類人馬，只見暴民，不見人民，仇視文化所代表的貴族、教會、朝代、藝術、科學等，以至於城市人有回到原始的衝動。內心宗教感的消失，以及城市內工資的爭議（勞資糾紛）、奢侈的享樂，都表明文化的終結與文明的再現。斯賓格勒鄙視文明，認為文明的發展不是真正的成長。他既然受到歐戰的影響，認為象徵西方不斷進取、永不滿足、超越自我，突破極限，完成偉大歷史使命的實踐精神，已到最後的「冬季」，行將結束。在他的筆下，西方人雖自豪，但很悲慘，因為他們努力想要創造的東西，自己知道永遠不能獲得。

人類前所未有的大戰，誰是禍首？《凡爾賽條約》第二三一條明確寫道：歐戰的爆發，德意志是唯一的罪魁禍首。這是戰勝者的論斷，戰勝者也據此要嚴厲懲罰德國。戰敗的德國並不認同，要求撤銷第二三一條，認為是片面的、不公正的。但話語權不在戰敗國。一九二〇與一九三〇年代，由於各國檔案的公開，關於誰是禍首，漸漸有不同的看法。最值得注意的是，美國歷史學者樊雪梨（Sidney Fay）於一九三〇年的兩卷本《第一次世界大戰的起源》（*The Origins of the World War*），旁徵博引、敘事詳盡，有一定的學術價值，一紙風行。樊氏認為世人過於習慣將戰爭的罪責僅加諸德國一方，其實其他的交戰國也要負起很大的責任，特別是俄羅斯與塞爾維亞。他的結論是：歐洲沒有一個國家想打仗，除了少數人之外，誰都能預見戰爭會造成生命財產的重大損失，而戰爭的結果絕對難以預測，但是沒有人預料到，悲慘的結果真的發生了。對各個國家而言，戰爭也許可以得到一些好處：塞爾維亞可以團結整個族群；對奧地利而言，可以維護大國的名譽，以及遏制威脅帝國的民族分裂分子；對俄國而言，可以掌控君士坦丁堡，以及扼制黑海與地中海之間、伊斯坦布爾海峽的戰略要道；對德國而言，可以得到新的經濟利益，以及削弱敵對的三國協約、鞏固己方的三國同盟，以調整歐洲的權力平衡；對法國而言，收復因普法戰爭失去的邊境阿爾薩斯—洛林，不再受德國的威脅；對英國而言，可以摧毀德國即將崛起的海軍與普魯士軍國主義。各國都在瘋狂地想盡方法，取得自己的好處，最後導致擦槍走火。但這並不意味著各國的領導人為了利益，故意開戰，而是他們騎虎難下，滅不了已經放出的火。引發戰爭的兩個國家，塞爾維亞與奧地利（奧匈帝國），如果適可而止，或可避免全面的歐戰。再者，當全面戰爭爆發，各國朝野都極為興奮，特別是在殺死奧匈帝國皇儲的塞爾維亞、奧匈帝國、俄羅斯帝國以及德國。法國較為低調，英國幾乎無感。也不能說那些國家的人民熱切希望打仗，而是戰爭一旦發生，強烈的愛國心，會產生出好戰的心理狀態。但是群眾的熱情，並未對政府有太大的影響。何以戰爭還是發生了？因為在每一個相關國家，政治與軍事的領導人，做了導致動員與宣戰的事，而沒有做可以避免戰爭的事。據此而言，所有的歐洲國家都要負責，只是責任的輕重而已。樊雪梨認為必須拋棄《凡爾賽條約》所說的，德國與其同盟須負全責的看法，勝利者的論斷只是出自無知、仇恨、宣傳。自此所有國家的歷史學者，幾乎一致認為戰爭的責任交戰各國都要分攤。雖然責任的輕重可以商榷，但將複雜的問題作簡單的黑白分明評論，似無必要，因為過度簡化絕難精確。樊氏拒絕了德國是歐戰的禍首之說，而後總結戰爭的深層原因有五項：秘密同盟、軍國主義、國族主義、經濟帝國主義，以及報章雜誌的渲染；特別是軍事同盟，各有承諾而又相互對峙、軍備競賽，最容易擦槍走火。英德之間的海軍競逐，是最好的例子。

讓我們總結一下顯著的事實。塞爾維亞人覺得應像許多國家一樣，要有統一的、自主的政府管轄自己的族人。他們已從奧斯曼帝國得到自由，下一步要從奧匈帝國解放出來。他們向俄國求助，俄國也給予鼓勵。當塞爾維亞刺客暗殺奧國王子，塞國政府既未防患於未然，又於事後未做正面的回應，更動員軍隊。塞人並不真想開仗，但動員令一下，戰爭就如箭在弦。不過就塞政府針對一九一四年七月凶案的言行，固然不能說奧匈帝國有用兵的正當性，但毫無疑問塞爾維亞的責任並不輕，但奧匈帝國首先動武，戰爭責任應該比他國要大。但其自認為是自衛行動，塞爾維亞與南斯拉夫的騷亂威脅到奧匈帝國的存在，帝國不容有被肢解的危險。奧匈帝國相信俄國正在與塞爾維亞、羅馬尼亞搞陰謀詭計，所以認為凶案事出有因，如不強烈反彈，不僅面子上過不去，而且會加速帝國的覆亡，但只想教訓塞爾維亞，並無意擴大戰爭，卻於無意之間將許多國家捲入戰爭。德國並沒有計劃要打仗，不僅不想打，且曾設法避免戰爭，然為時已晚。德國可說是受其盟邦拖累的受害者，奧匈帝國是德國唯一可靠的盟邦，不能不照顧盟邦的危局，東邊的泛斯拉夫主義，及其軍備日增的威脅，西邊有與法國的邊境糾紛，勢必會孤立於俄羅斯與法蘭西之間。德國總理白斯曼（Theobad von Bethmann-Hollweg）因而覺得別無選擇，但他希望奧匈與塞爾維亞之戰不要擴大。奧匈外長布希托（Leopold Berchtold）若無柏林的保障，固然不敢貿然行動，但法、俄、英三同盟國並不了解德國，並不能完全掌控奧匈的情勢。當白斯曼了解到俄國很可能介入，英國也不太可能維持中立，以及奧匈似有煽動戰爭之嫌時，他向奧匈叫停，但為時已晚。白斯曼雖向奧匈的首都維也納提了調解方案，但奧匈外長布希不同意，對方也不相信德國調解的誠意，所以調解無效。

奧匈帝國於一九一四年七月二十九日對塞爾維亞宣戰，三十日沙皇在俄國下動員令。德國總理白斯曼因戰略之必需而密函比利時要求借道，已經決定作戰。事實上，德國總理是交戰國之中，最後決定放棄和平希望、同意動員德軍的人。全面動員的國家先後順序如下：塞爾維亞、俄羅斯、奧匈、法蘭西，最後才是德意志。大國動員一般被認為是開戰的信號，因為軍隊已經啟動，不可能再停止。所以當德國得知俄國動員，隨即於三十一日向聖彼德堡和巴黎提出最後通牒，警告俄國如不於十二小時內停止動員，柏林即將動員，同時要求法國表態。德國沒有得到滿意的回覆，於是動員之後即宣戰。可見俄國動員之後，柏林仍然試圖要維也納接受調停。所以俄國的動員，使大戰難以避免。俄國一直鼓勵與支持塞爾維亞完成民族統一，所以必須擔負奧匈與塞爾維亞之間戰爭的部分責任，因使塞爾維亞內閣認為一旦戰起，會得到俄國相助。俄國果然出手。此時俄國已從日俄戰爭的失敗中逐漸恢復元氣，若得英法相助，可以與德國一較雌雄。俄國的責任還在於秘密備戰的同時，又展開外交折衝，引起德奧兩國的警惕。總之，俄國的全面動員引發戰爭的大災難。

法國的動機雖非十分明朗，但總統龐安卡（Raymond Poincaré）親自訪問聖彼德堡（St. Petersburg），向沙皇保證會阻止奧匈帝國征服塞爾維亞，無疑鼓勵俄國採取強硬立場。他雖然知道俄國的軍事行動，會招致德國的反制，但並未設法阻止。他也沒有完整告知國人，已經採取軍事行動。龐安卡回國後雖未放棄和平，但他淡化法國與俄國的備戰，卻強調德國的備戰，並以為英國會支持無可避免的對德作戰。英國外交大臣格雷（Edward Grey）是自由派政治家，做了許多努力想要避免戰爭，但為時已晚。同時倫敦對德是和是戰，意見不一，因此格雷不能明確表態，直到德軍入侵比利時、違反中立條約時，英對德宣戰才趨於一致。同時，倫敦也不想危害英俄同盟，更要鞏固英、法、俄三國同盟。當大戰爆發，格雷說了一句令人印象深刻的名言：「整個歐洲的燈光正在熄滅」（the lamps are going out all over Europe）。意思是和平沒有希望了，戰爭要開始了。

如此看來，根據已有的史料，德國並非唯一的禍首。此一論斷多被學術界接受，二戰之後眾多有關一戰的著作，均有此共識，視為平衡的客觀看法。換言之，就是各國都有責任，只不過輕重不同。不料，在一九六〇年代，德國史學家費雪（Fritz Fischer）大作翻案文章，認為德國的擴張主義者，不僅僅是激進派和軍方，還包括總理在內的溫和派。換言之，從一戰的威廉二世到二戰的希特勒，一脈相承，德國以侵略為目標。此論一出，引發環球大辯論。有人質疑費雪的動機，也有人指出他在方法上與史實上的謬誤。英國史家顧曲（G. P. Gooch）提出地理因素，認為中歐的德國有高度的不安全感，東有龐然大物俄羅斯整軍經武，西有虎視眈眈的法蘭西伺機復仇，坐實德國確有被包圍的恐懼。換言之，德國不是擴張侵略，反而是自衛性的保衛家園。而地理因素既未被費雪注意，也未被費雪的批評者所注意，但費雪之說仍有市場。其實，以希特勒來說明，德國的侵略性格其來有自，這是後見之明，但後見之明，未必能看清楚前事。美國史學家許如德（Paul Schroeder）雖然看到費雪的許多論點，有不少誇大與誤解之處，但仍然贊同費雪的基本結論。他認為一八九〇年以來，德國的確在競逐世界霸權，而此野心扎根於德國的經濟、政治以及社會結構，所以戰爭成為德國奪取世界霸權的手段。不過許如德所言，實與一九一四年戰爭爆發的主要原因無關。事實上，找單一原因無助於歷史研究，戰爭爆發有很多原因，其中任何一因都能點燃戰火。多年來眾多不同的解釋，正說明難有定論。英國史家莫姆巴沃（Annika Mombauer）寫過兩本有關一戰起源的專著，她說：到一九八〇年代，學者之間已有新的共識，同意費雪的論點者無多，不認為德國有預謀，想通過戰爭以達到侵略之目的，但大多數歷史學者，仍認為德國的責任畢竟要大於其他國家。費雪的翻案雖轟動一時，然翻案並不容易，所依賴的主要還是史料。就現有史料而言，尚無德國有預謀歐戰的證據。大戰之前，德國以歐洲後起之秀，與英法爭霸是事實，然因爭霸而引發戰爭，所有歐洲強權皆有責任，自不能盡歸之德國。西方世界自十九世紀在「物競天擇，適者生存」的社會達爾文主義的影響之下，帝國主義強權皆以「適者」勝出自居，各不相讓，以至於合縱連橫，猶如幫派之摩拳擦掌、怒目對峙，隨時有擦槍走火的危險。

第二講

為何又有第二次世界大戰？

第一節　重建世界秩序的失敗

戰後歐洲想要恢復舊秩序沒有成功，因時勢轉移，舊秩序根本不可能死灰復燃；想建立新的秩序，也徒勞無功，以至於巴黎和會，並沒有締造持久的和平。一九二〇年代和一九三〇年代看來不過是停戰期，烽火最終重啟。換言之，巴黎和會的失敗，與第二次世界大戰的發生，之間有割不斷理還亂的關係。

巴黎和會不成功的原因很多。首先，戰後的歐洲變化極大，德國皇朝敗亡，三大舊帝國崩解，中歐與東歐出現不少民族國家。民族問題又牽涉到疆域的糾紛，因各民族散居各地，不可能將一民族完全集中於一國，於是民族間的摩擦很難避免。其次，就地緣政治而言，戰前的均勢已經不復存在，戰前的英、法、德、意、俄五強，戰後只剩三強，嚴格而論，只剩下英法兩強，而兩強也已大大削弱。所有的歐洲國家，無論勝敗，幾乎都有嚴重的內部問題，經濟的不景氣尤其嚴重，痛苦的回憶與心靈的滄桑，都揮之不去。

巴黎和會面對複雜的大變局，對於終結既往、開創和平未來，自然負有重大的職責。但是主導會議的戰勝國聚焦於短視的利益，罔顧理想的未來，所以最後決定要單方面的、完全符合勝利者利益的和約。果然和約的草案一出爐，就被德國人與西方自由派人士申斥為不正義的和約。如何處理戰敗的德國，原來就是巴黎和會的首要議題。處理德國問題，如此草率，才會有希特勒（Adolph Hitler）的崛起、歐洲戰火的重燃。於是史家論史，以後見之明，痛感巴黎和會既未能痛下殺手，使落敗的德國不能再有報復的機會，也未能使落敗的德國心悅誠服、無意報復。既然兩者皆失，和會可說是無功可言。令史學家遺憾的巴黎和約，是由誰主導的呢？主要是由戰勝國的領袖及其專家協助完成。最高委員會由英、美、法、意、日五強組成。日本的角色比較次要，因為日本參戰要因英日同盟，並未能參與與實戰，只是接收德國在亞洲的殖民地及權益，包括山東的權益。而義大利僅留意與其本國有關的局部利益，因沒有能力顧及義大利以外的事情。所以日本和義大利在和會的角色較輕。

德國與俄國在戰前的歐洲舉足輕重，但戰後被拒於和會的門外。所以主角只有三國，即美國、英國和法國。主要話語權在美國總統威爾遜（Woodrow Wilson）、英國首相勞合・喬治（Lloyd George）與法國首相克里孟梭（Georges Clemenceau）三巨頭掌握。和約的草案於一九一九年五月七日完成，一出爐即引發全德國的抗議與憤怒，因條件實在太苛刻，諸如不平等的貿易、不合理的賠款、單方面的解除武裝、政治與經濟的控制，將阿爾薩斯—洛林（Alsace-Lorraine）還給法國，以及位於比利時東部與德國毗鄰的瑪律梅迪（Malmedy），與波蘭與捷克邊境地區，都未經當地居民投票而定奪。德國人不能接受，要求重新修正無效。戰勝國固然可以隨心所欲，但明顯有違美國威爾遜總統提出的「十四點原則」，如各民族有自主權，民族內部事務由本民族投票自決，皆無法落實。而巴黎和會在英法主導下，刻意謀求「勝利者的和平」（victor's peace）。之所以如此，一方面是勝利的一方，必須要讓德國受到嚴懲，並得到足夠的補償。另一方面也有實際的政治考量，如英國政客為贏得一九一八年的選舉，不惜刺激民族情緒，以嚴懲德皇為由，主張強硬處置戰敗國；戰後右派氣焰高漲，右派政客也能操作戰後中歐與東歐的革命運動來驚嚇群眾，使舉國沉湎在極端愛國主義之中，以此自豪，以此爭取選票。

英國的領導人是首相勞合・喬治，霸氣而富有魅力，有規劃長遠計畫的眼光，也有操作近利的才能，但結果是後者勝出。他雖然非常能夠調和折衷，但往往付出不誠實的代價，甚至被譏笑為「說謊者」。他反應極快，但經常語帶保留。他的雙面才幹，往往負面勝過正面，在和會期間只能為英國謀近利，未必顧及大局。法國的領導人是強人克里孟梭，人稱「老虎總理」，是政壇上長袖善舞的不倒翁，國家意識極為濃厚。英國著名經濟學家凱恩斯（John M.Keynes）曾一針見血說：這位法國強人「只有對法國的幻想，而無包括法國在內全人類的幻想」（He had one illusion-France, and one disillusion-mankind, including Frenchmen）。他在巴黎和會上咄咄逼人，對威爾遜的理想主義，毫無興趣，譏嘲美國總統說話好像是耶穌基督的口吻。他關心的只是法國的安全保障，對近鄰德國潛在威脅的摧毀。

英法戰勝德奧之後，心理上發生變化。戰敗的德國對英國而言，無論在海軍上或經濟上，不再有任何威脅，所以不僅無意過度壓抑德國，反而想以新生的德國來平衡未來法國的挑戰，更何況英法爭奪殖民地的前車可鑒。法國對戰敗的德國並無樂觀看法，法國雖勝，受傷頗重，而德國雖敗，工業實力猶在，四千萬的法國人面對六千萬的德國人，臥榻之旁豈能安睡？法國的「老虎總理」在普法戰爭和歐戰，兩度親眼看到德軍入侵法國，亟想憑藉此次戰勝的機會，使德國永遠不能再起。他要確保法國的絕對安全，所以對英美的「軟弱」態度，很有意見。那麼，更具實力的美國是什麼打算呢？美國的生力軍是盟國致勝的最主要的原因，應該有最大的話語權。美國總統威爾遜有其理想主義，他希望實現他早就宣稱的「不求勝利的和平」（peace without victory），但英法的策略都很現實，但是英國的勞合·喬治與法國克里孟梭要的是「勝利者的和平」。歐美領導人的不同意見，並非偶然，美國有太平洋、大西洋兩洋保護，而南北鄰國墨西哥、加拿大遠遠談不上威脅，所以沒有安全的顧慮。威爾遜信心滿滿，決定親自率領美國代表團，乘郵輪前往巴黎，帶著使命感和樂觀，相信可以說服英法。威爾遜抵達巴黎後，頻頻在英、法、意等國的代表團宣揚他的理念。他充滿理想主義的「十四點原則」，得到歐陸民間的熱情歡迎，但他很快要面對難以應對的現實政治。當他最後在和約上向現實退讓時，美國代表團裡的五位年輕代表，他們都是威爾遜主義的信徒，於五月十四—十五日對和約草案，表達了不同的意見，深信這樣的和約，會使德國報復；更重要的是，他們覺得威爾遜的妥協背棄了自己的原則與精神，但是他們也沒有強力爭取原則，後來當上總統的胡佛（Herbert

Hoover）雖曾要求威爾遜堅持主張，甚至不惜讓會議流產。然而美國代表團內部的辯論，莫衷一是。最重要的是威爾遜無意重起和議的爐灶，故而決定妥協。

威爾遜讓步有多重原因，他的理想主義一直受到國內外偏右強硬派的抨擊，然而他個人的聲譽又與和議的成敗綁在一起，所以騎虎難下，不得不與英國首相勞合·喬治和法國總理克里孟梭妥協。三巨頭遂於一九一九年六月二十三日決定和約草案，共同要求德國在二十四小時內，答覆是否接受，等於是最後通牒。德國魏瑪共和國在抗議「無與倫比的不正義」（Injustice without Parallel）之餘，不得已簽了字，很不情願承諾巨額賠款、放棄海外殖民地，以及解除武裝。法國重獲一八七〇年普法戰爭失去的邊疆，將疆界延伸到萊茵河，明顯違反了民族自決的原則。當然，和約規定在德國人占多數的但澤（現波蘭格丹斯克）建立自由市，也違反了同一原則。

舊王朝如奧匈的哈布斯堡（Habsburg）、德國霍亨索倫（Hohenzollen），以及俄國羅曼諾夫（Romanov）的崩潰，也激化了帝國崩潰後的民族問題。以民族劃分疆界難度極高，矛盾與衝突立見。最引人注目的如德國與波蘭在但澤的衝突、波蘭與捷克在泰斯臣（Teschen現分屬兩國）的衝突，以及義大利與南斯拉夫在費猶密（Fiume現克羅埃西亞裡里耶卡）的衝突。這三個地方所昭示的是，政治考量可以犧牲民族自決的原則。這對威爾遜而言，不無尷尬。波蘭在戰後復國，但因俄國沒有出席和會，東邊疆界，懸而未決。至於有關中國的山東問題，在凡爾賽和會同樣棘手。日本因與英國有同盟關係，乘歐戰的機會，奪取包括山東膠州灣在內的德國在東亞與太平洋所有的基地與利益。英日私相授受，顯然仍在搞秘密外交，有違威爾遜十四條之一的公開外交的原則，雖在中國引起強烈反彈，激發五四愛國運動，但威爾遜為了順利組成國際聯盟，需要所有重要國家的合作，自然不能排除日本。他既然不能得罪日本，只好又為顧慮大局而犧牲原則。

威爾遜原是和平主義者，深感永久和平的重要，然維護和平必須要有和平的機制，這是他親自出席巴黎和會最關心的議題。沒有人會懷疑維持和平的重要，但問題是如何才能夠辦到。國家主權與國際法之間有矛盾處，難以解決。國聯盟約主要由英美定稿，威爾遜樂觀認為，國際組織一旦成立，就可以平息爭議與不正義，就不會有戰爭。再者，他認為國聯將得到所有歐洲國家的合作，消除歐戰的後遺症，終結戰時同盟國之間的不同調，以及能夠協調大國和其他所有國家之間的社會與經濟發展。然而威爾遜的想法，徒具高度理想色彩，未能提出對世界安全有效的保障。更糟糕的是，他沒有處理好國內的政治，以至於美國國會既不同意參加國聯，也不批准和約。美國不加入國聯，而德國與俄國又被排除在國聯門外，威爾遜視為珍寶的國聯，顯然無法維持世界和平，沒能阻止又一次世界大戰的爆發。歷史證明，國聯是相當失敗的。

美國在一九一九年的春天，輿論尚一面倒支持國聯與和約，但最後國會將之拒絕了。何以故？主要因為反威爾遜勢力日益高漲，而共和黨採取反威爾遜的策略。威爾遜在巴黎和會上，承擔所有的責任，然而國內的爭議，降低了他在和會上的運作。美國是移民國家，移民多來自歐洲不同的國家，只要和約有不利於母國之處，就會出現不同意見與批評。更何況美國在戰後又面臨嚴重的通貨膨脹、勞資糾紛、供應不足等問題，使得美國人不僅對國際事務不再關心，更質疑國聯能發揮的作用，所以不想要再摻和「歐洲的紊亂」（European Mess）。於是由於威爾遜的失敗，美國再次退縮到孤立主義。然而美國已經是舉足輕重的軍事強權。在經濟方面，美國也成為世界資本的來源，紐約已於一九二五年取代倫敦，成為全球的金融中心。總之，以美國國力之強，很難不參與世界事務，雖有時不得不參與，但不願受任何約束，即所謂「參與而不受約束」（Participation without commitment），豈非不負責任？

《凡爾賽和約》之不公正、不正義，對和平諾言無從保障。五年之後的一九二五年底，各國在倫敦簽訂《洛迦諾公約》（the Locarno Treaties），才完成在凡爾賽和約的未竟之業。這個公約，除英、法、意、比利時等國之外，德國也參加了。德國同意接受《凡爾賽條約》決定之疆域，是永久的，也同意萊茵地的非軍事化。各方同意：無論德國攻擊法國，或法國攻擊德國，英國與義大利都會幫助被攻擊的一方；並同意國際間的糾紛，必須由國際仲裁來解決。德國也被允許加入國聯，確定了德國每年賠款的數目。換言之，德國終於又重新融入歐洲系統，但德國人的挫折與委屈感，並未消除。所以《洛迦諾公約》雖然修正了《凡爾賽條約》，但仍然沒有完全解決問題。

第二節　全球經濟大蕭條及其影響

歐戰結束後，全世界都經歷經濟下行。原因是戰爭的花費，高達天文數字，浪費無數資本與資源，而且戰後各國負債累累。歐洲的政治與經濟尤其不穩定，到處需要重建，各國政府都必須擔負起嚴重的通貨膨脹與巨額戰爭債務。戰敗的德國，尤其困難；戰勝國也負國債累累，英國欠美利堅三十六億，法國欠十九點七億，義大利欠十點三億。到一九二二年，歐洲各國全部債務高達一百一十六點五億，華盛頓成為舉世最大的債權國。倫敦面對重大的危機，主張取消所有的債務以解困，但美國反應冷淡，結果是：歐洲自顧不暇，再也無力在世界各地投資。

美國銀行家道威斯（Charles G. Dawes）於一九二四年四月向協約國賠款委員會提出計畫，承認德國國家銀行有權得到外國借款，以穩定德國的馬克。道威斯計畫在一九二四—一九二九年使德國能夠按照《凡爾賽和約》的規定義務，償付沉重的賠款。一九二五年的世界製造業生產總量高於戰前一九一三年二〇%；不過，此一增長幾乎全來自非歐洲國家。美國實業家楊格

（Owen D. Young）於一九二九年六月七日，提出新計畫，以求徹底解決德國債務問題。他建議將賠款減少七十五%，餘額以年金方式逐漸付給國際銀行直至一九八八年。德國於同年八月接受了此一計畫，但是希特勒於一九三三年成為總理後，不再執行，計畫也就終止。

歐戰使歐洲衰敗，使美國崛起，美國國內雖盛行孤立主義，但於戰後在環球權力平衡上，仍然扮演重要角色。美國在一九二〇年代，作為世界商業與金融的中心，趨於穩定，到一九二四年已擁有一二五億美元的債券，顯示美國擁有大量海外資產，無疑已是據有海外領土，以及在拉美與亞洲擁有勢力範圍的龐大帝國。整個一九二〇年代，美國由共和黨執政，威爾遜的失敗，使得民主黨在一九二〇年代都沒能入主白宮。而共和黨的三位總統，皆非長才，哈定（Warren Gamaliel Harding）於一九二〇年以黑馬當選總統，尤其平庸。於此可見，美國的兩黨競選，獲勝者常常是因為對手的弱，而非自身的強。哈定總統任期未滿，就突然因心臟病逝世。不過，由於美國經濟繁榮，一枝獨秀，所以當第三位共和黨總統胡佛參選時，他保證每一個美國人的車庫裡，會有兩部汽車，鍋裡會有兩隻雞。此言固然有選票的考量，但到一九二八年，胡佛保證的美夢似乎即將實現，大部分的美國人享受了較高的生活水準，美國社會已號稱全世界最「富裕的社會」（Affluent Society）。事實上，貧窮不均並未能消除，但整個氛圍甚是樂觀。美國的工業流水線生產技術，在歐戰期間已成功施行，能夠提供豐富的廉價物品，在底特律宏大的福特汽車工廠，最為矚目。除了大量生產之外，美國商界在大規模消費分配上，可說有革命性的創新，如商業廣告、連鎖店以及公司發行股票等等。許多美國人的物質生活大大改進，而每週工作時間從五十小時減為四十五小時。種種跡象顯示，美國的全面富裕至少是完全可以期待的。

美國到一九二九年，工業產值已遠超過戰前，繁榮看來是永續的。孰料就在這一年的秋天，危機突然出現，所有的指標直線下滑，生產與貿易也大幅下降。工廠關門、銀行倒閉、商店破產，大批民眾生活沒有著落，失業的人以千萬計，每四個美國人就有一個失業。經濟崩盤立即導致社會問題，屋主付不出房貸，無家可歸，露宿公園，到處流浪，甚至有人到暗巷垃圾堆找食物；也有成千上萬的人在郊外用舊鐵皮、紙板和粗麻布等搭起原始的棚屋居住，稱之為「胡佛村」，以嘲弄他們的總統，這些情況都有當時的照片為證。農村的情況一樣糟糕，農人因逾期無法償付借款而失去財產，又沒有市場可以銷售農產品，生活維艱。在美國的中西部，有些農夫由於無計可施，發生暴亂。社會不滿也造成有組織的抗議，無業遊民成群結隊出現在紐約、芝加哥等大城市的街道，引人矚目。國民生產總值從一九二九年的八七〇億美元降到一九三二年的四一〇億美元，幾乎減半。胡佛總統不是沒有才能，他在歐戰後主持歐洲的糧食救濟，非常有效率；他對嚴重的經濟問題不是漠不關心，而是受制於他對自由經濟的信念，認為政府不應介入經濟事務，以至於無所作為，使危機每況愈下，終於發生流血事件。歐戰退伍軍人於一九三二年到華盛頓集體抗議，胡佛過度緊張，招來軍隊，鎮壓群眾，指揮官就是後來著名的麥克阿瑟將軍（Douglas MacArthur）。

發生在美國的經濟危機，前所未有的嚴重與持久不滅，其故安在？導火線是股票市場在一九二九年九月的崩盤。股票在那個時代還是新事物，人人缺乏經驗。當時新興的股票市場，看來繁榮異常，使購買者信心十足，樂於購買，相信在很短的時期能暴富，所以即便沒有錢，也要借錢買股票，今天稱之為「加槓桿」，彷彿一本萬利。當時借錢又容易，更加鼓勵人們借錢買股票。即使著名的經濟學者也沒有預測到經濟會有問題，所以股票崩盤出乎所有人的意料之外。一旦發生，信心全失，銀行因遭擠兌而倒閉，美國也因此而缺錢。歐洲國家靠借美元過活，勢必陷入困境，特別是依靠美國的德國經濟，更是如雪上加霜。英國因欠美國戰爭債，又因貿易利潤，在戰時被日本收割，受到美國的牽連，發生嚴重的經濟危機。到了一九三〇年，英國經濟的脆弱，導致金本位貨幣制度的放棄。

經濟風暴暴露了借貸市場的不健全，一九二〇年代的生產過剩，又遭遇消費低迷。可是胡佛總統仍然堅持他的保守理念，不願意以政治手段干預經濟，沒有用聯邦政府的力量，來解決問題。此時英國已失去世界金融中心的地位，美國也不願意擔負穩定世界金融的責任，使得經濟更加蕭條。更糟糕的是，美國國會為了自保，在一九三〇年不理會世界上三十多個國家的抗議，通過了高關稅的《斯姆特—霍利關稅法案》（The Smoot-Hawley Tariff Act），將二千多種進口商品的關稅，提升到歷史最高水準。胡佛總統於一九三〇年六月十七日經簽署成為法律，該法案將二萬多種的進口商品關稅，提升到歷史最高水準。當時在美國，有一千零二十八名經濟學家簽署請願書，反對該法案，認為損人不利己，仍然無法阻擋，於是在美國發生的經濟大危機，加倍轉嫁到全世界。該法案通過之後，許多國家對美國也採取了報復性關稅措施，使美國的進口額和出口額都驟降五〇%以上，大大加深經濟危機，猶如雪上加霜。發達國家固然困難，不發達國家更是悲慘。這些國家經濟依賴發達國家，出口農產品、礦產，在高關稅下，無疑是沉重的打擊。泰國在一年內米價掉了一半，智利出口礦產少了八〇%，巴西所銷毀的咖啡，足供全球人口一年所需，印度的農產品出口，也大幅下降。出口茶葉、橡膠、銅礦等物資的國家，在整個一九三〇年代，失去主要經濟來源。令人意想不到的是，二〇一八年美國總統又重提高關稅，他沒有吸取一九三〇年代的歷史教訓。

全球經濟大蕭條，日趨嚴重，引發意識形態的爭議。胡佛總統仍然信誓旦旦，認為現行政策依然可以解決危機；對馬克思主義者而言，危機證明資本主義的崩潰；對社會主義者而言，已到重建理想社會的時候；對法西斯主義者而言，應該進入新的集權時代；也有人推銷特定的項目，來拯救危機。不少美國人經歷了經濟危機，的確懷疑現行民主政治的合理性，但不同的意識形態，並未動搖原有的思維。美國以外的西方國家，大多沒有接受革命的社會主義道路，有些歐洲國家出現了不少民主的社會黨，採取非革命的社會主義。不過，空前的經濟危機，證明放任的自由經濟已經破產，許多國家都覺得需要計劃經濟，以免重蹈覆轍。

全世界的恐懼、失去互信與安全感，也使美國無法完成縮減軍備的計畫。胡佛總統在一九三〇年，派代表參加倫敦海軍會議，希望縮減主要海權國家的海軍，但在會場各方激烈爭辯，毫無共識。在經濟危機以及缺乏互信的陰影下，要談國際裁軍，太不合時宜。美國政府眼見日軍侵占中國東北（九一八事件），破壞門戶開放政策，撕毀日本自己參與的一九二二年簽訂的《九國公約》，罔顧其所承諾的一九二九年生效的《非戰公約》，美國雖然強烈抗議日本侵略行為，以及建立偽滿洲國傀儡政權，但除了「不承認」外，別無作為，居然容忍日本違反美國的基本原則，而無能為力。國務卿史汀生（Henry Stimson）原打算如日本不讓步，將由「不承認」進入制裁，但總統胡佛不願意再進一步。

危機發生時的胡佛總統，其實比他的兩位前任共和黨總統，有經驗與才幹，號稱是能辦事的「大工程師」（Great Engineer）。他未必是十九世紀亞當．斯密「自由經濟」（laissez-faire）的信徒，而是深信政府只應該鼓勵以及幫助私人企業，而不宜直接干預經濟事務；若直接干預，會扼殺個人的積極性，以及危害民主社會。他堅信個人主義是民主社會的基石，個人主義可充分發揮人的潛能，個人之間的競爭，優者勝出，有利於整個社會。他作為國家領導人的說服力與協商能力，都有所不足，一直到一九三二年，他雖努力不輟，但紓困無效。一年之後，他人望盡失，成為經濟危機的罪人，這與他在一九二八年所受到的敬仰，形成強烈的對比。

經濟危機在一九二九年的秋天以後，愈演愈烈，有美國歷史學者認為是美國內戰以來最危險的時期，許多美國人失去一切，懷疑現行的民主體制。胡佛雖然於一九三二年，仍被共和黨提名競選總統連任，但最後敗於民主黨候選人小羅斯福，新舊總統交接前四個月的空檔期，使已經嚴重的經濟問題，雪上加霜。胡佛雖邀請小羅斯福到白宮商討，但兩人少有共識。

小羅斯福全名富蘭克林・德拉諾・羅斯福（Franklin D. Roosevelt），出生於富裕家庭，是父母的獨生子。羅斯福是住在紐約州的著名家族，憑藉貿易和地產致富。小羅斯福在一個優渥的環境中長大，自信又自豪。他十四歲時就有家庭老師教導，母親對他影響很大。他的成長過程，跟一般人很不一樣，整個家族都圍繞著他。但是在一九二一那年，他患上了小兒痲痹症，之後一生都在輪椅上度過。美國沒有一個總統像羅斯福一樣，連任四次。羅斯福的一系列計畫，使得聯邦政府重新介入普通人的生活中。這是一個很重要的改變，因為其前任胡佛認為政府不應該介入一般人的生活事務。羅斯福經歷了第二次世界大戰，雖然沒有活到二戰的勝利，但無疑是他使美國取得全世界的領導地位。

羅斯福於一九三三年三月四日，美國最暗淡的時刻，宣誓就任總統，當時有一千五百萬美國人失業，窮困與饑餓為這個國家前所未見，而此刻經濟大蕭條仍在惡化之中，造成持續不斷的社會動盪與政治混亂，幾有動搖美國民主政體的危險。而他又是在寒冷的灰色天空下就職，更增添愁苦的氛圍。新總統在就職演說的關鍵時刻，說出一句極為重要的話：「沒有什麼可怕的，恐懼是不理性的」，給失去信心的美國人以鼓勵，展現出他有重振美國的雄心。他出身豪門，受過良好的教育，雖在競選時尚無盛名，但當選後與廣大人民溝通甚暢，通過電臺節目「爐邊談話」（fireside chats），利用廣播與民眾交流，解釋新政，既能善道，也能傾聽。他既不是夢想家，也不是理想家，而是極為務實的政治人物，頗有操作政治的能力，同時身邊有一群不同意見的顧問，開啟「智囊團」（Brains Trust）的傳統。羅斯福受到兩位前任總統的影響最大：一是老羅斯福的「新國家主義說」（New Nationalism），強調除弊興利，是聯邦政府的責任，聯邦政府不僅要介入經濟事務，而且要擔負起振興國家的主要責任；二是威爾遜的「新自由說」（New Freedom），重視中小企業勝於大企業，以求公平競爭。這並不意外，因為這些理念都有助於解決棘手問題。此外，他也吸取一九〇〇—一九一七年「進步運動」（Progressive Movement）的理念，如爭取婦女解放權、救濟窮人、改善工人待遇、關切弱勢群體、社會正義，以及保護自然資源諸議題。羅斯福具有這些思想背景，並不能說明他的新政已有審慎的計畫。他當選的時候，對新政並沒有清晰的概念和具體的方案，他只是在應對一個個的個別難題。他就任時迫在眉睫的要事，首先是銀行的紛紛倒閉。他並不接受銀行的國家化，而是於三月五日關閉全國的銀行，由政府清理，稱之為「銀行假期」（bank holiday）。美國國會遂通過《緊急銀行法》撥款救助各銀行，並將一般商業銀行與投資銀行加以區分，以防止股票投機。

當時農村凋敝嚴重，羅斯福又通過國會立下《農業調整法》，調節供需以穩定農價；聯邦政府干預物價結構，如補助農人減少生產，以避免價格驟降。與此相關，又通過了《農場抵押法》，政府提供一億美元給農民，以免他們失去抵押品。在救助農村之外，另有《全國工業復興法》，用以平衡工業生產與消費，並要求五百多家主要工業與貿易組織，起草行規，規範競爭，保證公平，試驗在聯邦政府監督下的工業自主。此一法案保障了勞工的權益，勞工獲得組織工會、集體與資方協商的權利；並規範最低工資與最長工作時間。政府還成立全國勞資委員會，以便調解勞資糾紛。不過，失業的問題仍難解決，必須直接救濟毫無收入者，於是設立公民森林保護局，僱用二十五萬人保護森林；並成立「聯邦緊急救援署」，國會撥款五億美元作為救濟之用，但仍有不足。羅斯福又建議更多的公共建設項目，國會通過了三十三億美元撥款，於是在內政部設立「公共事業振興署」。美國是三權分立的制度，美國國會一般不太配合總統，但在危機中，國會非常配合，凡是羅斯福提出的法案，都很順利地得到通過。經過一百天總統的大有作為，以及國會不尋常的配合，到一九三三年六月，雖不能說已脫離經濟危機，至少動搖的社會穩住了。更重要的是，羅斯福贏得大眾的信任，使美國人民感覺他們有個朋友在白宮。

儘管經過「百日維新」，大多數的美國人仍然懷疑新政能否挽救經濟。事實上，新政在一九三三—一九三五年間，仍然在實驗階段，到一九三五年美國經濟仍未好轉，而此時羅斯福即將面臨競選連任的壓力，促使他從救濟階段，進入到改革階段。他的思路是先治標，如除弊或救急，然後治本，如改革。羅斯福感到非改革不足有轉機，但他絕無意改變資本主義體制之心，反而是要以改革來加強資本主義。如何改革？首先需要加強聯邦政府監督的力度。他曾想請大企業主導改革，但到一九三五年才認識到，改革必須要由聯邦政府，像員警一樣，監督社會與經濟秩序，為美國社會不同利益集團之間做仲裁。改革的要點是要突破放任經濟的傳統，轉由政府管理經濟。在此認知下，由聯邦規範公共事業，如增強政府對電力的控制。最著名的例子，比如設立「田納西流域管理局」，控制洪水、保護土壤、疏通航道、保護森林、增加濕地等公共事業由政府管理。羅斯福同時重新啟動隸屬司法部的「反壟斷司」，雖未起太大作用，但至少展現了政府管控大資本家的決心。聯邦政府設立「州際商務委員會」，有權規定費用、服務、路線等事務，最後得以重新規劃全國交通系統。羅斯福又通過立法，確立由聯邦政府供應鄉間廉價電力。《農業調整法案》在一九三八年通過，經由土壤保存與貸款，來監督農村生產。除照顧農人以外，又於一九三五年通過《瓦格納法》，被稱為「勞工大憲章」，禁止雇主對勞工的各種不公平對待，禁止僱用童工，保障勞工與資方協商的權利。此一法案催生了全國最大的工會，即「產業工會聯合會」。於此可見，羅斯福新政有鑒於自由經濟失控，造成經濟危機，所以美國社會必須重組整個經濟體系。

任何改革都有反對者，羅斯福的新政也不免有不少的反對和反彈。左派人士認為應該更徹底地重新建構美國。美國共產黨領袖佛斯特（William Z. Foster）曾參加一九三二年總統大選，所著《走向蘇維埃美國》（*Toward Soviet America*）一書，提出用馬克思理論來重組美國。有的人雖非共產黨員，也表示同情共產黨的計畫。美國的社會主義黨也受到馬克思社會觀的啟示，不過較具彈性，僅是批判新政對國內的窮人關心不夠。一些著名的學者雖避談馬克思主義，也認為只有長遠的、根本性的社會改革，才能消除危機，如著名哲學家杜威（John Dewey）批評新政之不足，提出必須另起爐灶，來對付經濟危機。大部分知識分子的觀點大多認為，現代工業社會必須要有全面的計畫，才能有效運作。言下之意，即需要根本改變美國的價值與制度：經濟應由專家來計畫，以取代民主制度的程式，而且計畫不限於經濟方面，而是包括整個社會。這種思路是相當尖銳的，也是因為經濟大蕭條才產生這樣的反應。極右的法西斯主義者，也來插一腳批評新政。法西斯在一戰後，崛起於歐洲，集權主義響徹雲霄，墨索里尼在義大利、希特勒在德國、軍閥在日本，昭昭在目。受到這樣的大氣候影響，集權主義運動在美國也不會缺席。集權主義者在德裔美國人庫恩（Fritz Kuhn）領導下，鼓動在美國採取納粹政策，認為資本主義已如落日，挽救不會有效果，主張以集體制度取代羅斯福的新政。美國法西斯雖未成為氣候，但引起廣泛的注意與警惕。著名小說家路易士（Sinclair Lewis）特別寫作《這可能發生》（*It Can Happen*），來警告美國人。批評羅斯福最犀利的是保守派分子，其中包括最有錢的富豪。這批人與羅斯福屬於同樣的資產階級，擔心新政的社會與經濟專案，將危害原有的自由企業與美國民主體制，因此極力反對。杜邦家族組織「美國自由聯盟」（the American Liberty League），不斷指責羅斯福要將美國改造成集權國家，然而自己又提不出可以解決問題的方案。

經濟危機呈現美國財富的極其不均，引起對財富集中的批判，羅斯福雖沒有也不能徹底改造美國社會，但他以稅收限制財富，力圖將美國轉向中產階級社會，使政治與經濟權利較為平均。資本家對此反彈強烈，也引起國會的辯論，不過還是通過了《財富稅法》，用稅收支撐社會計畫。最重要的是《社會安全法案》，提供失業保險、年金，補助無依靠的孩子、殘障人士，以及為六十五歲以上退休者提供退休金，目的在於消除失業、老病、社會緊張帶來的恐懼與不安全感。當時美國有三分之一人口在衣、食、住三方面都有困難。羅斯福連任後，政府提供十億美元，作為建設公共住房的貸款。羅斯福也著手改革司法體系，他有鑒於最高法院法官中太多保守派，有礙改革，於一九三七年提出《司法改組法案》，給予總統最多任命六名最高法院法官，以取代年逾七十的最高法官的權力。不料遭到強烈的反對，因為美國的三權分立很嚴格，總統的行政權不應該侵犯司法權，羅斯福甚至被譴責想當獨裁者，最後只好撤銷該法案。不過羅斯福成功改革了行政部門，改進了龐大的官僚體系，整合重複的聯邦機構，改良總統的角色與風格，將經濟作為聯邦政府的要務。在一九二〇年代共和黨總統當政時期，行政機構被認為不應該干預經濟，這一次改革使總統的責權大為增加，羅斯福開始嶄新的執政模式。由於歐洲在一九三九年爆發戰爭，面臨世界大變局，羅斯福的新政走到最後一程。

羅斯福與同階級的人鬥爭，乃是經濟危機下的不得已，當然他絕無意顛覆資本主義，反而考慮的是如何經由改革，以便保存原有的制度，所以對這些無端的指責並不擔心，但仍憂慮，因到一九三五年經濟仍然沒有起色。所以一九三六年總統大選在即之時，他除了不取極端主張之外，廣納各方某些批評意見，將新政帶入了比較具體的改革階段。

縱觀羅斯福新政，其動力就是史無前例的經濟大蕭條，美國陷入嚴重的危機。羅斯福於一九三二年提出新政時，自己都未知具體內容，但確有安定人心的作用，也可以說是摸著石頭過河。他的新政屬性絕非社會主義，但採取了某些社會主義設想來挽救資本主義，多少改變了聯邦政府的角色。他不拘泥於理念而積極有所作為，因而給美國人帶來希望。他經過一系列的立法，建立政府機構興辦公共事業，使聯邦政府的作為影響到每一個美國公民。毫無疑問，新政加強了政府管控經濟的角色。羅斯福執行新政有兩大階段：第一階段即從一九三三年到一九三五年，通過立法聚焦於救濟與恢復，而國會在國家緊急情況下，特別配合行政部門，主要是因為經濟危機實在太嚴重了；第二階段是從一九三五年到一九三九年，開始以法案執行具體的、多方面的改革，包括農、工、商及社會保險等。新政也改變了聯邦政府的風格，白宮直接與民眾溝通，並建立智囊團協助多方面的計畫。美國自此由放任經濟進入計劃經濟時代。長期以來，美國繼承西歐傳統，所謂「放任經濟」（laissez-faire），而認為計劃經濟為社會主義國家特有。所以政府角色的改變對美國有長遠的影響，這個改變是不可逆轉的。之後美國的保守派政府，尤其是雷根總統，即使強調自由經濟，也沒有辦法更改羅斯福定下的聯邦政府的格局。政府的管制對「二戰」時的經濟有很大的幫助。實際上，美國的經濟危機直到「二戰」爆發，才真正終結，因為戰爭爆發，要動員整個國家，政府就可以在戰時，更加強力地管控經濟。

第三節　法西斯因何興起？

意識形態或者說主義的興起，是歐戰的後遺症之一。大戰雖有勝負，但雙方都傷亡慘重，更由於戰爭的破壞，哀鴻遍野，民不聊生，因而導致極端主義的興起。民主自由主義因威爾遜的失敗，而顯得不合時宜。共產主義於歐戰結束之前，雖在俄國成功，但西方國家視之為洪水猛獸，而加以遏制，甚至干預俄國的內戰。紅軍雖勝得內戰，但蘇維埃政權並不順利，國內發生饑荒，國外少人認同，更無法在世界各地發展。法西斯主義則於戰後異軍突起，成為一時的風尚。這三大意識形態，民主自由主義、共產主義、法西斯主義的流傳，不分疆域國界，可能在任何地方出現。

「法西斯」一詞，原指插著一把斧頭的束棒，是羅馬帝國威權的象徵。法西斯主義認為舊秩序腐化人生，意圖在舊秩序的廢墟上，建立新的世界秩序。腐化來自何方？來自自由主義、共產主義、個人主義、物質主義、和平主義等。法西斯的理想是建立一個強大健康的民族國家，甚至創造一種新的人類，是非常國族主義、威權主義、反共產主義、反自由主義的意識形態。法西斯首先在義大利出現，並不是偶然。義大利於歐戰結束後，比其他歐洲國家更為窮困，社會動盪，人心浮動，於是產生了要有強人出來穩定局勢，解決國家嚴重問題的幻想。即使中產階級也希望強而有力之人出現，以恢復秩序，因為安定的社會，才最符合他們的利益。義大利的墨索里尼（Benito Mussolini）於一九一九年三月二十三日，開始他的法西斯運動，表現出來的是極端的民粹主義，再加上極端的國族主義，益發極端。墨索里尼的父親是無政府主義式的社會主義者，曾參與爭奪麵包的暴亂。墨索里尼當工人時，痛恨老闆，認為中產階級剝削勞工。他當過教師，覺得舞臺太小，就去當記者，於一九〇九年在特倫蒂諾（Trentino）編輯一份社會黨的《人民》（*Il Poolo*）報紙。當時位於義大利東北角的特倫蒂諾屬於奧地利，但他認為應歸屬義大利，愛國心使他對此事感到如芒刺在骨。墨索里尼把這份報紙編得很成功，這使他於一九一二年加入社會黨，並主編黨報《前進》（*Avanti*），成為社會黨的喉舌。然當戰雲密布歐洲，他因不能容忍社會主義者的中立立場，而被解僱。之後他自己創辦了一份好戰的報紙《義大利人民》（*Il Poolo d'Itatlia*），因此被社會黨開除。他在歐戰期間參加了義大利的皇家軍隊，因受傷於一九一七年退伍。他譴責社會黨，思想從社會主義轉變到國家主義，掀起法西斯運動，反對平等主義與階級鬥爭，主張超越階級的「革命的國族主義」。墨索里尼於進軍羅馬後，在一九二二年十月成為義大利歷史上最年輕的總理，他利用秘密員警對付所有反對派，禁止工人罷工，並通過了一系列法律。墨索里尼在五年之內，將義大利建成集權國家。他又在一九二九年與羅馬教廷簽約，終結政教之間的紛爭，承認梵蒂岡城獨立成國。他的法西斯巡邏隊身穿黑色制服（黑衫軍），攻擊貿易工會、鄉村合作社、社會主義組織，以及基督教民主結社。重要企業必須國營，私人企業雖受到保護，但也受到相當的限制；罷工絕對不被允許。義大利在此情況下，中產階級歡迎墨索里尼，主要原因就是害怕社會主義革命，墨索里尼也以減稅來籠絡商界。再由於國內危機的激化，法西斯更得到鼓舞，影響力越來越大。洎乎一九二二年，法西斯已經製造了許多政治暴力事件。法西斯黨徒在一九二二年十月二十七、二十八日兩日，控制義大利的中北部後，「進軍羅馬」（March to Rome）。墨索里尼於十月三十日向義大利皇帝伊曼紐爾（King Victor Emmanuel）要求組織政府。皇帝只能接受，墨索里尼於三十一日組閣，成為首相，迅速擴張勢力，脅迫反對者。墨索里尼在一九二三年的十一月通過選舉改革。這次選舉改革的目的，要在國會獲得到三分之二的席次，以取得控制權。經過相當暴力的選舉，國家法西斯黨於一九二四年四月，獲得絕大多數席次，反對派不得不於六月十三日離開國會，墨索里尼自此獨大，遂於一九二四年十二月三十一日鎮壓所有反對派。到一九二六年十一月，所有反對黨都被取締，一黨獨裁的法西斯政權至此完全建立，第一個法西斯政權出現在義大利，為其他國家展示了法西斯政權的模式。

法西斯主義在戰後的德國崛起，更非無緣無故。戰後德國滿目瘡痍，存活下來的人難以維生，更加上極為苛刻的賠款，德國人心懷憤恨，最後冒出希特勒。約略同時，希特勒也正走向法西斯戰爭之路。希特勒生於一八八九年，當歐戰於一九一四年八月爆發時，他已二十五歲，參軍當班長。他於戰後加入德國工人黨。此工人黨於一九二〇年二月二十四日，改稱德國「國家社會主義工人黨」（National Socialist Worker's Party），簡稱NSDAP或納粹（Nazis），也就是國家社會主義者的簡寫，誕生地是在慕尼黑（Munich）。納粹黨主要攻擊猶太人、馬克思主義者，以及戰後德國的魏瑪共和國；反猶是把所有的問題都歸罪於猶太人。希特勒曾於一九二三年，因發動反政府的政變失敗，但他在審判時勇於擔負責任，受到公眾注目，可說是他個人的一大勝利。他雖因政變入獄，但為期甚短，並在獄中完成《我的奮鬥》（*Mein Kampf*）。這本書的主題有二，一是仇恨猶太人，二是要求「生存空間」（living space），必須不斷擴張領土。這兩個主題並無多新意，特殊的是，他要將這些想法付諸實施。在正常情況下，希特勒出獄後不可能再有所作為，更何況魏瑪共和國（Weimar Republic）在一九二四—一九二八年已經逐漸上了軌道，魏瑪政府雖然面臨戰敗後艱困的局面，但經過不斷努力，於一九二五年與歐洲多國簽訂了《洛迦諾條約》（The Treaties of Locarno），得到國際安全的互信，賠款問題也多少獲得解決。德國重新參與國際社會，並加入了國聯，歐洲似乎又恢復了平靜。所以儘管希特勒頗能吸引年輕人，納粹黨在一九二八年也只獲得僅僅二點一%的支持度。然而美國在一九二九年秋天的經濟大蕭條，導致全世界的金融風暴，德國首當其衝，經濟幾乎癱瘓，失業問題尤其嚴重，民怨四起，魏瑪政府承擔了所有的困難與怨恨，希特勒遂趁勢在德南巴伐利亞發難。經濟大危機無疑給希特勒提供了生力軍，所謂「為希特勒送風推舟」（put the wind to Hitler's sail），於是希特勒學習墨索里尼的「進軍羅馬」，要「進軍柏林」，推翻魏瑪政府。共和國議會（Reichstag）被迫解散，在新一輪的選舉中，納粹獲得前所未有的一〇七個席次，僅次於社會民主黨。當一九三一年的二月，失業人數高達五百萬時，支持納粹的德國人越來越多。希特勒在一九三二年四月十日的選舉，雖然輸給極獲人望的興登堡（Poul von Hinclenburg），但得票有一千三百萬之多。兩個多月之後，納粹黨就在國會得到二三〇個席次，自此成為德國第一大黨。希特勒遂於一九三三年的一月三十日就任德國總理，僅過了一個月，他就從總統興登堡那裡獲得「緊急權力」（Emergency Power）來對付「顛覆分子」。希特勒一旦濫用權力，德國的民主體制就走到了終點。納粹黨徒遂於一九三三年的五月二日取締工會，宣示德國為一黨獨大的國家，並於七月十四日將國會成為「橡皮圖章」，更於一九三三年十月十四日退出國際裁軍會議，更於十九日退出國聯。政治異議分子不經審判即被送進集中營，受酷刑甚至被謀殺。興登堡總統於一九三四年八月二日逝世後，希特勒更無忌憚，成為百分百的獨裁者，號稱「領袖」（Führer）。

希特勒任命希姆萊（Heinrich Luitpold Himmler）掌管「蓋世太保」（GESTAPO），是一秘

密警察組織，以及保護納粹高官、蒐集刺殺情報、監察黨紀的「黨衛隊」（SS）。格林（Hermann Wilhelm Göring）於一九三五年三月九日重建空軍，成為空軍統帥。不久在三月十六日，就開始全國徵兵，準備戰爭的態勢，已甚明顯。這些行動都違反了《凡爾賽條約》，接著希特勒以法國與蘇聯締約為藉口，於一九三六年三月七日，重新占領萊茵地，公然違反了《洛迦諾公約》。德國法西斯所以得逞，主要是因為英法反應軟弱。從行動來看，德國的納粹黨可以說是最具暴力傾向的法西斯政黨。不過，對德國人民而言，希特勒無異為他們出了一口氣，恢復戰敗後失去的自尊，甚至有不少人視他為民族英雄。總之，一九三〇年代法西斯的崛起，有其時代背景。

希特勒可稱二十世紀的法西斯首號人物，但墨索里尼才是「法西斯之父」，希特勒將法西斯主義「發揚光大」。當義大利於一九三六年入侵衣索比亞，受到西方國家譴責，但得到希特勒的支持，更進而在一九三六年完成了羅馬—柏林軸心（Rome-Berlin Axis）。德國與義大利的兩個法西斯首領結了盟。

義大利與德國以外，法西斯運動也在西班牙發生。西班牙的德里維拉將軍（Miguel Primo de Rivera）於一九二三年九月先推翻議會政府。他的兒子何塞・安東尼奧（José Antonio）創立了長槍黨。法西斯獨裁者佛朗哥（Francisco Franco）在一九三七年與義大利與德國有互動，並將長槍黨與其他右派政團合併。這個黨就是佛朗哥時代的唯一政黨。

日本也是法西斯的溫床，北一輝成為「日本法西斯主義之父」，他堅持軍事獨裁，為此甚至要凍結日本憲法，因而挑唆少壯派軍官在一九三六年政變，意欲推翻文官政府。結果政變失敗，北一輝因教唆、鼓動政變，遭處死刑，但法西斯主義在日本陰魂未散，軍頭不受約束，促成日本極端國族主義的抬頭，終於發動法西斯侵略戰爭。

法西斯具備侵略性，世界和平受到威脅，於是法國外長白里安（Aristide Brand）於一九二七年四月，向美國國務卿凱洛格（Frank B. Kellogg）提出兩國共同宣言（即《白里安・凱洛格公約》（Kellogg-Briand Pact），亦稱《非戰公約》），宣示不使用武力解決國際糾紛，不管任何問題都必須用和平的外交手段解決。凱洛格於一九二八年八月又在巴黎召集國際會議，以擴大對這個反戰公約的支持，到二十七日十五國代表簽字，最後共有六十四個國家的政府，包括德國與俄國，都加入了此一公約。美國國會也於一九二九年的元月，以八十五票贊成一票反對通過。可以看到，當時全世界都嚮往和平，希望《非戰公約》可以維護世界和平。美國國務卿凱洛格因此獲得這一年的諾貝爾和平獎。多達六十四個國家的政府都允諾不以武力解決問題，豈非天下太平！但是公約裡沒有如何約束侵略者的條文。換言之，這偉大的公約沒有「牙齒」，沒有制裁違反公約者的手段。事實上，這樣的安全公約反而非常危險，因為給了世人和平的幻想、錯誤的國際安全感，而疏於防範。經過一九三〇年代的激蕩，終於爆發又一次的世界大戰，足以證明《非戰公約》毫無效力，反有誤導。

日本軍閥首先破壞《非戰公約》，成為罪魁禍首。日本在一九三一年九月十八日挑起事端，以武力攻占中國的東北，史稱九一八事變。英美諸國真正關切的不是東北，而是《非戰公約》受到挑戰，國聯調查主要也是為此。調查團雖然譴責日本，但措辭溫和，而日本居然悍然脫離國聯，而國聯毫無辦法。日本在壓力下雖未併吞東北，仍建立了傀儡政權，即所謂「滿洲國」。繼日本之後，義大利的墨索里尼為了增其威望，依樣畫葫蘆，於一九三四年欲攻占非洲的衣索比亞（Abyssinia or Ethiopia）。義大利法西斯在該年的十二月五日挑起戰爭，衣索比亞也向國聯申訴與請求援助，墨索里尼像日本一樣拒絕了國聯的和平協議，悍然入侵衣索比亞，並動用了毒氣彈。英法等國感到震驚，對義大利實施制裁，但為了自身的利益，只點到為止，並不願意對義大利施壓過甚，自然無法阻止墨索里尼的侵略。國聯的制裁也證明毫無效果。衣索比亞全境於一九三六年五月被義大利占領，與日本占領東北如出一轍。

墨索里尼對於一九三六—一九三九年間西班牙的內戰，支持以獨裁者佛朗哥為中心的右翼國民軍，提供大量軍事援助，使義大利與英法的關係更加惡化。墨索里尼本想延遲戰爭的爆發，但德國於一九三九年九月入侵波蘭，引發世界大戰。德軍於一九四〇年六月十日即將攻克法國時，雖知沒有軍事實力與大英帝國作持久戰，仍然公開宣布站在德國一邊。墨索里尼計畫在法國戰敗後，可從法國割讓土地，然後集中兵力到北非對付為數不多的英軍。義大利於一九四〇年十月進攻希臘，結果被打敗，接著在北非又被英國打敗，不得不完全依賴德國。墨索里尼還派義大利軍隊於一九四一年六月，參加希特勒攻打蘇聯的行動，並於十二月對美國宣戰。直至一九四三年，義大利屢戰屢敗。蘇聯紅軍於同年二月，徹底擊潰在俄國境內的義軍。德軍於五月在北非潰敗；英美聯軍於七月九日，攻打西西里島；德軍於七月十六日，在蘇聯境內的夏季攻勢失敗。德義雙敗之際，義大利的「法西斯大會」（Grand Council of Fascism），也是義大利最高機關，遂於七月二十五日對墨索里尼投下不信任票；接著義大利國王解除了墨索里尼的總理職務，並將其囚禁，然後與英美盟軍議和。但一九四三年九月十二日，墨索里尼被希特勒派降落傘部隊救出，讓他領導在義北於一九四三年九月二十三日建立的傀儡政權，即「義大利社會共和國」，不久即於一九四五年四月二十五日滅亡。此時德、意、日三國軸心勢力，全線崩潰。墨索里尼及其情婦逃往瑞士，但兩人被義大利共產黨捕獲後，於一九四五年四月二十八日槍決，遺體運往米蘭倒懸示眾。墨索里尼絕非等閒之輩，但縱觀他一生行事，實在令人不敢恭維。他不講原則，政策既混亂又矛盾，以欺騙與恫嚇奪取大權。他一開始就認為，只需要讓一般民眾相信，不必讓他們理解，譬如給了他們可以移山倒海的信仰，他們就會接受移山倒海可以做得到的幻想，有點類似《論語》所說「民可使由之，不可使知之」的意思。英國史家泰勒（A.J.P. Taylor）形容墨索里尼是「招牌上的獅子」（a lion of the cardboard），用中國人的話說，就是紙老虎，看起來兇惡，其實外強中乾，中看不中用，但大多數人卻並未看出他是紙老虎。

墨索里尼剛上臺時，還不自欺，但時間久了，當越來越多的義大利人受其欺騙，信以為真，他也不自覺地自己騙自己。他大權獨攬後，吹噓「法西斯革命」的偉大，比十月革命更複雜、更徹底，認為列寧做到的，他會做得更好。事實上，他的「革命」最初只是恢復秩序，並沒有破壞傳統；後來成為較深的政治與社會變革，幾乎將既往的一切摧毀殆盡。說穿了，他的法西斯黨，幾乎都是由腐敗分子經營的恐怖組織。他自己並不腐敗，但打腐無能，威懾有餘而效果欠缺。他說要重建義大利，卻將其國引入歧途。墨索里尼善於表演，局勢愈壞，表演的技巧愈高。在當時的義大利，每當提到墨索里尼的名字，民眾須起立，行古羅馬禮，唱進行曲，高喊「領袖萬歲」，有時他自己喊自己萬歲！當其氣焰盛時，不僅法西斯黨徒，連自由派人士也支持他，因為公開反對他的人，會被謀殺。實業家們最初真心支持他，因為他能恢復秩序，但很快對他敬而遠之。值得注意的是，他越來越自我封閉，最後除了忠誠的情婦之外，幾乎沒有任何朋友。他早年固然有同志，後來也有不少法西斯的追隨者，但幾乎沒有人能夠影響他，也不能與他談有益之事。他有一位弟弟，名叫阿諾德（Arnaldo），為他作公關與宣傳。阿諾德死於一九三一年，此後，墨索里尼再也聽不到任何真實的訊息。墨索里尼亦喜好誇大，比如他說他擁有三十萬名法西斯「黑衫黨人」，實際上只有三萬人；大戰開始時，他說他有一百五十個師，其實只有十個師。他於一九四〇年派遣三十萬軍隊到北非，聲稱英國有同樣數目的軍隊在那裡，然而英軍實際只有三萬五千人。不過，英軍人數雖少，但戰鬥力大過義軍十倍。

即使最後已經被監禁，他仍然幻想領導義大利抵抗軍，想要捲土重來。

希特勒作為法西斯強人，行事作風不像墨索里尼那樣不堪，被民眾處死後，將屍體倒掛示眾。希特勒兵敗身死，而屍骨無存；由於屍骨無存，長久以來被視為生死不明。根據已有的資料，希特勒及其情婦確實是在蘇軍入城前，自殺身亡，然後隨員毀屍滅跡。也許因有墨索里尼的前車之鑒，他不願意被捕處死。後人對他的興趣，因而持久不衰，這點為其他強人所不及。希特勒狡猾過人，所以常能占到便宜。他想征服別國，並無猶疑，他說：「要征服一個國家，必先解除那國人的武裝」（To conquer a nation, first disarm its citizens）。他作為獨裁者的面目也很清晰，他說：「我要你讓我笑，即使我不想笑」（You make me smile, even when I don’t think I can）。他有魄力，他說：「在下決定前要想千遍，一旦決定即使有千重困難，永不回頭」（Think thousand times before taking a decision, but after taking decision never turn back even if you get thousand difficulties）。他的成敗，皆由於此。他因思慮周到、行動精確，而贏得初期輝煌的戰績，後來遭遇天大的困難，仍堅信既定政策，不願變通，尤不肯必要的退讓，最後遭遇亡國之禍。他公然說勝利者不可能被審判，因為沒人敢檢驗勝利者是否說謊，但他沒想到最後失敗了，還是會受到歷史的審判。希特勒的言行是愚蠢、殘暴與貪婪人性的具體體現。希特勒無疑有自大狂，他帶有速寫員，隨時記錄他的每一句話，甚至在他吃飯的時候，也要「速寫員」騰出手來記錄他的言行；唯有當希特勒詞窮時，「速寫員」才能停筆。因為希特勒自認為是「超人」，唯有「超人」才有完全記錄的價值和必要。但他所說的是他希望別人知道的他，未必是真實的他。不過，他並不掩藏出身寒微，曾說自己在維也納時戒煙，因為只能在香煙與麵包之間，做一選擇。他等待最佳時機奪取最高權力，及時消滅政敵，並直言自己取得權力的合法性。他恨美國與蘇聯，也瞧不起這兩個國家，而希望英國能夠想通與德國和平友好，甚至希望德國人娶邱吉爾的女兒，以改變英國的政策。他對基督教沒有好感，認為那是婦孺與弱者的宗教。他仰慕瓦格納（Wilhelm Richard Wagner）的音樂，視之為體現了自己眼中的德國。他在一九二二年的一篇演講中說：瓦格納的作品榮耀了英勇的條頓人（日爾曼人的分支，世人常以「條頓人」泛指日爾曼人，或直接以此稱呼德國人）的民族性，偉大屬於英雄民族。希特勒曾親自去聽瓦格納的歌劇。瓦格納對納粹的影響常被世人提起，瓦格納的音樂在納粹的許多場合播放，但納粹階層並不都像希特勒那樣愛聽瓦格納冗長的歌劇。總的來說，納粹利用部分瓦格納的思想作為宣傳之用而已。

希特勒是極端的種族主義者，這是毋庸置疑的。他不僅反猶，屠殺猶太人六百萬，他也反斯拉夫民族，認為是低劣的民族，需要滅絕。他借達爾文的演化論來證明他的種族優越論，他說如果優種不與劣種通婚，是自然的規律，然則優秀的民族不應與低劣民族相混，便是天經地義的事情，因為非如此，人類不可能通過千百年的演化，到達更高的層次。他認為日爾曼人是唯一優秀的種族，其種族理論完全基於血緣，所以他認為法國北部地方的人比較強硬，是由於摻雜了德國血統。他認為古希臘人、羅馬人都屬於條頓民族，所以真正的德國人來自古典時代，而不是來自原始森林。他想要把整個歐洲變成「德國村」（German Valhalla），視驍勇善戰的「雅利安」（Aryan）民族為祖先，住在由水泥路鋪成的堅固城鎮，是希特勒所期望的未來。他要把優秀的日爾曼種族隔離起來，以避免與劣等種族相混。他認為德國的文化使命是反對野蠻的東方，以保衛歐洲的文明。最荒謬的是，希特勒並不太相信自己的國人，他依靠官僚體系統治國家，清除所有的政治反對者，殺盡集中營內的「罪犯」。他並不喜歡一般的德國人，他只喜歡忠誠的納粹黨徒。他是德國「偉大的兒子」，坐車卻不敢在沒有保護的情況下，駛過任何一個德國城市的街道。他更不可能想到，自己可以自在地在路上行走。他的恐怖統治使他自己過著恐怖的一生。他相信有了權力，什麼都可以做到，而支持他的德國人民，必然也是如此相信。德國人民也和希特勒一樣，相信有了權力什麼都可以做。所以假如希特勒錯了，德國人民也有錯，因他是德國人民選舉出來的，他的想法也是很多德國民眾的想法。希特勒錯了，德國人民也錯了，他們不能把所有的責任都讓希特勒擔起。第二次世界大戰後，德國人民真誠的道歉，是有道理的。

美國雖然於歐戰後由於民意退入孤立主義，但其地位與影響在戰後越來越重要，實在不能不介入國際事務。如因列強的海軍競賽危及和平，美國於一九二〇年在華盛頓召開會議，希望限制海軍擴張。會議規定英、美、日、意、法五國海軍的主力艦比例為五：五：三：一點七五：一點七五。因為當時主力艦是海軍的王牌，是海上的堡壘，後來才被航母所取代。但這一限制在整個一九三〇年代難以落實，最後不了了之。美國國內強烈的反戰輿情，也阻礙了羅斯福應對日本與義大利侵略者，違反《非戰公約》的行為。美國羅斯福總統到一九三八年，才向國會要到十億美元撥給海軍。

蘇聯在一九三一－一九三二年非常擔心日本在亞洲的野心，所以想與鄰邦訂立互不侵犯條約，甚至因有鑒於希特勒的絕對反共，極願與西方和解。蘇聯於一九三四年九月由英、法、意三國推薦進入國聯，並於一九三五年五月二日與法國簽訂互助條約。但是蘇法締約使英國關切，因為英國人厭惡史達林，更懼歐洲又將形成敵對的軍事集團，而正是敵對的軍事集團導致了第一次世界大戰。德國重新崛起令許多歐洲國家心驚，但關於如何應對，卻意見不一，有點束手無策。大國英國恐懼戰爭，所以應對希特勒不夠強勢，而法國的國力又不足以單獨對付德國。波蘭與德國接鄰，尤其擔憂，所以於一九三四年一月二十六日與德國簽訂互不侵犯條約。這其實是與虎謀皮，反而對希特勒有利，因為給了希特勒從容整軍的時間，不必擔心波蘭會先下手為強，希特勒訂立和約的目的，只是為爭取時間而已。德國與波蘭的互不侵犯承諾，也削弱了法國在歐洲的地緣優勢，更增強不安全感。

希特勒整軍完成後，開始他的雄圖。對他而言最容易處理的莫過於奧地利。德奧兩國同文同種，而希特勒本人就在奧地利出生。當然納粹組織早已在奧地利活動，所以當希特勒向奧地利總理許士尼格（Kurt von Schuschnigg）要求善待該國的納粹黨，許士尼格一口答應，但希特勒仍然進兵奧地利，完全沒有遭到抵抗。其實大多數奧地利人，非常歡迎德軍，顯然是拜同文同種之賜，奧地利國內經濟不景氣，也是原因。希特勒欣然宣稱德奧聯盟，而且幾乎所有奧地利人都支持，於一九三八年四月十日以公投通過聯盟。其實，希特勒最初只想要一個納粹化的奧地利，但奧地利人民熱情的投懷送抱，以及英法兩國反應的低調，改變了希特勒的初衷，直接併吞了奧地利。希特勒以民族回歸為名，而作併吞之實的冒險得逞，自然食髓知味。捷克的德裔人口占二十八%，且多集中在蘇台德（Sudetenland）一地，所以希特勒提出要讓捷克的德裔「回家」。蘇聯和法國與捷克雖然有條約，但兩國與捷克都無邊界，難以伸出援手。當時的英國首相張伯倫（Neville Chamberlain）有鑒於歐戰的慘烈，極力希望防止戰爭，所以於一九三七年九月十五日往見希特勒，尋求和平解決，不遺餘力。張伯倫為了和平，可以接受捷克把德裔占多數的蘇台德，割讓給德國，但捷克不情願。德國以入侵作為威脅，並發最後通牒給捷克，而且限二十四小時內回覆。就在限期截止前數小時，經墨索里尼調停，張伯倫提出了草案，此草案實由德國外交部所擬定。張伯倫所獲得的協議，就是惡名昭彰的《慕尼黑協定》（Munich Agreement），由德英雙方簽訂：英國允許希特勒於十月一日派遣軍隊進入蘇台德地區，以交換德方允諾未來任何爭議，相互溝通，保證不以武力解決問題，也就是換取捷克的獨立自主。張伯倫以為和平可以期待，回到倫敦還高興地揮舞這張協議。這位英國首相顯然過於樂觀，捷克民族問題非常複雜，希特勒很容易找到藉口，奪取捷克全境。果然德軍於一九三九年三月十五日，進入捷克首都布拉格（Prague），幾乎沒有遇到抵抗，捷克就此在地圖上消失。張伯倫被希特勒欺騙之後，誓言要保障波蘭與羅馬尼亞的領土完整。就在此時，發生一件出乎意料的大事，納粹德國竟然與共產蘇聯於一九三九年八月二十三日簽訂互不侵犯條約。兩國原來不共戴天，為何居然互不侵犯起來？原來希特勒想借此穩定東線，準備全力針對西線敵人，並在進攻波蘭時，沒有後顧之憂。果然德軍於一九三九年八月三十一日挑起邊境事件後，第二天攻打波蘭，英國與法國不得不於九月三日對德國宣戰。但無論英國還是法國，都由於地理阻隔，無法給予波蘭實質上的幫助。波蘭並非沒有實力，當時已有三千五百萬人口，也有訓練有素的軍隊，但德軍採用以飛機大炮作迅雷不及掩耳襲擊的「閃電戰」（Blitzkrieg），迅速擊敗了波蘭軍隊。蘇聯於九月十七日，乘機進攻波蘭東境。至此波蘭軍隊兩面受敵，難以再事抵抗。波蘭首都華沙於九月二十七日，在猛烈轟炸下陷落。

希特勒於一九四〇年的五月十日，避開法國堅固的馬奇諾防線，借道荷蘭攻打法國，荷蘭於五月十五日投降。兩個星期後，德軍指責比利時違反中立，而征服之。德軍裝甲部隊至此已到英吉利海峽，然後北向追擊撤退往敦克爾克（Dunkirk）的英國遠征軍。不料希特勒突然命令坦克部隊，停止進攻三天，於是讓三十三萬八千人的英法軍隊成功逃入英倫三島。希特勒為何下令暫停進兵？至今無解。

英法聯軍為防止德軍取得瑞典的鐵礦，於一九四〇年三月二十八日在挪威水域布雷，並在沿岸建立軍事基地。德軍隨即登陸挪威多處港口，雙方在挪威首都奧斯陸（Oslo）打了一仗，德軍很快在六月八日將聯軍趕出挪威。挪威於六月十日投降。德軍此時已於四月九日在沒有遭遇抵抗的情況下，占領了丹麥。瑞典因答應繼續提供鐵礦，以及允許德軍利用其領海，而未被占領。法國也算是歐洲大國，居然也不堪一擊，首都巴黎幾在不抵抗的情況下，於一九四〇年六月十四日淪陷。義大利乘法國敗退之際，攻其南境，卻被法軍擊退，足見義大利軍隊素質之差。法國與德國簽訂了城下之盟，法國議會於七月十日同意將所有的國家權力移交給由貝當（Philippe Pétain）領導的在維奇（Vicky）的傀儡政府。

第四節　歐陸北非遍地烽火

當一九四一年到來時，希特勒已經掌控歐陸。許多人回看歷史，都有一個疑問，他為什麼不適可而止與英國議和？如果這樣做，德國可以集中力量解決東方問題，避免兩線作戰，也不至於把美國拖下水，至少可以鞏固既有的極大成果。猜測者眾說紛紜，提出種種假說。在我看來，他根本無意縮手。希特勒有賭徒的心態，一直在贏的時候，不會想要停止，即使輸了，也不想後退，因為想要再贏回來。而英國也未必願意在劣勢情況下求和。

英國又是如何在希特勒的鐵騎橫行下，生存下來的呢？英國沒有倒下，意義重大。史達林曾說過：「二戰」期間，俄國人付出了鮮血，美國人付出了金錢，英國人則提供了時間。換言之，德軍攻打英倫三島，久攻不下，給聯軍轉敗為勝以寶貴的時間。希特勒攻打英倫三島，始於一九四〇年七月，跨渡海峽作戰，必先要有制空權，但「德國空軍」（Luftwaffe）未能擊退英國皇家空軍。英國雖受到大規模的空襲，城市深陷火海，但未能打消英國人的士氣。戰時英相邱吉爾（Winston Churchill）堅毅沉靜，領導全英，厥功至偉。希特勒不得已而無限期推遲攻打英國，時機一失，不可復得。

希特勒的盟友墨索里尼眼見德國大有斬獲，而義大利毫無建樹，於是在一九四〇年十月攻打希臘，但並不順手，在北非也被英軍擊退。希特勒只好出兵巴爾幹，並於一九四一年二月派遣名將隆美爾（Erwin Rommel）及其「非洲軍團」（Afrika-Korps）前往北非的黎波里援助義軍，於是開闢了北非的新戰場。隆美爾驍勇善戰，身先士卒，橫行沙漠，一舉成名，贏得「沙漠之狐」的美稱。

德國陸軍元帥隆美爾在第一次世界大戰期間已經戰功彪炳。他於一九三七年根據自己經驗寫成的《步兵出擊》（*Infanterie Greift An*）一書，成為戰技的經典之作。德軍於一九四〇年入侵法國時，他任第七裝甲師師長。當他指揮北非兵團時，神出鬼沒，英國首相邱吉爾看到隆美爾的表現，曾說：「我們遇到一個有勇有謀的對手，我認為他是這場惡戰中的偉大將軍」（We have a very daring and skilled opponent against us, and may I say across the havoc of war, a great general）。獲敵方首腦給予如此讚美，殊不多見。隆美爾確實具備「偉大將軍」的條件，他有身先士卒的勇敢、惡劣環境中的堅毅、考慮問題時的清醒頭腦、對戰術有豐富想像力，也有戰場上的幸運。有一次開他車的司機，就在他身旁中彈死亡，而他卻毫髮無傷；他一九四四年在諾曼第遇到空襲，他也重傷不死。但在政治上他卻逃不過厄運，因希特勒懷疑他參與政變，給了他兩條路，一是審判，定以叛國罪；一是自殺，給他國葬的尊榮。他選擇了後者。戰時納粹的宣傳以及戰後無數人的讚美，「沙漠之狐」的稱號，使隆美爾幾乎成為神話中的英雄人物。

隆美爾的軍旅生涯最精彩的一段，無疑是在北非。北非戰場始於一九四〇年的夏秋之交。義大利獨裁者墨索里尼趁法國初敗、英國遠征軍從敦克爾克大撤退之際，搶占英法在非洲的殖民地，意圖建立一個從地中海經北非、東非到印度洋的現代羅馬帝國。義大利軍隊於一九四〇年七月兵分兩路，占領了英屬索馬里（Somalia）全境、肯亞（Kenya）、利比亞（Libya），以及埃及的部分地區。利比亞北部的托布魯克（Tobruk）是通往東利比亞的戰略要地、擁有自然屏障的深水港，即使受到轟炸，船舶也可隱蔽停靠，永遠不會無法使用。因此這個港口是北非沙漠戰的最佳補給之地，而且義大利於一九四〇年十一月入侵埃及後，已建妥堅固防禦設施。

此外，托布魯克南邊有峭壁與懸崖，提供極佳的天然障礙，可阻止敵人由港口進入內陸。托布魯克又位於半島之上，只需要小部隊就可防守，而進攻者既無法繞過此地，補給又很容易被切斷，在沙漠地區補給一旦被切斷，會有災難性的致命後果。再者，港口以南二十四公里處，有東利比亞最大的機場，沙漠作戰中飛機的重要性，不言而喻。因此誰占據了托布魯克，誰就能控制大部分的北非。

義大利軍隊及其利比亞同盟軍入侵英國保護地埃及後，又圖謀希臘，因希臘是英國的盟國。大英帝國派遣三個師反擊，義軍非英軍敵手，受到重創後投降。英軍遂於一九四一年一月二十二日占領托布魯克，乘勝經營北非，於兩個多月內西進八百多公里，擊潰義大利的第十集團軍，俘虜十三萬人，繳獲坦克四百多輛，大獲全勝。其中居功最偉的是，身帶「沙漠之鼠」標誌的英軍第七裝甲師。義大利向盟邦德國求救，希特勒決定派遣「德意志非洲軍團」（Deutsches Afrika Korps），配合義大利在利比亞的軍隊，全由隆美爾中將指揮。德國介入非洲戰爭，不僅僅幫助了義大利，對其自身而言也是很好的戰略，可由利比亞東進，控制地中海和蘇伊士運河，並進取中東豐富的油田。

隆美爾受命為非洲軍團司令，並非偶然，他在歐戰時已展現指揮坦克戰的才能。果然他一到北非的黎波里（Tripoli），即才華展露，以狡猾果斷的行動，震驚敵人，如以汽車假裝坦克，迷惑敵軍。隆美爾雖兵力不如英軍，卻能大敗英軍，在兩星期內，向東推進六百公里，抵達利比亞和埃及的邊境。英軍於一九四一年十一月發動的「十字軍行動」，共集中了七百一十輛坦克，邱吉爾曾在一封信中慷慨陳詞：「中東戰爭的命運，蘇伊士運河的得失，都完全寄託在這幾百輛坦克上」！而當時隆美爾所掌握的只有德軍的一七四輛坦克和義大利軍隊的一百四十六輛陳舊坦克，處於明顯的劣勢。但德軍的反坦克火力具有一定的優勢，其新式50mm反坦克炮的穿甲威力，比英軍反坦克炮高出二〇％，再加上隆美爾善於集中優勢兵力，各個擊破，因而屢屢重創英軍。開戰時英軍投入的七百一十輛坦克，絕大部分被隆美爾擊毀，最後只剩下七十輛。英軍雖然損失慘重，但後備兵力充足，而德軍的重兵在蘇聯，北非戰場上的兵力有限，油料供應十分困難，所以到了十二月下旬，英軍又前進到利比亞班加西港區（Port of Benghazi），大體上恢復到一九四一年初的態勢。隆美爾屢以少勝多，以及飄忽不定的作戰方式，令英軍官兵十分頭疼，使隆美爾的聲名大噪。其後德軍和英軍為爭奪托布魯克，進行了為期一年的拉鋸戰。進入一九四二年，沙漠坦克戰進入高潮。德軍補充了部分新型的三號J型坦克，而英軍則獲得了美國援助的三百輛M3「格蘭特」（Grant）中型坦克。單從坦克的數量和性能上看，英軍占有優勢。但是從一九四二年一月二十一日起，隆美爾的德義兵團向英軍發動了強大的攻勢。由於英軍鬥志不高，戰術落後，反而很快潰退東撤。隆美爾的第二次攻勢於一九四二年的五月開始，德軍於六月二十日又猛攻托布魯克要塞。次日威振四海的「不屈要塞」落到德軍手中。隆美爾於六月二十二日，晉升為元帥，達到他戎馬生涯的光輝頂點。緊接著德軍從七月一日到二十七日在埃及發動第一次阿拉曼戰役，隆美爾的坦克已經東進到亞歷山大（Alexandria）港。英軍節節敗退，英國朝野震驚。邱吉爾承受了巨大的壓力，在這個危機時刻，他果斷地任命蒙哥馬利中將（Bernard Law Montgomery）為駐北非第八集團軍司令。蒙哥馬利到達埃及後，立即著手整頓三軍，加強部隊訓練，激勵英軍鬥志，使英軍士氣大振，面目一新。到了一九四二年十月，英軍第八集團軍已增至十一個師，其中四個是裝甲師，兵力約二十三萬；部署於一線的坦克一千四百輛，其中五百輛是新型的M3「格蘭特」、M4「謝爾曼」（Sherman）中型坦克。相比之下，德軍主力陷入蘇聯戰場不能自拔，隆美爾的麾下僅有十萬人、五百餘輛坦克和三百五十架作戰飛機，在兵力上，英軍處於絕對優勢。蒙哥馬利還下令集中力量打擊德軍的海上補給運輸船，使德軍後勤供應極度困難，作戰物資匱乏。英軍於一九四二年十月二十三日，向德軍的防線發動突然進攻，這就是著名的第二次阿拉曼戰役的發端。由於周密的準備和巧妙的偽裝，達成了戰役的突然性。英軍於十月二十五日早晨，以二百輛坦克的代價衝過雷區後，各路裝甲部隊繼續前進。英軍於十一月一日夜晚，發動「超級衝擊」行動，引發北非戰場上最大規模的坦克戰。英軍的第七裝甲師、第一裝甲師，成群結隊，衝向德軍陣地，隆美爾調集所有的坦克和88mm高射炮，拼命阻擊英軍。雙方的人員和坦克都有重大損失，但英軍兵力優勢明顯，士氣高昂，終於徹底打敗了隆美爾的兵團。隆美爾立即後撤，正逢暴雨，尾隨的英國第八集團軍行軍艱難，飛機不能起飛，使得隆美爾的機械化部隊，先行自阿拉曼溜走，其餘的部隊且戰且走，快速向西一路撤到突尼斯（Tunisia）。這次阿拉曼戰役，德、義軍隊傷亡、被俘共五點九萬人，三百五十輛坦克被繳獲，而英軍傷亡一．三五萬人、損失坦克四百三十二輛，也付出沉重的代價。德國空軍司令凱塞林（Albert Kesselring）曾痛批隆美爾撤退得太快，許多機場失手資敵。但隆美爾認為在缺糧、缺彈、缺油的情況下，戀戰將有被全殲的命運，機場又豈能不失？隆美爾的判斷是正確的，撤退至少保存了殘部，得以在突尼斯整修。雖然此時戰場敵我優劣明顯，但隆美爾仍能於一九四三年二月痛擊位於突尼斯北面、威脅德軍糧道的美軍而獲大勝。這是他第一次與美軍交手，也是他最後一次勝仗。隆美爾於二月二十三日，開始指揮新組建的「非洲集團軍群」（Armeegruppe Afrika），含義大利第一集團軍與德國第五裝甲軍。他在一九四三年三月發起在北非的最後一次反攻，攻擊英國第八集團軍。英軍統帥蒙哥馬利接到情報，調集大量反坦克大炮，對準來犯之敵。隆美爾於損失五十二輛坦克後，停止進攻，無功而返，並於三月九日回到德國，再也沒有返回非洲。義大利統帥梅塞（Messe）於一九四三年五月十三日向英軍投降，北非之戰落下帷幕。

阿拉曼（El Alamein）戰役無論在規模上、戰爭的慘烈上，都不及蘇聯戰場上的大會戰，但是北非戰場一個關鍵的轉捩點。英軍在經歷了一系列令人沮喪的失敗之後，終於贏得無比珍貴的勝利。對隆美爾而言，成也沙漠、敗也沙漠，狡猾的「沙漠之狐」最後敗在英國「沙漠之鼠」的手裡。德國掌控北非重鎮托布魯克，一直到一九四二年的十一月四日後才失守。英國及其盟軍的勝利結束了西非、北非的沙漠大戰，擋住隆美爾直入埃及和蘇伊士運河、占據中東與波斯灣油田的危險，關係重大。英方士氣也因此大振，英國首相邱吉爾聽到捷報後說：此一勝利不是結束，甚至不是結束的開始，但也許是開始的終結。戰後他寫道：「我們在阿拉曼戰役之前，沒有打過勝仗，在阿拉曼戰役之後，沒有打過敗仗」。英軍戰勝後為了補給，建築了一條從阿拉曼到托布魯克的鐵路，這是非洲沙漠中的第一條鐵路。

北非戰役後，隆美爾於一九四三年七月二十三日前往希臘，受命出任E集團軍群司令，防備英軍攻打希臘海岸。當他於二十五日抵達希臘時，因墨索里尼被推翻，又奉命回柏林，改任新成立的B集團軍群統帥，防守義大利。他於一九四三年八月十六日將總部設在義大利北部的嘎達湖（Lake Garda），當義大利新政府宣布停戰，他立即解除了義軍武裝。希特勒於一九四三年九月三十日召見隆美爾與空軍總司令戈林，商議義大利戰事。隆美爾主張在羅馬以北設防，而戈林則主張在羅馬以南設防，希特勒採用了戈林的方案，並重用戈林，由其主持一切軍務，將隆美爾的B集團軍群移往法國的諾曼第，防禦大西洋海岸。

隆美爾統率非洲兵團，在極端氣候的艱苦環境展開大規模的坦克戰，指揮若定，虛虛實實，屢屢欺敵殲敵，其以寡勝眾，進退自如的軍事才華，舉世聞名。然而氣勢雖壯，終不免功虧一簣，其故安在？不是隆美爾戰術不精，而是希特勒戰略有誤：不給予隆美爾足夠的軍力與資源，以便經埃及蘇伊士運河直搗中東與波斯的油田，而是將龐大軍團與資源用於東征遼闊的蘇聯，雖最初勢如破竹，終於困於俄羅斯的嚴冬，勞師無功，至於潰敗，逆轉國運；北非則因兵力不足、補給不濟，而全軍皆沒。希特勒兩頭落空，納粹帝國因此失誤而走向滅亡。換言之，希特勒如把大部分的資源放在北非，進軍中東油田，情況可能會完全不一樣。

希特勒原定在一九四一年的春天啟動征伐蘇聯，由於攻打北非與巴爾幹推遲了六個星期。不過，希特勒信心滿滿，認為兩個月就能亡蘇，可以在俄羅斯的嚴冬到來之前，結束戰役。史達林聯德之後，也有所行動，他要求芬蘭與波羅的海三小國接受蘇聯駐軍。當芬蘭拒絕後，蘇聯紅軍即於一九三九年十一月三十日發起攻擊。國聯譴責蘇聯，並因其侵略他國，將之開除會籍。到了一九四〇年的二月，紅軍發動大規模的攻勢，然因為英國以參戰作警告，蘇聯有所節制，並未求取全面勝利，答應與芬蘭談和，和平條約於一九四〇年三月十二日簽訂，芬蘭割讓少許土地了事。事後看來，史達林得不償失。希特勒因見紅軍雖打敗芬蘭，表現不佳，更感到絕對可以輕易擊敗蘇聯。在他心目中，法國在一個月內瓦解；滅蘇兩個月足矣！約同此時，日本於一九四〇年九月二十七日加入德義「軸心國」聯盟。日本此舉意在針對美國，當然也增強了德國的聲勢。希特勒於是對東征蘇聯更有信心，更相信解決蘇聯之後，英國會不戰而降。所以希特勒顧不了已與蘇聯簽訂互不侵犯條約，遂於一九四一年六月開始代號為「巴巴羅薩」（Operation Barbarossa）的對蘇戰爭。

史達林沒料到希特勒會悍然毀約，驚愕不已。但也事出有因，蘇聯要求在芬蘭與巴爾幹獲得特殊地位，使希特勒不快，於是立即下令準備對付莫斯科。美國違反中立，不時支援英國，在希特勒看來，也需要在美軍參戰之前，趕快解決蘇聯。德軍果然攻勢淩厲，在進攻的第一天就摧毀了一千二百架蘇聯飛機。德國三百萬大軍迅速向東推進，可說一日千里。德軍銳不可當，蘇方則士氣低落，備戰不足，缺乏優秀的將領，敗退時損失慘重，而蘇聯境內各族人民，不滿史達林的統治，棄甲者有之，倒戈者也有之，被俘人數常以百萬計。然而希特勒的戰略卻從反共產轉為反斯拉夫，以奪取其土地，增加德國人的「生存空間」，因而對待被征服的人民，極其苛刻。德軍的殘暴行為，無疑團結了蘇聯人民，導致所有斯拉夫民族團結起來為衛國而戰，史達林也以「衛國」為號召，展開了英勇的衛國戰爭。蘇聯衛國戰爭是最慘烈又是最關鍵的一場戰爭。

約略同時英軍出動，與蘇軍合力占領伊朗，不讓德國取得豐富的油田。接著日本於一九四一年的十二月八日偷襲美國太平洋海軍基地珍珠港，希特勒隨即對美宣戰，顯然是對美國不守中立的情緒反應，但希特勒對美宣戰，無疑招惹強敵，於德國相當不利。美國對日宣戰，沒有猶豫的餘地，德國對美宣戰，美國別無選擇，加入了反軸心國的同盟國。然而希特勒發動攻打蘇聯的戰爭，一路望風披靡，深入蘇聯境內，德軍占領了烏克蘭、白俄羅斯以及波羅的海三小國。此時的德軍在其他戰場上，進行得也頗為順利，潛艇在大西洋也很活躍，名將隆美爾在北非攻占了托布魯克（Tobruk）。德軍在東線戰場建立了北起列寧格勒，南到羅斯托夫（Rostov）

的防線。即使前一年冬天在莫斯科西郊之戰傷亡頗重，然而已經在整休，希特勒仍有信心能於一九四二年冬天前擊敗紅軍。這一年的夏季攻勢初戰順利，他決定進攻蘇聯的南部。最初的目標是在史達林格勒的周圍摧毀工業設施，而後陳軍於伏爾加（Volga）河。此河位於從北高加索（Caucasus）地區到裏海（Caspian Sea）的俄國中部要衝，德軍在此可以攔阻河上的商業往來。德軍於七月二十三日攻下羅斯托夫，切斷了油田的油管，如再拿下史達林格勒，將使美國從波斯通道運送軍援物資變得困難。於是希特勒擴大了原定的作戰計畫，包括攻占史達林格勒。雙方自此對這座以蘇聯元首命名的城市，展開激烈攻防戰。如攻下史達林格勒，則可無懸念地保障德軍西北兩翼，安全直通巴庫（Baku）重鎮，為德國取得戰略石油資源。希特勒狂妄宣誓：城破之後，殺光男人，驅逐女人出城。他說這些人是「徹徹底底的、特別危險的共產黨人」，必須要解決。希特勒過於自信，又低估了蘇聯後備軍的力量。事實上，德軍在一九四二年的攻勢已經沒有前一年順利，到十一月，莫斯科郊外雖可聽到炮聲，蘇方命令所有能扛槍的人，全部參與戰鬥，此時嚴冬已到，天氣越來越冷。德國大軍陷入冰天雪地之間，動彈不得，被圍後又遭饑餓的困擾，而希特勒嚴令死守，不准退兵。包括精銳的第六集團軍在內的德國集團軍群，代號為「藍色軍團」，其大部隊原本奉命進攻俄南庫班草原（Russian Steppe），直達高加索地區，目標是取得蘇聯重要的油田。然而希特勒突然命令南方軍團一分為二，一支繼續照原計畫南進，另一支包含第六軍團的部隊東向進攻史達林格勒。該計畫原定於一九四二年五月執行，但由於有些部隊在圍攻克里米亞島上的要塞港口塞瓦斯托波爾（Sevastopol）時，耽誤了時間，直到七月初才結束，所以開始進軍南方已是一九四二年的六月二十八日。於是原本進展順利的德軍攻勢，令遼闊草原上幾無抵抗力的蘇軍，向東撤退，無法穩定防線。德軍布下兩個「口袋」，於一周內殲滅俄國與匈牙利的部隊，於七月五日獲得全勝。希特勒有鑒於第六軍團的優越表現，命令其第四坦克師調往南向的軍團，但因此與第一坦克師爭道，造成交通擁塞，一時間動彈不得，至少延誤了整整一周的時間，這一周的時間也相當關鍵。因此希特勒又改變主意，命令第四坦克師回頭攻打史達林格勒。德軍於七月底，進至頓河（River Don），距伏爾加河僅六十五公里。德軍在頓河之西，設立主要的補給站，並由義大利、匈牙利、羅馬尼亞的盟軍防守北線。

接著上演的史達林格勒之戰，極為慘烈，對整個戰局也甚關鍵。德國南進軍團向高加索地區推進，但因補給線拉長，前進速度緩慢；更由於距離拉長，兩個軍團難以互相呼應。史達林看破希特勒的意圖後，在一九四二年八月一日任命新的主將，籌畫史達林格勒防守事宜。史達林格勒城東是寬廣的伏爾加河，岸邊駐有蘇聯於一九四二年九月十一日新成立的第六十二集團軍，由朱可夫（Georgy Zhukov）中將指揮。他誓言要「與城共存亡」（We will defend the city or die in the attempt），此集團軍的任務就是死守史達林格勒。兩軍在城北四度交戰，蘇軍屹立不搖。此為德軍入境後所未遇的激戰，也是蘇聯衛國戰爭轉敗為勝的契機。從八月底開始到十月，蘇軍在並不很協調的情況下，誓死抵抗德軍的北翼，雖犧牲了二十萬人，但遲緩了德軍進攻的速度。到了八月二十三日，德國以優勢空軍進行大規模轟炸，引發大火，史達林格勒城內一片焦土，生活區約九十％被毀，受困居民達四十萬。據蘇方報導，在八月二十三－二十五日三天的轟炸中，有九百五十五人死亡、一千一百八十一人受傷，到八月二十五日之後，不再報導傷亡數字。蘇聯的空軍不堪一擊，從二十三到三十一日，損失二百零一架飛機，德國空軍完全掌握制空權。蘇軍守城的炮兵部隊，因人手短缺，由沒有受過專業訓練的年輕女子充數。她們仍堅守崗位，抵抗進攻的坦克。女性在整個史達林格勒之役，扮演了多方面而重要的角色，最後至少有七萬五千名婦女受過軍訓。德國軍團於八月底，到達史達林格勒城北的伏爾加河，另派一支部隊移師城南，形成南北合圍之勢。蘇軍在九月五日發動大規模反擊，被德國空軍逼退；蘇軍於九月十八日再度反擊，仍被擊退。朱可夫的第六十二集團軍敗退入城，只剩下兩萬人。但蘇聯人繼續防守幾成廢墟的城市，不惜激戰。史達林曾於七月二十七日下令，守將如果撤退，將受軍法審判，逃兵會被處決。因此蘇軍拼死不退不棄，使進攻的德軍傷亡甚眾。德軍於九月十四日發動總攻，最初進攻順利，但迅即被蘇方援軍所阻，戰鬥極為慘烈，火車站在六小時內易手十四次之多。蘇軍損失慘重，第十三近衛步兵師約一萬人，經過二十四小時的戰鬥，只剩三百二十人生還。激戰到第五天，子彈耗盡，沒有水喝，撤退時燒盡糧食，以免資敵，已是「焦土戰爭」。德軍邊打邊進城，於九月二十七日占領城南，但紅軍仍然守住城北與城中，更重要的是，蘇聯人控制了伏爾加河上的交通，得以維持河東地區的補給。紅軍採取持久的巷戰，形成多層次的防禦網，一層被攻破，下一層頂上，到最後越戰越強，而德軍則被層層削弱，領略到前所未見的城市戰，也將之喻為「老鼠戰」。德軍用飛機、大炮、坦克清掃全城，有不同程度的成效，最後運來一座80cm米口徑的軌道大炮，綽號「朵拉」（Dora）。紅軍則在河東建立炮兵陣地，至少有反擊德軍陣地的能力。對德俄雙方而言，史達林格勒之戰有關聲譽，雙方都全力以赴，雙方的將領均感到莫大的壓力。城內的戰鬥於九月二十七日之後，轉到城北的工業區。德軍打了十天，紅軍頑抗，導致十月十四日空前猛烈的炮戰。德軍將第六十二集團軍分為兩部，戰鬥持續到十月底。紅軍雖僅占據伏爾加河西岸少數幾個地區，但依然拼死抵抗。德國戰機於九月五日到十二日密集轟炸已經殘破的城市，並持續到十一月。經過三個月的戰鬥，德軍占據九十%的史達林格勒。但德軍入冬之前，沒有解決戰鬥。蘇聯紅軍得知，對方沒有準備好在一九四二年冬季發動攻勢，於是計畫在十一月十九日到第二年的二月二日，動用十五個軍，在各條戰線發起反攻，冬季戰役於是揭開序幕。

德軍圍城之際，義大利、匈牙利、羅馬尼亞盟軍警戒南北兩翼，各軍防線相距過遠，防守實力不足，有效的反坦克武器缺乏，所以德國盟軍無論在裝備上，或作戰經驗上，都與德軍不可同日而語，這一弱點為紅軍將領朱可夫所知。軸心國聯軍由於專注攻城，忽略了穩固沿頓河的自然屏障，以至於蘇聯紅軍能在右岸建立橋頭堡，發動攻擊，威脅到德國軍團。紅軍主帥朱可夫與華西列夫斯基（Aleksandr Vasilevsky）將軍負責防守史達林格勒，分駐南北兩端。蘇軍於一九四二年十一月十九日，開始反攻，羅馬尼亞軍第三集團軍首當其衝，求援不得而被殲，暴露了德國第六集團軍的北側。德國軍團反應遲緩，又逢惡劣氣候，雖動用空軍阻擋，但面對四面八方蜂擁而來的紅軍，頓時失措，第六集團軍於是受困。另一支紅軍於十一月二十日，自城南反攻，羅馬尼亞第四集團軍以步兵為主，被紅軍坦克擊潰。各路紅軍於十一月二十三日形成合圍之勢，被圍的軸心國部隊共計二十六點五萬人，其中德國人有二十一萬之多。德軍南方軍團群的另一部分，即由南向高加索推進，於十二月十九日已無法及時救援被圍困的第六集團軍。希特勒在一九四二年九月三十日還信心滿滿，公開說德軍永不會離開史達林格勒，受命救援的德軍元帥曼施泰因（Erich von Manstein），也建議希特勒不要讓第六集團軍突圍，因他可以解圍。然而這位元帥戰後卻說：他告訴希特勒第六集團軍必須突圍。

美國歷史學者溫伯格（Gerhard Weinberg）認為曼施泰因篡改了關於此事的紀錄。希特勒曾徵詢空軍司令戈林，戈林認為空軍可以搭「空中橋樑」來支援第六集團軍，所以應繼續作戰待援。但被圍的德軍規模過於龐大，空投杯水車薪，無濟於事。希特勒不願放棄史達林格勒，要求第六集團軍死守待援。嚴冬加上機械故障與紅軍密集的高射砲射擊，出動空軍越來越困難，多達四八八架德國飛機被擊落。德國空軍在極為困難的情況下，仍繼續救援，但第六集團軍逐漸糧盡彈絕，最後德軍有十點五萬人投降，三點五萬人由空運脫逃，六萬人陣亡。另外有一萬人為了希特勒以及納粹信仰，繼續在地窖與水溝裡頑抗，直到一九四三年三月，最後一小股人才棄械投降，德國第六集團軍幾乎全軍覆沒。德國空軍未能完成救援使命而又損失慘重，除大量飛機損失之外，至少有一千名訓練有素的飛行員死亡。到後來，還有人討論第六集團軍為什麼不撤退以保存實力，我認為主要原因還是希特勒不死心，覺得面子上掛不住。在史達林格勒被俘的德軍近九萬一千人。由於饑餓、疾病、缺少醫藥，又步行到戰俘營，進勞改營後過勞、受虐待、營養不良等，最後只有五千名戰俘生還。少數被俘的高級軍官被送往莫斯科作宣傳之用，也有一些加入了反希特勒的政治組織。德軍在史達林格勒的戰敗讓人聯想到十九世紀拿破崙在俄國的戰敗。當時的法國進攻俄國，法國的實力當然要比俄國強；第二次世界大戰德國進攻蘇聯，德國的實力也比俄國強大得多。為什麼這兩次都失敗了呢？影響因素很多，包括戰略、地理、氣候等，其中氣候最為關鍵。蘇德之戰，戰略上最主要的是蘇聯能夠層層防禦，越戰越強，德軍方面則越戰越弱。蘇聯紅軍抵死不降，就拖延了時間。時間很重要，一進入隆冬，對德國軍隊就極為不利了。這與拿破崙攻打俄國的失敗，非常相似。蘇聯幅員廣大，氣候惡劣，加上有技巧的戰術運用，以及死也不屈服的抵抗，都是蘇軍得勝的主要原因。史達林格勒戰役之敗，是納粹首次承認戰敗，德國宣傳部因此於一九四三年二月十八日在柏林宣導全面戰爭，要全德人民貢獻所有的資源為國效命。這無疑是德國軍史上最慘痛的敗戰，使其在整個東線戰場潰敗，也是第二次世界大戰勝敗的分水嶺。德軍此敗，使整年的輝煌戰績，轉眼成空，精銳的第六集團軍不復存在，大出世人的意料之外。德國的將領曾向希特勒保證，打敗蘇聯要比法國容易得多；英國的文武官員也認為德軍最多一個月就可以打垮紅軍；美國的情報系統也向總統報告蘇德戰況說：少則一個月，多則三個月，蘇軍必敗；連史達林自己都曾悲觀說：「列寧為我們所做的一切將被摧毀殆盡」。當時英帝國總參謀長布魯克（Alan Brooke），在一九四三年元旦的日記中寫道：一年前他認為蘇聯抵擋不住德軍的進攻，之後英國又被轟炸，入侵的威脅去而復來；如今他不敢相信發生的事，蘇聯居然挺住了，埃及安全了，有望清理北非的德軍了。總之，史達林格勒戰役除了戰略上十分重要之外，更有重大的象徵意義，證明德軍非金剛不壞之身，對德國的士氣打擊至深。在希特勒掌權的第十年，德國開始由進攻退為防守，實際上走向敗亡。蘇聯反而士氣大振，史達林聲望激增，獲「蘇聯大元帥」的稱號。英國報紙說此戰挽救了歐洲文明，將一九四三年二月二十三日定為「紅軍日」。蘇聯的國際地位急升，全球共產運動大受鼓舞，史達林成為衛國成功的英雄，史達林格勒於一九四五年獲頒為「英雄城」。

蘇聯紅軍於一九四三年一月於史達林格勒獲得重大勝利之後，蘇軍在七月開始反攻。英國在北非也反敗為勝，德軍與義軍於五月十三日敗退到突尼斯後，棄械投降。所以一九四三年可說是：第二次世界大戰的重大轉捩點，同盟國在這一年轉敗為勝。日本在太平洋戰爭上，也在退卻之中，同盟國啟動向德國和日本作全面的反攻。

美國的工業實力對戰爭的勝利做了決定性的貢獻，誠如羅斯福所說：美國是「民主陣營的軍火庫」，取之不盡。二十五萬英美兩栖部隊於一九四三年七月十日，登陸西西里島，隨時可以轟炸義大利本土，迫使義大利投降。義大利國王接手墨索里尼的職務，並將其逮捕。義大利的新政府與盟軍於一九四三年九月三日簽訂停戰協議。希特勒立即派兵占領羅馬與義大利北部。德軍既然占領了北義，阿爾卑斯山又阻隔盟軍向北推進，於是盟軍有另闢新戰場的必要。盟軍在英國南部聚集了一百八十萬人的大部隊。德軍在隆美爾元帥統禦下，築建「大西洋壁壘」（the Atlantic wall），防線自挪威沿海岸北部至法國和西班牙邊界，長達二千七百公里，並駐紮了五十八個師，包括十個坦克師，防禦設施有多種碉堡、火炮陣地、數百萬枚地雷、各種障礙物等，都是為了防止盟軍登陸歐洲大陸。隆美爾在海灘準備迎敵，不可說不周全，但是海岸如此漫長，不知敵人會在何地何時入侵。盟軍於一九四四年的六月六日在空軍支援下，啟動諾曼地登陸，動用了六百艘軍艦、四千架戰機、十七萬六千名官兵，為史上空前的兩栖登陸戰。當時隆美爾不在場，德軍也未能夠按隆美爾的指示，殲滅敵人於海灘上。盟軍雖傷亡慘重，但畢竟成功登陸，希特勒又未能及時派後備的坦克部隊救援（有種說法是後備坦克部隊的動用必須由希特勒親自下命令，可是當地德軍打電話給希特勒時，希特勒正在睡覺，錯過了時機），盟軍於一九四四年八月二十五日解放巴黎。但是向德國本土推進的戰役，並不順利，遭遇到頑強的抵抗，血戰連連。幸好東面的蘇聯紅軍率先攻占柏林，柏林幾成廢墟。希特勒在地堡內與其情婦結婚後，雙雙自殺。但他逃脫的傳聞，久傳不歇。德國在希特勒死後，無條件投降。大戰之後，德國全境滿目瘡痍，遭遇到毀滅性的破壞。勝利的一方也付出慘重的代價，整個歐洲不下二千五百萬人死亡，大部分的城市被毀。更不必說人類於戰時，遭遇到極大的苦難，包括六百萬猶太人被納粹謀殺。歐洲也喪失了世界的霸權，為美蘇崛起鋪了路。

第五節　日本發動侵略戰爭及其敗亡

亞洲大戰的發動者是日本。日本乘歐戰列強無暇東顧之際，趁機填補了亞洲的權力真空，也乘歐戰獲取了極大的經濟利益，接手了不少歐美國家的貿易與市場。歐戰結束時，日本已從農業國變成工業國，一九一四年的日本，農業生產總值約一點四億日元，工業生產總值為一點三億日元；到一九一九年，農業生產總值為四點一六億日元，而工業生產產值為四點七六億日元。貿易發展尤其快速，出口貨物總量超過進口貨物總量三倍之多，出口總額比入口總額多三倍。城市人口也超過了鄉村人口。一九二〇年外國在日的投資，達到一點一億日元，電力也在日本普遍使用，現代化的成效，使國力大增。日本海軍也因而成為世界三大海軍之一。

日本在亞洲崛起後，自然厭惡歐美在亞洲的既存霸權，極想挑戰歐美。日本提出日本的「門羅宣言」，顯然針對美國的門戶開放政策而發。所謂「門羅宣言」（The Monroe Doctrine），即一八二三年美國總統門羅宣稱的「美洲是美洲人的美洲」，不容歐洲殖民勢力入侵美洲；日本因而也主張「亞洲是亞洲人的亞洲」，不容歐美人介入。換言之，日本認為歐美勢力，應該退出亞洲。一旦歐美勢力退出，日本無疑將稱霸亞洲。

日本的一意孤行，有其特殊的思想與歷史背景，日本的武士傳統成為後來軍國主義的基礎。日本在外力逼迫下開國，頗有不安全感，促成強烈的民族意識。此外，稱為「國體」的天皇制度，是以天皇為核心的日本政治神學體系，天皇如神，統治日本，作為日本民族精神、文化及權力的最高象徵。天皇統治為國家之根本，神聖不可侵犯，臣民均須絕對服從，具「神聖性質」，其中不免有民族優越感和使命感。再者，明治維新並未涉及土地改革，大部分的農民是佃農，在威權地主的掌控之下，生活貧困，沒有翻身的機會，只有向海外尋求生存空間，政府則鼓勵農民去中國東北奪取新的土地，成為向海外擴張的動力。日本少壯軍人多出身農村，也就不足為奇。日本佃農在心理上的壓抑，也足以激發侵略性。

日本帶有「神聖性質」的「國體」，顯示日本實行「皇道」，擺脫英美羈絆，實施「大東亞共榮圈」的特殊使命。日本所謂的「共榮圈」有三個層次：內圈也是最重要的層次，包括日本本土、俄屬濱海省及中國的東北、華北與長江下游；小圈是內圈再加上西伯利亞東部、中國西部與南海、中南半島；大圈則是內圈與小圈再加上澳洲、印度與太平洋諸島。於此可見，所謂「大東亞共榮圈」，充分暴露日本想要囊括半個地球的野心。

日本於一九三一年發動九一八事變，侵占東三省，為其向海外發動侵略戰爭的起手式。日本公然的侵略行動，在中國引發強烈的民族主義情緒。國際上最關注的則是日本的行動破壞了一九二九年的《非戰公約》，對西方國家而言，世界和平受到了威脅，對他們來說，這種威脅遠比日本占領中國的領土更加重要。對美國而言，日本的舉動要把中國的門戶關上，直接挑戰門戶開放政策，不容利益均沾。但是美國並不願意強烈回應日本的挑戰，因顧慮遠在遠東的菲律賓殖民地，像是「人質」，可能會受到日本的軍事威脅。所以美國只表態不承認日本侵占東北，即所謂「不承認政策」。當時的美國國務卿史汀生（Henry Lewis Stimson）的外交策略是將日本移送國聯，以及引用華盛頓會議第七款，要求日本撤軍。美國並非國聯成員國，雖然給予國聯道義上的支持，但拒絕採取任何抵制行動。史汀生最初設想「不承認」，只是第一步，如日本不退讓，將進行經濟或軍事制裁，但當時的胡佛總統決定第一步就是最後一步，所以美國對日本侵占東北，止於不承認而已。總的來說，日本對於來自國際社會的壓力，根本置若罔聞，不予理會。

日本侵略東北，接著製造偽滿洲國，引發中國人民的怒火，要求蔣介石改變「攘外必先安內」的政策，一致抗日。蔣介石原來希望西方國家干預，結果列強為自身利益，都採取明哲保身的態度。日本全面入侵中國後，美國仍未對日施加經濟制裁。日本的戰略有兩大目的：一是要消除蘇聯對亞洲的影響，二是驅除歐美在亞洲的勢力。蘇聯為對付日本，對華有所援助，但遠水救不了近火；英法兩國忙於應對德國的挑戰，而美國沉湎於孤立主義，所以日本的狼子野心沒能被遏制。中國獨自奮戰四年，等到日本偷襲珍珠港後，才有盟軍給予援助。

日本在中國，蠶食之餘，又要鯨吞，日本占領東北後，食髓知味，南侵華北，於一九三七年七月七日，發生盧溝橋事變。盧溝橋的衝突，沒有立即引爆戰爭，直到七月底談判失敗，全面抗戰才揭開序幕。問題是：日本侵占東北如此重大的事件沒有引起戰爭，何以盧溝橋的突發事件，卻引起全面的抗日戰爭？答案是跟西安事變有因果關係。我們必須知道，自一九二八年蔣介石的國民政府成立以來，面對日本的挑釁，採取不抵抗政策，使東北三省輕易落入日軍之手。不抵抗因蔣介石以為，應該先安內再攘外，也就是先解決國內的反對勢力，比解決外敵更為重要。可以說：蔣介石勇於內戰，怯於抗日。蔣介石既然不抵抗，抗日就抗不起來，即使失去整個東北大好河山，也不願抗或不敢抗。然而日本侵華的野心，直接激發了中國人民同仇敵愾的民族主義大潮，要求蔣政府停止內戰，一致抗日。但蔣不為所動，自一九二九年到一九三六年持續打內戰，一直到西安事變發生，才改變了蔣介石的不抵抗政策。一旦放棄不抵抗，囂張的日本軍又不可能縮手，戰爭自然就不可避免。

西安事變的主角是東北軍少帥張學良。他與西北軍將領楊虎城兩人在西安發動兵變，挾持來訪的蔣介石，引起軒然大波，但他們的訴求很簡單，就是逼蔣抗日。不抵抗的結果是東北淪陷，東北軍思鄉、沮喪、憤怒，同時引起舉國強烈的抗議，學生遊行不斷，尤其痛恨蔣不抵禦外侮，而繼續內戰。張學良身為政府高官，僅次於蔣介石的陸海空軍副總司令，對他來說，失去東北是國仇，日本關東軍於一九二八年謀殺其父張作霖，是家恨，國仇家恨豈能容忍？張學良雖為軍閥之子，但受到時代的影響，國家民族意識更為強烈，所以他不願意在日本人的支持下當東北王，而於一九二八年毅然易幟，使國民政府完成全國統一。東北淪喪，他獨背黑鍋。到一九三五年中國局勢依然嚴峻，國民政府甚至與日本簽訂《何梅協定》，南京政府向日保證南方軍隊不北上，有損國家主權。此時張學良對蔣堅持「攘外必先安內」的政策，益感不耐。他不斷呼籲蔣停止內戰，聯合共產黨共同抗日。東北軍請願抗日，不願再剿共，張學良公開聲言：敵人是日本，不是共產黨；要打入侵者，不打中國人。換言之，他在西安事變前夕，已不願意再奉行先安內再攘外的政策。蔣介石不聽張學良的勸言，更加堅持己見，並親往西安逼張消滅共匪，指責反對者都是漢奸，並不惜以機槍對待抗議的學生，甚至威脅若不相從，則將東北軍調走，由中央軍來接替剿共。蔣一意孤行的高壓手段，觸發張楊兵諫的決定。換言之，兵諫不是預謀，而是張因無法改變蔣之固執，而採取的斷然措施。兵諫發生後，張學良與楊虎城提出八點要求，包括改革南京政府、停止內戰、釋放被捕愛國人士、釋放政治犯、愛國運動合法化、完成孫中山遺願、召開全國救亡會議等，其中無一有關私利。看起來好像不可思議，但孔祥熙在兵諫首日發給宋美齡的電文中，即明言張學良別無私利，就是不滿意不抵抗政策，動機就是愛國與救國。張在十二月六日給馮玉祥的電報裡，也說若蔣抗日，他願意接受軍事審判，甚至願意以生命換取主張。可見張兵諫的動機甚是純真。蔣被挾持兩星期，經宋子文與宋美齡親往西安協商，釋放蔣的條件很簡單，就是停止內戰、一致抗日。蔣介石最後得到釋放，既不是如國民黨所說，因張學良受到蔣的精神感召，也不是如有些學者所說，得到莫斯科的命令，蔣並不在共產黨手中，周恩來事前也不知張要親自送蔣回南京。張釋放蔣的原因無他，就是蔣答應了張的要求。蔣氏否認，那麼難道宋子文、宋美齡到西安協商是多此一舉？當然是有結果的。張學良為了顧全蔣的顏面，願意接受蔣的口頭允諾，相信領袖的人格。口頭允諾並不是口說無憑，參與協商的周恩來曾發給延安三封電報，報告協商結果，只是為顧慮張學良的安全，直到張被釋放後才公布，其實日本也得到蔣允諾張、楊八條件的情報。張還堅持親自送蔣回南京，給足面子。固然由於張心無私念，也是期盼蔣領導全國抗戰，不能有損領袖的威信。若說張天真，毋寧說他是公而忘私。蔣回到南京後，一口否認接受任何條件，並軟禁張逾半個世紀，被視為需要「嚴加管束」的犯上作亂者，任由蔣解釋事變經過，刻意掩飾事件的正面歷史意義。南京政府掌握媒體的話語權，將事件定性為軍閥叛亂。即使自由派人士，包括胡適與傅斯年，也譴責張、楊，把他們視為麻煩製造者、必須是嚴懲的叛徒。國際輿論也僅見表象，看不到內情，都是對事變作負面的評論。蔣在他自己建構的西安事變裡，凸顯自己的尊嚴，卻扭曲了歷史的真相。張學良與東北軍要求抗日的愛國心，毋庸置疑。日本侵占東北，而東北正是他們的家鄉，因不抵抗使東北盡失，使他們難以承受。有人說「不抵抗」是張學良下的命令，甚至說張自己也承認是他下令不抵抗，但是「不抵抗」是蔣政府的既定政策，張下令不抵抗豈不就是遵奉中央政府的政策？他若抵抗反而有違政策。

西安事變的真相就是：張、楊阻止了蔣介石繼續打內戰。蔣雖然嘴巴上否認答應任何條件，但在行動上已不能反悔。蔣安然回南京後，聲望之高前所未有，因群情皆以為他將領導抗戰，若反悔，後果不堪設想；毛澤東也公開警告蔣勿反悔，否則將民心盡失。所以他釋放政治犯、解職親日派外交部長、停止內戰、廢除西安剿共總部，而這些豈非張、楊的主張？蔣實際上履行了他被釋放的承諾，但他卻堅稱改弦更張是他既定目標，而非出自張、楊的逼迫，以自圓其說。接著蔣介石與汪精衛於一九三七年五月聯名邀請著名政治人物與學者專家到廬山開會，商議國事。周恩來於六月四日與蔣介石見面，商談國共合作問題。蔣提議籌組國民革命同盟會，以統一團結為名，要求朱德、毛澤東出國，要求陝甘寧邊區與他能同意的三個紅軍師，歸入中央行政管轄。他顯然想用和平方式，來解決軍事無法達成的目標。豈能得逞？共產黨已占抗日的先機，也有相當的實力，蔣介石雖然心不甘、情不願，但卻非合作不可。中共於六月二十五日，承認蔣介石領導的中央政府，放棄階級鬥爭諸事，但堅持國共聯合陣線的平等地位，保存政治上、組織上、意識形態上的自主。朱、毛不會出國，朱仍是紅軍總司令。事實上，共產黨從未放棄政治上與軍事上的獨立與自主，而且得到中央政府認可的合法地位。

日本眼見西安事變後的發展，對華進逼益甚，終於七月七日在盧溝橋挑釁。蔣已不可能不抵抗，而日本進逼不歇，終於遷延到七月底，全面抗日戰爭爆發。所以西安事變可說是中國全面抗日戰爭的源頭，因西安事變使中國不再內戰，一致對外。而所對之外，就是入侵的日軍。抗日戰爭既興，蔣介石要共產黨投降不遂，心生不滿，然大敵當前，無可奈何，不得不容忍其平等地位，但面和心不和，處處防堵，抗戰期間摩擦不斷。一旦抗戰勝利，蔣又要剿共，終於爆發國共內戰，蔣反而被剿！這是後話。

張學良促使抗日，也想請纓抗日，蔣豈能讓張遂志？八年抗戰期間，張被當作囚犯到處轉移，終生不得反身。西安事變另一要角楊虎城，身在國外，請纓抗日，蔣允其返國，卻等他到國門，命特務把他帶走，不僅不讓他抗戰，且將其囚禁；到抗戰勝利後，解放前夜，殘殺其全家，連孩子都不放過。西安事變有功於抗戰，然而發動事變的兩位主角，下場之淒慘，都是拜蔣介石之賜。

日本悍然全面入侵中國，狂言三月亡華，但沒有料到，儘管中日間軍力懸殊，仍然未能如願。南京大屠殺，也未能使中國人民屈服。侵華戰爭懸而不決，導致美日之間的矛盾日益加深，導致太平洋戰爭的爆發。

美國雖對日本侵華態度消極，但不可能放棄一貫的門戶開放政策，只有堅持中國領土的完整，美國才有利益可以均沾。然而日本不但不成全美國的基本立場，反而要美國壓迫中國接受屈辱的條件而投降。美日雙方雖然交涉不輟，但互不相讓，難以溝通。孤立的美國眼見日本在亞洲日益橫行，尤其憂慮日軍劍指南洋，於是在一九四〇年，聚集海軍於夏威夷，作為消極的回應。同年九月二十七日，日本與德國、義大利結為軸心同盟國，美國才甚感法西斯對全球的威脅。日本顯然低估了美日之間的矛盾與潛在危機，當矛盾越來越嚴重，東京於一九四一年之初，派遣野村吉三郎到華盛頓任駐美大使，想要解決美日之間的難題。華盛頓方面仍然堅持門戶開放政策、領土完整、利益共沾、不干涉內政，以及不以武力改變現狀。這些主張無不針對日本在中國的侵略行為，而日方卻要美方施壓中國求和，而且要求美方協助日本取得東南亞的資源。兩方各說各話，全無交集。

日本追尋歐洲帝國主義的老路，想要稱霸亞洲，提出自己的「門羅主義」，更要建立所謂「大東亞共榮圈」，實際上就是要併吞包括印度與澳大利亞在內的整個亞洲。而此雄心又非抽象的藍圖與原理，早已在逐步進行之中，如一八九五年殖民台灣、一九一〇年併吞朝鮮半島、一九三一年侵占中國東北、一九三三年扶植偽滿洲國、一九三七年全面入侵中國，又進兵南洋，其野心之大，已昭然若揭。美國雖表關切，但仍想維持不介入戰爭的方式，當時的美國國務卿赫爾（Cordell Hall）就堅持不要挑釁日本。英國受到納粹德國的步步進逼，更擔心在亞洲的殖民地，不明日本的意圖，同時也不明華府有何作為，曾問華府：如若日軍攻打新加坡，美國將如何？沒有答案。英相邱吉爾也通過駐美海軍代表轉告，認為美國應該做得更多。其實，羅斯福及其國務卿赫爾也不知道應該怎麼回答，難道美國因而會對日宣戰嗎？應該不會。因為當時孤立主義、反對干預的氛圍很濃。一直到一九四一年初，美國的政策仍然是作勢警告、略施壓力，仍積極要與日本政府協商。然而，日方依舊不顧美國的基本立場，把領土完整、不干涉內政、利益共沾、不改變現狀等主張，都認為是空洞的原則，反而要求美國停止援助中國，解除禁運，以及承認日本在亞洲的特殊地位。外交協商失去了交集，日本已決定不惜動武，但美國仍自信國力夠強，無人敢輕言侵犯。希特勒於一九四一年攻打蘇聯，在日本看來，德國擊敗蘇聯之後，英國勢必因無望而投降，然後日本可順勢囊括老帝國的殖民地。躍躍欲試的日本，更無意與美國堅持的原則妥協。日軍於一九四一年七月，進占法屬中南半島，轟炸機進駐西貢和老撾，以備攻打英屬馬來亞之需。華府才立即對日貿易制裁，包括石油禁運與凍結日本在美國的資產。後來出任美國國務卿的艾奇遜（Dean Acheson）當時已是國務院的官員，他將美國對日政策從限制出口轉變為對日「全面的金融戰」（full-blooded financial warfare against Japan）。美國終於打出強硬的金融牌。

到一九四一年十一月五日，日本昭和天皇在御前會議中，已經批准襲擊珍珠港的計畫，同時卻又派遣野村吉三郎為大使，前往華府議和，先後向美國提出兩個提議。第一個在十一月六日提出，答應從中國撤出部分日軍，結束侵華戰爭。美國情報系統探知日本尚有第二個提議，所以美國不答應，且於十一月十四日拒絕。接著野村提出第二個提議，內容是日本願從中南半島南部撤兵，如果美國允諾不援助中國、凍結東南亞軍事行動（謂日本仍可增強中南半島北部的兵力）、為日本提供必需的石油，以及為日本取得荷屬東印度（印尼）的資源。對於這一提議，華府準備以提供每月的民用石油作為回應。但是對這個權宜的妥協，中英兩國都強烈反對。正在此時，羅斯福及時獲悉了日本運輸艦隊駛往中南半島的消息，因而覺得日本根本沒有誠意，遂令赫爾停止回覆。白宮於一月二十六日，偵察到日軍正向泰國移動，並獲悉日本外務省定於十一月二十九日自動終止談判，使美方感到日本將於幾天內進攻南洋，但仍不知其要攻打哪一個具體地方。於是，美國國務卿赫爾在十一月二十六日知會日本大使野村，要求日軍從中國大陸與法屬中南半島撤軍。日本首相東條英機視為最後通牒，並不考慮美國的要求。事實上，偷襲珍珠港的海空軍已於十一月二十六日出發。日皇昭和於十二月一日召開御前會議，正式批准奪取美國、大英、荷蘭這些帝國的殖民地。日本照原計畫進行，沒有回頭。

夏威夷時間一九三一年十二月七日清晨七時四十八分，日本戰機三五三架分兩批從航母飛出，轟炸珍珠港，美軍八艘戰列艦全被攻擊，其中四艘沉沒，六艘修復後繼續出戰。另有三艘巡洋艦、三艘驅逐艦、一艘反空訓練艦、一艘掃雷艦、一八八架飛機被摧毀，二千四百零三人陣亡、一千一百七十八人受傷。至於軍事基地設施，諸如電站、船塢、造船所、維修所、油料與水雷倉庫、潛水艇碼頭以及總部建築未被襲擊。日本方面只損失二十九架飛機、五艘「侏儒潛艇」(midget submarines)，六十四名軍人喪生。美國受到重創，羅斯福總統稱之為「國恥日」(Day of Infamy)，但珍珠港並未被徹底摧毀。赫爾接到日軍偷襲珍珠港的消息時，日本大使野村與來棲三郎特使尚在廳外等候消息。赫爾痛斥兩位日本外交官，說他「五十年的從政經驗，從來沒有見過如此充滿無恥的虛偽與扭曲」。東京敢拔「山姆大叔」的虎鬚，以為殲滅美國在太平洋的軍力之後，可於其恢復之前，迫使華府接受東京的條件。當時美國太平洋海軍主力，集中在夏威夷的珍珠港。當天正值禮拜天，美國軍隊中還有不少人以為是在演習，日本的偷襲可以說很成功。但是，日本低估了美國的工業潛力，事後看來顯然是失算的。憤怒的羅斯福總統立即對日宣戰，毫無懸念地完全終結了美國的孤立主義時代。

日本偷襲珍珠港是在配合其東南亞的行動，使在夏威夷的美國太平洋艦隊無法前往支援。日本於七小時內，攻打而後奪取美國殖民地菲律賓、關島與威克島，以及英國控制的馬來亞、新加坡與香港。到一九四一年底，日本帝國的聲勢達到巔峰，控制了整個西太平洋的海空領域。日本軍機又在香港外海擊沉英國著名的主力艦「威爾斯親王」號，改變了英美以主力艦為主的戰略思維：戰機才是最有效的戰力。英、美學到教訓，把重點轉移到載機的航母上。奇怪的是，日本好像沒有受到啟示，繼續建造主力艦，最後「大和」號戰主力艦於一九四四年，在前往沖繩的處女航中，就被炸沉。

日軍於一九四二年，攻打菲律賓，麥克阿瑟將軍乘汽艇逃亡澳洲，日本舉國狂歡。東京雖於一九四二年四月十八日被數架美國飛機轟炸，但損失甚微，只不過是突破了防禦網不可突破的信心。但中國人卻付出了慘重的代價，因為從航母起飛的美國飛機油量不足，無法返回航母，只好在浙江登陸，中國民眾協助美國飛行員，日軍以屠殺、滅村作為報復。此次東京轟炸被稱為「杜力特空襲」（The Doolittle Raid），聲名遠播，但罕見提到中國民眾為此所作的犧牲。

從事後看，日本偷襲珍珠港，魯莽滅裂，挑起太平洋戰爭，招致最後敗亡之禍，咎由自取。但日本政府當時的決定，是經過精打細算的，也是許多事情邏輯發展的結果。即便偷襲這一招，對日本而言，亦非偶然，一八九四年的中日甲午戰爭及一九〇五年的日俄戰爭，開戰之前，日本都曾發動先下手的偷襲。美國稱偷襲為「奇襲」或出乎意料的襲擊。其實西方原有所謂「預防性戰爭」（preventive war），認為面對即將來臨而又無可避免的戰爭威脅時，應先下手為強。日本偷襲珍珠港美軍基地之前，美國不僅沒有以戰爭威脅日本，而且美國國內反戰的孤立主義顯而易見。日軍於七七事變後，全面入侵中國，美國仍未對日禁運。在這種情況下，日本居然趁美國沒有準備，以繼續派人到華府議和作為偽裝，實際卻突襲珍珠港，不宣而戰。羅斯福總統當天即憤怒宣告，這是國恥。所以美國於一九四五年戰勝後雪恥，在東京審判中，判定日本不僅是戰敗國，而且是戰犯國，認定日本偷襲是犯罪行為。

美國因被偷襲而迎戰，開仗已無異議；然而，戰後卻有不少人質疑，如著名史家比爾（Charles A. Beard）責怪國務卿赫爾的照會根本是最後通牒，意思是美國沒有必要打這一仗。

他認為羅斯福及其幕僚發照會時，已經在積極備戰，這是挑釁日本來攻擊的說法。像比爾這樣認為羅斯福參戰不當，大有人在。在他們看來，總統一再保證，不會捲入戰爭，卻一直在反軸心國，明知非戰不可，只是有鑒於國內強烈的孤立主義氛圍，不容與英國並肩作戰，所以在亞洲引導日本開戰，類此箭頭均指向具有開戰權的總統。當然也有為羅斯福說項者，如美國外交史名家貝利（Thomas A. Bailey）就說：一般老百姓比較短視，等事到臨頭，不免晚矣，唯有政治家才能看到長遠的利益，羅斯福所做正是政治家應該做的事，難道後人不應感謝他嗎？贊同貝利觀點的史家也不在少數，認為孤立主義的想法是短視的，羅斯福看到法西斯威脅到國際的集體安全，他別無選擇，反而是孤立主義的干擾，使遠在夏威夷的基地缺少人力與物力，來防止日本的偷襲。不過，珍珠港被偷襲又不免被羅斯福的批評者找到口舌：他既然知道時局緊張，為何疏於防範，造成災難性的後果，不可原諒。於是產生許多翻案派，抨擊羅斯福的外交政策，認為總統由於國內反戰，操弄亞太事務，挑釁日本偷襲珍珠港，使美國不得不參戰，以便挽救在歐洲的英國，不被納粹擊敗。甚至還有人以為，羅斯福為了中國而激怒日本是錯誤的，因他沒看到蘇聯對中國的影響，所以當時美國的外交政策應該親日才對。類此說法完全是事後的冷戰思維，漠視日本積極參與法西斯軸心集團，有征服世界的野心。如果在一九三〇年代可以親日，豈不也可親德、親義？這些論點，豈無「時間錯亂」（anachronism）之譏。

日本在太平洋戰爭後期，全國上下受到政府嚴密的控制，人民既無自由也無人權可言。工人經常在減薪下工作十二小時。隨著戰爭的持續，徵兵日多，農民越來越少，肥料缺乏，農業凋敝，糧食不足越來越嚴重，幾乎沒有消費品可買。到一九四四年以後，饑餓嚴重，死亡率驟升，然而全日本幾乎沒有人離心離德，沒有表現不滿或抗議，更沒任何反政府的示威行動，表現了日本國民的特性。至一九四三年之後，日軍在太平洋上的推進，在關鍵的中途島海戰受阻，美軍由防守轉為進攻，在西太平洋上展開逐島戰役，同時善用潛艇阻擊糧道，迫使日軍節節敗退。就在這一年的四月十八日，日本海軍元帥山本五十六因座機被擊落而身亡，這一事件並非偶然，而是情報被美方偵破之故。與此同時，日本的補給線被切斷，不得不全線撤退。到了一九四四年六月，美國陸戰隊攻占塞班島，塞班島位於東京以南僅三千公里外，且在B-29轟炸機的航程之內。當美軍攻陷位於日本西南方、新月形狀的馬利安納群島（Mariana Islands），更迫近日本本島了。日本受到致命的打擊，日本人的心理防線也很快被打破了。

日本東條英機內閣在此情況下，難以維持，內閣於一九四四年七月十八日倒臺，首相由小磯國昭繼任。小磯國昭不是理想的首相人選，他被選上僅僅是因為沒有別人可選，所以事實上等同掛名。他不僅沒有軍事決策權，而且個人意見也始終搖擺於和戰之間，無法得到任何一派的支援。日軍在他任期內全線潰敗。小磯國昭任期內於一九四四年十一月十日，遇到汪精衛因肺炎死於名古屋醫院，日本在中國的傀儡政權告終。小磯首相一度想求和，但始終沒有提出令日本軍方與盟軍都滿意的方案，所以只有繼續作戰；他想兼任防相，以便能夠掌控陸軍，但無法做到。當美軍於一九四五年四月攻打琉球（沖繩）時，小磯要求參與軍事決策，居然也被拒絕，遂即請辭。就在他辭職的那一天，日本海軍「大和」號主力艦被美國航空母艦擊沉。接下來的沖繩之戰，極為慘烈。日本為挽救危局，啟動「神風特攻隊」，以「一人、一機、一彈，換一艦」的要求，作自殺性攻擊美國航母，美軍雖受創，但日軍也未能挽救敗局。日本死亡十一萬人，全軍覆沒；美軍也損失一萬二千名陸戰隊員、四〇四艘軍艦。經此重大戰役慘敗後，日本首次開始認真考慮和戰問題。出身海軍的鈴木貫太郎於一九四五年四月七日，繼任為首相。鈴木時年已經七十七歲高齡，同時兼任外相，他雖然公開宣稱繼續作戰，但私下開始尋求和平的可能性。他於一九四五年七月十日，請求蘇聯出面調停，居然沒有情報得知史達林與羅斯福已有密約，蘇聯已答應歐洲戰事結束後，將對日宣戰。羅斯福總統於一九四五年四月十二日逝世，副總統杜魯門繼任。英國的邱吉爾、中國的蔣介石於一九四五年七月二十六日，也就是鈴木請求蘇聯調停的十六日之後，於一九四五年七月十七日至八月十二日，美、英、蘇三國首腦在柏林近郊的波茨坦（Potsdam）舉行會議，共同發布了《波茨坦公告》，內容遵照一九四三年開羅會議之議決，日本主權限於本州、北海道、九州、四國，以及由盟邦決定的一些小島；日軍官兵被徹底解除武裝後，允許返鄉，過和平而有生產能力的生活；盟邦無意奴役日本民族或滅其國家，但對於戰犯，包括虐待盟軍被俘人員者，將受到嚴厲的司法制裁。此外，公告並要求日本政府去除障礙，加強日本人民的民主，以及言論、思想與宗教的自由，以及重視基本的人權。日本只能維持其經濟所必需、未償付賠款的工業，絕不允許日本有重整武裝的能力；除已被控制的部分外，日本可取得必須的原料；日本終將參與國際貿易；在上述目標達成之後，日本人民能自由表達意願，產生和平而負責的政府，盟邦才能撤退占領軍。《波茨坦公告》最後明確要求「無條件投降」：「吾人通告日本政府，立即宣布所有日本武裝部隊，無條件投降，並以此行動之誠意，予以適當之各項保證」，此乃對日最後通牒；如果拒絕無條件投降，日本國將面臨「迅速而徹底的毀滅」。盟邦要清除所有的日本領導階層人員，但完全沒有提及天皇。在日本人看來，這不啻是盟國的空白支票，可隨意填寫；在盟軍看來，所謂最高當局是很清晰的，像美國的最高當局就是總統。可是在日本最高當局是天皇，天皇雖無實權，但無疑有責。日人視天皇如神，日軍為天皇作戰，天皇的命運至關重要，宣言中既沒提及如何處置天皇，若投降後天皇被處決，日人絕對不能接受，故而遲疑不決。所謂「迅速而徹底的毀滅」，已透露將用原子彈的警告。波茨坦會議開幕的前一天，一九四五年七月十六日，原子彈在美國新墨西哥州沙漠試爆成功，但是核彈誕生的訊息秘而不宣。《波茨坦公告》的嚴厲警告，在日本聽來，也許不過是地毯式的轟炸。此外，《波茨坦公告》似乎故意有含糊其詞之處，如日本是否持續在盟軍占領之下？日本是否由外國軍政府治理？日本本土外，許多小島歸屬於誰？美國似故意含糊這些問題，以便日後管轄日本時，可以做彈性的操作。

日本對於《波茨坦公告》，遲不作覆，除天皇命運未定外，日本雖然在太平洋節節敗退，但在中國大陸以及日本國內仍有不少軍隊。日本在沖繩的頑抗，使美國擔心登陸日本本島時，傷亡難以估算，難以承受。有鑑於此，美國總統杜魯門未得日方及時回應，遂決定動用原子彈，以早日結束戰爭，減少美國的傷亡。第一顆原子彈在一九四五年八月六日在廣島投下，摧毀了八〇％的廣島。該地四周環山，在地形上最能體現炸彈的威力。兩天之後，蘇聯對日宣戰，進軍中國東北。美軍於八月九日在長崎投下第二顆原子彈，炸死三十四萬人。有人認為第二顆原子彈其實意在警告蘇聯，因為兩彈投下的日期很近，根本不讓日本人有反應的機會。兩顆核彈之後，日本昭和天皇接受了《波茨坦公告》，可是他在八月十五日的所謂「玉音放送」的廣播中，宣讀《終戰詔書》，始終沒有提到「投降」兩字。鈴木貫太郎首相開始與盟軍議和，連續召開兩次御前會議，天皇親自出席，商議如何解決日本政府立場與《波茨坦公告》的分歧。鈴木向已接受無條件投降的天皇報告詳情，但遭遇軍方部分激烈分子的反對，那些人「寧為玉碎，不為瓦全」，堅持繼續作戰，以得到較好的條件終戰。換言之，他們不能接受所謂的無條件投降。極端分子曾經兩度試圖暗殺鈴木首相，即一九四五年八月十四日夜至十五日早晨的「宮城事件」。事由日本防務省（外交部）的若干參謀，保護天皇的若干衛隊，認為投降是奇恥大辱，意圖發動軍事政變，叛軍於一九四五年八月十四日深夜，要求日皇御前衛隊統領、近衛師團長森赳中將，孤立皇宮，以阻撓投降的宣布，森赳拒絕而被射殺。叛軍取其印章，偽造「第五八四號帝國近衛師團戰略」命令，占據天皇的「宮城」，並令御林軍近衛步兵第二聯隊，軟禁天皇。結果叛軍沒能得逞，主要因為日軍高層所未允許。當叛軍得知政變失敗，便從武士傳統，集體自殺。於是日本無條件投降的公報才能如期公布。可見即使日本挨了原子彈之後，仍然有人不肯投降。

日本投降儀式於一九四五年九月二日舉行，日方代表登上停泊在東京灣的「密蘇里」號（USS Missouri）主力艦，在麥克阿瑟元帥指導下，簽下無條件降書，終結了太平洋戰爭。日本在一八五六年美國將軍佩里的壓迫下開放門戶，一九四五年又在美國將軍麥克阿瑟元帥的監督下，無條件投降，接受美國軍事占領，可以說是兩度在美國將軍前屈膝。日本戰後完全臣服於美國，至今仍有五萬美軍駐紮。

麥克阿瑟元帥於一九四五年八月二十九日被任命為盟軍在日統帥，指導天皇與日本政府如何治國，儼然成為日本的「太上皇」。他在東京「第一生命」（保險公司）大樓裡，設立總部，美國對日政策不像盟軍在德國徹底廢止了納粹政府、清除餘孽，而是允許原來的日本政府在管控下繼續運作。麥克阿瑟決定借助天皇與精英分子的威信，來統治日本，是他的聰明處；他知道日本的文化傳統以及天皇在日本民眾中的分量，所以很能利用天皇，輕鬆管理軍事占領下的日本。

麥帥維護天皇固然有其政治目的，也有學者為天皇開脫，說他只是國家象徵，並無實權，無法阻止戰爭，也不會知道南京大屠殺與細菌戰等罪行，難以令人信服。天皇若無實權，何以他宣布終戰，日本就投降了？麥帥必知天皇的負面角色，但他情願相信開脫說：日本自七七事變以來，被極端的軍閥所挾持，天皇是親西方的「溫和派」，所以不必擔負日本自一九三一年到一九四五年間侵略別國的罪責。他就此將天皇保護下來，未被帶上東京大審判的法庭。美國歷史學家比克斯（Herbert P. Bix）所說麥帥與天皇的關係，甚有意思：「盟軍統帥利用天皇，而天皇配合被利用，他們之間是相互取暖的權宜關係，但對昭和的好處遠少於麥帥，因昭和損失比較多，他喪失了作為金光閃閃的日本象徵，喪失了帝皇大位的正當性」。當時麥帥幕僚公布了兩人初次見面的照片，日本平民首次見到天皇的真面目：天皇穿著禮服恭敬肅穆，猶如曾被電擊，站在高大的麥帥身邊，而且麥帥穿的是軍便服，與天皇的禮服形成強烈對比。日本政府想要禁掉此照，認為有損天皇形象，但麥帥斷然撤銷禁令，命令所有的日本報紙照登不誤。日本政府不僅自討沒趣，反而證明在戰後的日本，天皇不再是老大，麥帥才是老大。戰後美軍占領日本，麥帥明知昭和天皇有罪而加以保護，因知道天皇制度對他占領日本有利，正可以天皇號令被占領的日本人。日本人也欣慰他們的天皇得到保護，不僅保護了他的人身，也保護了他的名譽，留下一種不實的宣傳：日本天皇與人民都被軍閥們騙了。其實，昭和天皇以及大部分的日本人在戰時都是想要爭取勝利與國家榮耀的愛國者。只是他們的愛國害了日本，嘗到了亡國的苦果。

麥帥知天皇可為其所用，決定天皇不被調查、不負戰責。他於一九四五年十月命令他的幕僚說：為了穩定占領日本，防止革命與共產主義，以便使日本按美國的意志重生，故而凡涉及天皇對美宣戰，以及涉及詐欺、威脅、強迫等事實，雖整理出來，但在翌年一月向華府報告時，卻說不能起訴天皇，因天皇在日本人民中的分量之重，任何不利於天皇的處置，會有極大的震盪，後果不能低估，更直說：天皇是團結所有日本人的象徵，如果摧毀他，日本會瓦解，有可能需要百萬大軍無限期鎮守日本。他於是赦免天皇的同時，也赦免了皇家成員，使他們不受審判。他也不認為有讓天皇退位、由皇太子繼位的必要。麥帥將天皇的罪責全由東條英機一人負擔。東條於一九四五年的歲末，在東京舉行的「遠東國際軍事審判」（International Military Tribunal for the Far East）中，被判絞刑。日本投降後，東條曾用手槍自殺，但是被美國憲兵救了下來，所以東條可說死過兩次。除了東條以外，一共有五百七十七名日本籍、中國台灣籍、朝鮮籍戰犯受審，約有四千三百人定罪，有近一千人被處死，數以百計的人被判無期，這些人大都參與了南京大屠殺，約三十萬的中國人喪命，日軍攻占菲律賓巴丹島後，押解八萬俘虜至一百二十公里外的俘虜營，沿途虐殺一萬五千人，史稱「巴丹死亡行軍」（Bataan Death March）、一九四五年二月美軍攻入馬尼拉前，日軍在城裡進行瘋狂破壞與屠殺，受害者約十二萬五千人，罪行重大。最令人矚目的是：麥克阿瑟赦免石井四郎及其生物戰研究團隊，以交換人體試驗、細菌武器的資料。於此可見，麥帥主導了審判，他為了政治目的與美國的利益，表現了勝利者的不正義。歷史學者在戰後爭辯天皇到底是不是戰犯是假議題，麥帥主導的審判說天皇無罪，是明知其有罪而故意掩飾，無非是要利用天皇。麥帥利用天皇的手段固然高明，但扭曲了歷史，留下大多數日本人不承認發動侵略戰爭的禍根。

麥帥作為盟軍駐日的最高統帥，為清除日本的軍國主義與極端國族主義，把日本牢牢控制。他在一九四六年為日本起草了新憲法，此憲法不准日本再發動戰爭，削去天皇的軍權，憲法第九條寫明：日本放棄戰爭的權利，不能擁有常規軍隊。此憲法於一九四七年五月三日生效，加強了國會與內閣的權力，議會政治產生，天皇只成為日本國家的象徵；麥帥也給予婦女選舉權，保障基本人權，禁止種族歧視。不過，麥帥想要改變日本，並未竟其功，因為美國國務院與國防部，由於朝鮮戰爭爆發後，改變了對日政策，冷戰發生後，反而要幫助日本復興，以對抗共產陣營。麥帥於一九四九年，將政權交還給日本，當他於一九六四年去世後，日本給他一個尊號，或者說是綽號：「外來的幕府將軍」（Gaijin Shogun）。

麥帥為了政治或戰略目的，全卸天皇的罪責。然就史論史，不能不看到，從一九三一年到一九四五年日本的每一侵略案件，都與昭和天皇脫不了干係。首先不能不一提天皇制度與日本發動侵略戰爭的關係。如果把他送上東京大審判，必須回答下列問題：日本於一九四〇年九月二十七日與德國、義大利簽訂三國軸心條約，是否經過昭和同意？其實在簽約之前的一九三九年的七月，昭和曾為此事爭辯，但當得知德軍在歐洲節節勝利，即同意與德國結盟。可見天皇是積極參與決策的，而且是同意的。天皇是否與發動太平洋戰爭有關？日本內閣在一九四一年九月四日考慮開戰計畫時明言：如果正在進行中的外交磋商不能在十月的前十天達到預定目標，將立刻啟動與美、英、法作戰。首相近衛文麿於九月五日，即御前會議召開前一日，將決議草案提交給天皇。當天晚上天皇召見首相與陸海兩軍參謀總長，關心與西方國家開戰的勝算，他擔心陸軍過於自信，因有在中國戰場久攻不下的前車之鑑。昭和似乎關注備戰是否高於外交折衝，在御前會議上曾不尋常地質詢海陸兩相，然而當所有的人說完話後，會議一致決議戰爭優於外交。昭和天皇突破傳統，對會議結果表達意見，強調必須用和平方式解決國際糾紛，並念了他祖父明治天皇的一首詩，想要表達的含義不明。政府官員當然表示儘量利用和平的方式解決問題，軍方與天皇保持密切的聯繫，詳細報告軍事進展，陸相（陸軍大臣）杉山元向天皇提供了四十七頁的報告，細列進軍東南亞的計畫；後來又給天皇五十一頁文檔，詳解關於作戰的前景。所以天皇絕對沒有被蒙在鼓裡。當備戰持續進行之際，近衛首相決定辭職，因為他原以為天皇想要避免戰爭，但是天皇越來越傾向於戰爭，接受了軍方的意見，所以他覺得自己身為首相不懂軍事，應該求去。軍方推薦皇室宗親東久邇宮稔彥王繼任首相，但天皇認為不妥，選擇了強硬派東條英機，所以連東條英機都是天皇選擇的。到一九四一年十一月二日，首相東條、陸相杉山元、海相永野修身向天皇報告後，天皇同意開戰。翌日海相又向天皇解釋攻擊珍珠港計畫細節。昭和天皇於十一月五日在御前會議，正式批准執行原定計畫，向西方國家開戰。天皇不斷與軍方會商直到月底。所以事實很明顯，偷襲珍珠港的決策是由軍方、東條等人以及外相東鄉茂德提交天皇，得到昭和同意而後執行的。天皇也非常關注戰爭的進展，不時鼓舞士氣，並干預若干軍事行動。例如，他在一九四二年一月到二月間，四度施壓陸相杉山元，要求增兵去攻打巴丹；同年五月二十九日，又命令陸軍參謀長檢視攻打重慶的可能性。日軍在太平洋敗退時，天皇仍與東條首相不斷接觸，軍方繼續向天皇彙報戰況，直到投降。戰時內閣向天皇上報的文檔中，還有昭和的朱筆批示。一九四二年夏天的中途島一役後，戰況逆轉，天皇要求日軍加倍努力進取。同一年的九月，昭和詔令處死三名美軍飛行員，四名改判無期，他們都是「杜立特突襲」的參與者。他們從航母起飛轟炸東京後，飛往浙江落地後被捕，其餘同伴被中國人救出，日本因而屠殺浙江村民，天皇豈能不知。天皇於一九四三年八月被告知美軍奪下南太平洋所羅門群島（Solomon Islands），便責問他的參謀長如何打仗，如何打好決戰等。天皇於八月二十四日，為敗績痛罵海相永野修身，又於九月十一日要求陸相杉山元配合海軍，做好支援在新幾內亞東部拉包爾（Rabaul）地方作戰的部隊，該地為日軍在南太平洋重要的軍事基地。到了一九四四年下半年，戰況越來越不利於日本，東條內閣垮臺，後繼的兩位首相也都經過天皇正式任命。晚至一九四五年，天皇與許多高級官員見面，討論仍在進行中的戰爭，除了前首相近衛文麿外，其餘都主張繼續打下去。這一年的二月，近衛求見天皇，建議以協商來結束戰爭，但天皇一口拒絕，仍然期待一個「偉大的勝利」，以便抬高談判的籌碼。結果勝利根本無望，到了四月蘇聯不再中立，德國於五月投降，日本內閣於六月仍然聲稱：堅持要戰到最後一人。堅持打下去的政策經御前會議，正式確認，天皇沒有異議。接著戰事無望，希望談判的聲音出現，但仍有極端分子呼籲寧死勿辱。到六月中旬，內閣試請蘇聯調停，沒有結果。天皇於六月二十二日要求內閣官員不損及現行政策，提出有效的終戰方案。同盟國於一九四五年七月二十六日發布《波茨坦公告》，要求日本無條件投降，日本政府六高官向天皇建議，在保障天皇地位等四項條件下，接受投降，但天皇決定不投降。兩顆原子彈與蘇聯宣戰之後，天皇心意才改變。日本內閣遂於八月十日起草《終戰詔令》。天皇終於在一九四五年八月十二日告訴皇家成員，決定投降。他的叔父問他假如「國體」不能保存，是否繼續作戰，天皇回答說：「是的！」日本政府於八月十四日同意投降。翌日天皇宣布接受《波茨坦公告》的無條件投降，原子彈的威力以及蘇聯的武力介入，顯然是天皇下決心的最重要原因。天皇的廣播用字古雅，非一般老百姓能聽懂，他是針對日本精英分子說的。

從以上一系列的事實可知，昭和天皇很明顯負有發動侵華戰爭與太平洋戰爭的重大責任，他是積極的參與者，參與每個重要決策。他如被審判，必然是超級戰犯，與東條同科。不僅是他，皇族中至少另有六人該被追究。事實上，日本憲法給予天皇最高的權力，天皇等同國家主權，並規定天皇是陸軍與海軍的最高統帥，所以根本是日本侵略軍的總指揮。七三一部隊的成立也由天皇授命，由陸軍參謀長執行；日軍於一九三八年十月攻打武漢時，動用毒氣三七五次，也是得到天皇授權。根據檔案史料，戰後好幾位美國與日本史學家都發現，除了戰時御前會議外，還有許多幕後會議，天皇與軍頭以及內閣官員在會上做出實質的決策。另有證據表明：天皇經過仲介，對軍事有極大的掌控，他絕對不是一個和平主義者。美國史學家皮克斯（Herbert P. Bix）就認為，昭和天皇很可能是侵略中國與發動太平洋戰爭諸事的最主要推手。

戰後仍有不少日本人說：天皇沒有實權，只能行禮如儀。昭和天皇駕崩時，日本首相竹下登就引用這種說辭，力說發生戰爭是違背昭和意願。日本史學家藤原彰也硬拗天皇不能扭轉內閣決議，顯然是戰後的神話。神話不歇，要因即使在戰後日本，議論天皇的戰爭責任仍是禁忌。昭和死後，開始有人討論他的罪責，但會受到極右派的電話恐嚇，甚至被毆打與槍擊。例如一九九〇年長崎市長本島因說天皇有罪責，而遭槍擊受傷。直到二〇〇八年十月，尚有日本空軍自衛隊參謀長田母神俊雄，發表文章說：「指控日本為二戰的侵略國是錯誤的，那是蔣介石與羅斯福被共產國際操弄而爆發的戰爭」。這篇文章居然還說，戰爭給被占領的中國大陸、台灣與朝鮮，帶來了繁榮，「指控日軍殘暴行為，是那些從來沒有見過日軍的人所傳播的謠言」。他又說，許多亞洲國家都正面看待「大東亞戰爭」，更批判戰後審判戰犯。這篇語無倫次的文章，使日本政府難以向美國交代，只得將死不悔改的參謀長解職下臺，但仍給他六千萬日元的退休金。此非孤立事件，戰後日本雖號稱愛好和平，但極右勢力仍然健在，否認日本侵略、否認南京大屠殺、祭祀靖國神社，層出不窮，與德國之悔禍、悔罪大異其趣，可見天皇在日本，仍然陰魂不散。日本於戰後，既不正式承認發動侵略戰爭的罪責，甚至否認南京大屠殺等暴行，而且仍繼續祭拜供奉有甲級戰犯的靖國神社，對包括中國在內的亞洲被日侵略的國家來說，最不可忍受。之所以如此，端因日本敗亡之後，美國為了冷戰，不予深究歷史問題，不再懲罰日本，反而扶日為反共盟友，為己所用，以至於留下扭曲的歷史。

第六節　二戰浩劫後的省思

二戰後世界上的三霸主是杜魯門、史達林、邱吉爾。對中國人來說，邱吉爾是一個老牌帝國主義者，戰後他很瞧不起中國，也拒絕把香港還給中國，但在世界現代史上他是一個響噹噹的人物。對英國來說，特別是「二戰」期間，邱吉爾扮演了非常關鍵的角色。同時，他多才多藝，不僅是政治家，也寫過很好的歷史著作，比如《英語民族史》、《第二次世界大戰回憶錄》等。並獲得一九五三年的諾貝爾文學獎。德軍於一九四〇年五月十日，以迅雷不及掩耳之勢，入侵法國之際，時任英國首相的張伯倫，因不被信任而辭職。他一直主張議和，不願打仗，結果德國撕毀協議，攻打捷克、入侵法國，張伯倫只好下臺。繼任者出爐，就是邱吉爾。邱吉爾是主戰派，紐約著名報人、作家英格索（Ralph Ingersoll）得到這一消息後報導說：「我在倫敦到處看到市民仰慕邱吉爾，他充滿精力，勇於任事，又專業。倫敦人說：如果沒有他，英國真不知如何是好！邱吉爾明顯受到英國人的尊敬。此一報導精準而有遠見，邱吉爾確實帶領英國度過最艱困的戰爭歲月，並獲得盛名。時代創造了這位英雄，正當是英國與敵人作殊死戰的時刻，當時仍然有人希望與德國議和，作政治解決，但邱吉爾的戰時內閣否決了此一主張。英國史學家泰勒說：邱吉爾若在一九三九年六十五歲出任首相前逝世，今人對他的記憶，不過是一個性情怪異的政客、一個有許多精彩想法的保守派，但他的想法錯的多於對的。看到這一段，不禁想起白居易的詩句：「若使當初身便死，一生真偽復誰知」？邱吉爾如果不是帶領英國經過「二戰」而勝出，在歷史上當不會留大名。

邱吉爾雖於初任首相時，對戰爭的結果並不樂觀，甚至在一九四〇年六月十二日對他的首席軍事助理說：「三個月內你我都會死去」。他雖不無悲觀，仍強烈反對議和，準備長期抗戰。他於六月十八日在下議院演講，堅持整個大英帝國作戰到底。邱吉爾為作戰之需，以首相身分親自主持國防，這使他成為英國歷史上最有權力的領導人。他任命他的親信好友，工業家兼報界大亨比弗布魯克（Lord Beaverbrook）主持飛機生產，非常成功，對戰爭貢獻很大。眾所周知，邱吉爾的演說在戰時極能振奮人心，他當首相後的第一篇演說，就有名句：「我所能給的，除了鮮血、辛勞、眼淚、與汗水，別無它物」。有人說這篇演說使得議員們深受感動。另外還有兩篇同樣聞名的演說，一篇裡有這樣一句：「我們將不惜一切代價保衛我們的島嶼，我們將在海灘上戰鬥，在敵人登陸點上、在田野與街頭上戰鬥、在山丘上戰鬥，我們絕不投降」。另一篇裡有這樣一句：「讓我們擔負起我們的責任，若大英帝國延續千年，人們會說：『這是他們最光輝的時刻』。」邱吉爾無疑善於辭令。

邱吉爾於六十五歲出任首相，仍充滿活力，說自己是曾經歷第一次世界大戰，而仍居高位僅有的人，因為經歷一戰的人都早都退休了。防守大英帝國的責任，艱巨無比，他看起來精力旺盛，得到平民百姓的信任。其實他的健康並不很好，從照片上看，他是過於肥胖的人，他於一九四一年十二月訪問白宮時，突發心臟病，翌年的十二月又得了肺炎。不過，他依然馬不停蹄，在戰時的旅行超過十萬英里，為了安全，有御醫隨行。據御醫報告，他還患有長期偶發的憂鬱症。因為壓力極大，有時心情低落，這是可以想見的，但他並未服用減壓藥，只是在特殊的情況下，如發表重要演說時，由醫生開些藥物，以防止中風。邱吉爾是西歐文化的精英分子，擅長文史與繪畫，因從政而成為老牌帝國主義者，以大英帝國為榮，納粹德國的勃興使他必須面對新興帝國的莫大挑戰。他以堅韌不拔的領導，最後與盟邦於一九四二年反攻，支援蘇聯，解放了西歐。他在逆境中挽救了英國的國運，但他也犯了不少錯誤，導致他所深愛的日不落國之沒落。例如他派遣陸軍到北非，海軍則兼顧大西洋與地中海，因而無法照顧到亞洲的殖民地，並嚴重低估了日本的野心，誤判了日本的實力，誤以為派一艘主力艦、一艘巡洋艦到遠東，就可威懾日本。哪知道日本偷襲珍珠港後不到三天，兩艘英艦就被日本航母派出的戰機擊沉。他也忽略了新加坡的防務，自認新加坡於一九四二年二月的淪陷，導致十萬英軍投降，失去此一戰略重鎮，是最糟糕的災難，也是大英歷史上最大的屈辱，使他顏面無光，在他心裡必然留下難以磨滅的傷痕。大英帝國在亞洲的殖民地，就此失去，再也沒能收回。

邱吉爾與美國的關係很深，他的母親就是美國人。他與美國總統羅斯福之間的個人關係也十分密切。兩人在一九三九—一九四五年間，見面十餘次，相處時間加起來約有一百二十小時，互通信函與電報多達一千七百件，涉及到英國在戰時從北大西洋彼岸，取得不可或缺的食物、石油與軍火。所以當邱吉爾聽到羅斯福在一九四〇年連任總統時，大感放心。果然羅斯福連任後，立即允許以現金支付的方式提供軍備給英國。羅斯福更向國會要求，將這筆浩大的款項，作為防衛美國的花費，由此美國國會於一九四一年三月十一日，通過為盟邦設想的《促進美國國防的法案》，習稱《租借法案》（The Lend-Lease Act），向所有盟國提供戰時所需物資，包括糧食、武器等等，幫助盟國對德日作戰。邱吉爾與羅斯福開過十二次戰略會議，討論包括《大西洋憲章》、「重歐戰略」、以及《聯合國宣言》在內的戰時重要決策。當他聽到日本偷襲珍珠港後，脫口而出：「我們贏了這場戰爭」。因為美國必然對日宣戰，一旦美國宣戰，日本必敗。邱吉爾於一九四一年十二月二十六日到美國國會演講，針對德、日說：「他們把我們看作什麼人？難道他們不知道我們會堅持到底，直到他們得到難以忘記的教訓為止」。邱吉爾寄戰勝的希望於美國的援助，固無可疑。他稱英美聯手為「偉大的同盟」（Grand Aliance），認為是歷史上關係最密切的同盟，而此國家間的密切關係更緊綁在邱、羅兩人的親密關係上。

然而美國的援助，並非沒有代價，邱吉爾雖稱「老狐狸」，但並未充分理解美國政策的精妙。美國雖要救英國，但無意恢復舊日的大英帝國，而邱吉爾很在意大英帝國的光輝，想要在戰後恢復舊觀，而美國甚至無意要使英國仍是一流強權。美國的《租借法案》固然為英國與軸心國作戰所不可少，但條件頗為苛刻。美方在提供《租借法案》之前，幾乎擠乾英國的黃金儲備與海外投資，取去英國的海外市場也是條件之一。倫敦於戰後作為獨立的金融中心，已不復存在。邱吉爾不僅毫不猶疑接受華盛頓的條件，而且將英國的科技秘密無條件地提供給美國，未免過於一廂情願。但是我們可以理解，當時邱吉爾一心要借美國之力，打敗德國，顧不到長遠的後果了。

邱吉爾於一九四三年參與商定戰後重劃歐亞領土的一些條約。在一九四四年的第二次魁北克會議（Quebec）上，他與羅斯福一起起草，並簽署較為不嚴酷的對德政策。原來由美國猶太裔財政部長摩根索提出的「摩根索計畫」（Morgenthau Plan），主張嚴懲德國，要求德國實行非軍事化，分裂為兩個國家，並割讓領土給鄰國；德國工業中心的魯爾谷地，作為國際共管區；取消德國的大部分工業以保證不會再威脅世界和平；甚至要求德國在無條件投降後，成為以農牧業為主的國家，由於過於嚴苛，並未付諸實施。至於疆域的重劃，是由杜魯門、邱吉爾、史達林於波茨坦會議時決定。邱吉爾與杜魯門同樣建構了堅強的兩國同盟關係，他遺憾羅斯福的過世，讚譽新上任的杜總統，說杜是「現在世界上最需要的那種領導人物」。

邱吉爾原是頑強的反共人士，但希特勒攻打蘇聯，即使在他看來蘇聯猶如地獄，他也覺得地獄裡的魔鬼要比希特勒好，於是送坦克以及其他物資去幫助蘇聯，蘇聯成為英美的盟邦。史達林因忙於史達林格勒之戰，沒有參加一九四三年一月十四—二十三日的卡薩布蘭卡會議（Casablanca Conference）。羅斯福、邱吉爾、戴高樂三巨頭發布卡薩布蘭卡宣言，盟國一致約定繼續作戰，直到軸心國無條件投降為止。邱吉爾並不完全同意「無條件投降」，但羅斯福未經邱吉爾認可，逕自公布為同盟國的共識。

波蘭被德國滅亡，戰後復國，東鄰蘇聯、西鄰德國的疆界，要精準劃分，成為問題。邱吉爾希望波蘭臨時政府接受史達林的劃分，但遭波蘭臨時政府拒絕。於是邱相認為，解決兩個民族之間的緊張，唯有將同一民族移到同一國境之內。他也贊同把所有在捷克的德國人都須遷走，說這樣才會有持久而使人滿意的結果，否則民族雜處會造成無窮的麻煩。他不擔心做不成，因相信以現代的條件，可以遷移得一乾二淨。但事實證明沒有那麼輕鬆簡單，戰後將德國人從波蘭、捷克、南斯拉夫、匈牙利和羅馬尼亞遷走，造成極大的苦難。根據西德難民署一九六六年的報告，因為遷移的關係，超過兩百萬德國人因而死亡或失蹤。

蘇聯不僅打敗了入侵的德軍，而且反過來直搗德國，控制整個東歐。邱吉爾堅決反對蘇聯掌控波蘭，但卻未能防患於未然。他與外相艾登（Anthony Eden）在一九四四年十月前往莫斯科，去見史達林，此時蘇軍正進入東歐各國。邱吉爾提議在美、英、蘇三國會議，正式解決該事，在此之前，應有暫時如何處置的協定。最重要的一次會議於一九四四年十月九日在克林姆林宮舉行，邱吉爾與史達林討論到波蘭與巴爾幹問題。邱吉爾告訴史達林：讓我們解決巴爾幹問題，你的軍隊已經在羅馬尼亞與保加利亞，我們在那裡有辦事處與人員，請不要為一些小事情起矛盾；蘇英雙方何不這樣分配：你占有百分之九十的羅馬尼亞，我占有百分之九十的希臘，至於南斯拉夫，我們可以平分。邱吉爾無疑要與史達林劃分勢力範圍，但是後來蘇聯官方否認史達林接受這種帝國主義式的分配。邱吉爾受到世人的批評，也表示後悔。最後東歐全是蘇聯的勢力範圍，而西歐則是英美的勢力範圍。

邱吉爾主政的英國政府，是否應負一九四三年印度孟加拉饑荒的責任，曾引起爭辯。有不少評論認為，此一大饑荒死了幾百萬人，是由於殖民政府破壞了印度傳統的市場機制，以及地方政府處理不當。不過，邱吉爾堅持說，饑荒是印度人自己的錯：「誰叫他們生育像兔子那樣」！此話激怒雜誌編輯君斯（Adam Jones），指斥邱吉爾是「真正的屠夫」（a genuine genocidaire），因他曾說過，印度人是愚蠢的民族，英國空軍司令應該用剩餘的炸彈去消滅他們。事實上，饑荒也許是由於日軍攻占緬甸，切斷了糧食的進口，而孟加拉內部又缺糧。但邱吉爾說這是戰時，斷然拒絕將糧食從其他戰區運去急濟。當印度總督向他請糧，他發電報回應說：「假如糧食那麼缺乏，何以甘地仍然活著？」他討厭甘地，因為甘地抗英。他的惡言不僅如此，他於一九四〇年七月出任首相時，已說過他歡迎穆斯林聯盟（Muslim League）與印度會議（Indian Congress）兩個組織之間的衝突，希望衝突得既兇惡又血腥。世人在敬仰邱吉爾是位世界級的政治家的同時，往往忽略了他帝國主義者與種族主義者的醜陋真面目。後來印度分裂成兩個國家，巴基斯坦和印度，邱吉爾可以說是始作俑者。

邱吉爾恨希特勒入骨，恨到願意跟他心目中視為魔鬼的史達林合作。他因恨希特勒而恨所有的德國人民，他曾告訴他的國人說：「你們要知道這場戰爭不是對付希特勒或國家社會主義，而是必須要一舉徹底消滅整個德國人民的能力，不管誰在德國主政，希特勒或耶穌會士」！由他這段話，可以理解他在一九四〇年七月所寫下的一段話：「只有一個辦法可以搞垮希特勒，那就是用重轟炸機，毀滅納粹內陸，百分之百地摧毀」。他真將之付諸實施，德國城市果然被摧毀殆盡。炸死的德國人不下五十萬，最引人注目的是一九四五年二月十三日到十五日轟炸德國文化名城德累斯頓（Dresden）。在轟炸的第一天，已有難民二十萬人左右。濫炸這樣一個城市，自然成為戰時極具爭議的事件。邱吉爾應該負責，也受到不少批評。德國歷史學家佛裡德瑞克（Jörg Friedrich）指出邱吉爾不分青紅皂白的轟炸是犯罪行為。哲學家戈瑞弗林（A. C. Grayling）在二〇〇六年寫道：英國皇家空軍的戰略轟炸，雖非戰犯行為，但必然是道德上的犯罪行為，有損同盟國為正義而戰的形象。但另一方面也有人說，邱吉爾下令轟炸德累斯頓，是基於贏得戰爭的戰略與戰術考量。記者哈斯丁思（Max Hastings）曾發表〈轟炸德累斯頓〉一文，不認為轟炸是戰犯行為，或可將之在道德上與納粹的行為相比，因轟炸即使錯誤，也是為了在軍事上打敗德國。英國史學家泰勒指出：在戰時各方都互相轟炸對方的城市，例如德國入侵蘇聯期間，死於德國轟炸的也不下五十萬人。

邱吉爾與希特勒在歐洲作殊死戰，即便英國在亞洲的殖民地受到日本的威脅與鯨吞，也無暇東顧。到一九四三年美軍在太平洋反敗為勝，邱吉爾自然想要於戰後保有印度，從日本手裡取回緬甸、馬來西亞、香港等地。自十九世紀以來，英國在列強中，勢力範圍最大、利益最多，但珍珠港事變之後，美國不僅同情而且幫助中國抗日，在華影響越來越大。邱吉爾注意到羅斯福極力支持蔣介石政府，有意使中國於戰後成為四強之一；美國主要還是為其自身利益，想要把親美而強大的中國，納入其勢力範圍之內，為其所用。羅斯福也明白與英國在華的利益，並不相符，英國豈願失去中國的市場。羅斯福設計戰後秩序時，反對殖民主義，無異要破滅邱吉爾恢復大英帝國榮光的美夢。蔣介石鼓勵殖民地獨立運動，如聲援甘地並訪問印度，也觸邱吉爾之大忌，邱指責蔣干涉英國內政。邱與蔣在開羅見面，據在場的英國陸軍元帥布魯克（Alan Brooke）親自聽到邱吉爾說：「對蔣介石的中國沒抱多少希望」（there is little to be hoped for from Chiang's China）。

艾森豪（Dwight David "Ike" Eisenhower）統帥的盟軍於一九四四年六月登陸諾曼第，挺進德國本土，德軍於一九四五年五月七日投降。英國廣播公司在同一天宣布五月八日為「歐洲勝利日」（Victory in Europe Day）。邱吉爾也向全英國廣播說：德國已經投降，歐洲將於今天子夜後一秒鐘全面停火。之後，邱吉爾在倫敦白廳街的行政大樓陽臺，向人群說：「這是你們的勝利！」人們回叫：「不！是你的勝利！」然後大家唱愛國歌曲《希望與榮耀的土地》（*Land of Hope and Glory*）。當晚，他又向國人廣播說，日本將於未來的幾個月內投降。然而，正當歐洲在慶祝經過六年血戰後的和平時，邱吉爾已在憂慮和平可能中斷，因他已有結論：蘇聯紅軍會不顧有關歐洲疆土的協定，所以美利堅合眾國與大英帝國必須在對付蘇聯時，堅定意志。據此，邱吉爾曾命令軍方進行一項「不可想像的行動」（Operation Unthinkable）計畫。如果「不可想像」的突襲紅軍計劃，付諸實施，則第三次世界大戰就會在一九四五年的七月一日爆發。英國最高參謀會議，最後否決了此一計畫，認為在軍事上無法執行。實際上在外交上也很難執行，可是邱吉爾是有這種想法的，因為他覺得德國被打敗以後，對手就是蘇聯，英美何不趁此機會聯手，一舉把蘇聯打趴，以絕後患？

「歐洲勝利日」過後不久，英法兩國因中東的敘利亞與黎巴嫩，鬧得很不愉快，形成一場外交風波。法國的戴高樂（Charles de Gaulle）於一九四五年五月派軍隊占領敘利亞的黎凡特（Levant），引起當地民眾的抗議。法軍在五月二十日，用大炮向大馬士革聚集的群眾開火，還從空中投彈。到五月的最後一天，超過一千名敘利亞人喪生。邱吉爾採取行動，給戴高樂發了最後通牒：「為了避免英法之間的衝突，我要求你立即停火並撤出法國軍隊」。戴高樂與法軍都不理會，於是邱吉爾派英軍從約旦進入敘利亞，稱如必要可以對法軍開火。英國軍車並載運軍隊進入敘利亞首都大馬士革，將法軍限制於營房內，法國在軍事壓力下停火。此一事件幾乎導致英法之間的武裝衝突。可見「二戰」剛結束，盟邦之間已有強權之間的矛盾，英國和法國之間固然有矛盾，美國和英國之間也有矛盾。

邱吉爾與戴高樂的關係降到冰點，邱吉爾原本還照顧法國的利益，戴的流亡政府就設在英國，邱在雅爾達會議上也為法國爭取戰後的強國地位，後來法國也加入聯合國安理會的五常，為了中東兩人竟然翻臉，邱吉爾曾對人說戴高樂破壞和平，是英國的危險人物，更說他與戴高樂相處五年，理解到戴是歐洲和平的最大威脅，相信已無法與戴達成任何諒解。法國方面則指責英國為示威者提供武器，戴高樂對邱吉爾發給他的最後通牒，氣憤得難以釋懷，認為「整件事情有太多的石油臭味」。因為中東盛產石油。

邱吉爾贏得了戰爭的勝利，但失去了帝國，也失去了他的相位。英國人情願他功成身退，由工黨來執政，因為覺得他太具侵略性，也沒有人認為戰後他會繼續執政，須有適當時間適當的人，出任適當的工作。但他並沒有在政壇消失，落選九個月後，他應邀訪美，由美國總統杜魯門陪同前往密蘇里州的小鎮富爾敦（Fulton），於一九四六年三月五日，赴威斯敏斯特學院（Westminster College），發表他戰後最著名的演說，其中最有名一句話說：「鐵幕在整個歐洲大陸落下」（an iron curtain has descended across the Continent）。這篇演說改變了西方世界對蘇聯的觀感，加深了所謂民主西方與共產東方的對立。「鐵幕」一詞並非首見，邱吉爾曾多次用過，不過因這篇演說，廣泛流傳，並揭開了冷戰的帷幕。邱吉爾後來東山再起，於一九五一年又當上首相，然四年後因健康問題辭職。他於一九六五年逝世，得到國葬的榮譽。在他之前，英國只有兩位軍事家得此殊榮，一是一八〇五年打敗法國與西班牙聯合艦隊的納爾遜（Horatio Nelson），於「崔法加爾」（Battle of Trafalgar）一戰，取得當時英國海軍史上最大的勝利，但他在旗艦「勝利」號（HMS Victory）上指揮作戰時，中彈身亡，所以他的遺體運回英國後，被授予國葬之禮。二是威靈頓公爵（Arthur Wellesley, 1st Duke of Wellington），於一八一五年在滑鐵盧戰役（Waterloo campaign）中，擊敗拿破崙。公爵死於一八五二年十一月十八日，國葬典禮後，葬於納爾遜之旁。邱吉爾繼兩大歷史名人之後，獲得在聖保羅大教堂舉行國葬，哀榮極矣！邱吉爾得此殊榮，絕非偶然。他在西方普遍被認為是二十世紀最重要的人物之一，在英國更是贏得戰爭的領袖，甚至是拯救英國的偉人。他阻擋了法西斯橫流，保衛了自由民主。英國於一九三九年九月，不得不參戰，邱吉爾組戰鬥內閣，成為全英抗敵決心的象徵。所以一九四〇年才是他光輝人生的開始，他在這一年五月的晚上，寫下這樣一段話：「當我在清晨三點上床睡覺時，感到深深鬆了一口氣，我終於有了全方面下命令的權力。我覺得與命運同步，所有過去的生命好像都是為這個小時所走之路準備的」。總的來說，邱吉爾是保守派，他要保留他自年輕時代所知的大英帝國，並不解世界政治和社會已有很大的變動。他並不認同一個共存共榮的世界，他始終是一老牌帝國主義者。他晚年回顧，固然以英國在他領導下，贏得最後勝利為榮，但勝利的果實卻是帝國榮光的消失與蘇聯的崛起，這使他難以釋懷，所以自認做得並不很好。事實上，這一結果並非他所造成，戰爭的發生也不是他的過失。從事後看，有鑒於法西斯的殘暴統治，諸如種族滅絕、侵略弱國，消滅希特勒主義必須不計代價。這個世界如果被德、日、義軸心極權統治，全球將被奴役。所以第二次世界大戰，儘管是人類的浩劫，但可以說是一場抗暴的正義戰爭。不過，第二次世界大戰的結束也是舊時代的結束，而代表人物非邱吉爾莫屬，我讀研究院時，英國史老師卡斯底根（Giovanni Costigan）在他的《現代英國的打造者》（*Makers of Modern England*）一書中，說得很到位，他說邱吉爾的辭世象徵一個時代的終結，他是維多利亞時代的最後一人，老帝國主義最後的聲音，參與兩次世界大戰的最後一位領袖，也是英雄時代的最後之一人。

第二次世界大戰結束之前，美國羅斯福總統已規劃戰後世界，明確反對帝國殖民主義，於是殖民地紛紛獨立建國，聯合國譴責「帝國主義」為侵略、剝削、高壓以及侵犯人權的代名詞。歐洲衰微，美蘇超強崛起。美蘇爭霸，雖不再爭奪殖民地，卻各擁有附庸國或盟國，稱之為兩大帝國未嘗不可。雙方在冷戰意識形態高漲時期，各以「帝國主義」相互指責。其實帝國有不同類型，自有異同；冷戰時期的美蘇兩大帝國，與舊帝國貌異心同。

美國一直宣揚民主、自由、人權，並以此標榜，似乎與帝國主義的作為不相符合。但美國無疑自二十世紀初已是帝國群中的後起之秀，像歐洲帝國主義國家一樣，向海外擴張。美國以安全為名，行侵略性擴張之實，美國史教授霍夫斯塔特（Richard Hofstadter）認為美國擴張主義有心理上的因素，美國的本土開拓於十九世紀末已經到達太平洋沿岸，已經沒有太多新的廉價土地可以開拓，於是在心理上造成恐慌，產生挫折感和苦悶；這些心理因素刺激了擴張的衝動，以釋放挫折感與苦悶，其結果就是具有侵略性政策和行動的擴張主義。擴張主義不管如何解釋，至十九世紀末已是籠罩美國的社會思潮，也就是說已經成為當時社會輿論的普遍意見，已形成「意見氣候」（The Climate of Opinion）。隨即占據菲律賓、夏威夷，以及尋求全球經濟利益。二戰之後雖因政治原因讓菲律賓獨立，但美國以反共抗蘇為名，在全世界建立無數軍事基地，不時對各地區作軍事干預，又以美元掌控環球經濟，意欲主宰全球才感安全。蘇聯崩解之後，美國更獨霸世界，原可憑其實力重整正義公平的世界新秩序，環球同享和平紅利；然而其不僅在意識形態上一意孤行，強加其價值於別國，而且在行動上仍然結盟拉派，圍堵遏止，仍不脫帝國主義的作風，導致地區動亂，爭端不歇，戰禍未稍遜於冷戰時期。何以致此？

美國的國家行為實有其深遠的思想淵源，要因其自負占有道德的高度，強行其偏狹的國家意志，自覺地只顧及本國之利益，而不自覺地漠視他國之利益，對別國的威脅過度敏感，而對自身予別國強大的威嚇往往無感，政策失誤而又欠深切的反省。美國建國元老們原本反對歐洲王權，原有反帝國主義的傳統，但於百餘年間從美東蕞爾小國，成為世界強權，不免重蹈帝國主義的覆轍，思維與行為不脫帝國主義的本質。已故美國外交史名家威廉姆斯曾經於一九六〇年代以《美國外交的悲劇》（*the Tragedy of American Diplomacy*）為題出書，指出：「美國外交含有最基本的悲劇因素」。他認為美國持續不斷向海外動用武力，卻無法達到施展武力的初衷，反而造成衝突、危機與戰爭。威廉斯所關注的是一九五九－一九六一年的古巴問題，他已覺察到古巴危機足以象徵美國在二十世紀整個外交的悲劇。這在當年被認為是左派觀點，被視作論調過激，頗引起爭議。但是今日看來，美國在中亞、中東不時動用武力，幾乎都以損人不利己的悲劇收場，重讀威廉斯，確感其銳識與遠見。

所謂帝國主義，基本上是一種國家政策、行動，主張直接以武力擴張領土或以政治與經濟實力，控制其他地區。二戰後的美國以其超強的軍事與經濟實力，在全球貫徹其理念與制度，即以民主、自由、人權作為干預別國的理由。甚至想以美國無敵的武力，來改變蘇聯的制度。事實上，美國無與倫比的軍事實力也改變不了許多弱小國家的現實，而且製造出更多的問題，所謂「治絲益棼」者也。誠如威廉斯所說，美國的崇高目標未達，反而增加動亂、仇恨、戰爭與苦難，甚至引火上身，飽受恐怖攻擊之禍，確實頗具悲劇色彩。英國著名史家湯恩比（Aronld Toynbee）曾公開說過：「美國像是狹小房間內的友善巨犬，每當它搖動尾巴，就會弄倒一張椅子」。這個比喻非常生動，與美國這龐然大物相比，整個世界實在顯得很小，當它很不友善時，可能會弄垮整個世界。

人稱二十世紀是美國的世紀，但到底這個國家對這個世紀的影響如何？這個國家在外交上的悲劇性格，是否對全世界已產生負面的影響？美國以正義自許，是否不自覺導致並不正義的後果？美國是否以其自身的價值，認作普世最美好的價值，而欲強加於人？美國以「世界警察」自居，執法是否公平？美國刻意貫徹其自以為崇高的意志，稱霸世界，是否也屬於帝國主義？美國是怎樣一個帝國主義國家？走過必定留下痕跡，答案不妨求諸歷史。

蘇聯領導人史達林認為：二戰的發生，是以壟斷資本主義為基礎的經濟與政治發展的必然結果。英國首相邱吉爾則認為：二戰之起，始於對侵略者的軟弱，所以想要避免第三次世界大戰，必須強硬對付蘇聯。史達林與希特勒於一九三九年八月曾簽訂互不侵犯條約，為德國攻打波蘭開了綠燈，才引發大戰，所以蘇聯要為二戰的爆發負責。蘇聯方面則認為：德國發動戰爭，是由於西方資本主義民主國家沒有阻止希特勒，甚至鼓勵希特勒向東侵略，劍指蘇聯。兩邊官方的解釋，固然有意識形態之爭與宣傳之嫌，但戰後的美國歷史學界有不同的聲音，例如唐西爾（Charles C. Tansill）教授在其一九五二年著名的《從後門參戰：羅斯福的外交政策（1933-1941）》（*Back Door to War: The Roosevelt Foreign Policy, 1933-1941*）一書中，提出以下觀點：羅斯福總統明知美國公眾因有歐戰的前車之鑒，反對參戰，國會與美國輿論又都主張中立，仍然決心要拯救英國，以免歐洲淪入納粹之手，所以刻意修改中立法，以租用基地為由，提供五十艘軍艦給英國，聲稱援助英國就是為了美國的安全；又提供《租借法案》以援助同盟國，最後在太平洋挑釁日本，導致偷襲珍珠港，迫使美國參與世界大戰，與英國結盟。羅斯福一再聲稱，不會讓美國的年輕人到國外去打仗，但他又說如果被外國攻擊，則當別論。羅斯福連任之後，更積極偏向英國。羅斯福於一九四一年間，以洪荒之力尋找介入歐洲戰爭的機會，然而除遭遇外國攻擊，仍無法動搖美國人不介入的意志，於是羅斯福設法挑釁日本，如對日禁運諸事。羅斯福明知日本會發動攻擊，居然不警告軍方，故意讓日本攻擊珍珠港得逞，美國舉國憤慨，一致贊同參與歐亞兩洲的戰爭。唐西爾的結論是：羅斯福有故意引導美國進入戰爭的陰謀。此論將參戰的責任加諸自己的總統，是很嚴重的指控。然此陰謀論，得到前美國歷史學會會長比爾德（Charles Beard）以及其他政學兩界人士的贊同。甚至有人認為，如果美國不參與，讓納粹德國與共產蘇聯兩敗俱傷，也就不會有戰後的冷戰。當然大多數的美國史家不接受這樣的解釋，他們雖承認：羅斯福的外交政策，曾以手段將美國自中立推向戰爭，但不認為會故意讓日本偷襲珍珠港，以便參戰。因在日本偷襲之前，白宮已經獲得國會足夠的票數宣戰，不必出此下策，所以他們認為羅斯福的舉措，不是要挑釁日本，而是在沒有民意基礎下，所做的預防措施。對日禁運之後，羅斯福一再告誡他的國務卿，不要使美日關係惡化，要繼續談判下去。美國雖得到日本可能發動攻擊的情報，但絕沒有想到會是珍珠港，因為駐守珍珠港的強大海軍，是用來威嚇日本，而非提供被攻擊的目標。羅斯福總統很重視海軍，哪有故意讓那麼多的軍艦，故意被日本炸毀的道理？所以陰謀論難以成立。

美國介入二戰，是因為美國已是龐然大國，在國外有重大的利益，不容法西斯獨裁國家壟斷。例如日本侵略中國，挑戰美國門戶開放、利益均沾的中國政策，所以美國不承認偽滿洲國，堅持讓日軍撤出中國與南洋，這是美國的基本底線。雙方互不相讓，最後日本採取先下手為強的手段，突然偷襲珍珠港，想一舉摧毀美軍在太平洋的軍事實力。日本認為這樣可以強迫美國讓步，接受日本的條件。當然是誤判。

二戰之後論二戰，比較沒有爭議的觀點是：希特勒乃罪魁禍首，連戰後的德國史家都無異議，確認希特勒為了「生存空間」發動侵略別國的戰爭。但是英國史家泰勒對希特勒有不同的評價。他在一九六一年出版的《第二次世界大戰的起源》（*The Origins of the Second World War*）說：大家把所有的責任歸於希特勒，是不加思考就接受紐倫堡審判的結果，把開戰的罪行完全推給希特勒及其幫兇，以至於掩蓋了其他國家領導人的責任，以及免除了德國人民的責任，以便使西德成為冷戰反蘇的夥伴。他不認為希特勒是大家所認為的魔鬼，而認為他是作為一個正常的德國領導人，執行他的對外政策，與之前魏瑪共和國的外交政策，並無不同。他說希特勒不僅是一正常的德國政治人物，而且也是正常的西方領袖，他不比英國首相張伯倫、魏瑪共和國總理斯特雷澤曼（Gustav Stresemann）、法國總理達拉第（Édouard Daladier）等人物好或壞；希特勒當然想使德國成為歐洲最強大的國家，但他並不要戰爭，也無戰爭的計畫，戰爭在一九三九年發生，是由於各方的錯誤所造成的不幸意外，不是希特勒一手所能策動，他並無刻意經營征服世界的計畫。在泰勒看來，希特勒除了渴望權力與反猶太之外，不過是一個機會主義者，只是抓住機會為德國取得更多的好處；他反猶太人並不特殊，因為數以百萬計的德國人都像希特勒一樣，反猶太人。泰勒認為二戰的禍源是《凡爾賽條約》的不正義，一方面使絕大部分的德國人痛恨不已，另一方面也沒能釜底抽薪，根除德國成為強權的潛力，必然會使德國死灰復燃，起而反對《凡爾賽條約》的不正義。泰勒對希特勒的評價，引起了很大的爭辯。泰勒的牛津大學同人羅珀（Hugh Trevor-Roper）提出針鋒相對的意見。他反駁希特勒沒有侵略他國的計畫，認為希特勒若非要征服世界，至少要征服歐洲，說是希特勒征服整個歐洲的計畫，可見於他的自傳《我的奮鬥》，並一直在實行其所說；更明顯的是希特勒從一九二四年到一九四五年，心心念念想要征服蘇聯、消滅斯拉夫民族，為達到此目的，必須經過波蘭，亦因而勢必與英法開仗，德國攻打波蘭就引起了英、法對德宣戰，最後他還要將英國變成德國的殖民地。所以羅珀不認為希特勒如泰勒所說，是正常的德國政治人物，他不僅是要恢復德國在一戰前的疆域。其征服野心如此一清二楚。他遺憾泰勒沒有好好看《我的奮鬥》這本書，以及漠視希特勒明目張膽的言行。總之，說希特勒是傳統的政治人物、他的目標是有限度的、他的政策只是應對特定情況，在羅珀看來，都無根據，而且是錯誤的論述。

羅珀又在《希特勒的心態》（*The Mind of Adolf Hitler*）一書中，認為希特勒思想的重要性不下於俾斯麥或列寧；他的思想核心就是要使德國成為全球最強大的國家，消滅所有可以看到的敵人，如猶太人和斯拉夫人。他認為希特勒不是胡搞亂來的騙子，而是有其自己一套完整的思維；不過，這套思維既野蠻又可怕，甚至反映了精神失常者的思維，因他瘋狂地追求荒謬的政策，幾同知識垃圾。不過，如果希特勒的心態真的如羅珀所說，是知識垃圾，那這種心態又何以值得一提呢？這是他所沒有解釋清楚的。羅珀既痛恨又輕蔑納粹，但他無法解釋為什麼德國的傳統精英分子，會參與國家社會主義，認同英國知識界的德國精英分子，為什麼也會跟希特勒走。所以他在《希特勒的末日》（*The Last Days of Hitler*）一書中，譴責希特勒的財政部長科洛希克（Lutz Gzaf Schwerin von Krosigk），雖曾是牛津大學的羅德學者，卻沒有得到牛津的價值觀。對羅珀來說，牛津的價值觀與第三帝國（納粹德國）的價值觀，是截然不同的。

第二次世界大戰於戰後即被定性為反法西斯的正義戰爭，但由於意識形態與國家利益的考量，各方對二戰有不同的解釋。兩位英國史家泰勒與羅珀都有截然不同的論斷，正反映現實主義與自由主義各自的觀點。值得注意的是，德國擺脫了歐戰敗後不服輸的心態，徹底反省，真誠謝罪，固然也由於盟軍在占領期間清除了所有的納粹勢力，奠定自由民主德國的基礎，並意外地因蘇聯崩解而得以復歸統一。假如蘇聯不崩解，東西德是不可能統一的。

反觀日本，投降晚於德國，美蘇冷戰態勢已現，又因為美國獨家占領，於朝鮮戰爭爆發之後，成為反共基地，極右勢力不僅未能根除，反而助長了右派的勢力，軍國主義思想依然陰魂不散，對於二戰責任遠未能如德國之深切反省。日本對中國戰場持久未勝，尤感不服，故難能正視歷史，如說盧溝橋事變由中國軍隊開第一槍、否認南京大屠殺等，只是想逃避責任。而中國史家尚未能在國際上有效占有二戰的話語權，唯有留美華裔女作家張純如以英文寫作《南京暴行：被遺忘的大屠殺》（*the Rape of Nanking*）一書，以充實的內容、具體的事證，令舉世矚目，看清南京大屠殺的真相，知道除德軍屠殺猶太人之外，尚有日軍之屠殺南京人。於此可知話語權的重要，因為英文還是世界上最通行的語言。這位女作家因為是華裔，出生在美國，所以可以用很好的英文來寫這本書。後來也有很多日本人人批評她，大屠殺的慘狀也給了她心理上的壓力。不幸的是，她在三十多歲的年紀，竟自殺身亡。

戰後反思，不免要問：為什麼法西斯國家的人民不反抗獨裁的統治？法西斯主義是一種極端的民族主義，極端民族主義在鼓動之下，激發了全國的「愛國主義」，如果反對，就等於不愛國，人民如何能公然反抗獨裁者的政策。義大利、德國、日本三個法西斯國家，具體情況並不盡相同。先看德國，當希特勒崛起，聲勢浩大，幾乎沒有人敢反對他。德國又是軍事強國，有非常優秀的軍人，按普魯士的傳統，軍官都出自貴族階層，竟然都服從希特勒的命令。不知是希特勒真的神機妙算，還是一種偶然幸運，一開始他的決定，很多優秀的將領都覺得不大可能實現，但閃電戰非常成功，很輕易就把捷克和波蘭打敗，非常順手。所以德國的優秀將領們就覺得希特勒了不起，自己看來不可能的事他做到了，所以之後都很服從他。也因此後來希特勒犯錯時，優秀軍人也不敢阻擋他、糾正他。到最後，尤其是征討蘇聯失敗之後，才有人感覺到德國是在敗退中，才有反對希特勒的事件出現，幾次謀刺都沒有成功。當然希特勒的特務組織非常嚴密，反叛他的將領常能被偵察於事前，受到很嚴酷的懲罰與羞辱於事後。義大利的墨索里尼可說是法西斯的「祖師爺」，但他的能力遠不及希特勒，義大利的國力也遠不如德國。當盟軍登陸西西里島，義大利國王就把墨索里尼逮捕了，而希特勒居然有本領把他從監獄裡救出來。但最後仍不免被捕後處死。日本的法西斯與德國、義大利又不一樣。在整個二戰期間，日本並沒有出現如希特勒能持續獨攬大權。日本的內閣起伏十餘次，天皇的角色也很模糊，似是日本整個權力的中心，似又不是。日本的法西斯又帶有濃重的「軍事主義」（militarism），軍頭的話語權很大，往往失控。日本在戰勝時，軍頭跋扈，固不待言，即使於一九四三年以後，屢屢敗績，甚至到本土被美軍轟炸得滿目蒼夷，民眾生存都成問題之時，居然都無人起來反抗政府。之所以如此，與法西斯關係無多，而與日本的民族性有關。當天皇決定無條件投降時，即使有極少數極端分子反抗，而他們的反抗還借天皇之名行事。他們認為武士投降是很恥辱的，所以天皇決定投降，一定是少數人誤導了天皇，所以他們反叛是「清君側」，當然很快就被鎮壓。

第二次世界大戰才是真正的世界大戰，戰場遍及歐、亞、非三洲，大西、太平兩洋。由於戰場遼闊，戰爭爆發的地點與時間各不相同，對歐洲人而言，二戰始於一九三九年德軍突襲波蘭之時；對美國人而言，始於一九四一年日本偷襲珍珠港；對中國人而言，始於一九三七年七七事變之後，實際上更可追溯到一九三一年日本侵占東北。二戰是人類歷史上前所未有的大戰，不禁要問：何以經過歐戰的慘烈，何以還會有更慘烈，規模更大的戰爭？戰後德國的紐倫堡大審判與日本的東京大審判，確定德、義、日法西斯國家為發動戰爭的侵略國，並懲罰了戰犯。戰爭的責任與歸屬似已十分明朗。然而軍事法庭大審未了，美蘇兩大戰勝國的盟友關係，迅速告終，冷戰啟動，強權爭霸進入新的階段。

第三講

冷戰的開始與結束

第一節　美蘇爭霸的原委

第二次世界大戰打破了舊秩序，世界出現了新局面：德日兩國傾覆，英法兩國衰微，美蘇兩國崛起，中國浴火重生，以及眾多的殖民地紛紛獨立，成為新興國家。戰後主導世界的無疑是戰勝國，尤以美、蘇、英為主。英國的邱吉爾想要恢復舊日歐洲權力平衡的戲碼，只是英國是慘勝，國力大傷，又因殖民地難以維持而喪失，已無昔日的大英榮光，話語權自然大減。蘇聯的史達林以鮮血打敗德國，在東歐遍建社會主義政權，但他不是共產主義的理想主義者，而是現實的國族主義者，力圖維護與爭取蘇聯的利益，所以基本上還是「舊式的現實政治」主張者。美國的羅斯福雖於二戰結束前逝世，但他於一九四三年勝利在望之際，已開始思考戰後問題，他希望中美英蘇戰時同盟，能夠延續到戰後，像警察一樣，維持世界新秩序。他未能生見戰時同盟關係難以維持。杜魯門總統雖然蕭規曹隨，大勢所趨，根本無能為力。

美蘇之間的意識形態，水火不容，戰時的合作乃權宜之計，一旦大敵消失，矛盾立見，羅斯福的戰後設想，未免過於樂觀。事實上，二戰尚未完全結束，美蘇就已猜忌，互不信任，意見對峙，分道揚鑣之勢已露，冷戰格局已成。邱吉爾帶領其國民贏得勝利，但勝利之後，被選民選下了台，因為英國人覺得戰後不再需要強勢的領導人。英倫戰後，國事如麻，自顧不暇，根本無法扮演「世界警察」的角色。中國慘勝，滿目瘡夷，羅斯福仍望中國能於戰後填補亞洲的權力空檔，助華為強大而親美之國。蔣介石出席開羅會議，已見其中消息。但不料親美的蔣介石，發動內戰而被打敗，繼羅斯福出任總統的杜魯門，以冷戰的眼光看待中共，使新中國不得不一面倒向蘇聯。所以最後只剩下美國一個「世界警察」，視社會主義國家為敵，以至於形成美蘇兩大集團的對峙，把世界分為兩極，兩方冷戰數十年，絕非羅斯福所能預見。

羅斯福總統有鑒於歐戰後的國聯非常失敗，吸取教訓，重新於二戰後，建立有效的聯合國來維護世界和平，可說是威爾遜理想主義的新版。有關聯合國的設想，最早見之於一九四一年六月十二日的《聖詹姆斯宮宣言》（*The Declaration of St. James' Palace*），然後體現在一九四一年八月十四日羅邱簽署的《大西洋憲章》（*the Atlantic Charter*）裡，憲章除向世界宣示作戰目的外，還有基於戰後和平的國際合作意向。羅斯福扮演最主要的角色，他已有國際警察維護世界和平的想法。隨即白宮在一九四二年的元旦，舉行《聯合國宣言》（*Declaration by United Nations*）簽署儀式，由中、美、英、蘇四強簽署，其他二十二國連署，奠定現在聯合國的基石。美、英、蘇三國又於一九四三年十一月，在德黑蘭舉行高峰會，同意於一九四四年八月二十一日在敦巴頓橡樹園（Dumbarton Oaks Estate）召開會議，屆時定案，確定聯合國組織構架。比較有爭議的是否決權，蘇聯知道美國主導聯合國，所以堅持要有否決權。羅斯福、邱吉爾在一九四五年二月的雅爾達三巨頭會議上向史達林做出讓步，也就是同意需要大國一致，其中一國否決，即不能成案。此外蘇聯有鑒於在大會席次上的劣勢，要求三個席位，即俄羅斯、烏克蘭與白俄羅斯。羅斯福一意想要史達林出兵遠東，便一口答應。聯合國於一九四五年四月二十五日在三藩市正式揭幕，憲章最後由中、美、英、蘇、法五強先批准，其他各國在一九四五年十月二十四日跟進連署。

由於大國之間的矛盾已經顯露，戰時盟邦關係難以為繼，聯合國成為美蘇外交鬥爭與冷戰的場合。美國的學者外交家喬治・肯南（George Kennan）於一九四六年二月二十二日從莫斯科發出長電，又於一九四七年發表〈蘇聯行為的根源〉（The Sources of Soviet Conduct）一文，指責蘇聯政權一直延續擴張傳統，擴張領土、奪取不凍港，極有侵略性，影響到美國的戰略，必須加以遏制。他的這些論述成為杜魯門政府反蘇政策的依據。肯南無疑在美國冷戰策略，與振興西歐的「馬歇爾計畫」中，都扮演了主要角色。肯南的理論反映美蘇兩大國無可調和的意識形態，所以肯南也以「冷戰理論之父」聞名於世。馬修斯（Freeman Matthews）負責美國國務院歐洲事務，於一九四六年四月一日，正式將肯南學說成為外交政策。然而政策如何落實？美國是否必須針對蘇聯每一威脅都做出反應？事實上並不可能，因有兩個限制：其一，僅可能動用海空力量；其二，美國不能單獨行動，需要與盟邦同一步調。柯利弗德（Clark Clifford）是當時美國總統的特別法律顧問，於一九四六年九月二十四日更明言：遏制蘇聯的主要力量就是美國的軍事實力。美蘇之間的對峙於是越來越為嚴重。

在蘇聯看來，美國方面的仇視殊無必要。史達林曾說：蘇聯於二戰期間，死亡兩千萬人，代價巨大，所以理當擁有勝利的果實，同時也有自己的安全考慮。英國史家泰勒就不相信蘇聯有征服世界的野心，可見其有超乎時代的見識。後來事實證明蘇聯確實沒有這種野心，但蘇聯於戰後崛起為世界強權，挑戰到美國的霸權，而且美國的「恐共病」根深蒂固，認定共產主義要赤化世界。再看實際情況，蘇聯於二戰結束時，擁有半個歐洲，用邱吉爾的話說，這些地方都被關進「鐵幕」，東西敵對的態勢已成。當史達林於一九四五年的秋天，知道美國不再繼續戰時的援助，隨即啟動自己的經濟復蘇五年計劃，強調國家控制與意識形態的正確。於是東歐全面蘇維埃化，與以美國為首的民主世界，形成自由民主與共產主義東西兩極的對抗。戰後西方國家痛感二戰期間，諸多殘酷與不人道事件，激發自由主義的盛行，自由經濟與民主政治成為時尚，視為一九五〇年代富裕社會的共識。誠如當時的英國首相麥克米倫（H. Macmillan）所說：「我們從來沒有這樣好過」。而另外一極的世界，則強調自主和自我犧牲。

如何處置戰敗的德國？在戰爭結束前的德黑蘭高峰會上，羅斯福、邱吉爾、史達林都已討論到了。他們決定德國必須無條件投降，確定德國與波蘭之間以奧得河（Oder）為界。到了一九四四年一月，英國方面提出，將戰後德國分為三個占領區，首都柏林也要分別由盟國占領、共同管理。納粹已於一九四五年七、八月間敗亡，英、美、蘇三巨頭在波茨坦重聚，同意三國各占一方，並在相應占領區取得賠償；另外必須解散德國的大企業或工業界的龐大組織，清除所有的納粹組織，重建民主政府，將數以百萬計住在境外的德國人，全數遷回本國。德國戰後由盟國瓜分，尤其是分割為東西的首都柏林，成為美蘇冷戰的平臺。

戰後的歐洲，經濟凋敝，美國為了恢復歐洲經濟，活絡其市場，啟動了「馬歇爾計畫」（Marshall Plan），目標是先克服饑餓、貧窮、凋敝與動亂。杜魯門為此於十五個月內，撥款六億美元，作為對歐洲的經濟援助，但自認有政治目的。他說：「我們必須幫助自由的人民自由地得到他們自己想要的命運」。西歐十六國參與「馬歇爾計畫」，美國先提供糧食與住房建設，而後是協助工業基地的現代化。計畫執行之後，西歐的工業產值於一九五〇年已超過戰前的一九三八年，約有四分之一之多。美國只援助西歐國家，完全不顧及蘇聯控制下的東歐。「馬歇爾計畫」不僅是對西歐有顯著的好處，復興了經濟、穩定了政治，而且也極符合美國的經濟利益，加深了西歐與美國之間的緊密聯繫，復興的西歐成為美國產品的大好市場，政治上則鞏固了西歐中產階級的保守勢力。「馬歇爾計畫」也導致資本主義與共產主義的分道揚鑣；資本主義國家加入西方的大西洋經濟圈；蘇聯無疑視「馬歇爾計畫」與美國援助西德為威脅，於是建立超國家的蘇維埃集團，作為對應。歐洲就此成為美蘇兩極對抗的中心地帶。除經濟分隔之外，軍事上也於一九四七年後出現對峙態勢。英、法、比利時、荷蘭與盧森堡，在布魯塞爾（Brussels）訂立軍事同盟條約，美國的加入使西歐的軍事同盟成為對抗蘇聯更強烈的訊號。包括美國在內的十一國於一九四九年四月四日組成北大西洋公約組織（North Atlantic Pact）。這一年蘇聯成功試爆原子彈、翌年的朝鮮戰爭以及柏林危機使得這一軍事同盟更加緊密，最後連西德也於一九五五年加入了北約。蘇聯感受到威脅，於是在莫斯科主導下，東歐諸國訂定「華沙條約」（Warsaw Pact）的軍事組織，勢所必然。東西軍事對抗儼然成行。

兩極對峙與互不相容的意識形態對立，使得雙方的情報戰不可避免。各方都要避免內部政治與社會遭到顛覆，渴望探悉對方可靠的訊息。二戰結束後不到一年，美國就起用了不少前納粹的情報人員，都是在一九四五年前善於刺探蘇聯的間諜，正好德諜美用。情報固然多來自竊聽政府與駐外使館、海空軍與總部之間來往的無線電通訊，同時也利用高科技偵察，如以U-2偵察飛機深入敵境，高空拍照等，但仍然需要派送間諜，滲透敵營。雙方交換被俘的間諜，也屢見不鮮。兩極世界意識形態的勢不兩立，在美國引發令人矚目的麥卡錫事件。麥卡錫（Joseph McCarthy）是美國國會的參議員，為追查他認為潛伏在美國的間諜，不遺餘力，搞得風聲鶴唳；他得意之餘，甚至信口開河，指控國務院以及華盛頓各級政府充滿潛伏人員。一時之間，滿城風雨，既造成不必要的恐慌，又製造不公不義的後果，有不少美國外交人員失去公職。最後麥卡錫搞得太誇張，美國參議院於一九五四年十二月，以絕大多數票通過譴責他，才終結所謂的「麥卡錫主義」。麥卡錫也於一九五七年死於精神病院，身敗名裂。

美蘇冷戰是全球性的，蘇聯認為人類應從號稱「華爾街」（The Wall Street）的金融街束縛中解脫出來，從資本主義的壓迫下拯救出來；而美國則認為蘇聯將集權體制強加於世界，所以自己有義務把人類從專制獨裁帶向自由民主。意識形態的互嗆，總是覺得自己是對的、對方是錯的、壞的，自己是「警察」而別人是「土匪」，所以警察打土匪，順利成章之事，然此畢竟是虛假的、自以為是的正當性。理解冷戰絕不可低估意識形態的重要性，但更重要的還是出自國家利益的、複雜的、地緣的權力政治。美蘇雙方都有在世界權力版圖上的核心利益，無論美蘇，實際上都不可能一統天下，只能是各自伸張自己的影響力，遏制對方的影響力。華盛頓於一九四七年三月宣布「杜魯門主義」（Truman Doctrine），撥款四億美元，援助希臘和土耳其阻止共產主義革命，即有鑒於蘇聯在歐洲的擴張。共產勢力席捲東歐，直達義大利以東的亞得里亞海（Adriatic Sea），使美國覺得權力失衡，已直接威脅到西歐的安全。杜魯門主義聲稱「支持自由的人民抵抗奴役」，這是口號，針對的是在歐洲的蘇聯勢力。針鋒相對，最具體落實到德國首都柏林。德國於戰後被分割為不同的占領區，到一九四九年已經徹底被一分為二：英、美、法占領區整合為西德，成立「德意志聯邦共和國」（Federal Republic of Germany）；蘇聯占領的東德，成立「德意志民主共和國」（German Democratic Republic）。首都柏林位於東德，距西德有一百一十英里的路程。戰後也由法、英、蘇、俄所組成的「盟國管制理事會」（Allied Control Council）處理占領德國的事務，理事會就設在柏林。開始時委員會一致同意各占領區分管、分治，柏林也分為東、西兩部分。

戰後德國在冷戰氛圍下，以人為的鴻溝分為東西德，敵我分明。然而西柏林卻在東德境內，從西德進入西柏林，如無許可，不異深入敵境。所以西柏林的命運在莫斯科的掌控之下，越境補給很容易被禁，兩百多萬西柏林住民會有斷糧之虞。但英、美、法在冷戰的激蕩下，堅不肯相讓，只有強勢對抗，柏林危機立即成為冷戰的焦點，一旦擦槍走火，極可能爆發大戰。蘇聯在地緣上占有明顯的優勢，西柏林猶如囊中之物，但東西德之間物質環境的差異，使東德人民嚮往西德。借用邱吉爾著名的「鐵幕」之說，柏林是鐵幕的一個缺口，西方的各種訊息很容易經此缺口流入。更值得注意的是，東歐其他地區的人民也可以借道東柏林，跨過街道，宣稱自己是難民，就能湧入西柏林。兩德自一九四九年分治後，到一九六一年東德築牆隔開東、西柏林，東德一千五百萬人口中有二百六十萬人出逃，其中不乏醫生、教師、員警等，造成東德嚴重的人力短缺。當時的蘇聯領導人赫魯雪夫（N. Khrushchev）稱柏林是莫斯科的「鯁喉之骨」（Berlin as a bone in Moscow's throat），增加柏林危機的嚴重性。

美蘇雙方於一九四七年十二月關係惡化之後，史達林於翌年命令退出柏林的盟國管制理事會，並聲稱理事會已不復存在，此後各走各的路。西方三盟邦於一九四八年六月十八日以幣制改革重整西德經濟，有輔助德國復興之意。蘇聯飽受二戰傷亡之痛，極不樂見德國復興，於是迫不及待於當天宣布：西方三國無權再留在柏林，並禁止來往柏林的地面交通，六天之後更切斷西柏林的電流、煤炭、糧食以及其他物資供應，等於封鎖了西柏林。美國國務卿馬歇爾（George Catlett Marshall）於七月六日向蘇聯駐美大使提出抗議，指蘇聯政府公然違背四國共同執行德國占領區的共識。美國占領柏林的權力來自德國無條件的投降，四國分占柏林是國際協定，而此協定賦予自由通往柏林的權利，所以柏林不在蘇聯管轄之內，而是國際共管之地，美國政府不會因威脅、壓力或其他行動，而放棄應有的權利。馬歇爾最後說：美國與英法兩國對二百四十萬名西柏林居民，包括數十萬的婦女與孩子的生計與健康，有人道主義的責任。僵持不下之餘，英美兩國於六月二十一日開始動用空運，日日夜夜由飛機供應必需物品給西柏林的居民。美方為對付蘇聯的封鎖，還派出六十架長程轟炸機飛越大西洋，抵達英倫三島示威。經過幾個月的軍事對峙與外交折衝，對蘇聯感觀不佳，因世人皆見蘇方似要餓死西柏林包括婦孺在內的兩百餘萬人，而同時英美展現實力，空運相當成功，使封鎖無效。於是到一九四九年五月，蘇聯承認封鎖失敗而結束危機。

柏林度過驚險的十一個月危機，西方無可守而能守住，穩住了局勢，否則後果不堪設想。蘇聯在地面上雖有絕對兵力優勢，但美國也有底氣，因其在一九四八年仍是全球獨一無二的核彈擁有國。事實上，華府也派了可載核彈的轟炸機進駐西德與英國，足以威嚇蘇聯優勢的陸軍，抵消了第三次世界大戰的可能性。

但是東、西柏林間的緊張關係，並未完全解除，柏林仍是美蘇衝突的焦點。雙方於一九六〇年五月籌備在巴黎召開高峰會，討論德國與軍控問題時，赫魯雪夫因擊落一架深入蘇境拍攝軍事基地的美國U-2（高空）偵察機，而憤怒取消此會。美國艾森豪總統最初否認此事，然而當莫斯科出示被俘的飛行員時，華盛頓無言以對。於是柏林危機又起，赫魯雪夫於一九六一年六月宣布柏林為「非軍事城市」（demilitarized city），所以自一九四五年二戰結束以來的共同軍事占領，應該「廢除」（null and void.）。就在該月月底，赫魯雪夫與新上任的美國總統甘迺迪（John F. Kennedy）在維也納見面，老練粗曠的赫魯雪夫不把年輕無經驗的甘迺迪放在眼裡，幾近欺淩，令甘迺迪感到震撼，決心重操主動，在一九六一年七月二十五日的演說中向莫斯科傳達了強烈的企圖心，揭露赫魯雪夫的野心，以及透露美國增軍的計畫，並聲稱柏林為展現西方勇氣的城市。

東柏林人自一九四八年以來，習慣於在早晨搭車或步行到西柏林工作，晚上回家。但到一九六一年的夏天，由於情勢緊張，越來越多的人有去無回，其中有不少是受過良好教育的專業人士，大量的人才流失對東德影響非常之大。最後蘇聯與東德政府關閉了東西柏林的邊界，仍然未能阻擋偷渡，冒險越牆者絡繹於途，於是東德政府於八月十三日的清晨，在柏林城的中線，建起鐵絲網，隔絕來往。美國抗議，蘇聯強硬回應，更進一步將暫時的障礙，改建為永久性的高牆。華盛頓於八月十七日提出嚴正抗議，指出此舉悍然違反關於四國在柏林地位的協議，美國不能接受在柏林的自由行動受到限制，指責東德政府築牆是非法的。蘇聯於次日回應，說東德政府是為了防止來自西柏林的滲透，乃東德的內政，反控美國干涉東德內政；並指美國將西柏林變成挑釁東德、蘇聯，以及其他社會主義國家的政治與經濟中心，所以開放通往西德的門戶，等同開放國際罪犯與滲透者入侵，說明了建築高牆隔離的理由。西柏林市府主管則將柏林形容成「前哨城市」，是「刺在東德身上的一把劍」，是「放在社會主義國家中心的一顆最廉價的原子彈」。雙方互相指控，沒完沒了，柏林無疑是冷戰的最前線。美國總統甘迺迪於一九六三年的夏天，在柏林牆的旁邊，向數十萬人演說，極盡煽動之能事，用德語說：「我是柏林人」（Ich bin ein Berliner），群情激昂，有數千人昏倒。事後這位年輕總統還說：當時如果他要求群眾去推倒柏林牆，他們會去做。事實上這是做不到的，只能發洩情緒而已。柏林牆是持久冷戰的象徵，直到蘇聯解體，冷戰結束，高牆才終於倒下。

核武器改變了傳統的戰略觀，蘇聯於一九四九年試爆核彈成功，當雙方都擁有核武器，就大大限制了傳統武器的使用。換言之，擁有核武的大國不再能夠輕易言戰。美國首先成功製造原子彈，其目的是打敗法西斯軸心國家。蘇聯科學家不僅知道原子彈的潛力，而且一直在做這方面的研究。不過，蘇聯並未於事先被美國告知其研究核彈的「曼哈頓計畫」，直到一九四五年七月二十四日杜魯門總統在參加波茨坦會議時才告知史達林，那是第一顆原子彈在新墨西哥州沙漠試爆成功後的第八天。英美並不信任盟國蘇聯，不願共享新武器的秘密，更怕被德國間諜偵知。當杜魯門告訴史達林時，他很驚訝史達林表現得十分冷靜，甚至懷疑是否聽懂他的話。原子彈這麼大的事情，史達林好像沒有當回事，喜怒何必形於色？事實上，「曼哈頓計畫」雖然高度機密，連美國的副總統都不知情，但史達林已從情報部門得知，故作鎮靜而已，後來美國也逮捕到好幾個蘇聯間諜。杜魯門也是繼羅斯福成為總統後，才被告知。杜魯門於一九四五年八月命令投擲兩顆原子彈，選擇的城市是廣島與長崎，迫使日本無條件投降。

第二次世界大戰結束不久，聯合國成立。聯合國大會第一次會議於一九四六年一月在倫敦召開時討論到核武問題，希望不再使用，並成立了「聯合國原子能委員會」（United Nations Atomic Energy Commission）。當時美國提出的解決方案，是成立國際組織，以便控制原子能相關活動；蘇聯不欲美國獨占核武，不同意美國方案，建議全面去核，即所有的核武器都銷毀。兩方的方案都沒能在聯合國通過。核心問題就是：當時蘇聯沒有原子彈，美國獨家擁有核武器，「全面去核」是最高的理想，也是不可能的事。在戰後幾年中，美國獨自擁有原子彈，聯合國成立才半年，美國又在太平洋島上試驗核爆，一顆原子彈以俘虜來的九十五艘德日船隻作為標靶，另一顆在水底爆炸，以觀效果。美國領導人認為這足以使蘇聯讓步，但並無效果。蘇聯政府乃積極研製自己的原子彈，在戰時蘇聯缺少鈾礦，但戰後在東歐可以取得。美國專家預估蘇聯的第一顆原子彈要等到一九五〇年代中期才會製成，然而蘇聯在一九四九年八月二十九日就試爆成功，震驚世界。美蘇兩國政府於是競相提高核武器的數量與品質。不久之後，美國於一九五二年十一月一日，在太平洋島上試爆氫彈成功，蘑菇雲高達二十五英里、寬一百英里，殺死周邊島嶼所有的生物，據說至今仍有後患。帶領氫彈計畫的是匈牙利裔美國核子物理學家泰勒（Edward Teller），成為「氫彈之父」。但不到一年，蘇聯於一九五三年八月從飛機上投下一顆小型的氫彈。美國又於一九五四年的三月一日在太平洋島嶼再度測試氫彈，科學家預估約為五百萬噸黃色炸藥的威力，結果出乎預期，竟達一千四百八十萬噸，使方圓三百英里的居民全暴露在原子輻射之中。大部分的人被撤離，但都已受到輻射之害，一名身在九十英里以外的漁夫，因輻射而死亡。蘇聯於一九五五年十一月二十二日試爆成功貨真價實的氫彈，約有一百六十萬噸黃色炸藥的威力。一九六一年十月三十日，蘇聯爆炸了一顆大約有五千八百萬噸黃色炸藥的氫彈，威力越來越大。由於冷戰雙方都有了核能力，軍備競賽開跑，蘇聯先是緊追，而後欲後來居上。

有了原子彈、氫彈，還需要載具。冷戰之初，主要靠戰略轟炸機。導彈是最有效的核彈載具；導彈更有效是從潛艇發射，因為潛艇行蹤捉摸不定，不似發射基地容易被炸。中程以及遠端導彈，在一九五〇年代已經研發出來，射程越來越遠，最後發展到洲際導彈。蘇聯於一九五七年十月四日成功發射衛星「斯波提尼克」（Sputnik），繞飛地球，證明蘇聯導彈可達到世界任何一個角落。美國急起直追，於一九五八年一月三十一日也成功發射衛星「探索號」（Explorer）；雙方同時也在發展從潛艇發射導彈。到一九六〇年代，三種發射載具，都已具備：戰略轟炸機、洲際導彈、潛射導彈，庶幾有備無患。一九六〇年代初，彈頭、導航、導彈分別試驗，尚不知三合一，不明彈頭如何在地心吸力下、大氣層中或太空中運作。美國甘迺迪總統生怕導彈失控，不願意由洲際導彈來引爆彈頭，最後於一九六二年由潛水艇發射，飛越一千英里，擊中「聖誕島」（Christmas Island）上的目標，但與洲際導彈發射的情況不能同日而語。

核武競賽的結果，若擦槍走火，勢必相互毀滅。早在一九五〇年代結束前，美蘇雙方都具備第二擊的反擊能力，從潛艇反擊，更難防禦，也就是各有能力相互摧毀。雙方既都知道，核襲擊會遭遇到毀滅性報復，就可遏制任何一方發動核攻擊。所以核武器只能威脅無核國家，美國在中國未有核彈前，有好幾次以核武作要脅。但用核之危險，誠如艾森豪總統的國務卿杜勒斯（John Foster Dulles）所說，只能玩戰爭邊緣的遊戲。麥克阿瑟將軍在朝鮮吃了敗仗，想動用原子彈，但被杜魯門與艾森豪阻止。各國擁有的核武數量都是保密的，只能猜測敵方的核武實力。蘇聯還曾經偽裝，故意讓美國航拍，以為蘇聯的轟炸機比預估的多。美國一九六〇年的大選，作為挑戰者的甘迺迪，指美國擁有的導彈與蘇聯有了差距；同時蘇聯政府也會誇大美國核武的實力，作為增強核武庫的藉口。

除了美蘇以外，英、法、中三國在冷戰前期也發展了核武。英國在一九五二年十月三日成為第三個擁有核武的國家，其威力相當於二萬五千噸黃色炸藥。英國與加拿大其實都參與了「曼哈頓計畫」，但美國國會通過的《一九四六年原子能法案》（Atomic Energy Act of 1946），禁止多國合作計畫。美國於戰後不分享核技術，令英國的科學家以及首相邱吉爾都非常生氣。英國遂於一九四七年一月決定自己研發核彈。由於英國的核彈較小，所以在澳洲外海的島上引爆。試爆成功後，邱吉爾決定再試氫彈，於一九五七年十一月成功，能量為一百八十萬噸黃色炸藥。美國國會遂於一九五八年通過《原子能法案修正案》允許合作，於是英美合作項目又重新啟動。在冷戰時期，英國的核威攝主要靠潛艇與可以裝載核彈的飛機，以防禦海空。

法國於一九六〇年二月十三日成為第四個擁有核武的國家，核彈在北非的殖民地阿爾及利亞引爆。法國在戰後就已經計畫進行核武項目，但到一九五〇年代晚期才真正開始。法國於八年之後，試爆氫彈，威力約二百六十萬噸黃色炸藥。此彈引爆之地輻射六年不散，沒有人煙。法國於冷戰時期的核威攝，主要靠「幻影─6」轟炸機與潛艇發射的戰略導彈。

中國於一九六四年十月十五日成為第五個擁有核武的國家，三年後就試爆氫彈成功。中國的第一顆原子彈在羅布泊引爆，羅布泊蒙文為「Lop Nur」，「Nur」是湖的意思。羅布泊是一鹹水湖，位於新疆的東南部，幾已乾涸，遂成為中國原爆的試驗場。中國在五〇年代曾得到蘇聯的幫助，但中蘇交惡後，蘇聯撤走專家與圖紙，中國遂自行研製，於六〇年代初，有了超乎尋常的進展。中國從開始到現在，均聲明不會首先使用核武器，也不會對非核國家使用，其他擁核國家都無此聲明。中國的核威攝，靠轟炸機、東風系列導彈系統，到冷戰後期已有可發射洲際飛彈的核潛艇。

美蘇仍然是最大的核武國家，兩國所擁有核武器不僅足以相互毀滅，而且足可摧毀整個地球多次。換言之，核武競賽沒有贏家。於是冷戰期間的一九七〇到一九八〇年代，兩個超強之間，有一系列的「限制戰略武器談判」（The Strategic Arms Limitation Talks），簡稱SALT，以便遏制核武競賽。談判有兩輪，首輪談判於一九六九年十一月在芬蘭首都赫爾辛基（Helsinki）開鑼，達成《反彈導彈條約》（Anti-Ballistic Missile Treaty）。第二輪的協議在一九七九年達成，但美國參議院因蘇聯入侵阿富汗而不予批准；蘇聯議院也不予通過，以至於到一九八五年十二月三十一日，宣告失效，未再繼續。至於《削減戰略武器條約》（Strategic Arms Reduction Treaties）簡稱START，第一輪於一九九一年簽訂；第二輪在一九九三年簽訂，但美國未曾批准。這兩輪協議提議減少多彈頭能力，以及雙方核武的數量。新條約（New START）於二〇一一年獲批准。聯合國大會也於一九九六年九月十日通過《全面禁止核子試驗條約》（The Comprehensive Nuclear-Test-Ban Treaty），無論軍事或民用目的，都禁止在空間環境中試爆，但至今未真正生效，因有八個國家仍然拒絕批准。美蘇之間為了減縮雙方的中、短程導彈的數量，由美國雷根（Ronald Reagan）總統與蘇聯總書記戈巴契夫（Mikhail Gorbachev）簽訂了《中程導彈條約》（The Intermediate-Range Nuclear Forces Treaty）。美國參議院於一九八八年五月二十七日通過，六月一日生效。此一條約約定銷毀兩國陸基射程從五百到一千公里的短程導彈、巡航導彈，以及射程從一千到五千五百公里的中程導彈，但不包括空中或海上發射的導彈。美國國務院說：到一九九一年五月為止，雙方銷毀了二千六百九十二枚導彈，並將於十年內實地檢查。但是美國川普（Donald Trump）總統於二〇一八年十月二十日指控俄國未遵守條約，單方面宣布退出，引起美俄之間的爭議，還牽涉中國，華府認為此約也應該把中國納入，因為中國也在發展導彈。果然美國於二〇一九年二月一日正式停止執行，翌日俄羅斯跟進不誤。

所謂《不擴散核武器條約》（The Treaty on the Non-Proliferation of Nuclear Weapons）是多國簽署的國際條約，目的是防止核武器與核技術的擴散，促進和平利用核能的合作，以及進一步推進全面解除核武器。該條約是在一九六五—一九六八年，由聯合國主持的十八國裁軍委員會在瑞士的日內瓦商討，於一九六八年開放簽署，兩年後生效。其中規定二十五年之後的一九九五年五月，所有簽署國同意將條約無限期延續。相比其他同性質的條約，參與此一條約的國家要多得多，可見其重要性。到二〇一六年八月，共有一九一個國家加入此約。朝鮮於一九八五年加入，但從未遵守，且於二〇〇三年重啟核反應爐，退出條約。另有四個聯合國會員國沒有接受此條約，其中三國已擁有核武：印度、以色列、巴基斯坦，另一國是二〇一一年才成立的南蘇丹。此條約界定美國、蘇聯（俄羅斯）、英國、法國、中國五國為「核武器擁有國」，即一九六七年一月一日前已經核試爆的國家。另外四國被認為是有核武國：印度、巴基斯坦、朝鮮、以色列（刻意模糊其核武地位）。此一條約很可能有效地阻擋了核擴散，但也有人批評說，並不能完全阻擋，更不能遏止獲致核武的意圖，也不滿意消除核武的進度太慢。五大擁核國大約儲藏了二萬二千顆核子彈頭，當然最多的是俄羅斯與美國，但是核大國之間都沒有放棄核武的意願。有好幾位聯合國高層官員明言，根本無法阻止有心人，從原子爐內提煉原料製造核武。世人仍居住在核彈陰影之下。

第二節　中國在美蘇之間

中國孤軍抗日四年後，因日本偷襲珍珠港，美國才對日宣戰，始感念中國之抗日，結為盟邦，亦因而介入中國內政日深。胡適在戰時曾擔任蔣介石的駐美大使。美日開戰後，白宮於翌年元旦向胡適大使說：「可告知蔣先生，我們歡迎中國為『四強』之一」。殘破的中國忽然之間可以成為世界四強之一，難怪胡適要在四強兩字上面加個引號。原因無他，羅斯福見及四億人口大國的潛力，對中國艱苦抗戰的同情，以及宋美齡訪美的熱潮，為他的中國政策提供了民意基礎。羅斯福自有其盤算，他希望戰後將強大而親美的中國納入他的勢力範圍，還是為了美國長遠的利益。所以經援、軍援飛越駝峰，源源而來，使蔣介石覺得有了強大的盟友，勝利在望。

蔣介石更感高興的是被邀請出席開羅會議，落實中國的四強地位，以巨頭之一的身分，參加歷史性的高峰會議。顧維鈞（北洋時期著名外交官）直說：這一切「實有賴於羅斯福」。羅斯福於一九四三年已在籌畫戰後的世界新秩序，他希望出現一個強大而又親美的中國，既可填補日本敗亡後東亞權力的空白，又可平衡蘇聯在東亞的勢力，故不理會英蘇的阻梗，一意要提升中國的國際地位。由於羅斯福的堅持，蔣介石才得以赴開羅開會，與英美元首平起平坐，商討共同戰略以及戰後的善後問題。蔣介石、宋美齡率領中國代表團於一九四三年十一月二十一日星期天抵達開羅。羅斯福為了提高中國的地位，對蔣介石備極禮遇。會後發布《開羅宣言》，中國收回東北、台澎等失地。羅斯福還要「以越南、琉球相慫恿」，蔣竟然「皆婉避不遑」。蔣介石回到重慶，他的幕僚唐縱說：「此行結果甚為圓滿」，觀察到「委座精神奕奕，毫無風塵倦容」。蔣介石從開羅回來，春風得意。然而「趙孟能貴之，趙孟亦能賤之」。梁敬錞寫《開羅會議》一書，透露了體面表象內的委曲。梁敬錞將盟邦的背諾，以及不以平等相待，歸罪於馬歇爾、史迪威（Joseph Stilwell）等人扯後腿與搞鬼。其實，美國官員一旦接觸蔣介石政府，即感到「腐敗與無效率」，既不管老百姓的死活，又無軍事眼光，抗敵效果甚微。但是羅斯福對他的兒子說：「蔣儘管缺點很多，我們還得靠他」。據此也可以看出，美中兩國政府已有嫌隙。美國援助中國抗日，蔣介石需索無度，令美國人厭惡。蔣氏夫婦早於一九四二年取得五億美元的貸款，開羅會議上又要再借十億，美國財政部長摩根索在私下大發脾氣說：「他們簡直是一群可惡的騙子」（They are just a bunch of damn crooks）！不願向國會再要一分錢。蔣氏夫婦不知被羞辱，居然以不派雲南遠征軍赴緬甸、不修轟炸機機場，甚至以半年內會垮臺相要脅。中國原本為自己的生存而戰，若於此時違約與日本媾和，並無好處。當時美軍在太平洋上逐島躍進，頗為成功，不在中國建機場，也可在靠近日本的海島上建。由美國裝備的中國遠征軍雖不肯入緬作戰，但在美國三令五申，以停撥租界物資相迫下，只好就範，又如何企盼平等相待呢？開羅會議後，美國在太平洋節節勝利，而中國戰場無多起色，羅斯福冀望於蔣的，不過是拖住侵華的日軍而已。當美國發現中國有潰敗的可能，不惜干涉中國內政，逼蔣軍事改革，以便有效作戰。蔣死不相從，他的考慮不是維護中國主權，而是美國的干涉會動搖他控制軍隊的能力。蔣既倚靠財大氣粗的美國人，如不言聽計從，必然被羞辱，唾面自乾。

英國自十九世紀以來即是在華擁有最多利益、勢力範圍最大的國家，然自珍珠港事變之後，蔣介石與美國建立密切關係後，對英國已不在意，甚至想給英帝眼色看看。例如蔣介石與宋美齡於一九四二年一月五日至二十一日訪問印度，表示同情印度獨立，就是向英國示強，挑戰大英帝國。重慶有關印度的報導，尤其表現出一種反英的姿態。蔣廷黻曾提醒蔣介石：我們實際能夠做到的，才是真正能夠幫助印度的。言下之意，沒有必要得罪英國。然而蔣介石不僅親訪印度，而且不顧英政府的反對，堅持會晤當時反英領袖甘地，當然會搞壞中英關係，也更靠向美國。

羅斯福為了美國的利益，使中國於戰後成為親美而民主的盟友，但由於對蔣介石的失望，不免輕視中國戰場的重要性。戰時美國對華的近程政策，是增強中國的抗戰力量，至少不至於潰敗；遠端則是使其成為強大而親美的民主中國。美國是民主國的盟主，故民主亦可為親美的代名詞。當時中國的中央與地方有矛盾，尤其是國共之間的矛盾，解決矛盾，才能團結，才能避免美國國務卿伯恩斯（James F. Byrnes）所謂的「兄弟鬩牆之爭」，才能於打敗日本後，成為現代國家。美國希望中國強大，因為中國非強大，不足以成為日本敗亡後，東亞的穩定力量。羅斯福以四強名義相授，是給積弱的中國打強心針。羅、杜兩總統先後派遣居里（Lauchlin Curie）、威爾基（Wendell Lenis Willkie）、華萊士（Henry Agard Wallace）、赫爾利（Patrick Hurley）、馬歇爾等特使來華，都直接、間接與執行此一近、遠程政策有關。以近程言，為扭轉中國戰場的劣勢，美國想武裝八路軍，增強中國抗日力量。當時美軍原有在中國沿海登陸的計畫，因為當時中國的半壁江山，特別是東南沿岸，仍然在日本的占領之下，需要所有中國軍隊的配合。以遠端言，按美國人的觀點，中國要民主團結，必須要容納包括中國共產黨在內的各黨各派。美國人固然全力支持蔣介石政府，但也不喜歡蔣介石獨裁。於是美國於戰後介入中國內政，一發而不可收拾。

蔣介石不願意美國與延安有任何接觸，向美國人力言共產國際的陰謀，但美國政府的情報確認史達林與毛澤東之間的關係並不密切。美國國務卿伯恩斯與赫爾利在與史達林等蘇聯領導人的接觸中，也體會到蘇聯共產黨對中共的輕蔑與不在乎。當時在重慶的美國使館外交人員，也多認為毛澤東是土地改革者，事實是中共並非蘇聯的「第五縱隊」，而是中國內部的一股力量，並贏得不少民主人士的認同。既然中共是中國國內力量，從美國人的觀點看，非團結不足以言民主。更重要的是，不團結中共，中國內戰勢不可免；內戰一打起來，民主統一的中國何從談起，甚至會造成亞洲的動盪，威脅到世界和平，不符合美國的利益。所以國共和談的始作俑者是美國人。早在一九四二年七月二十一日，羅斯福就派其代表居里到重慶停留十六天，與蔣談話十四次，敦促蔣對共產黨儘量優容。開羅會議之後，羅斯福又派副總統華萊士來華，任務也包括勸蔣與中共談判。從一九四四年六月二十一日至二十四日，華萊士與蔣長談四次。蔣雖極力詆毀中共，仍無法阻止美國軍事觀察團訪問延安。不久，羅斯福又派赫爾利以總統代表的身分來華。此人雖知美國對華政策，但對中國的情況一知半解，所以一意偏袒蔣介石，要為蔣建立軍政統一的有效政府。他於一九四四年十一月七日飛往延安，促進國共軍事力量統一。毛澤東要求先分享美援，赫爾利認為可以，並相信蔣介石會接受此議。周恩來乃應赫氏之邀同返重慶，做進一步的商談。赫爾利希望能促成國共和談，但蔣不同意聯合政府，而是要中共投降，與赫、毛在延安所談相差甚遠。周恩來致函赫爾利，重申取消一黨專政、重申民主聯合政府之主張，蔣介石則以籌組容納中共的戰時內閣作為回應。赫爾利支持蔣氏主張，贊成中共交出武力，然後到蔣政府去做官，但中共不可能參加蔣介石的政府。國共在抗戰期間雖然合作，但中共仍然未獲得合法地位，共產黨參加國民參政會是以「文化團體」的名義出席。赫爾利於一九四四年十一月出任駐華大使，成為蔣介石的護航員，他以為蔣會走民主之路，中共可被迫與蔣合作。赫大使囿於所見，無視各黨派組聯合政府的主張，贊同蔣所召集的國民大會，並附和蔣要求中共交出軍隊與地方政權，以換取合法地位。赫爾利以為蔣召開國民大會，便可以民主統一了。結果他擁蔣反共的立場，被毛澤東指為鼓勵蔣打內戰。美國遂決定扶蔣，打消軍援中共之初衷。蘇聯的史達林也向美國保證不支持中共，甚至向美國人說延安中共並非真正的共產黨，也不認為毛澤東有能力奪取政權；即使蔣要吃掉延安，他也不在乎，更讚賞蔣是「大公無私的愛國者」。史達林顯然完全贊同美方的扶蔣政策，故而赫爾利向杜魯門總統說：「史達林無條件同意美國對華政策」。赫於一九四五年四月二十四日返回重慶後，深信可以逼中共就範，統一於蔣領導的國民政府之下。但是毛澤東公開反對美國的扶蔣反共政策，蔣遂於七月二十一日向陝甘寧邊區發起攻擊，威脅延安。美國不願見日本投降之前國共起軍事衝突，立即加以制止。

重慶在八月十日已有聞日本即將無條件投降的消息，隨即發生如何接收淪陷區與繳械日軍的問題。蔣即以統帥名義，命令共軍駐防待命，不准擅自行動。當日本於一九四五年八月十五日正式宣告無條件投降，蔣憂多於喜，因為他感到「第三國際政策未敗，共匪未清」，但當時國內外情勢不允許他立即發動內戰。不過，美國扶蔣態度已經明朗，中華民國政府與蘇聯政府於八月十四日也已經談妥《中蘇同盟友好條約》，中方允許外蒙古由投票決定獨立。史達林已公開訣蔣抑毛。延安在國內遭到圍困，在國際上更形孤立。蔣在此有利的情況下急電延安，邀請毛澤東惠臨陪都重慶，共商國事，想要迫使毛澤東就範。蔣於八月二十日再度發電報給毛勸駕，毛遂於二十二日覆電，謂先派周恩來前來接洽。蔣怕毛推託，於接此電報後翌日第三度電邀。毛遂由赫爾利陪同於一九四五年八月二十八日下午，從延安飛到重慶。毛來渝前的正午，蔣才集會商討方針，他一貫堅持統一軍令與政令的原則，也就是要中共交出軍隊與政權，組織聯合政府根本不在他的考慮之內。毛在重慶四十餘日，蔣毛會談只有五次。蔣氏夫婦以茶會招待蘇聯大使彼得羅夫（Apcllon Aleksandrovitch Petrov）時，請毛作陪；又邀請毛與美國大使一起吃午飯，意在向毛展示，他有美蘇兩大國的支持。蔣介石在「統一軍令、政令」的底線下，根本不允許解放區與八路軍的存在，也不會同意重起爐灶，組織聯合政府。在此情形下，毛只同意縮編若干軍隊，退出若干解放區，使蔣「腦筋深受刺激」。蔣以為搞定美蘇，可令孤立無援的毛澤東屈服，結果大出意料之外。同樣也出乎美國人的意料，還誤以為史達林與毛澤東有默契。其實史達林得到滿蒙利益後，很願幫蔣的忙，只是對在華的美軍感到疑慮。史達林對毛冷淡，也不看好毛。《史達林政治傳記》的作者以撒．多依徹（Isaac Deutscher）提到，史達林直到一九四八年仍要求毛與蔣謀和，認為與蔣開戰是「不現實而魯莽的」，而且懷疑共產主義在中國有任何機會。直到毛勝蔣敗後，史達林才向南斯拉夫外長卡代爾（Edvard Kardelj）承認其判斷的錯誤。

中美關係最戲劇化的摩擦，莫如史迪威事件。日軍偷襲珍珠港之後，羅斯福電告蔣介石籌組中國戰場，並以蔣為該戰場最高統帥。蔣於一九四二年一月二日去電接受，並請推薦一位高級將領為其參謀長。美國派來的是史迪威，他曾於一九二〇、一九三〇年代，在平津居住過十餘年，當過駐華武官，能通華語，為美軍將星中罕見的「中國通」。不過，史迪威不僅僅是蔣的參謀長，還是美軍司令、美國總統的軍事代表、甚至是美國對華租借物資的調配人，其所有任務的唯一目的就是助華抗日。

美國歷史學家塔克曼（Barbara Wertheim Tuchman）寫了一本《史迪威與美國的中國經驗》（Seiluell and the American Enperience in China, 1911-45），書裡面對蔣介石頗有批評，所以蔣介石邀請梁敬錞到台灣，並提供大溪檔案，寫了一本《史迪威事件》，提出蔣介石方面的看法，認為問題在於史迪威身兼多職。蔣的參謀長卻不一定聽命於蔣，以致蔣怪罪宋子文沒有把史迪威職務的定位，搞得很清楚。其實當時的中美關係，本就不可能是平等的。更使蔣氣憤的是，史毫不含糊要來幫助蔣整頓軍隊以加強作戰能力。按照美國人的邏輯，要打贏日本，軍隊一定要加強整頓。蔣不能接受，因為如照老美的方法整頓，他一手經營的、效忠個人的封建關係，便會被整頓掉。史想要從蔣之軍令系統入手，甚至要改造國防部，蔣介石當然吃不消。更使蔣介石難堪的是，史迪威還有調配租借物資之權。美國對其他盟邦如英國與蘇聯的支援物資，分別由元首邱吉爾、史達林來調配，唯有中國由史迪威調配，而史又不唯蔣命是從。蔣提出要由他自己來調配，未被允准，可見羅斯福並不完全信任蔣介石。蔣的幕僚唐縱曾透露，蔣為此曾向宋子文大發脾氣，甚至摔破飯碗。蔣介石終於知道史迪威要比北伐時候，共產國際派來的鮑羅廷（Mikhail Borodin），難纏得多。史迪威的個性，原本粗魯率真，不是搞外交的材料。他瞧不起蔣，以「花生米」（peanut）來稱呼蔣介石，並以強渡關山的方式，來逼蔣就範。所謂「強渡關山」，就是不顧蔣的臉面，用一種很強勢的方式要求蔣介石接受他的意見。蔣受不了，曾三度要求換掉史迪威，皆因顧忌後果而擱置，因他怕得罪不起羅斯福。蔣在一九四二年八月七日的日記裡坦白承認：「若始終強硬，則對羅斯福總統輔助中國為四強之一政策有所背棄，是於吾為最不利」。事實上，史迪威所作所為不可能是依據他自己的意志，而是白宮的政策。最令蔣介石生氣的是，史迪威為了加強抗戰力度，建議武裝陝北共軍。蔣想要在史迪威頭上套親共的「紅帽子」，是沒有意義的，因為當時共同的敵人是入侵的日軍，而蔣卻在抗戰期間封鎖共區，無論如何說不過去。蔣對封鎖問題，初不肯承認，然事實難以掩飾。蔣介石不讓美國人去延安，也說不出好的理由，結果也阻擋不了。史迪威並不是親共派，只是促蔣與中共合作，共同抗日而已。他計畫裝備中共部隊，以便出兵山西、河南，牽制日軍，減輕平漢鐵路的壓力。史更迫蔣軍事改革，增強抗日實力，用心雖無可厚非，但蔣卻感其居心叵測。

盟軍在亞洲對日作戰，共分四個戰區：美國尼米茲海軍元帥（Chester William Nimitz）的中太平洋戰區、麥帥的西南太平洋戰區、英國蒙巴頓將軍（L. Louis Mountbatten）的東南亞戰區，以及蔣介石的中國戰區。從地緣來說，蒙巴頓與蔣介石最宜並肩作戰，但因缺乏互信，談不上密切的合作，反而常有爭論。蒙巴頓對蔣介石的印象很差，認為蔣委員長永遠是一個問題，抱怨說：「他不會說英語，他不重視英國的作戰能力，他對軍事後勤沒有概念。他真正要我們做的，只是幫他守住運輸通道，以便將美援物資源源送到中國，而這主要是政治問題。可能是我主持東南亞戰區所遇到的最頭痛的問題」。史迪威對蔣的評價也越來越差。日軍於一九四四年，發動規模極大的「一號作戰」，集中駐華日軍主力，從東北到越南全線出擊，想要打通平漢、粵漢、湘桂等鐵路，直取長沙、衡陽，進窺桂林、柳州，中國戰場有崩潰的危險。羅斯福憂慮之餘，於七月六日發電，請蔣介石委任史迪威統帥中國軍隊，以挽救危局。電文中說：「予覺中國已瀕危地，如不能立施激烈敏捷之補救，則吾人之共同目的，勢將受到挫折之危險」。羅斯福顯然質疑蔣有指揮軍事的能力。蔣介石不敢一口拒絕，回電表示「原則贊成」，但說中國情況複雜，需要有準備的時間，另外希望派一位政治代表，來調整他與史迪威之間的關係，話裡話外透露他與史迪威之間的矛盾。羅斯福當天就回覆，再度敦促蔣「將史迪威統率華軍案，迅付實施」，並認為史所統率的中國軍隊不應排除共軍，說「拒絕支持任何殺日本人者，是不恰當的」。蔣對此嚴厲指令，感到碰到了「最難堪、最難處之問題」，於是對史迪威愈加忌憚。同年六月底，美國副總統華萊士到重慶，蔣向他抱怨史迪威的「不合作態度」，以及史的判斷不可信任。華萊士隨即向羅斯福報告。羅斯福於九月六日另派赫爾利來華，仍然要求「史迪威在中國戰場如艾森豪之在歐洲」。換言之，美國將軍艾森豪可以在歐洲當盟軍統帥，為什麼美國將軍史迪威不能在中國當盟軍統帥？蔣初不同意，「但終非同意不可」，感到十分狼狽。他的幕僚唐縱注意到「史迪威為中國戰場總司令，這已成為無可避免之事實」，更憂慮「史迪威有權指揮中共部隊，也有權接濟中共部隊械彈藥品」，擔心因此更加壯大了共軍。唐縱還透露，蔣對美國人的壓迫「極為焦慮」，向陳布雷說：「美國是否有意迫本人下臺？」又憤然說：「我何愛乎四強？」蔣介石氣得甚至不要四強的地位了。

蔣介石雖然「非同意不可」，但仍想討價還價，諸如提出限制共軍、掌握租借物資，以及以陳納德接替史迪威等要求，但均未得逞，難怪他懊喪至極。日軍的「一號作戰」於九月間進入第二階段，以奪取美國在桂林、柳州的空軍基地為目標，同時向怒江方面增強壓力。在此緊急情況下，蔣仍不肯調動圍堵共區的胡宗南精銳之師，南下赴援，反而要將雲南遠征軍從緬甸調回雲南。羅斯福得報後，發了一封極為侮慢的電報給蔣，無異是最後通牒。羅斯福說：他最近閱覽中國局勢的報告，跟他的高級參謀交換了意見，怕蔣介石馬上要面臨非常危險的局面。電報大意如下：中國的遠征軍越過怒江，對於緬北的戰事很重要，但我相信軍隊如果得不到補充與援助，直接幫助滇緬公路開放，以極大的犧牲換得勝利，將一無所有。更進一步說，軍隊渡過怒江之後，按兵不動，或按你提議撤回，正好中了日軍的詭計。日軍在中國東部加緊佯攻，誘使你產生遲疑。日軍也知道你會繼續進攻，與蒙巴頓將軍最近即將發動的攻勢互相呼應。中國的陸上的滇緬公路可望於一九四五年初開放。中國繼續抗戰，你的控制權才可以更加確定。假如你不立即補充緬北的部隊，或者不派生力軍援助怒江方面的中國軍隊，那麼美國就沒有辦法繼續接濟，還會直接危害空運途徑。如果到這個地步，你必須準備接受很糟糕的結果，而且負擔全部責任。幾個月之前，我曾經要求你採取斷然步驟來消除你和中國越來越危險的局面。現在因為你延擱委派史迪威將軍指揮中國全部軍隊，導致中國東南部的重要土地喪失，影響很大，這不是我們能想像的。日本軍隊攻陷桂林之後，我們在昆明的空軍站會直接受到威脅。而中印空運的噸數也會大量減少。在世界各個前線的盟軍，雖然已經每戰必克，對中國有直接的影響還需要一些時間才能實現。我和邱吉爾在魁北克會議中，因為深信你能在怒江方面推進，所以決定加緊作戰，來開放對華接濟之路線。所以我深信唯一破壞日軍對華計畫的方法，就是你立即補充怒江方面的部隊，並加緊推進，同時必須立即委任史迪威將軍，同時授以全權，來指揮中國的全部軍隊。假如這個步驟能實現，將能增加美國援華之決心。假如你不把指揮權給史迪威，美國將不會增加援助。我們雖在歐洲及太平洋面同時作戰，但對援助中國也時時刻刻在進行。我相信以閣下的聰明，當答應採取我所要求的行動，立即實施當做的步驟。我與我的高級官員都認為，吾人對閣下以及援助中國所有的計畫，如再延擱或猶豫，便將完全消失。

這份電報是一九四四年九月十八日發出的，署名就是羅斯福。語氣之侮慢，無異上級對下級的訓斥。更糟糕的是，羅斯福的電報由史迪威轉交，令蔣更加難堪。塔克曼也認為這封電報透露白人的優越感，她懷疑羅斯福會以這種語氣對待歐洲國家的元首，當然不會。史迪威於九月十九日前往蔣氏寓所，在場的赫爾利勸史迪威僅述大意即可，但史正欲出氣，哪肯甘休，直將電報面呈。蔣介石受辱後一聲不響，只在當天的日記中記道：「此實為余平生最大之恥辱也」。史迪威對蔣之無聲反應，感到出乎意料，不過仍感興奮，說：「過江時，喜見重慶燈火輝煌」。

此一侮慢事件反而給蔣提供藉口，使他硬下心來，決心要求羅斯福撤銷史迪威在中國戰區及中美聯軍的統帥職務，另派高明，並請赫爾利轉達。蔣介石於九月二十五日要求撤換史迪威後，一直沒有收到回覆，使他大傷腦筋，十分苦悶。蔣又在國民黨中央常務委員會上表示，「如羅斯福不贊成，即決裂亦在所不惜」。所謂「在所不惜」，不知到底為國，還是為他自己？所幸終於在十月十九日得到羅斯福的覆電，同意調回史迪威。蔣得意地說：「中美嚴重之局面算已解除」，認為是「我中國解放之始也」。其實羅斯福久經考慮後，為了顧及大局，順了蔣的意，但中國為此付出了慘重的代價。羅斯福堅持要史迪威當中國戰場的統帥，是希望中國戰場有所作為，事既不成，他只好求助於史達林出兵東亞，種下雅爾達密約，導致中國喪失滿蒙利益的惡果。

羅斯福起初不願再派別人，因為蔣與史迪威相處不好，與別人也不可能相處好。然經蔣一再懇請，最後派去魏德邁（Albert C. Wedemeyer），但不再認領統率中國軍隊的責任。中國戰場的情況繼續惡化，羅斯福由輕視更轉為鄙視。羅斯福、邱吉爾二人於一九四五年二月在雅爾達秘密允諾史達林以旅大權益，答應恢復蘇聯在中國東北的鐵路權益、歸還南庫頁島等。就是為了請求史達林於德國戰敗後二至三個月內出兵遠東，因為對中國戰力的失望與對蔣之鄙視。如果珍珠港事變之後，國軍再能像「八一三」、台兒莊那樣，打幾個硬仗，能與中共真正合作，擴大像平型關那樣的戰果，則中國戰後地位必將大大提高。古人有言，人必自侮而後人侮之。我們常說雅爾達密約出賣了中國，但追根究源，蔣介石的不作為與意氣用事，出賣了中國的利益。

美國儘管支持蔣介石統一中國，但旁觀者清，已看到蔣不可能解決共軍問題，而毛澤東對美軍助蔣也提出抗議，史達林更要求美國自華撤兵，杜魯門只有設法使國共回到談判桌上來，於是出馬仲裁，並打出王牌，特命聲望極高的馬歇爾將軍（General George Marshall）以總統特使顯赫的身分，赴華調解國共爭端。美國派出這樣一號人物來做調人，可見對國共問題的重視，以及維護美國在華利益之心切。馬歇爾於一九四五年底飛抵重慶，隨行的不僅是馬氏個人的聲望，還有「胡蘿蔔加大棒」（carrot and stick），如果聽話，不打內戰，和平建設，美國將提供大量經援與軍援；若不聽話，則停止一切援助。馬歇爾不可能贊同蔣之個人獨裁和一黨專政，而認為民主的聯合政府，乃理所當然之事。蔣沒有拒絕馬歇爾調停的理由，他唯有指控中共乃蘇聯之附庸，以迎合美方的反共心態。不過，美方認為若國共不能合作，內戰消耗反而更難遏制蘇聯在東亞的影響。馬歇爾與國民黨代表張群、共產黨代表周恩來組成三人小組，經過六次會議，於一九四六年一月十日獲致停戰協議，於十四日零時生效。同一天，政治協商會議終於在國民政府大禮堂召開。除國共兩黨之外，還有青年黨、民主同盟代表和社會賢達出席。政協到月底才閉幕，中共在民主黨派與自由分子的支持與合作下，頗占上風。會議通過五項決議，確定政府改組，結束一黨專政。蔣介石宣稱將接受政協的決定，甚至說要由各黨各派共同來負責「建國的重擔」。話說到這裡，很難懷疑他的真誠，以為內戰可免、民主在望。但話裡有話，他仍然要求軍令與政令必須統一，也就是說中共如不交出軍權與政權，則是「假民主」，一切免談。事實上，國共兩黨都是各自擁有武裝軍隊的政黨，才會有內戰的危險，蔣要以和談來解除另外一方的武裝，哪有可能？所以蔣雖尊重政協的決議，但絕不肯付諸實施。蔣介石仍然想要以武力屈服中共。於是特務開始騷擾政協代表，到政協鬧場，造成流血的暴力事件。其實蔣早有「對民主同盟為共黨做鷹犬，應予膺懲」的指示，特務奉命辦事而已。特務蠻幹終於出了大事，出席政協的代表被特務脅迫，甚至被謀殺。就在一九四六年七月十一日，於政協開會期間被特務打破頭的李公樸，在昆明被暗殺；四天後，著名的聞一多教授在參加李公樸追悼會後，也被槍殺，成為震動中外的重大政治謀殺事件。蔣介石想要把此案作為懸案，或找中下級軍官作替罪羊，並不成功，因證據歷歷，所有證據指向蔣的特務。美國對此血案反應強烈，杜魯門總統於八月十日寫了一封措辭極為嚴峻的信，由中國大使館立即轉送蔣介石，其中特別提到：「最近昆明發生暗殺中國著名自由主義者事件，不容忽視，這些殘暴的謀殺事件不論其責任誰屬，其結果已使美國注視中國局勢，且日益認為中國當局只圖以軍隊或秘密警察暴力解決重大社會問題，而不採取民主手段」。馬歇爾亦曾於有人在場時，當面向蔣介石提及李聞兩教授被刺事件，令蔣十分難堪。

聯合政府是戰後國共和談的基礎，基礎若不存在，國共停戰不能持久。當國共在東北兵戎相見後，遂一發不可收拾。蘇聯軍隊進據東北後，先是阻止中共接收日本軍隊，然而由於蔣介石的過度親美，以及美軍出現在華北，史達林曾要求美蘇兩軍同時撤出未果，蘇軍遂延遲撤兵，且不再阻止新四軍與八路軍發展。蘇軍於一九四六年四月十四日撤出長春，三萬中共軍隊隨即進入，逼已投降國民黨的偽滿軍隊退出。蔣遂以此為理由，密令徐永昌進擊中共部隊。此時雖距公開內戰還有好幾個月，但停戰變成斷斷續續的休戰。蔣於五月十九日開始在東北發動攻擊，馬歇爾要求蔣下停戰令以免事態擴大，蔣以視察東北為名而拖延，想一舉奪取長春後再說。蔣於六月五日回到南京，馬歇爾立即要求蔣宣布停戰以便和談，而蔣僅允休戰十日，說等待所有條件談妥後再正式停戰。馬要求無限期停戰，但蔣僅略做讓步，允許多休戰五天。當休戰期限將滿，在各方壓力下，蔣再延八天。中共多少做了讓步，但蔣又提出蘇北地方政權問題，要共軍全部從蘇北撤走，完全由國民黨接收，中共只答應政府改組之後，由新政府來接收。六月二十九日是休戰期滿前夕，雖經馬歇爾苦心勸說，蔣仍不肯接受馬氏的解決方案，簽字停戰，也不願宣布談判破裂，繼續談了十天仍無結果。蔣借此下令開火，並立即登上廬山躲避馬歇爾。馬歇爾於七月十四日追上廬山，此後飛來飛去，到九月一日為止，一共九上廬山，一再向蔣進言停戰。蔣於八月十一日提出五項要求回應，要求中共自蘇北、皖北、熱河朝陽、膠濟鐵路、晉魯各地、興安省全線撤退，黑龍江、吉林兩省撤出一半。中共要求停戰後才能談，到九月底，蔣終於答應停戰。馬歇爾正感高興，蔣軍此時卻正進攻張家口，中共抗議，若不立刻停止，和談全面破裂，責任全由國民黨來負擔。而蔣於十月二日又提出有關國府委員名額與駐軍地點兩點聲明。中共的要求是不能進攻張家口，因為張家口是當時中共的軍事要地；也不能召開國民大會，因為國民代表都是戰前選的，只是國民黨代表。蔣介石回應的兩點聲明是：中共撤出張家口，召開國民大會。這兩點連馬歇爾都感到不妥，要求見蔣，蔣又避而不見。馬將這兩點聲明交給周恩來後，才得與蔣見面，此時馬感到有損美國信譽，甚是惱怒，想請杜魯門把自己召回。最後馬歇爾與駐華大使司徒雷登（John Leighton Stuart）於十月六日和蔣談了八個鐘頭，蔣僅僅答應停戰十日。周恩來見到蔣之兩點聲明，已不高興，當知道馬歇爾要求於停戰的十日內實行，更感有助蔣為虐之嫌，遂於十月九日給馬歇爾寫了一份備忘錄，說明不能接受蔣的兩項要求，責怪馬陰助蔣介石，沒有和平的誠意。馬歇爾辛苦一場，結果是兩面不是人，大發雷霆，氣得發抖。國民黨軍隊於十月十一日攻克張家口，蔣得此捷報，更不顧中共的反對以及政協決議，遂於十一月十五日召開國民大會。國共之外的自由派人士雖想做最後努力，但蔣接見中間派人士後，立即飛往台灣。當國軍於二十五日拿下安東，蔣已決定大打出手了。

馬歇爾以其聲望調停失敗，當然耿耿於懷，對蔣一意想用武力解決，感到非常憤怒。黃炎培曾於一九四七年的元旦，寫了一首七言絕句：「去年一月政協開，今年決議燒作灰；借問將軍馬歇爾，將軍端為何事來？」很可表達馬歇爾的落寞心情。馬歇爾雖大力促成政協完成自由民主的決議，但不能使決議落實，他譴責國共雙方的「極端派」（extremist elements）破壞了和平，不過是外交辭令。蔣決心要「消滅共匪」，原無意要和，只是逼於情勢，不得不接受馬歇爾的調停，卻又厭馬阻擋他剿匪。令人不禁啟疑的是，美國以當時的軍經實力、馬歇爾的聲望，何以不能使蔣介石就範，阻止國共內戰？主要由於冷戰形勢已成，蔣知道美國別無選擇，不可能放棄他，也不會斷絕軍援與經援，更因反共的「麥卡錫主義」（McCarthyism）在美國興起，親蔣的「中國遊說團」（The China Lobby）在華府實力強勁，蔣乃有恃無恐，足以敷衍馬歇爾，使和談失敗。馬歇爾離華前，曾於一九四六年十二月一日面見蔣介石，警告內戰將導致整個經濟崩潰，絕不可忽視中共的力量。但蔣不同意馬之悲觀看法，認為中共在他的攻勢下，不可能維持八到十個月。一周之後，蔣又向美國駐華大使司徒雷登說：即使沒有美援，他亦能在十個月內消滅中共。

杜魯門派出王牌馬歇爾來華調停，結果無功而返，他承認和談的失敗，國民黨要負的責任多於共產黨。蔣介石總以為馬歇爾在幫共產黨的忙，其實美國人是要幫蔣介石的忙，希望中國能統一於蔣的領導之下。因為幫蔣介石的忙，也是幫美國自己的忙，一個親美的中國政府，符合美國在亞洲的戰略利益，和平穩定的中國則符合美國的商業利益。戰後美國經濟獨霸全球，產品一度占世界總額的六成，中國不僅是廣大的潛在市場，也是主要的原料供應國。無奈蔣介石甚是頑固，堅持己見，而又無判斷能力，搞到大敗虧輸，也使美國「失去中國」（Loss of China）。只是美國從來沒有擁有過中國，談何失去？所以「失去中國」只是在美國政壇爭論的一個偽命題。

杜魯門與馬歇爾對蔣介石的鄙夷與憎恨，更有甚於羅斯福。馬歇爾是一名正直的軍人，不苟言笑，不會出言不遜，而杜魯門是出身小鎮的政客，口不擇言，國罵隨心口出。杜魯門退休之後，有人替他做口述歷史，當時他雖已年逾七十，但提到蔣介石仍然火氣甚大，氣憤溢於言表。他說經過一段時間之後，才發現包括蔣氏夫婦在內的孔宋家族，盜取了美國對華援助三十五億美元中的七點五億美元，將之投資於巴西聖保羅和紐約的地產，以及用於親蔣的「中國遊說團」。杜魯門毫不留情說：蔣、宋、孔「他們都是小偷，他們之中每一個都是賊」。於此可見，蔣介石在杜魯門心目中，是如何被鄙視。杜魯門和馬歇爾雖早就不喜歡蔣介石，但他們的問題是別無選擇，從美國的利益著眼，他們更不喜歡毛澤東。美國人雖在延安沒有看到蘇聯顧問及任何蘇式裝備，也深知史達林是為著蘇聯的利益，但毛畢竟是共產黨人，毛的勝利仍然是國際共產主義的勝利，在冷戰已漸成氣候之時，美國是難以接受的。更何況杜魯門必須承擔國內右派勢力的壓力，而蔣介石在美國有的是右派朋友，如創辦《時代週刊》、《財富》、《生活》三大雜誌的出版商魯斯（Henry Robinson Luce）就是最忠實的擁蔣派。通過他的反共信念以及「中國遊說團」的組織，使美國國內形成一股強大的親蔣力量。親蔣與親華本來是兩碼事，但當時一般美國公眾往往把蔣介石當作中國。羅斯福的親信霍普金斯（Harry Hopkins）就曾說過：「委員長好像是唯一的中國人，像美國公眾那般誤以為蔣介石就是中國」。尤其是美國右翼政客，把「扶蔣」與「反共」視為一體，以「批蔣」與「媚共」為同義詞。因而若干在重慶的美國外交人員，因批評蔣介石，在「麥卡錫時代」被戴上「紅帽子」，而遭清算，也就不足為奇了。

美國在反共與冷戰的氛圍下，除了公眾，官方特別是外交與軍事部門，都主張「助蔣滅共」，幾乎一致認為蔣介石的垮臺、毛澤東的勝利將導致蘇聯控制中國，威脅到美國在亞太的利益。美國駐東亞的第七艦隊司令庫克（Admiral Charles M. Cooke Jr.）強調美國在華軍事基地的重要性，特別是青島海軍基地，認為一旦失去，將有災難性的後果，於馬歇爾在華調停期間，曾主張訓練中國陸戰隊，以減少美國駐華陸戰隊的兵力，雖未被馬歇爾所接受，但他仍建議要憑美國的海軍來支持國民黨，明言「除非美國幫忙，中國將淪入共產黨之手」（Unless the United States prevented it, China would fall to the Communists.）。美國國務院上下以及駐華大使司徒雷登，大都採取扶蔣、援蔣的立場，都希望美國的援助可以幫助蔣介石打敗共產黨。理解此一背景，便知杜魯門和馬歇爾再討厭蔣介石，亦只好援助他。蔣也心知肚明，有恃無恐，最後關閉和談之門，全面展開內戰。從《顧維鈞回憶錄》也可以知道，蔣還是低估了馬歇爾，所以當聽說馬出任美國國務卿時，蔣會感到震驚。總之，杜魯門也好，馬歇爾也好，對他們而言都不存在是否援助蔣介石的問題，而是援助多少、到什麼程度，以及如何使援助得到應有效果的問題。馬歇爾初來華時，就帶來一張五億美元支票，作為達成和議的獎賞。到一九四六年的下半年，馬歇爾曾以禁運軍火作為促蔣和談的壓力，但在馬氏離華之前，禁令已經取消了。蔣介石攻打共產黨始終有美國的軍援，到一九四七年秋天，美國又有新的援助計畫。美國國會於一九四八年四月再次通過四點六三億美元的援華法案。據美方的估計，抗戰勝利後五年內，援助蔣介石政府不下二十億美元。而蔣卻一直認為是美援不足，才導致他的失敗。美國右派政客也借此攻擊杜魯門政府「失去中國」。但是在華觀察的美軍一致認為國民黨軍隊挫敗，絕非因為缺少軍火，而是由於領導無方，士氣低落。當他們見到解放軍進入北平時所攜帶的美式裝備，以及毛澤東閱兵乘坐的凱迪拉克敞篷轎車，心裡很不是滋味。充分證明美國對華政策的失敗，失敗的主因無非是押錯了寶！旅美華裔教授鄒讜（Tang Tsou）曾出版《美國在中國的失敗》

（*America's Failure in China, 1941-50*）一書，檢討從日本偷襲珍珠港到朝鮮戰爭爆發的美國對華政策，認為是失敗的；所謂失敗，並非「失去中國」，既未曾擁有中國，遑論失去？蔣介石是唯一要對失敗負責之人，因他是當時中國最有權力的人，所以他比任何人的責任都要大。就美國的政策而言，無論從目標、意圖與利益而論，都是失敗的。美國恨蔣入骨，本欲拋棄退據台灣島的蔣政權，但中共向蘇聯一面倒，又逢朝鮮戰爭爆發，華府視為共產主義的擴張，而大事圍堵，派第七艦隊介入台海，經濟封鎖中國大陸，繼續扶持蔣介石，開啟華府與北京之間二十年不相往來的敵對關係。

冷戰期間，東西陣營壁壘分明，中國成為蘇聯的盟友，美國以蘇聯為死敵，也要遏制中國。華府沒預見的是，中蘇關係竟然會破裂。中蘇交惡是中華人民共和國與蘇聯之間的政治破裂，原因是對馬克思列寧主義不同的解釋，以及在冷戰時代對地緣政治的考量。當時的蘇聯領導人赫魯雪夫（Nikita Khrushchev）於一九五六年二月二十五日，在一篇題為〈個人崇拜及其後果〉的報告中，抨擊史達林與史達林主義，認為史達林在搞個人崇拜，特別批判他在一九三六—一九三八年的「大清洗」，並開始去史達林化，以及在外交上改變史達林的對抗西方政策。但對毛澤東而言，蘇聯出了意識形態的信用問題，於是雙方對馬列主義有了不同的解釋。中蘇於一九五〇年代末，到一九六〇年代初，辯論兩大政策：一是批判史達林主義；二是與西方和平共存。中國當時面對美國的壓力，視蘇聯附和美國和平共存的倡議，為打著馬克思旗號反馬克思的「修正主義」，抨擊蘇修。一九五六年的匈牙利群眾抗議，蘇軍出兵干預，造成流血事件，毛澤東嚴重關切，認為蘇聯領導人除史達林外，餘皆馬克思修正主義者，並重申史達林思想及其政策，以及中國政府才是走社會主義的正確道路。西方國家對共產世界一元之看法，開始動搖，把所有社會主義國家看作意識形態有一致性，顯然是錯誤的。中國認為蘇聯想與西方和平共存的外交政策是錯誤的，會更加孤立中國；同時擔心匈牙利事件會影響到中國，因為蘇聯認為有權派兵鎮壓另一個社會主義國家，為干涉別國內政開了先例，後果不堪設想。赫魯雪夫於一九五八年初，到北京與毛澤東討論在華籌建中蘇聯合海軍基地，以便讓蘇聯的核潛艇可以對付美國在亞太的活動。毛澤東不願給蘇聯控制中國沿海的機會，協議沒有達成。同一年的八月下旬，金門炮戰打響，毛事先沒有通知赫魯雪夫，兩人之間的政治關係更加惡化。特別當時美國以核戰威脅中國與蘇聯之際，若台海有事，有違赫魯雪夫的和平共存政策，赫魯雪夫深恐會引爆東西兩集團的核大戰，因而取消協助中國發展原子彈的計畫。但是毛澤東認為他的抗美有正當性，因美國不僅仍然承認台灣的中華民國，並且已在台灣存放核武器，並一直用此威脅中國。毛為自力更生，加速工業化，同時毛澤東指責蘇聯的政策脫離了馬列主義，赫魯雪夫則認為毛是東西和解的障礙，甚至印度在中印邊境挑釁時，站在印度一邊，又與美國總統艾森豪見面，使毛澤東深感蘇聯不可信，更擔憂美蘇聯合起來對付中國。到了一九六一年，北京公開痛批莫斯科是「修正主義叛徒」。中蘇分裂撼動社會主義陣營，造成世界共產主義革命的難題，要向北京還是莫斯科尋求政治指導、以及財務支援與軍事援助？在一九五〇年代後期，中蘇已有筆戰，共產陣營國家不得不選邊站，中蘇也各有所好。當時中方批判南斯拉夫，不是真正的社會主義國家，並抨擊鐵托（Josip Broz Tito）在意識形態上持不結盟的政策，卻仍然留在社會主義陣營。蘇聯則批判阿爾巴尼亞是政治落後的社會主義國家，抨擊阿爾巴尼亞領導人霍查（Enver Hoxha），未能超越史達林主義，且與中國結盟，造成一九五五—一九六一年間蘇聯與阿爾巴尼亞的決裂。當中國被孤立到最嚴重的時候，阿爾巴尼亞是唯一的朋友。

中蘇分裂對西方世界而言，兩極冷戰變成三極冷戰，跟一九六一年豎立的柏林圍牆、一九六二年的古巴飛彈危機、一九七五年越南戰爭的終結，是一樣重大的歷史事件。中蘇分裂打破了共產國際是一整體的政治觀念，社會主義陣營並非是單一的地緣政治。美國介入越戰，就是因為視越南內戰為共產陣營的擴張，所以必須要遏制。然而蘇聯為了進一步對付中國，甚至於一九五九年三月公開支持西藏地方的叛亂。中蘇交惡必然為中美和好鋪路；不過，由於根深蒂固的意識形態之故，美國一直懷疑中蘇分裂的真實性，以為兩國在唱雙簧，直到一九六九年中蘇在珍寶島發生軍事衝突，美國總統尼克森才下定決心聯華制蘇，且於一九七二年二月訪華。

其實早在一九六〇年，美蘇和平共存就已出了問題。美國中央情報局（ＣＩＡ）於該年五月一日派高空Ｕ２偵察機飛越蘇聯領空，對蘇聯軍事基地拍照被擊落，違反先前不做間諜偵察的承諾。赫魯雪夫痛罵美國艾森豪總統。美國先否認是間諜飛機，辯解說是迷航的氣候偵察飛機。當蘇聯公布被俘虜的飛行員與飛機殘片，飛行員鮑爾承認自己為中央情報局工作，艾森豪不得不予承認。當艾森豪與赫魯雪夫於五月十六日到巴黎參加美、蘇、英、法四國高峰會議時，美蘇關係仍然緊張。蘇聯認為間諜偵察機進入領空是絕對不允許的挑釁，要求禁止這種行為，懲治負責人員，並取消艾森豪六月訪問蘇聯。當艾森豪僅僅答應暫時停止派遣間諜機，赫魯雪夫憤然離席而去。艾森豪也為之生氣，四國會議就此流產。美蘇想要的「和平共存」驟然消失。

毛澤東希望赫魯雪夫借此事件，強硬對付艾森豪，但赫在四國會議上，並未得到艾森豪為美機深入俄境偵察而道歉；在中國看來，這是美國對社會主義國家主權的不尊重，所以有必要以軍事行動，來對抗美國的侵犯，赫魯雪夫做不到，顯然有失作為社會主義陣營領導人的顏面。當國際共產國家在一九六〇年十一月在羅馬尼亞開大會時，中蘇兩黨就在會場上相互抨擊。中共與蘇共在一九六〇年代的互嗆，已經公開化。赫魯雪夫在一次國際共產黨大會上，譏嘲毛是「中國民族主義者」、「地緣政治上的冒險家」、「意識形態上偏離正統的馬克思主義者」，彭真在會場上回嗆赫魯雪夫是「馬克思主義修正主義者」、「武斷的領導者」、「暴虐的統治者」。赫魯雪夫又寫了八十頁長文，批判中國，到一九六〇年六月，當去史達林化達到高潮，蘇聯譴責阿爾巴尼亞維持史達林主義，是政治落後的國家。當赫魯雪夫停止援助阿爾巴尼亞，該國領導人對國民說：即使吃草根樹皮，也不會向俄羅斯要什麼！中國則立即將糧食送往兄弟之邦，赫魯雪夫於是從中國撤走近一千四百名蘇聯技術人員，單方面撕毀六百個合同，無疑造成中國在經濟上的巨大損失，加上當時自然災害嚴重，對中國而言，可說是雪上加霜，但中蘇之間仍然維持表面上的同盟關係。在中共看來，赫魯雪夫已經失去政治上的權威與意識形態上的信用。中蘇兩黨在一九六一年召開的蘇聯共產黨第二十二次代表大會上，重新檢討馬列理論。同一年的十二月蘇聯與阿爾巴尼亞斷交，中蘇交惡從黨對黨升級到國家對國家的層次。到一九六二年十月，毛澤東批評赫魯雪夫在古巴導彈危機中示弱，兩國公開破裂。

一九六二年的古巴導彈危機，使西方國家更加關注核武限制問題。美、英、蘇於一九六三年八月五日簽署《部分禁止核子試驗條約》（Partial Nuclear Test Ban Treaty），除地下試爆外，禁止所有核武器試驗。毛澤東認為此一條約，是核大國想要阻止中國成為核武國家。中蘇分道揚鑣，使中國重新發展與亞非拉各國的外交、政治、經濟關係。中蘇在一九六〇年代的爭論限於文字，只是打意識形態的筆戰。赫魯雪夫於一九六四年下臺後，周恩來與蘇聯新領導人、蘇共第一書記勃列日涅夫（Leonid Brezhnev）和總理柯西金（Alexei Kosygin）見面，但無多進展。周恩來向毛澤東報告蘇聯並未改變原來的政策，赫魯雪夫主義仍然存在，中蘇交惡持續，北京指責一九六七年柯西金與美國總統詹森的會面，是將越南、阿拉伯等亞非拉革命的人民群眾出賣給美帝。中蘇矛盾最後發展到邊境衝突。中方要求蘇方承認十九世紀不平等條約的不正義，蘇方不予理會，但於一九六八年在當時長達四千三百八十公里的邊境，布置了二十五個師

（六個在蒙古國）、一千二百多架戰機、一二〇枚中程導彈駐守，迎對中國四十七個輕裝師，最後於一九六九年三—九月發生嚴重的珍寶島事件。珍寶島位於烏蘇里江主航道以西，中俄以烏蘇里江為界，按照國際條約，該島應歸屬於中國。但蘇聯提出以烏蘇里江對岸為界，中國當然不能接受。中國於一九六四年成功試爆原子彈後，美國試圖與蘇聯聯手扼殺中國的原子彈，為蘇方拒絕。當珍寶島軍事衝突發生時，美國則警告蘇聯不可對華使用核武器，否則將引爆第三次世界大戰。是年九月，蘇聯總理柯西金與周恩來再次在北京機場見面，終於恢復外交溝通。中國於一九七〇年認識到不宜同時對付美蘇兩強，而此時尼克森及其軍師季辛吉（Henry Kissinger）正試圖聯華制蘇，終於改變了冷戰的態勢。

中華人民共和國於一九四九年成立，翌年就爆發韓戰。因此中美之間從一九四九年到一九七一年長達二十二年，幾乎全無往來。最後美國主動突破僵局，緩和中美關係，要因美國趁中蘇交惡，聯華制蘇。美國長期以北京為敵，支持台灣當局，極力維護其在聯合國的席次，並促使盟國不與中國大陸來往，包括貿易與外交承認。中國於一九六四年試爆原子彈成功，美國解密檔案發現，詹森（L.B. Johnson）總統曾考慮以先發制人的手段，遏制中國的核武計畫，最後覺得過於冒險而放棄，無怪乎毛澤東認為美國是最危險的帝國主義國家。詹森的前任甘迺迪總統已經認識到，美國的中國政策是「不明智的」（nonsensical），考慮於下一任期內與北京建交，但他第一個任期未滿，就遇刺身亡。他為什麼不能在第一任期內建交？因為中美交惡為時甚長，右派反共實力強勁，與中共交往像是燙手山芋，考慮到可能會影響到連任，所以打算等到第二個任期，來解決這個棘手問題。接著美國捲入越戰泥沼，中國發生「文化大革命」，都耽誤了北京與華盛頓之間關係的正常化。中美雖然沒有正式的外交關係，但中華人民共和國與美利堅合眾國從一九五四年到一九七〇年，曾舉行大使級會談一百三十六次，先是在日內瓦；一九五八年之後在華沙。中國大陸在此期間，同時譴責美帝與蘇修，並經歷了「文化大革命」，在國際上相當孤立。

中華人民共和國於一九四九年成立，美國繼續承認退居孤島台灣的國民黨政權。當中美關係緊張時，美國政府禁止美國公民到中國旅行，也禁止美中貿易。當時中美之間幾乎沒有政治通路，雖然仍有時斷時續的大使級談話，但毫無進展。但持久的越戰，鬧得美國天怒人怨，國內反戰聲浪高漲，政治人物想到與社會主義中國改善關係，既可避免未來的衝突，也可分裂中蘇聯盟，在外交上孤立北越，在戰略上牽制蘇聯。北京領導人也因中蘇關係的緊張，希望和緩中美關係。尼克森通過與中美兩國關係良好的巴基斯坦總統葉海亞汗（Yahya Khan），與北京建立秘密管道，以避開美國國務院，因害怕消息走露，會破壞原定計劃。美國經由巴基斯坦的管道，中美關係改善的步調加快，中國政府表示願與美國改善關係，並進行高層會談。美國記者愛德格．斯諾（Edgar Snow），早年曾經到過延安，訪問過毛澤東，曾寫下著名的《西行漫記》（*Red Star Over China*），把被封閉在內陸的延安情況，告訴全世界。他雖然是美國人，但也是毛澤東和周恩來長期的朋友，他同時擁有中立國瑞士的護照，可以隨時前往中國訪問，毛澤東樂與尼克森見面的訊息，就由斯諾傳話。尼克森遂於一九七一年取消最後一項禁止美國人訪華的命令。接著中國於一九七一年四月參加在日本舉行的世界乒乓球比賽，於賽後突然邀請美國球員訪華，此舉轟動一時，增添友好氣氛，成為熱門的「乒乓外交」，為官方嚴肅的外交協商，提供了良好的公眾形象。尼克森總統的國家安全助理季辛吉在一九七一這一年，兩次前往北京訪問，討論雙方如何完成關係正常化。第一次訪問極為秘密，他在巴基斯坦時謊稱拉肚子，擺脫記者，秘密飛到北京，洽談尼克森訪華事宜。直到季辛吉回到美國，尼克森才向全世界公布將於翌年訪華，驚動全球。季辛吉的第二次訪華是在一九七一年十月，正好碰到聯合國表決中國席次問題。原來的美國為了幫助蔣政府，規定席次問題需要三分之二國家的贊同，才能通過，難度甚高。但當知道季辛吉訪問中國，其他親美國家不再反對，立即以高票通過。美國想要把台灣留在聯合國內，但違背一個中國的原則，必然失敗。中華人民共和國成為中國唯一的合法代表，同時成為是聯合國安全理事會的五個常任理事國之一。

季辛吉訪華，打開中美之間的僵局，尼克森總統遂於一九七二年二月二十一—二十八日訪華，成為第一位訪問中國的現任總統，在北京見到毛澤東主席、周恩來總理。訪問結束時，兩國發表《上海公報》，雙方達成基本共識，其中最重要的是關於台灣問題。中華人民共和國堅持台灣為中國的一部分，反對「兩個中國」、「一中一台」、「台灣獨立」。美方認知到海峽兩岸的中國人，都認為只有一個中國，台灣為中國的一部分，美國不挑戰此一立場，僅希望以和平方式解決台灣問題，並承諾與中華民國政府斷交，自台灣撤軍，並撤銷防禦條約。毛周兩人曾明確告知尼克森，若美國繼續與台灣維持「外交關係」，中美關係不可能正常化。公報也聲明美國不支持「台灣獨立」。上海公報確認的原則為兩國建交奠定了基礎，但由於尼克森陷於水門案，焦頭爛額，最後被迫辭職，未能於第二任期內，實現中美建交。尼克森的繼任者是他的副總統福德（J. Ford），可是福德威望不足、能力不夠，直到一九七九年於民主黨的卡特總統任內，中美才建立完整的正式外交關係。

從全球的視野來看，華盛頓與北京於一九七九年一月一日的建交，基本上改變了冷戰的態勢，影響到美蘇間的權力平衡。中美建交後，鄧小平於一九七九年一月二十九日訪問白宮，由卡特總統及其安全顧問布熱津斯基（Zbigniew Brzezinski）等官員接待。鄧小平也訪問了美國多個城市，引起全球矚目。根據兩國的建交公報，美國對中國的外交承認，由台北轉到北京，重新確認了《上海公報》。美國與台灣當局斷交後，美國人民可以繼續與台灣人民開展商務、文化以及其他非官方的來往。台北反應強烈，但除了失望、抱怨與抗議，無可奈何。包括蘇聯在內的社會主義陣營的反應，與一九七二年尼克森訪華時相似，絕大多數不做表態。只有羅馬尼亞表示歡迎，古巴與阿爾巴尼亞則表示反對，朝鮮恭賀兄弟之邦中國與美國終結長期的敵對關係。

鄧小平副總理到華盛頓訪問，開啟了之後十年間一系列重要的高層互動。從一九七九年年初開始，兩國簽訂了數以百計的科技研究與合作計畫。當年三月一日，中美分別在華盛頓與北京成立大使館，完成雙邊貿易協定。美國副總統蒙代爾（Walter Mondale）在一九七九年八月回訪中國，達成後來於次年九月簽約的海事、民航、紡織業務等相關協議，並同意建立雙邊協商機制。

蘇聯入侵阿富汗以及越南入侵老撾，使中美兩國前所未有地合作。兩國啟動軍事合作後，中國要求美國出售高科技領域技術，但美國國會對轉移科技給社會主義國家有疑懼，以及認為沒有轉讓給對美國不友善之第三者的保障，所以直到一九八三年，美國國務院將中國定位為「友善的發展中國家」後，中國才可以買到較多的科技與軍備。但美國國會總是有議員對中國與伊朗等國家有戒心。不過，由於中美雙方高層的接觸、友好的增加，紐約與北京在一九八〇年建立姐妹城市關係，兩國對話範圍擴大，包括全球與地區戰略問題、政治與軍事問題、軍控問題、聯合國以及多邊組織事務、國際販毒問題等。

美國共和黨保守派雷根（Ronald Reagun）於一九八〇年當選總統，他在競選時的一篇演說中批評中國，並說要與台灣恢復外交關係，引起北京的關注與抗議。雷根政府的官員立即就總統不當的言語道歉，然而雷根總統任期的前一兩年，中美關係還是有些惡化，因為雷根的反共言論，以及兩國無法在朝鮮半島、巴以衝突及英國與阿根廷之間的福克蘭戰爭等議題上，達成共識。鄧小平在一九八一年重申毛澤東的「三個世界論」，以美國與蘇聯是第一世界，日本、歐洲、加拿大等資本主義國家是第二世界國家，亞非拉發展中國家則是第三世界國家。批評第一世界的美、蘇都是帝國主義國家。到一九八二年又有網球運動員胡娜到美國比賽後，離隊不歸，引起中美外交風波。但總體上雙方仍然保持友好關係，一九八四年雷根的訪華很成功。一九八五年七月，李先念首次以國家主席身分回訪美國；同年十月，時為副總統的老布希（Geoge Herbert walker Bush），為美國在成都的領事館揭幕，這也是美國在華的第四個領事館。雙方高層於一九八五—一九八八年間，繼續來往，一九八八年二月老布希以總統身分訪華。在這段時間內，雙方有越來越多的藝術與教育等方面的文化交流，每個月都有各種中國代表團訪問美國，九〇年代後仍然持續不斷。

中美之間最麻煩的議題，還是台灣問題，並沒有因建交而徹底解決。中美建交後，一直有來自中國、台灣與美國國內的不滿聲音。在建交後不久的一九七九年四月，美國國會通過了《台灣關係法》，以美國的國內法來規範與台灣的非正式關係，最主要的是該法案授權美國政府可向台灣繼續出售防禦性的武器。北京在一九八一年，反對美國對台軍售，剛剛正常化的關係受到衝擊。美國國務卿黑格（Alexander Haig）於六月訪華，試圖解決中國對美台非正式關係的疑慮。副總統老布希也於一九八二年五月為此訪華，經過八個月的協商，發表《八一七公報》，也是中美間的第三個公報。美國聲明將持續減少對台軍售，中國則聲稱和平解決台灣問題為其基本政策。但美國方面一直沒有嚴格遵守三個公報，仍然不時想打「台灣牌」，玩文字游戲。中美間潛在的不信任，一直沒有能夠化解，既有進展、也有停滯、不乏危機。

第三節　冷戰氛圍下的熱戰：朝鮮戰爭與越南戰爭

美蘇冷戰對峙，各擁有毀滅性的核彈頭，不可能開戰，以免互相毀滅，但美國一再以世界警察自居，干涉非核國家的內政，甚至發動熱戰，最矚目的是朝鮮戰爭與越戰，影響不小，也牽涉到大國關係。

朝鮮半島於一九一〇年被日本併吞，二戰結束，日本投降，美蘇以北緯三十八度線分隔半島，美國據其南，蘇聯占其北，兩大強權各自扶植一個政權：李承晚據南，建立「大韓民國」；金日成據北，建立「朝鮮民主主義人民共和國」。南北韓都是朝鮮族，由於冷戰，分割為二，但朝鮮人民不願放棄統一，內戰的陰影不消。美國怕民族主義的李承晚北伐，對於兵械諸事，節制甚嚴，且韓軍兵源雜蕪，多來自日軍遺留。北方的金日成是共產黨領袖，得到蘇聯的軍援，實力強於南韓。美蘇分別扶助南北兩政權之後撤兵，但朝鮮人不論南北，都想統一，邊界衝突不斷。最後金日成說服史達林，藉口南韓侵犯邊境，於一九五〇年六月二十五日派遣大軍南伐，立馬將開城占領。南韓首都漢城（後改名首爾）於六月二十八日陷落。南韓軍隊猝不及防，兼之兵械拙劣，不到三個月，南韓李承晚逃往釜山。聯合國譴責朝鮮，最後出兵，號稱是聯合國軍，實際以美軍為主，麥克阿瑟為元帥，抗擊朝軍。美軍最初固守釜山，尋於九月十五日登陸仁川，成合圍之勢，朝鮮人民軍潰敗。聯軍越過「三八線」北進，十月十九日平壤失陷。至二十四日朝鮮諸道皆失，聯軍兵臨鴨綠江畔，中國人民志願軍援朝。經三年血戰，於一九五三年七月在板門店簽下停戰協議，雙方約共五百萬軍民犧牲，至今朝鮮半島仍然沿「三八線」一分為兩國。

朝鮮半島之分裂，乃是美蘇冷戰的後果，非朝鮮人民之所願。金日成發動全面攻擊，美國政府感到意外與警惕，不認為這是南北的邊境糾紛或內戰。許多美國官員認為此為共產主義征服世界之戰的第一步，所謂「骨牌理論」，反映冷戰心態，所以杜魯門決定干預。就在一九五〇年四月，白宮國家安全委員會建議，美軍必須在世界任何地方，不管是否有戰略價值或經濟利益，必須阻遏共產主義的擴張。美國總統杜魯門說：如放棄朝鮮，蘇聯將不斷在各地蠶食，在朝鮮作戰象徵全球的東西鬥爭，善惡之間的鬥爭。杜魯門的想法就是冷戰思維，顯然將朝鮮的內戰，視為反共大戰。值得注意的是，金日成發動統一戰爭，因為他堅信美國不會干預朝鮮半島的內戰。金日成何以有此認知？因他只看到年前的中國國共內戰，美國並未派兵介入，沒有看到冷戰局勢的發展。金日成誤解美國不會干預內戰，杜魯門也誤解北韓是史達林征服世界的馬前卒，當時美國報紙稱金日成是「唐老鴨」，意思是史達林是製造金日成這一隻「唐老鴨」的迪士尼。當時美國人幾乎都認為金日成攻打南韓，背後是史達林。這是美國的誤判。可以說是「雙方都誤判」（double misunderstanding）了。

美國之所以能以聯合國名義出兵，因為蘇聯抗議台灣的蔣政府占有中國席次，拒絕出席安理會，沒有能夠使用否決權之故。美國兵碰到韓國一九五〇年的夏天，既炎熱而又乾燥，經常飲用田間污水，所以疾病叢生。麥克阿瑟率領聯軍在仁川登陸，逼退朝鮮軍撤出漢城，回到「三八線」。南韓收復之後，杜魯門接受麥克阿瑟的決定，改變作戰目標，從恢復韓國轉變為解放全朝鮮。中國感到邊境受到威脅，周恩來總理不斷警告美國：如繼續北進，中國必然會干預。杜魯門因而招麥克阿瑟到太平洋的威克島面見，討論中方的警告。麥克阿瑟五星上將，從心底瞧不起杜魯門。兩人在威克島相見，將軍理當迎接總統，但麥帥故意遲到。杜魯門故意不下飛機，一直等到他來迎接，才下飛機。杜魯門警告麥克阿瑟不要擴大戰爭，以免導致中國和蘇聯參戰，可是高傲的麥帥保證中國不會參戰，即使參戰也不堪一擊。因為中華人民共和國成立還不到一年，當時國內的問題很多，而中國兵在高傲的麥帥眼裡，不過是落後的農民軍。杜魯門聽到麥克阿瑟這麼有信心，才答應麥克阿瑟跨過「三八線」。

美軍跨過「三八線」，進占平壤，但向鴨綠江中國邊境推進時，毛澤東決定派遣人民志願軍入朝，周恩來的警告，並非虛聲恫嚇。當時中華人民共和國建國不到一年，百廢待舉，但國家安全逼於眉睫，美國海軍第七艦隊又公然介入台海。蔣介石撤退到台灣，杜魯門原已棄蔣，不再介入中國內政。美國的情報部門也說大陸很快會解放台灣，然而朝鮮戰爭一起，杜魯門改變策略，馬上派第七艦隊介入台灣海峽。這也是中共不得不出兵抗美援朝的另一個重要原因。志願軍的統帥原定林彪，但林以健康理由推辭，於是彭德懷從西安於一九五〇年十月四日飛回北京，翌日就受命成為人民志願軍最高統帥，與蘇方和朝方協同作戰，直到一九五三年停戰為止。

彭德懷在瀋陽成立總部，準備入朝事宜，第一批志願軍二十六萬人於十月十九日夜晚渡江入朝，十月二十五日在溫井，首次與韓軍接觸，並重創美國第八集團軍右翼的韓軍第二軍，阻止了聯軍向鴨綠江推進。同一天，志願軍攻擊雲山的韓國第一步兵師，出乎聯軍意料之外，在雲山將美軍第八騎兵旅，逼退到清川江。美軍於十一月一日，遭遇朝鮮戰爭期間最大的慘敗。清川江戰役從一九五〇年十一月二十五日打到十二月二日，志願軍大獲全勝。麥克阿瑟很不服氣，聲言要把中國軍隊趕出朝鮮，並聲稱要在耶誕節結束戰爭，回家過年。彭德懷於是計劃第二次戰役，志願軍第十三軍於十二月二十五日晚間在清川江河谷發動突擊，徹底擊潰美國第八集團軍右翼，進入聯軍的背後。接著從十二月二十六日到十二月二日進行了一連串的戰鬥，美國第八集團軍雖然突圍，但在混亂撤退中受到巨創，少將華克（Walton Harris Walker）車禍斃命。美軍遂退回到「三八線」以南，美國自稱是陸軍史上未見之敗績。彭德懷成功收復「三八線」以北的土地，並於十二月三十一日揮師跨過「三八線」南下，於第三次戰役中攻克漢城，但當美軍於一九五一年三月十四日發動第四次猛烈反攻後，彭德懷撤出漢城。韓都四度易手，昔日京城化為焦土。彭帥於四月二十二日到六月十日發動第五次，也是最後一次戰役，以將近五十萬大軍攻打漢城，但未成功，於是雙方在「三八線」呈膠著狀態。志願軍不僅武器與裝備落後，傷亡頗重，而且到了「三八線」以後，戰線延長，在美軍占空優之利的情況下，補給非常困難，蘇聯在物質上的支援又很輕微，因蘇聯不願介入太深，以免造成美蘇之間的衝突，難以收拾。當時蘇聯提供的所有援助，並非贈送，都需償還，而美國給韓國的裝備卻是免費的。當時中國一窮二白，只能把農產品給蘇聯作為抵償。志願軍在朝鮮作戰，運補全靠人力與獸力，部隊又缺少冬衣，不少人因而凍死。周恩來於一九五一年十一月十九日在瀋陽召開會議，雖設法改善，但改善有限。彭曾多次回北京報告情況，到一九五一年的冬天，彭德懷知道雙方都不可能獲得全面勝利。中國少有重裝備，只有一些火炮，運輸沒有保障，這是志願軍在朝鮮作戰的最大困難。周恩來決定兵員以輪流方式入朝作戰，並加速培養飛行員，運送更多高射炮到前線，更從蘇聯購買先進武器；提供部隊足夠的衣食，為此朝鮮戰爭的後勤，全由中央政府負責。

中國人民志願軍以簡陋的裝備擊退美軍，回到「三八線」，麥克阿瑟惱羞成怒，想把戰場擴大到中國大陸。他曾經主張轟炸中國大陸城市，但參謀長聯席會議主席五星上將布萊德利（Omar Nelson Bradley）則認為，若以空軍炸毀中國東北，並對華執行海禁，則「時、地、敵、戰四事皆謬」，擴大戰爭也非杜魯門及其顧問所欲，因為如無限升高戰爭，蘇聯可能會向歐洲動手，甚至動用核武，危及全人類的生存。杜魯門於一九五〇年十一月三十日因戰事不利，已放棄統一朝鮮半島的戰爭目標。到一九五一年三月，戰爭又回到「三八線」，麥帥認為不擴大戰爭就是姑息敵人，向共產黨叩頭認輸。於是當杜魯門力避與中國開戰時，麥將軍卻盡力挑釁，甚至未經總統同意，擅自去台灣與蔣介石會晤，同意蔣出兵赴朝。麥克阿瑟還寫信給美國眾議院共和黨領袖馬丁（Joseph Martin），欲與中國全面開戰，說是「沒有勝利的替代品」（no substitute for victory），也就是為打勝國際共產主義，可以不惜代價。這封信使杜魯門總統怒不可抑，因為按美國政治傳統，軍人不能干政，尤其不允許挑戰總統的政策，杜魯門於是以不服從為由，於一九五一年四月十一日，解除麥帥職務，並於是四月十一日任命李奇威（Matthew Bunker Ridgway）掌聯軍帥印。

雙方相峙不下，和談遂自一九五一年七月十日開始，但進展緩慢。和談僵持，戰爭繼續在「三八線」上下拉鋸。對杜魯門而言，戰而不能勝，政治代價太高，但他下臺前，仍未能解決朝鮮戰爭。艾森豪以保證解決戰爭，當選美國總統。對新總統而言，戰而不能和，代價也太高。艾森豪當選後，親赴韓國巡視，以其聲望、並以核威脅作為談判籌碼。最後雙方都願意接受「三八線」為停戰線，但無法就戰俘是否必須遣返達成一致。美方策動一批戰俘不願北返，作為政治宣傳之用。最後經過兩年的商議，於一九五三年七月二十七日簽訂停戰協議。協議允許戰俘依自由意志決定去留。然而意志並不自由，有不少人因脅迫而不得不選擇「自由」。彭德懷於一九五二年四月曾因腦部腫瘤，被招回國，陳賡與鄧華接替彭職，但彭帥仍於一九五三年七月二十日，親自赴板門店簽訂停戰協議。金日成於七月三十一日在平壤再次授予彭帥朝鮮的最高國旗獎狀（第一次在一九五一年），並授予其「朝鮮民主共和國英雄」稱號。假如沒有中國志願軍，北朝鮮勢必亡國。彭德懷回國後於八月在天安門受到英雄式的歡迎，史達林曾說：彭德懷是久經考驗的天才軍事家，彭大將軍於是揚名國際。停戰後中國人民志願軍於一九五八年回國，而美軍仍然滯留南韓，直到如今。

停戰線實際上使南韓多了一千五百平方英里的土地，建立二英里的非軍事區。朝鮮戰爭時間雖不很長，但很血腥，半島上將近五百萬人喪生，大約相當於戰前朝鮮半島人口的十分之一。血戰數年後又回到原點，朝鮮戰爭好像是白打了，然仍有重大的歷史影響，一是美國對台政策的改變，杜魯門從放棄台灣轉為全力支持蔣政府，因而導致北京與華府之間二十年的敵對狀態，沒有人員往來。當時美國有人說，我們到過月球的人比到過中國的人還多，因當時有三個美國人到過月球，而沒有一個美國人到過中國。二是美國對日政策也大幅改變，從嚴厲懲罰到結為盟國，給予優惠的和約，使日本得以迅速發展經濟。而朝鮮半島至今不僅仍然在分裂狀態，而且屢屢發生嚴重危機。美國和北朝鮮至今仍在博弈。對新中國而言，正當百廢待興之際，無端捲入戰爭，犧牲不小，但確實打出國威，美國誓言不能再與中國打陸戰，蘇聯也另眼相看，歸還旅順及東三省權益。毛澤東自稱介入朝鮮戰爭是平生兩大難題之一，他的長子毛岸英喪身戰場，但對整個中國國運而言，無疑伸張了國家的聲望，是正確的決策，否則美軍兵臨鴨綠江，威脅東北，後果難以想像。

美國打韓戰，無功而返；美國又去打越戰，在中國支援越共下，美國在南越打了長達十五年的叢林戰，最後撤手，狼狽而歸。美國作家赫領（George Herring）出版有關越戰之書，即稱之為《美國最長的戰爭》（*America's Longest War: The United States and Vietnam, 1950-1975*）。戰爭一長，必然傷筋動骨，何況過長？美國官兵死亡五萬餘人，耗資一千六百八十億美元，造成美國國內嚴重通貨膨脹、政治分裂、社會動亂，而越南生命財產之損失，更難以估計，又完全是一場損人不利己的錯誤戰爭，錯把內戰視為共產勢力的擴張，被冷戰思維的骨牌理論所誤導。

包括越南在內的中南半島，二戰前是法國的殖民地；法國經十九世紀的馬江之役，從中國奪取中南半島。二戰時為日軍占領，二戰後法國仍想恢復其殖民地。法國軍艦於一九四六年十一月轟擊海防，導致六千名平民死亡。美國羅斯福並不樂見殖民主義在戰後復活，但他的繼承者杜魯門，並沒有阻止法國殖民者回到中南半島，要因害怕共產主義。越南的革命運動於二戰後，由越共領袖胡志明一手開創。胡志明曾希望得到美國的支持，但美國因不能釋懷其共產背景，而無結果。美國雖號稱中立，實偏袒法國，當蘇聯於一九五〇年承認越盟（越南獨立同盟會），美國決定站在法國一邊。胡志明及其追隨者的目標，原是順應二戰後的反殖民主義潮流，使越南成為獨立的國家。胡在一九一二年以船上僕役的身分，到達巴黎，加入了法國共產黨，且於一九三〇成立印度支那共產黨。他於一九四〇年回到越南，趁高漲的民族主義，成立越盟。當二戰結束，胡已在北越得到普遍的擁戴，經由武元甲的幫助，建成五萬人的軍隊。日本人投降後撤兵，越盟填補了當地的權力真空。法軍回到中南半島，炮轟河內，越盟與之對抗，最後法軍在奠邊府失守，決定退出。於是有國際會議於一九五四年在日內瓦召開，周恩來代表中國出席，會議決定：法國放棄北緯十七度線以北之地，暫時以十六度線劃分南北越，經一九五六年越南普選後再南北統一，越盟反對越南被分割為南北越，惟在大國的斡旋下，勉強同意日內瓦的決議。在當時的情況下，應是較好的方案。但當法國慢慢撤手，美國逐步介入，原因就是要防止共產主義的擴張，認為如果不在越南阻止，那麼整個東南亞將全部失守。這是美國介入越戰最的根本原因，顯然是受到冷戰思維的誤導。杜魯門總統遂於一九五〇年二月承認在越南、老撾和柬埔寨所成立的非共產政權，並啟動援助計畫。美國到一九五二年，已負擔法國在中南半島三分之一的作戰費用。

艾森豪當選總統後，完全接過杜魯門的政策。國務卿杜勒斯（J. F. Dulles）是一反共健將、冷戰武士，更決心不要中南半島落入共產黨之手。所以當越盟於一九五四年三月在奠邊府戰勝法國後，美國開始捲入中南半島的戰爭。從一九五五到一九六一年，美國已援助越南共和國（南越）一億美元。到一九五〇年代晚期，已有一千五百名美國人協助南越政府，到一九五六年初，美國接替法軍訓練南越軍隊。其結果南越唯有依賴美國存活，而無法建立貨真價實的獨立國家。想要建立一個新的國家，談何容易？更何況想要在南越建立美式民主國家，未免太不切實際。要建立美式民主國家，需要民意基礎，而南越政權由少數精英分子組成，精英分子和普通百姓之間文化上有很大差距。簡單來說，精英分子受到法國文化的影響，大部分都是天主教徒，而普通老百姓都是佛教徒，等於是一個國家中的兩個世界。南越的主政者沒有一個懂得民主為何物。所以想要建立一個美國所想要的新興獨立國家，何異緣木求魚。

南越政府無能，戰亂不已，北越的越南民主共和國從一九五七到一九五九年透過繞道柬埔寨的「胡志明小道」，運輸物資，支援南越的越共。到一九五九年，越共的能力已從游擊戰提升到能向政府軍控制的村莊，全面開戰。到一九六〇年代，南越政府的脆弱，更加顯著，美國情報部門警告，南越政府行將崩潰。就在此關鍵時刻，艾森豪任滿下臺，由民主黨的甘迺迪接任總統，問題就留給了新任的總統。

年輕的甘迺迪總統並未改變既定政策，越南成為美國決心遏制共產主義擴張的樣板。但甘迺迪為了更了解情況，特派經濟學家羅斯托（W.W. Rostow）與將軍泰勒（M. Taylor）前往越南實地考察。他兩的報告很悲觀，發現南越危機重重，士氣低落，建議增加美援，並須派遣八千人的「後援部隊」（Logistic Task Force）。甘迺迪接受建議，隨即加強了美國在越南的角色。此一發展導致華盛頓必須積極輔助南越脆弱的吳廷琰政府，以便穩定南越的政局。吳廷琰是反共的民族主義者，是信仰天主教的精英分子，在美國的支持下，吳廷琰公然破壞一九五四年的日內瓦決議，不遵行民主選舉的承諾。因為他知道一旦民主選舉，胡志明一定會當選。美國自亦不允許胡志明當選，也就顧不到民主不民主了。美國既決定力保南越政權，於一九六一——一九六二年間不斷加碼軍事援助，美國顧問也從一九六一年十二月的三千二百零五人增加到一九六二年十二月的九千人，但都無濟於事。於是甘迺迪覺得吳廷琰政府難成氣候，兩人關係惡化，尤其當佛教徒在南越主要城市自焚抗議，威脅到吳廷琰政權，使華盛頓感到氣惱。南越於一九六三年八月發生政變，華盛頓事前知之而默許，也有人認為根本就是美國中央情報局（CIA）所策劃，因為美國政府要換掉吳廷琰，結果吳廷琰兄弟就被殺害。三個星期後甘迺迪也被謀殺，當然兩者並無因果關係，由副總統詹森（L. B. Johnson）繼任。詹森為了支撐南越政府，參與越戰，更無保留。他任命威斯特摩蘭（William Westmoreland）將軍為主帥，美軍顧問於九個月內，增加到兩萬三千三百人，經濟援助也增加到五十億美元。詹森有鑒於越共從北越得到源源不絕的資源，認為北越才是問題之所在，遂於一九六四年八月製造東京灣事件，又稱北部灣事件，美國人稱北越在東京灣攻擊美艦，以此為藉口，轟炸北越。代號是「滾雷行動」（Rolling Thunder），擴大空戰，並導致美國陸軍全面介入南越戰場。詹森於一九六五年七月任命威斯特摩蘭將軍負作戰全職，於是美國擔起南越作戰的重責大任。從一九六五到一九六六年間，美軍在南越多達五十萬人，已經騎虎難下。美國廣大的民眾每晚聽到新聞報導，越戰人員的傷亡，越來越愈厭惡殘酷而無盡頭的戰爭。到一九六七年之後，美國國內反戰的聲浪與日俱增，也因此造成國內嚴重的分裂。壓垮駱駝的最後一根稻草，是一九六八年一月三十日的「新春攻勢」（The Tet Offensive）。越共於該日清晨二時四十五分在南越的都會區發動全面起義，大出美軍的意料之外。越共雖傷亡慘重，但能在都會區發動如此攻勢，已獲得精神上或心理上的勝利，尤其使美國國內民眾對早日結束越戰，完全失去信心。美國政府也感到迷惑不解，打了那麼久，何以越共還有此實力？美國國內反戰自然更為激烈。到了三月中，民主黨的自由派人士麥卡錫（Eugene McCarthy）挑戰同黨詹森的總統連任，為越戰展開激烈的辯論。最後詹森在電視上宣布放棄競選，這是非常不尋常的舉動，證明越戰對美國領導人有難以承擔之重。同時華盛頓與河內開始在巴黎和談，美國在南越則啟動「越戰越南化」，就是把戰爭逐漸交給越南人來打。

美國一九六九年的總統大選，民主黨因越戰而失去政權，保證結束越戰的共和黨候選人尼克森當選。他啟用軍師季辛吉，新政府認知到越戰猶如「骨鯁在喉」，必須解決。然而尼克森當選之後，遲遲沒有終止戰爭，何以故？因如尼克森所說：終戰必須要不失面子！所以尼克森試圖用強大的武力，來迅速終止戰爭，他加劇轟炸北越，並為了搜捕躲藏的越共，更入侵中立的柬埔寨，無異在升高越戰，引發美國國內極大的反彈，肯特州立大學（Kent University）在一九七〇年的五月四日發生流血事件，學生在校園舉行抗議，有四名學生不慎被士兵射殺，激發如火如荼的反戰運動。在國內的壓力下，季辛吉與北越對手黎德壽終於在巴黎簽署了和議，美國最關注的還是被俘美軍人員的釋放。《巴黎和平協約》允許北越的軍隊留在南越，南越政府不滿，但傀儡政府無能為力。一九七三年一月之後，美軍已不復參與戰鬥。當時尼克森陷入「水門事件」，因競選期間共和黨竊聽設在水門大廈（Watergate）的民主黨總部，尼克森涉案，使他處理國政的能力，大大被削弱。到一九七四年秋天，北越已在軍事上占有優勢，而尼克森已在八月被迫辭職，由副總統福特（Jared Ford）繼任。北越於一九七五年發動總攻，南越沒有了美國人的支撐，迅即潰敗，真如山倒，令美國傻眼。南越首都西貢於一九七五年四月易手，距北越發動攻擊只有五十五天。西貢改名為胡志明市，以紀念這位過世的北越領導人。

越戰這筆帳可以這樣算：1. 是美國歷史上時間最長的戰爭；2. 雙方均沒有宣戰；3. 美軍死亡五萬餘人，北越傷亡數字不明。南越與其他盟軍一共損失十一萬五千人，主要是越南人；4. 美國花費了二十二兆美元，越戰後美國通貨膨脹嚴重；5. 越南統一後意氣風發，入侵柬埔寨，苛待華僑，忘恩負義，且有併吞中南半島的野心，導致一九七九年中國對越的自衛反擊戰。對美國而言，又是一場錯誤而又愚蠢的戰爭，把越南的內戰視為共產勢力的擴張，結果以徹底失敗告終，損人又害己。

第四節　去殖民化與新興國家的處境

自十九世紀以來，帝國主義強權霸占弱小國家與地區為殖民地，至第二次世界大戰結束，才開始「去殖民化」（Decolonization）。去殖民化的動力來自美國總統羅斯福，羅斯福於戰爭尚未結束，已經規劃戰後世界的新秩序。他主張去殖民化，固然有崇高理想主義的成分，更多是美國國家利益的考量，德日兩強戰敗後，不能再擁有殖民地，固不待言。美國也樂見英法等歐洲強權失去殖民地後，勢必淪為二等國家，易為美國操縱。美國雖也有殖民地，但夏威夷已經是第五十州，菲律賓人口眾多，若併吞會影響國會生態，不如讓其獨立為美國的附庸國。美國於戰後維持獨大的如意暗盤，因蘇聯的崛起而受到挑戰。蘇聯乘勝占領東歐，形成羅斯福始料未及的戰後局勢：美蘇兩大集團對峙的長期冷戰。

歐洲英法等強權於戰後失去殖民地，無能為力，卻心有未甘，不得不成為美蘇之下的二等國家。殖民地脫離強權，紛紛獨立，成為新興國家，在大國博弈之下，命途如何？無可諱言，強權殖民，剝削多而建設少，更沒有為新建國家做好準備，所以大都貧窮落後。而且在整個去殖民化的過程中，不僅沒有妥善的計畫，反而有意或無意所製造的麻煩，造成新興國家的不平靜、混亂，甚至戰爭。

大英帝國擁有最多的殖民地，所謂日不落國；二戰後雖然是戰勝國，但國力大不如前，實已筋疲力盡，根本無力維持龐大的帝國，不如放棄殖民地的包袱，恢復經濟要比國家榮譽更加來得重要。倫敦在理性考慮下，頗能接受現實。保守派的邱吉爾雖極不願放棄殖民地，但他於戰後失去權勢，英國子民不再要他續任首相。繼任的英相艾德禮（Clement Richard Attlee）是工黨領袖，他把精力集中在內政，想建立一個有國民健康保險的福利社會。工黨的改革雖未大大改善英國的經濟，但拋棄殖民地，至少大大減輕了軍事負擔，也符合工黨反帝國主義的政策。事實上，自一九二〇年代起，北愛爾蘭的六個地區已經獲得部分自治權。但北愛爾蘭的問題並未能解決，由於所謂「雙少數問題」（Double Minority Problem）：北愛爾蘭的社區，新教的統派（the Protestant Unionist）人口僅是由天主教徒構成的獨派的四分之一，卻能立法劃界，以保護少數統派為名，使得在選舉上成為多數，獨派在新劃分的疆域內，反而成為三十%的少數，於是獨派人士要加入南愛爾蘭的自由邦。北愛內戰因而在一九六八年爆發，愛爾蘭共和軍（IRA）的暴力革命有越演越烈之勢，長期困擾倫敦。

英國的亞洲殖民地中，緬甸與錫蘭於一九四八年獨立，馬來西亞與新加坡於一九六三年獨立，最引人矚目的是印度於一九四六年的獨立。印度號稱是大英帝國「皇冠上的寶石」，英國首相艾德禮感到不勝負荷，不想再擁有，且越快解決越好。印度雖在殖民地時代已建立了相當完善的國家體制與文官制度，但所面臨的問題不小。印度的國族主義在威爾遜的「民族自決」主張影響下成長。甘地（Mohandas Karamchand Gandhi）與賈瓦哈拉爾・尼赫魯（Jawaharlal Nehru）都是印度國族主義者。

甘地原是英國訓練出來的律師，他一生致力於「非暴力不合作運動」，受到很多人的敬仰，有「聖雄甘地」、「印度國父」等尊稱，是印度國族主義運動和國大黨的領袖。他帶領印度獨立，脫離英國殖民統治。他的「非暴力」（ahimsa）哲學思想影響了全世界的國族主義者，以及爭取和平變革的國際運動。印度獨立運動的成功激發其他殖民地人民為獨立而奮鬥。甘地的主要信念鼓舞了後來著名的民主運動人士，例如美國的馬丁・路德・金（Martin Luther King）和南非的曼德拉（Nelson Mandela）等人。他的價值觀很簡單，就是印度教信仰的「真理」（satya）及非暴力。大英帝國去殖民化之後，最終分崩離析，取而代之的是有名無實的大英聯邦。

甘地的繼承者尼赫魯也是名律師，他的國族主義起自一九一七年，自此開始他一生的奮鬥。他是印度獨立運動的關鍵人物，被甘地信任而得以成為他的繼任者。他是印度獨立後的第一任總理，在位甚久。為了解決貧窮問題，尼赫魯一直重視公共部門的表現，使得他的經濟政策充滿社會主義色彩。同時他也是不結盟運動的創始人，終其一生都是在踐行費邊主義，主張溫和改良資本主義的社會主義思潮。他活躍於二戰後的國際政治舞臺，被印度人稱為「博學的尼赫魯」，甚至「偉大的學者」。

印度的國族主義暫時團結了印度教與伊斯蘭教信徒，但平民的不服從、騷亂以及暴動於一九一九年爆發。英國原本計劃將政權交給一個印度政府，但眼見無法阻止分裂。全印穆斯林聯盟代表伊斯蘭教精英和地主階級，深怕他們的利益會在獨立後受到挑戰，堅持成立單獨的穆斯林國家。印度、巴基斯坦於一九四七年八月憲政會議召開前，就因為宗教不同而各自獨立成國，但獨立的兩國都不幸陷於暴力動亂，甘地也因而被暗殺。

尼赫魯與其他新興獨立國家領導人，反對西方以經濟文化控制的「新殖民主義」（Neocolonialism），以及依賴西方大國的任何模式。但是他要建立新興國家，有兩大障礙：一是與巴基斯坦的衝突，二是與中國的邊界爭議。中印一九六二年的邊界戰爭，印度大敗，在心理上對印度影響深遠。最主要的原因是：印度堅持要繼承英國在帝國主義時代自中國掠奪的領土。更嚴重的是印巴交惡，巴基斯坦伊斯蘭教共和國被分為東西兩部，議會民主於一九五八年因動亂而停止。印巴於一九七一年開戰，導致東巴基斯坦獨立為孟加拉國（Bangladesh）。此後印巴衝突，未嘗間斷。

印度自一九九一年開始經濟改革，逐漸除去中央計畫機制。到一九九五年，經濟轉型部分成功，如旁遮普省（Punjab）進行的「綠色革命」。但是由於世襲的階級制度、宗教衝突、官員過剩、國家農場無效力、教育投資不足等因素，轉型舉步維艱。印度的政治雖說是民主體制，但統治階級的權力未嘗減少，投票成為虛應故事，法制虛有其表，對現實毫無制衡力度。無數極其窮困的印度人，受到不平等的待遇，問題十分嚴重。

荷蘭在亞洲也有不少殖民地，印尼就是荷蘭的殖民地，印尼反殖民主義一直存在，荷蘭於一九一七年曾開創荷屬東印度人民議會，不過僅僅是顧問性質，到一九二七年之後，僅有三分之一的印尼籍議員。共產黨於一九二〇年代開始活動，在城鎮罷工，更於一九二六—一九二七年間多有暴動，但被鎮壓，暫時失去影響力。蘇加諾（Bung Sukarno）於一九二七年組織印尼民族黨，但該黨在一九三一年被解散，之後荷蘭又陸續鎮壓獨立運動，控制言論，遏制當地的民族主義，蘇加諾等民族主義分子被捕入獄，直到一九四二年始被釋放。二戰之後，荷蘭曾用武力壓制衝突，但最後於一九四九年放棄。包括美國在內的西方國家不支持荷蘭，因怕得罪亞洲國家，而使蘇聯漁翁得利。於是印尼脫離荷蘭，獨立成國，毫無懸念。

法國對殖民的態度不如英國人現實。換言之，法國人很不願意放棄殖民地。法國在一九四〇年遭到「滅國」之後，法國人就在倫敦組織流亡政府。法國於二戰時期，在亞洲的殖民地幾乎全被日軍占領。法國人的挫敗感，使其心理上很不平衡。法國於戰後政治很不穩定，經濟也十分困難，但仍很想恢復昔日的殖民帝國，重享過去的榮光。法國遂決定收復中南半島的殖民地。越南大概有十萬人曾經在第一次世界大戰幫法國人打過仗，在這個過程中，他們也學到法國人的經驗，所以戰後當地的民族主義高漲，常常發生暴動、打遊擊戰，使回到越南的法國疲於奔命。最主要的當地力量，就是胡志明領導的革命黨。早在一九三〇年胡志明就成立了印度支那共產黨，該黨跟中國的關係也很密切。只是那時法國將所有運動鎮壓了下來。但二戰之後，法國重返中南半島的願望，最後在奠邊府慘敗，美夢驚醒。法國於一九五四年在日內瓦會議中，決定退出越南。

非洲有最多的殖民地，摩洛哥（Morocco）與突尼斯（Tunisia）是在一九五六年獨立。到一九六〇年，法國的非洲殖民地幾乎全部獨立，只有一個例外：阿爾及利亞（Algeria），因為法國擁有阿爾及利亞已經長達百年，根本已視為法國領土的一部分。但是阿爾及利亞的穆斯林民族主義不同意，而且繼續以暴力來抵抗。戰後的法國領袖戴高樂雖然堅持不能放棄阿爾及利亞，但他採取了比較有彈性的做法，他於一九五九年九月十六日宣布由當地人民自決，然而當地人並沒有準備好執政，常常有內戰的恐懼，加上揮之不去的殖民時代影響，所以自治產生了不少問題。最嚴重的問題還是當地民族主義者與當地白人統治階級的矛盾，而最大的矛盾就是土地。阿爾及利亞的戰爭延續到一九六二年七月，法國最後才承認其獨立。

就在一九六〇年，非洲有十七個新興國家誕生。除了法屬殖民地外，義屬索馬里亞（Somalia）也在那年獨立了。比利時受到法國影響，也允許其中非殖民地剛果在一九六〇年獨立，今剛果民主共和國。肯亞（Kenya）則在一九六四年宣布獨立。聯合國將一九六〇年代稱為「非洲獨立年」，國際社會對非洲的民族主義是相當樂觀的，但是剛果危機使樂觀頓時消失。剛果的麻煩是非洲人民的分裂與內部的危機。

新興國家的脆弱，主要因為經濟失調，以及種族矛盾。自一九六三年以來，新興國家的政變、兵變不斷發生，非洲新興國家的問題，尤其嚴重。南非白人政權於一九四八年採取行動，執政的國民黨（the National Party）由在南非出生的白人掌控，啟動「種族隔離政策」（Apartheid），使五百萬白人以此控制二千六百萬的黑人。南非白人政府於一九八九年，終於出了決心改革的總統德克勒克（Frederik Willem de Klerk），他釋放了被關押二十七年的政治犯黑人領袖曼德拉。曼德拉堅持原則，要求在南非實現一人一票，寸步不讓，否則不願出獄。最後他以高姿態走出監獄，取得完全的勝利。他與他的非洲民族會議（African National Congress），簡稱ANC，取得了政權。曼德拉並沒有採取報復，而且保障了白人的權益。黑人經過長期的奮鬥，終於能有多數人民自主的國家。然而新興國家獨立後，反而越來越依賴對歐美國家的出口，新興國家雖然脫離了殖民國家，可是兩者之間的問題很難徹底解決。最主要的原因，是殖民國家各為私利，沒有為獨立的殖民地提供有益的幫助，所以殖民地變成新興國家後，政治上難以穩定，經濟上不能獨立自主。

中國與非洲是第三世界的革命夥伴，自一九四九年以來就建立深厚的友誼。中華人民共和國於一九七二年主要由於非洲國家的幫助，很順利地恢復在聯合國的合法席位。自二〇〇六年以來，隨著中非峰會影響的擴大，舉世關注中國在非洲的貿易投資和人員流動，西方國家站在西方中心立場，以為中國是非洲的「新殖民者」。但很多調查資料足以駁斥這種西方主流媒體以小人之心度君子之腹的偏狹觀點。中國對非洲採取的是一種雙贏的政策。比如中國在非洲修建了許多鐵路、公路設施，歐美殖民者上百年都沒有做過的基礎建設。世人終將知道，中國在非洲實行的是王道，而非西方的霸道。

拉丁美洲是美國的後院，美國羅斯福總統對中南美洲國家採取所謂友好睦鄰政策，但羅斯福的繼任者忙於戰後重建與冷戰，對自己後院的興趣不大。所以當卡斯楚在古巴革命成功後，美國才有後院失火的感覺。古巴危機更激發了美國前所未有的憂慮。拉丁美洲的人口增長非常之快。墨西哥城在一九九一年已有二千萬人，進入到二十一世紀的二〇二〇年，拉丁美洲人口高達六億五千餘萬人，與北美的三億六千餘萬人同住在西半球。但南美人基本的生活需求都未能得到滿足。早在一八二三年，美國的門羅總統就聲稱拉美不受歐洲殖民主義的侵犯。這個政策使美國百餘年來放手干預南美事宜。華盛頓經常製造或者推翻中美洲國家與加勒比海國家的政府，許多南美的獨裁者就是美國培養的軍人。二戰之後，南美國家政府要進行社會改革，假如不符合美國的利益，就會被指為共產黨或親共產黨而被推翻，如一九五四的瓜地馬拉（Guatemala）事件，又如美國資助玻利維亞（Bolivia）示威運動，以避免共產黨的滲透。最明目張膽莫過於想用軍事手段推翻卡斯楚政府。

南美洲是一個一千七百八十四萬平方公里的熱帶大陸，有許多之最，如世界上最長的河流亞馬遜河、最嚴重的通貨膨脹、最多的投票人、最多的工人、最多的消費者，同時也有最多的文盲。南美洲有經濟潛力，因為生產了全世界最多的咖啡豆、最多的香蕉。但經濟仍未能起飛，多因政治的問題，而美國的有心干預，而無心成全，也不無關係。

巴西是南美大國，資源豐富，雖發展得如火如荼，但有點荒腔走板。早在一九三〇年代，由於瓦加斯總統（Getúlio Dornelles Vargas）的出色領導，巴西才進入現代世界，開始了工業化，但之後的巴西領導人，不再有他的才能，不得不面對排山倒海的經濟與社會問題。最近巴西新冠肺炎的蔓延，更可見到政府能力的欠缺。阿根廷的貝隆總統（Juan Domingo Perón）夫婦徹底改變了這個國家。貝隆是軍官出身，通過政變奪取了政權，做了三任總統。他在一九四三—一九五五年，以所謂經濟民族主義使得工人進入國家生活的主流，重新整頓了阿根廷經濟，但對公眾自由多加限制，同時也獲得阿根廷軍方的支持。但是到了一九五五年，軍方跟上層階級以及天主教勢力指控他貪污，逼迫他逃離國境。多年之後的一九七三年，他以七十七歲高齡又重回阿根廷執政，但是不到一年就過世了。阿根廷政治仍然動盪。內憂之外還有外患，阿根廷與英國爭奪福克蘭群島，在一九八二年發生了戰事，以失敗告終。拉美是美國的後院，一直在美國的管控之下。美國雖然沒有帝國主義之名，但有美帝國主義之實，在中南美洲的作為多少還是帝國主義的行為，以至於損人利己，造成自家後院的貧窮落後，無數難民湧向美墨邊疆，偷渡進入美國，人滿為患，築牆阻擋，仍難擋人潮，束手無策，自食苦果。

第五節　龍象博弈：印度的中國情結

二戰結束後，亞洲中印兩大國各自重新起步，當時西方都看好印度，因有英國殖民留下的遺產，有較好的文官制度與民主機制，而中國受到日本的入侵，慘勝之餘，經濟凋敝，政治動亂。世皆以龍象競賽，象必勝龍。六十餘年後的今天，眾目所視，中國經濟體量五倍有餘於印度，象步顢跚，而龍已一飛沖天，印度不免有中國情節。

印度在冷戰時期，以不結盟自居，徘徊於美蘇兩強之間。中印關係原來平穩，但在一九六二年，因為邊界問題發生局部戰爭。中印邊界在西、中、東三段共長三千二百二十五公里，約二千英里。英國統治印度時代，東印度公司於一八四六年取得西段邊境，包括「拉達克」（Ladakh）地區在內的「查漠–喀什米爾土邦」（Jammu and Kashmir）的土地。英國官員曾向清政府官員協商邊疆，沒有結果，便自以班公錯湖（Pangong Lake）之南為界，湖之北到「克拉可然姆關口」（Karakoram Pass）為「未定領域」（terra incognita）。印度測量局的英國官員威廉・詹森（William H. Johnson）於一八六五年測量阿克賽欽地區（the Aksai Chin region）。他繪製的喀什米爾的疆界，從桑株古道（Sanju Pass）到沿昆侖山脈的昌辰墨河谷（Chang Chenmo Valley）的東麓，稱為「詹森線」（Johnson Line），將介於新疆與西藏之間的阿克賽欽周圍將近三萬平方公里的土地，略同瑞士大小，視作英屬印度領土，成為英印「喀什米爾」（Kashmir）的一部分，但並未知會清朝政府。英國政府又派麥克唐納（Claude MacDonald）於一八九九向中國提出「馬戛爾尼—麥克唐納線」（Macartney-MacDonald Line），將阿克賽欽西北平原與北邊的「喀喇昆侖走廊」（Trans-Karakoram Tract）劃給中方，以換取中國的軍薩（Hunza）屬地。

辛亥革命後，西藏地方當局驅逐清朝駐藏大臣與駐藏清軍。英國於一戰後還是以「詹森線」為界。英屬印度殖民政府於一九一四年（民國三年）與西藏地方當局以及中國中央政府，進行三方會談來劃定疆界，但當時的北京政府拒絕英方所提有關「內藏」與「外藏」的疆界，不予批准。英屬印度殖民政府的外交大臣麥克馬洪（Henry McMahon），不顧上級命令，擅自繞過中國中央政府，直接與西藏地方當局議定「西姆拉條約」（Simla Treaty），劃定「麥克馬洪線」，以喜馬拉雅山南麓為界，將九萬多平方公里的藏南地區，「劃歸」英屬印度。但歷屆中國政府均拒絕承認，因不承認西藏地方當局可以擅自與英國殖民政府訂約，而且無論從地理還是文化而言，該地自古以來都屬於西藏。英國政府知道「麥克馬洪線」有問題，所以直到一九三〇年代後期，才允其出現在英國官方地圖中。印度於一九四七年獨立後，主張有權繼承所有的英屬印度領土，不顧中國政府的反對，印度領導人尼赫魯在國會斷然宣稱「麥克馬洪線」為法定疆界。中華人民共和國於一九四九年成立，形勢大變。新印度與新中國都有意和睦相處，但邊界問題，始終難以不起爭執。周恩來指出阿克賽欽已經是中國的領土，而且中印邊界從未經兩政府商議，印度政府不能單方面劃定。自一九五〇年起，印度開始巡邏藏南地區，並將其哨所推進到喜馬拉雅山脈北麓。印軍於一九五一年二月二日，趁中國參與朝鮮戰爭之際，派兵占領西藏地方管轄的達旺（Tawang）地區。早在十九世紀後半葉，英國就視達旺為西藏的一部分，而這一疆界以達旺之南向西到不丹南部為止，英方於一九一二年六月一日經自確認。印度獨立後，即根據「詹森線」，將阿賽克欽據為己有。印度首相尼赫魯於一九五四年七月一日堅稱以「詹森線」為界，無商量餘地。但據英國傳教士派特森（George N. Patterson）所言，印度政府所主張有關爭議地區的證據，相當薄弱，但印軍仍於一九五三年向北擴張，甚至越過了「麥克馬洪線」。印度在中段和西段，亦占有部分爭議領土。中國於一九五六—一九五七年修建公路，貫穿阿克賽欽「詹森線」的南邊，並且在阿克賽欽設立哨崗，此條公路出現在一九五八年出版的中國地圖之中。

中國與印度巡邏隊於一九五八年八月發生衝突，擊斃一名印度軍人，中方控制了原為印軍的陣地，並聲明行動是為了防止殘餘的西藏叛亂分子出入邊境。印度堅持要中國從阿克賽欽撤兵，惡化了雙邊關係。尼赫魯於一九五九年派兵進入爭議地區，迫使中國軍隊退到爭議地區之北。西藏在外國勢力煽動下，於一九五九年發生騷亂。中國政府於五月十六日譴責印度干涉中國內政之後，周恩來總理會見蘇聯等十一國社會主義國家訪華代表團和駐華使節，譴責尼赫魯想要使西藏成為印度的「保護國」，置於印度勢力範圍內。周恩來於一九六〇年訪問印度，與尼赫魯會談，提出解決邊境問題的方案，未被印度方面接受。印軍於一九六一年越過雙方實際控制線，建立四十三個據點。尼赫魯於一九六一年就令部隊向前推進，以便積極占領整個邊境，並持續推進其「前進政策」（Forward Policy），印軍甚至越過「麥克馬洪線」，進入西藏山南的「扯冬」（Dhola Post）地區，聲稱中國不應擁有西藏，並向中國邊防軍開槍，死傷數十人，又派山地師切斷中方的補給線。印軍最初奉命自衛，後來改為如受到威脅即可開火。中國於八月提出嚴正抗議，開始占據「拉則拉」山脊（Thag La）制高點。印軍到八月底，在中國境內已經建立一百多個軍事哨所，有的在中國哨所對面，有的切入中國哨所之間，還有的插到了中國邊防哨所的背後。印度於九月十一日允許所有前沿哨所，向「進入印度領土的中國軍隊開火」。《人民日報》於九月二十二日發表題為〈是可忍，孰不可忍〉的社論，要求印度政府立即從邊境撤軍，提出否則中方將使用武力。尼赫魯於一九六一年就向邊境駐軍發出命令，於一九六二年十月十二日公開宣稱：印度軍隊已接到中方訊息。《紐約先驅論壇報》於翌日發表文章，贊許尼赫魯將要與中國開戰。中國即於一九六二年十月十四日成立「西藏軍區前進指揮部」，由張國華任司令員。同時，新疆邊防部隊也組成了中印邊境西段作戰指揮部。中國方面已經做好了開戰的準備。

中國解放軍於一九六二年十月二十日黎明前開打，在相隔一萬公里的東西兩段戰場同時發動進攻。解放軍在西段驅逐位於不丹與緬甸之間東段戰場，阿克賽欽的「奇普恰普河谷」(Chip Chap valley）的印軍，攻取克節朗河（Namka Chu）的兩岸。解放軍三個旅經過四天的激戰，成功占領了爭議地區。東段戰場上的拉澤拉山脊地區（Thag La Rezang La），印軍戰鬥半小時後彈藥告罄，陣亡八百三十二人，被俘一千六百五十人；中國軍人傷亡三百八十八人，中國邊防軍進占藏南和達旺地區。中國邊防軍在東西兩段戰場，大獲全勝，驅除三十七處印軍據點。中國政府遂於十月二十四日提出停止衝突、重開談判、和平解決三項建議，以及雙方從戰前邊境線各自後撤二十公里。印度無法接受，更宣布印北進入「緊急狀態」，並向東線的藏南及達旺地區增援士兵。

印度有恃無恐，美國大批軍事援助於十一月四日抵達，印軍於十天後在邊境東西側發動反攻。中國邊防部隊分兵兩路，一路攻擊西山口印軍，擊其頭部；另一路從兩翼夾擊，攻其腹部。再以兵力採取大迂迴戰術，斷敵退路。戰爭進入第二階段，解放軍迂迴部隊於十一月十七日晚，殲滅印度守軍一個營，搶占拉洪橋（lakhon Bridge），切斷了「德讓宗」（dejang Zong）

至「邦迪拉」（bondilla）的公路。翌日清晨，印軍發覺後路已斷，全線後撤。於是中國西藏邊防軍發起總攻，沿著中國—不丹國界的右路迂迴穿插，西山口的邦迪拉戰役於是打響，印度守軍整旅潰逃。中國軍隊沿公路直撲德讓宗，印軍竟撤出陣地，向邦迪拉撤退。解放軍於十一月十九日奪取邦迪拉鎮；至十一月二十一日，占領印軍十六處據點。在西段戰場，新疆邊防軍占領了印軍在「班公洛」地區的據點，印度稱該地為「熱贊拉」（Rezang La）。中國邊防部隊在短短一個多月時間裡，經過兩階段反擊，一共殲滅印軍兩個旅和三個旅的大部，擊斃第六二旅旅長豪爾・辛格準將（Brigadier General Singh）；第七旅旅長達爾維（Brigade Dalvi）被俘，並斃、傷、俘其官兵八千七百餘人，中國大勝。

印度軍隊慘敗後，要求美國介入。尼赫魯兩次寫信給美國總統甘迺迪，請求美國向印度派遣超音速戰鬥機、提供先進的雷達和通訊設備，並派中程轟炸機轟炸中國境內。甘迺迪於十一月十九日派助理國務卿哈里曼（Averell Harriman）率高級軍事代表團赴印，同時派遣C-130大型運輸機，幫助印度搶運增援部隊與物資。

中國大勝之後，突然於一九六二年十一月十九日宣布單方面停火。周恩來兩天後正式宣布：中國邊防軍將自十二月一日起，從一九五九年十一月七日時的疆界，後撤二十公里到「麥克馬洪線」以北，等於放棄了爭議地區，但中國堅守阿克賽欽的一萬五百平方英里的領土。於是印度實際控制了藏南和達旺三萬二千平方英里有爭議的土地。中國控制的阿克賽欽，是新藏公路的必經之地，較有戰略意義。自此，東段即以中國從來不承認的「麥克馬洪線」為控制線，雙方爭議並未結束。中國勝利後退兵，或因有補給困難。四千米高原地帶，不利於中國軍隊後勤作業，補給來自四川和青海，除依靠公路運輸外，尚需人力、畜力翻越喜馬拉雅山脈，進入藏南地區，尤其進入冬季後，大雪封山，後勤更加困難。更何況中國當時處於三年困難時期，國民經濟極為脆弱，確實無力在戰場多做消耗。中國的目的也許僅僅是威嚇印度，以戰爭手段維護西段邊境與西藏內部的穩定，防止美國介入戰爭的可能，所以選擇全勝而後與印軍脫離接觸，回到「麥克馬洪線」的北側，但保住西端的阿克賽欽地區。此外，當時美蘇兩大國都站在印度一邊，中蘇關係惡化，中美關係更是難解。除美蘇兩大強權之外，同情和支援印度的國家眾多，所以中國在國際外交上相對孤立。當時國際上大部分的國家誤認為是中國入侵印度，這大多出自冷戰意識與偏見。美國甘迺迪的軍方甚至以核武來威脅。中國完全沒有話語權，中文報章上發表的材料和聲明，外界多看不懂。幸而有客觀的英國記者內維爾．麥克斯威爾（Neville Maxwell）勤於搜尋材料，遂能在一九七〇年寫出一本公正詳實的《印度的對華戰爭》（*India's China War*）。他在書中說：「中國軍隊取得重大勝利後，突然單方面宣布無條件撤軍，與其說全世界為之鬆了一口氣，不如說讓全世界目瞪口呆。在世界戰爭史上從來沒有勝利的一方，在失敗者沒有任何承諾的情況下，就單方面撤軍，實際上也讓自己付出巨大代價，將來之不易的勝利成果，化為烏有。」他不僅親自到現場採訪，而且使用大量印度未刊檔案資料，指出西方人對這次戰爭的誤解，他在西方世界獨排眾議，提出印度絕不是被中國欺侮的無辜者，而是尼赫魯在外交上的錯誤，特別是在邊境上執行「前進政策」，使他在軍事上自取其辱，如他處理得當，戰爭完全可以避免。根據美國CIA的解密檔，當時美國方面分析認為，中國作戰的動機主要是讓印度知道中國不會允許其用軍事手段，重新占領爭議地區；另外要揭露印度的弱點給尼赫魯看，並暴露了蘇聯領導人赫魯雪夫，親印度而反華的真面目。當然從一九〇年代中方公布的資料看，中國關切的核心是印度的「前進政策」以及對西藏的侵略意圖。印度於戰爭即將結束時，仍然加緊支援西藏的難民和叛黨，為共同的敵人而奮鬥，尼赫魯政府甚至要印軍訓練西藏難民成為「西藏軍」（Tibetan Armed Force）。麥克斯威爾和美國學者艾倫·惠廷（Allen Whiting）都同意，中國領導人視印度的「前進政策」，有圖西藏之意。中國外交部長陳毅元帥曾說：尼赫魯的「前進政策」是一把刀，想要插入中國的心臟，中國不能等死。中國原同情印度曾被英國殖民，但「前進政策」使中國領導人感到，獨立的印度居然是英國帝國主義的復活。事實很明顯，尼赫魯先動手，印度國會也不願意協商，不斷挑釁，只想要把中國軍隊趕走，向中方實際控制線推進，破壞了雙邊關係。這場戰爭在中印邊境的西段和東段同時進行，而以東段當時被印度實際控制的藏南地區為主戰場，地處高海拔，環境極為惡劣，後勤補給非常困難。中國取得絕對勝利後回撤，印度重新占領絕大部分中印爭議地區。但印度人於慘敗後，引為奇恥大辱，在心裡上的極不平衡，而產生不理智的仇中情結，歧視留印華裔，甚至驅逐華人出境，到今天仍然影響中印關係。最近爆發的中印邊界衝突，其來有自，印度又想乘美國對華發動貿易戰、科技戰的機會，在邊境上占中國的便宜，可能又要白費心機了。

第六節　蘇聯從超強到崩解

美蘇爭霸的關鍵是核武競賽，丹麥物理學家包爾（Niels Bohr）在一九三〇年代首先警告核彈的可能性。當希特勒入侵波蘭時，製造核彈已經是可能的事，流亡在外的猶太科學家，深怕希特勒先得此殺器。美國猶太人物理學家奧本海默（Robert Oppenheimer）是第一顆原子彈的功臣，匈牙利裔美國猶太人物理學家泰勒（Edward Teller）是第一顆氫彈的功臣。羅斯福在為猶太人的愛因斯坦（Albert Einstein）的提議下，於一九四〇年成立鈾顧問委員會，「曼哈頓計畫」（The Manhattan Project）預算達二十億美元。原子彈試爆成功，展現驚人的威力，人類走進核時代，象徵戰後美國的世界超強地位。蘇聯於一九四九年九月宣布試爆原子彈成功，使美國政界震驚。杜魯門總統先不相信，後懷疑蘇聯偷竊原子秘密，引發轟動一時的間諜案，隨即美蘇展開核武競賽，世界進入邱吉爾所謂的「恐怖平衡」（the balence of terror）。恐怖核武之餘，開始研究如何解決問題，美、英、法、蘇遂於一九五五年在日內瓦開始談判軍控。美國艾森豪總統提出「開放天空條約」（Open Skies Treaty），允許非武裝偵察機飛越美、蘇以及其他一些國家的領空。英國首相伊頓（Anthony Eden）進一步建議，減少在中歐的傳統武力。此外，還有波蘭外長拉帕茨基（Adam Rapacki）於一九五七年提出「無核區建議」，《部分禁止核子試驗條約》、《不擴散核武器條約》等的產生，以及華沙條約國與北大西洋公約國之間互不侵犯條約的簽訂等努力。各國恐懼核威脅，都想避之若浼，但古巴危機幾乎爆發美蘇之間的核子大戰，可說是冷戰對峙期間最危險的一刻。

古巴危機源自古巴革命，卡斯楚（Fidel Castro）取得政權。古巴原由資本家控制，跟美國關係密切，卡斯楚所領導的革命運動於一九五八年十二月三十一日成功。他不滿古巴依賴美國，所以要切斷與美國的親密關係，將美國的工業資產如銀行、油廠、糖業，以及美國人擁有的商務都收歸國有。美國的反制導致古巴與蘇聯走到一起，蘇聯幫助古巴抵抗美國的經濟封鎖與經濟制裁，如古巴產糖，蘇聯就在一九六〇年購買了古巴所生產一半的糖。當時美國總統艾森豪，非常關切蘇聯介入古巴，因為古巴就在美國的家門口，於是在一九六〇年的三月給中央情報局一千三百餘萬美金，策劃推翻卡斯楚。中央情報局協助古巴流亡在美的古巴反革命分子，組織成軍隊。艾森豪的繼任者甘迺迪於一九六一年四月四日批准了此一計畫。在中央情報局的策劃之下，這支主要由古巴流亡分子組成的軍隊，當然也有一些美軍在內，目的就是登陸古巴後，推翻卡斯楚政權。共計一千四百名兵士，分作五個步兵團，外加傘兵在瓜地馬拉（Guatemala）與尼加拉瓜（Nicaragua）集合，然後於一九六一年四月十三日乘船向古巴進發。兩天後，八架美國B-26戰機，轟炸古巴機場後折返。主力軍於四月十六日晚上在豬灣（Bay of Pigs）登陸，開始時壓制了地方上的革命民團，後來卡斯楚的革命軍反擊，由卡斯楚親自指揮作戰，甚是得手。當入侵不順時，甘迺迪怕捲入太深，決定不再協助，結果入侵軍裝備不足，而原定海空支援的計畫，亦未能落實。入侵軍於四月二十日投降，距登陸不到三天，慘遭滑鐵盧。大部分入侵官兵被俘，公開審訊後，送進古巴監牢。入侵者的失敗增強了卡斯楚的威信與領導地位，儼然成為國家英雄，與美國關係則愈趨惡化。豬灣事件成為甘迺迪政府在外交上的重大挫敗。

卡斯楚憂慮豬灣事件可能重演，要求蘇聯保護，於是赫魯雪夫決定秘密運送導彈到古巴。當美國偵察機發現時，已有四十二部導彈裝置與六枚彈頭出現在古巴，美國頓感恐懼，因這些導彈的射程可及全美國土的大部分，相當美國分置於西歐與土耳其面向蘇聯導彈射程的範圍。甘迺迪不能容忍古巴的導彈，將古巴視為「疫區」加以「隔離」（Quarantine），避免用封鎖一詞，以免在公海上封鎖，有違國際法。當運載火箭等物資的蘇聯船隻駛向古巴，若被美國海軍攔截或發生衝突，很可能爆發核戰。當蘇聯輪船接近古巴時，赫魯雪夫命令回航，才緩解緊張局面。蘇聯在眾目睽睽下退卻，看起來好像是甘迺迪的勝利，但事實上是雙方密集協商，相互讓步的結果。蘇聯撤走導彈，以交換華盛頓承諾古巴領土的完整，不容侵犯，以及撤走在土耳其基地的導彈。美蘇各讓一步，核彈的恐怖平衡奏效，核戰的可怕，阻止了美蘇之間幾乎不可避免的大戰。

古巴領袖卡斯楚因導彈危機而舉世聞名。他是西班牙富農之子，生於一九二六年，死於二〇一六年，他是從一九五九到一九七六年的古巴總理，於一九七六年出任總統，直到二〇〇八年。他統治古巴近半個世紀，並從一九六一到二〇一一年，兼任古巴共產黨第一書記。他既是馬克思列寧主義者，也是古巴民族主義者。古巴在他領導下，成為一黨專政的社會主義國家，工商業皆國有。卡斯楚在哈瓦那大學（Univerty of Havana）讀書時，已相信左派的反帝國主義政治，參加多明尼加（Dominican Republic）與哥倫比亞（Colombia）反右政權後，策劃推翻獨裁的巴蒂斯塔（Fulgencio Batista）政府。他在一九五三年發動的攻擊失敗，入獄一年後，前往墨西哥，在那裡成立革命團體，號稱「七二六運動」。卡斯楚回到古巴後成為革命運動的領導者，以遊擊戰反巴蒂斯塔勢力，一九五九年推翻巴蒂斯塔政府後，成為古巴領袖。美國一直反對卡斯楚的古巴，對其長期經濟封鎖，曾多次暗殺卡斯楚未果。

卡斯楚的政府，是西半球第一個共產黨領導的政府。他採取經濟集中制，給與人人保健與受教育的機會，控制媒體，壓制異議。他支持國外的反帝革命運動，支持智利、尼加拉瓜、哥斯大黎加的馬克思主義政府，並派遣軍隊到國外援助其內戰。這些行動加上卡斯楚於一九七九—一九八三年間在「不結盟運動」中的領導地位，以及古巴的「醫療國際主義」（Cuba's medical internationalism），以醫療來幫助較貧窮的國家，提高了古巴在世界舞臺上的能見度。蘇聯於一九九一年解體後，卡斯楚的古巴在美國制裁下，經歷了經濟困難；進入二十一世紀，與部分拉丁美洲國家結盟，成立美洲「玻利瓦爾省聯盟」（Bolivarian Alliance for the Americas）。卡斯楚於二〇〇六年把權力交給副總統勞爾．卡斯楚（Raúl Castro），勞爾於二〇〇八年在國會被選為總統。卡斯楚是跨越兩個世紀的古巴領導人，在世界上評價兩極。讚賞他的人認為他是社會主義、反帝國主義的健將，他的革命政權發展了經濟與社會正義，而又保持了古巴在美帝腳下的獨立地位。反面的評價則說他是獨裁者，不講人權，造成大量古巴人民外逃，國家經濟貧困。其實古巴的貧困主要還是由於美國的經濟制裁。卡斯楚本人得到許多國際榮譽，也深深影響了世界上許多個人和團體。歐巴馬（B. Obama）任美國總統時，曾尋求與古巴恢復關係，但是川普當上美國總統，他是極右派，又是種族主義者，不喜歡社會主義的古巴，於是又收緊對古巴政策，所以古巴的命運受制於美國，令人同情。假如美國不制裁古巴，古巴有優越的地理位置，旅遊經濟潛力極大，又盛產白糖，定會是富有的國家。

蘇聯與美國為冷戰時期的超強，在最劇烈的古巴飛彈危機時，兩強平分秋色，軍力不相上下，何以古巴危機後不到三十年，蘇聯竟於一九九一年十二月二十六日解體，原因何在？美蘇對峙的冷戰是一場消耗戰，儘管強調兩個超強能夠和平共存的所謂日內瓦精神一直存在，但是東歐的騷動，持續不斷。東歐的動盪最終成為蘇聯解體的前奏，工人們於一九五六年六月在波蘭西部的波茲南示威遊行。由於有聲望的國家領袖哥莫爾卡（Wladyslaw Gomulka）出面，事情得以緩解。匈牙利的情況要嚴重得多，匈牙利人針對蘇聯統治者，全面抗爭，赫魯雪夫派軍隊入境平亂。美國雖然譴責蘇聯，但無法改變狀況，只能收容大量匈牙利難民。當戈巴契夫（Mikhail Sergeyevich Gorbachev）上臺後，不再採取強硬手段，形勢驟變。戈巴契夫代表蘇聯新一代的領導人，於一九八五年三月被選為蘇共第一書記。他眼見蘇聯江河日下，軍事超強，但在經濟上卻猶如第三世界國家，民眾每天日常生活都有困難，買麵包都要排長隊。他於是雙管齊下，「經濟改革」（perestroika）與「政治改革」（glasnost）兩箭齊發，以求改變國內狀況與改善國際關係。政治改革主要是開放言論，戈巴契夫要給蘇聯更多的自由，但此舉有其危險性，因為蘇聯是許多不同民族的集合體，在統一的蘇維埃體制下，並不穩定。民主化必然會付出政治不穩定的代價，沒有政治穩定，經濟改革就難以付諸實施。

經濟改革，主要活絡經濟，希望蘇聯能夠成為生產力強大的富裕國家。他相信只有私營才能刺激經濟發展，所以蘇聯自一九二〇年代以來首次允許私人公司與私營商務，並給予工人罷工的權利，歡迎外國投資。戈巴契夫相信西方學者所說，經濟改革如不配合政治改革，不會有效果，所以政府必須鬆手，讓私有企業主導。戈巴契夫的最終目的是要建立一個新蘇聯，然而蘇聯經濟已經百病叢生，他遇到的難題是：如何能「改掉」共產主義而仍然是共產主義。他受到西方國家的讚譽，得到諾貝爾和平獎，並與西方建立友好關係。然而，改革的成果不可能於短期內見效，改革衝擊了長期以來支撐蘇聯的計劃經濟，而市場經濟需要時間養成。戈巴契夫的政策造成物質短缺、分配困難等一連串的問題。人民越來越感到挫折而埋怨政府。戈巴契夫後來在告別演說中承認，問題在於新制度未能於舊制度崩潰時產生作用。

戈巴契夫的全面改革，觸動依賴莫斯科「老大哥」的東歐。克林姆林宮最高領導人忽然對東歐的社會主義政權說，要他們自己設法與其人民溝通，達到社會和諧，否則後果自負。東歐的反政府罷工一直未斷，這些社會主義政權得不到「老大哥」的支援，一個接著一個倒下。波蘭領導人雅魯澤爾斯基（Wojciech Witold Jaruzelski）於一九八九的年初，有鑒於長期停滯的經濟，感到有根本改革的必要。波蘭早於一九八〇年就已成立了「團結工會」（Solidarity），主張以非暴力反抗，後來成為波蘭最大的政黨，成為蘇聯集團中的第一個反對黨。情勢急劇變化，「工團黨」的馬佐維耶茨基（Tadeusz Mazowiecki）於一九八九年八月成為東歐第一個非共產黨人總理。

匈牙利自一九五六年革命後，得到莫斯科允許，進行比其他東歐國家稍為寬鬆的經濟試驗，以換取政治上的穩定。匈牙利的改革增加了財富，但整體經濟問題仍然難以解決。戈巴契夫執政後，匈牙利於一九八九年一月允許反對黨存在，並舉辦春季選舉，將匈牙利共產黨改名為匈牙利社會黨。

捷克的群眾於一九八九年十一月中旬開始集會抗議，歡迎杜布切克（Alexander Dubĉek）回來主政。杜氏一九六八年一月到一九六九年四月就曾任捷克共產黨第一書記，他在提倡民主政治改革方案的「布拉克之春」（Prague Spring），喊出「人道化社會主義」（Socialism with a human face）的口號，要求改良政府，解除報禁，使捷克社會自由化，但黨內保守派與蘇聯當局深怕因西化而鬆動捷克與蘇聯的連結，認為是對自己領導地位的挑戰，結果華沙條約國的軍隊於一九六八年八月二十—二十一日以武裝入侵捷克，改革宣告失敗，終結了「布拉克之春」。杜布切克被迫於一九六九年四月離職，並於一九七〇年被開除黨籍，由胡薩克（Gustav Husák）繼任，恢復捷克原狀。不過，一九八九年的改革出了一位劇作家哈法（Vaclav Havel），成為時勢英雄。他是常被禁錮的異議分子領袖，因時而起，於十二月十日組織捷克新政府，成為總統，使捷克變了天。

東德也發生問題。奧地利於一九八九年三月十七日開放邊境，使得東德民眾能夠越境前往西德。西德自動給予東德人公民權，於是東德人蜂擁而至。東德人離開，大多不是因為生活上的不舒適，而是精神上的不自由。到一九八九年十月，反對運動在東德遍地開花。先在萊比錫（Leipzig）的為自由而行，到十一月六日抗議人數高達四十八萬人。當反東德政府抗議升高，東德共產黨領導人何內克（Erich Honecker）要求蘇聯出兵，援助平亂，但為戈巴契夫所拒，東德工黨要何內克於一八九八年十月下臺，以改善政府的公眾形象，十一天之後，由克倫茨（Egon Rudi Ernst Krenz）繼任，但到同年十二月三日在群眾的壓力下，黨的整個領導階層辭職，東德的民主共和國告終。

到一九九〇年的冬天，有一個難堪的罷工使布達佩斯癱瘓，抗議在羅馬尼亞持續不斷，政治爭論在保加利亞沒完沒了，整個東歐都缺少食物。保加利亞的領導人日夫科夫（Toodor Zhivkov），專政三十五年，也於一九八九年十一月被馬德諾夫（Peter Mladenov）所取代，馬氏主張於一九九〇年五月底合法化反對黨與自由選舉。最具戲劇化的是統治羅馬尼亞二十四年的齊奧塞斯庫（Nicolae Ceausescu）。他似乎信心滿滿，當浪潮席捲東歐時，他命令軍隊向抗議群眾開槍，然後搭乘飛機出訪伊朗。回國後面對群眾，尚以為是擁護他的人，瞬間發現是反對他的，並在兩小時內被捕，送軍事法庭審判。齊奧塞斯庫夫婦因「集體謀殺」（Guilty of Genocide）之罪，於一九八九年的聖誕日被處決。

東歐在一九九〇—一九九一的冬天，極為難過，罷工使匈牙利首府布達佩斯（Budapest）癱瘓，抗議在羅馬尼亞持續不斷，政治爭論在保加利亞沒完沒了，整個東歐缺少食物。更糟糕的是，東歐各國脫離蘇聯後，自一九九一年元旦起，必須以市價購買來自俄國的石油。東歐長期以來依賴蘇聯市場，一旦脫離，勢必產生經濟混亂。來自外國的私人投資，卻遲遲未至。

蘇聯本身也出現問題，戈巴契夫沒有「馬歇爾計畫」來維持蘇聯集團，他在國外遠比在國內受到歡迎，因西方樂見蘇聯崩解。戈巴契夫面對日益高漲的分離主義，無法重建一個比較不太集中的蘇聯。他於一九九一年八月二十日，將蘇聯轉化為「獨立共和國聯盟」（federation of independent republics），設一總統，掌管外交與軍事，但仍由共產黨控制經濟與社會。蘇聯共產黨並不滿意戈巴契夫的作為，他的副手、總理、國防部長、內政部長、「克格勃」（The Commitee of State Security，簡稱ＫＧＢ）局長以及部分高幹，試圖阻止獨立聯盟的形成，於是將戈巴契夫送往克里米亞度假，將其軟禁，並切斷他與外界的聯繫，發布緊急命令，停止政治活動，以及禁止報紙出版，此即「八一九」事件。參與政變者期盼得到公眾的支持，但大城市的輿論與獨立體共和國，反對政變。俄羅斯總統葉利欽（Boris Yeltsin）也譴責政變，他站在坦克車上演說，莫斯科的成千群眾站在他的一邊。政變發動者派出特種部隊，但特種部隊拒絕攻堅。政變者還忽略了外國媒體的報導，莫斯科民眾看到ＣＮＮ推波助瀾的消息，即使被孤立的戈巴契夫也可聽到英國廣播公司的廣播，此一硬傷，使政變在三天之後的一九九一年八月二十一日失敗。政變發動者被捕，戈巴契夫復位為總統，但權力大大削減，蘇聯迅速解體，葉利欽成為俄羅斯聯邦（Russian Federation）的總統。當時俄國的激進改革派，都認定快速轉變成市場經濟的必要，也理解很可能因此會將蘇聯分解為若干獨立共和國的結果。對葉利欽而言，從個人角度，他並不介意獨立，因他已是獨立的俄羅斯聯邦的總統，而地區政府也想脫離莫斯科的全面控制。當然也有保守派，他們是愛國者，蘇聯的俄羅斯民族主義者也反對削弱蘇聯體制。無奈大勢已去。蘇聯第八位，也是最後一位最高領導人戈巴契夫於前一日辭職，並宣布此一元首職務之終止，將政權及核武交給俄羅斯總統葉利欽，那一天的晚上七時三十二分，蘇聯國旗在克林姆林宮降下，不再升起，由十月革命前的俄羅斯國旗所取代。蘇維埃社會主義共和國聯盟正式分裂為十五個獨立自主的共和國。俄國的葉爾欽於一九九一年六月十二日的民主選舉中，以五十七%的高票當選。他的對手，也是戈巴契夫選擇的雷日科夫（Nikolai Ryzhkov），僅得到十六%的選票。葉爾欽在競選時，雖知尚未引進市場經濟，但已批判中央集權。從八月到十二月，包括俄羅斯在內的所有加盟共和國，皆撤銷與蘇聯的關係。

在蘇聯正式解體前一周，除波羅的海三國與格魯吉亞（Georgia）之外的十一個共和國先後簽署協定脫離蘇聯，蘇聯不再存在，冷戰也與焉告終。部分共和國與俄羅斯聯邦維持親密關係，組成多邊組織，如獨立國家聯合體、歐亞經濟共同體、俄白聯盟、歐亞關稅同盟以及歐亞經濟聯盟，加強經濟與安全合作。波羅的海三小國自蘇聯獨立出來後，則加入北約與歐盟。

蘇聯崩解有一意料之外的發展，就是導致德國在一九九〇年的統一。東西德合體，已使德國成為主要的經濟強權，雖世人一時有二戰的陰影，擔心德國的強盛，但德國人表現得謹小慎微，表達了良好的意願。這使得西歐有可能在新的環球格局中，成為強權。到一九九〇年代中期，西歐十五國雖然顧慮國家主權問題，仍然快速趨向同盟，最後形成歐盟。英國已經脫歐，新加入的東歐國家，國多言雜，共識決，難以真正有大的作為。

美國於二戰結束時，已是環球一哥，獨領風騷，軍備固然首屈一指，經濟產量也高達全世界的六〇%，主導戰後新秩序，勢所必然。美國的使命感也隨所負責任的大增而強化，欲將戰後成為「民主自由」的世界。這種彌賽亞情懷，一方面要終結老牌帝國主義國家，不僅德、日法西斯帝國滅亡，大英帝國與法蘭西帝國也被崩解，大英帝國變成「英聯邦」，法國海外殖民地也喪失殆盡；另一方面，導致與戰時盟友蘇聯反目，長期冷戰。儘管朝鮮戰爭、越南戰爭都是內戰，結果朝鮮戰爭成為美國第一個打不贏的戰爭，越戰成為歷時最久而輸得最慘的戰爭。冷戰結束後，蘇聯瓦解，美國成為獨步環球的唯一超強，當年的老布希總統曾說，人類將同享和平紅利，何等美好。但美國所主導的後冷戰時代已過了四分之一世紀，世界並不和平。美國贏得冷戰，已無敵國，原可按自許的高尚使命感，領導和平與和諧的世界，讓人類共用由和平帶來的紅利。孰料美國沒有敵國，卻要製造敵國。冷戰期間，「北約」（NATO）與「華沙條約」（Warsaw Pact）兩集團軍事對峙，緊張萬分。冷戰結束，華沙條約組織解散，而北約不僅依然存在，而且不斷擴充，甚至支持烏克蘭政變，要烏克蘭加入北約，直逼俄羅斯邊境，導致俄總統普丁（V. Putin）強力反制，乘機於二〇一四年收復克里米亞半島，該地帝俄時代原屬俄國，蘇聯時代赫魯曉夫始劃入烏克蘭，華盛頓與北約單方面支援烏克蘭挑釁，反而指俄國侵略。美國又介入東烏克蘭的內戰，不免引發北約與俄羅斯之間的緊張關係，不斷相互以軍演威嚇，最後導致俄裔占多數的東巴斯地區（the eastern Donbass region），徑自宣布獨立，莫斯科立刻聲明有權保護東巴斯的俄裔人民，終於引爆俄烏之戰。

蘇聯解體，冷戰結束，俄國虛弱，造就無人能夠挑戰的美國獨霸，但美國意識形態的偏見與自己利益為先的政策，未能造就和諧的新世界。最令人難以索解的是，在後冷戰時代美國還要搞軍事同盟。我們讀史，即知軍事同盟、相互對峙，乃兩次世界大戰爆發的主要原因之一。美國拉幫結派，不斷提升軍備，難道還在準備大戰？略有知識者皆知，核大國之間不可能發生戰爭，冷戰時期美蘇在古巴危機中一觸即發的戰爭，終消弭於無形，即因雙方皆知核戰無贏家。美國要在亞洲再平衡，又如何跨越核武「恐怖平衡」的雷池？既然不可能，又一再要與俄、中核大國為敵，除了虛張聲勢、製造事端之外，只能圖利軍火商，將和平紅利移作巨大的軍火紅利。美國耶魯大學史家甘迺迪（Paul Kennedy）於二十世紀末葉研究五百年來帝國的興衰，認為經濟與軍力關涉興亡。國家須按其經濟資源發展軍事，但發展軍力的花費，即使再雄厚的經濟體，也難以無限制擴張。中國大陸自二十世紀八〇年代以來，一心一意發展經濟，近又提出「一帶一路」宏遠的經濟計畫，而美國卻以增強軍備來遏止中國，並以日本為馬前卒，張其聲勢，來刺激中國。然當今中美關係錯綜複雜，牽一髮而動全身，難不投鼠忌器。中國人對日本軍國主義的侵略記憶猶新，難免不引發反對美日帝國主義的情緒。按史家甘迺迪之說，美國經濟已難負荷軍費的開支，中國又是美國的最大債權國，美國霸權走上不歸路，豈能久乎？

美國刻意弱化俄國，促使強人普丁重整俄羅斯，與之相抗。中國崛起，願與美國建立平等的新型大國關係，但美國不僅不相向而行，更且刻意遏制，不惜與中俄對抗，有重啟冷戰之虞，甚至反對全球化的潮流，美國想繼續領導後冷戰世界的高度，驟然消失。

第四講
歷史並未終結

第一節　和平紅利的錯失

蘇聯解體，美國獨霸世界，一霸超強，有意統合全球化的世界，使全球一體美國化。早在一九〇三年歐洲人施蒂（William Stead）就有「世界將美國化」的預言。美國至今仍認為世界由其管控，才有安全，徹底美國化才是使命的完成，美國化固然有異於古典式的帝國主義，並不是赤裸裸地靠武力征服與政治統治別國，而是在神聖使命感的激蕩下，除政治、金融、軍事手段外，藉由思想、文學、音樂、電影、飲食、科技等文化滲透，以及間諜監聽、操弄外國政府與干預別國內政，以便達到美國化的最終目的。而後美國與世界可享「和平紅利」。日裔美國政治學者福山更以自由民主可以「終結歷史」。他說：蘇聯崩解，冷戰結束，西方的自由民主鴻運高照，人類不是到達戰後某個階段，而是抵達歷史的終站，是意識形態史的終結，全球化的自由民主是人類最終形式的政府。福山是一政治學者，昧於歷史作為事件，不可能終結，他的意思是說：人類的歸宿是西方的自由民主體制，也有人認為他意指美式民主是唯一正確的政治制度，是所有國家別無可以選擇的體制。不論福山的真意是否如此，絕對是蘇聯崩解後美國當局的想法符合美國政治偏狹的傳統。但是和平紅利如鴻鵠將至而未至，世界未見太平。認為成熟的民主國家不會發動戰爭，根本是幻想而非現實，成熟的民主無過於美國，而獨霸的美國，憑其經濟實力，優勢武力，在阿富汗、伊拉克、利比亞、敘利亞、烏克蘭等地，強行意志，烽火四起，不得安寧。美國的意志未遂，而屢遭報復性的恐怖攻擊，結果損人害己。二〇〇一年九月十一日的恐怖襲擊，炸毀紐約的雙塔大樓之後，福山的理論被批評為「太天真」，誤以為冷戰結束以後，不再會有全球性的衝突，英國的脫歐以及川普當選美國總統，高唱美國第一、美國優先，不得不令福山感到不是歷史終結，而是歷史的倒退。俄國的復興與中國的崛起證明有異於自由民主，另一模式也能成功，使以色列學者噶特（Azar Gat）批評福山，認為根本是「歷史終結的終結」（end the end of history）！

美國人偏狹地認為自由民主是無可抵擋的模式，忽略了族群認同與宗教信仰的偉力，伊斯蘭基本教義派尤具實力。杭廷頓（Samuel P. Huntington）寫於一九九三年題為「文明衝突」的文章，就是針對「歷史終結」而發，他後來在一九九六年擴大成書，即著名的《文明衝突與世界秩序的重建》（*The Clash of Civilizations and the Remaking of World Order*）。杭廷頓寫道：意識形態的衝突被文明衝突所替代，主導世界的文明決定人類的的政治模式。他特別劍指伊斯蘭，說伊斯蘭占有全球五分之一的人口，而比其他文明更會施暴，他稱之謂「血腥的境域」（bloody borders）。按統計數字，伊斯蘭的暴力事件與戰亂的確偏高，但未必是回教或基本教義之故。福山認為伊斯蘭的極端派，屬於伊斯蘭的旁門左道，也沒有史達林主義或納粹主義的力道。他斷定伊斯蘭國家如伊朗和沙特，基本上都不穩定，所以阿拉伯國家的未來，如不民主化，就會被裂解；再者，強大的西方國家足以控制這些伊斯蘭國！他又不免高估了西方，低估了伊斯蘭。當美國攻破獨裁的伊拉克，引發阿拉伯世界的民主化運動，所謂「阿拉伯之春」（the Arab Spring），即一連串的和平示威與暴力抗議，結果給阿拉伯世界帶來社會動盪、高失業率、恐怖組織，接著是動亂與內戰。從二〇一〇年十二月十八日自突尼西亞革命開始，延燒到臨近的阿拉伯國家。最初一波革命浪潮雖於二〇一二年式微，更大一波衝突發生在中東與北非，已是「阿拉伯之冬」（The Arab Winter）了。但到二〇一二年二月底，不少阿拉伯國家領導人被迫下臺。民主化了嗎？完全沒有，反而造成更多的混亂、戰爭、以及自二戰以來未見難以數計的難民。在利比亞、埃及、敘利亞、伊朗、阿富汗的問題，沒完沒了。敘利亞的內戰至今未了。以色列（Israel）與巴勒斯坦（Palestein）的鬥爭，依然無解。美國的中東政策徹底失敗，和平紅利根本沒有，美國總統更全面偏袒以色列，將美國大使館遷往耶路撒冷，並支持以色列併吞約旦河以西的土地。最近又誘使阿拉伯兩小國阿聯酋（the United Arab Emirates）與巴林（Bahrain）與以色列建交，引起巴勒拉斯坦人極端的憤慨。阿拉伯世界之災難，正方興未艾。巴勒斯坦人是伊斯蘭世界悲劇的象徵。嚴格說，此非文明衝突，而是文明霸淩。猶太人欺壓阿拉伯人，無所不用其極，令人驚心矚目。《論語》有言：「己所不欲勿施於人」，偉大的猶太裔科學家愛因斯坦就有坦言：「我十分傷感見到猶太人苛待巴勒斯坦人，因那多是納粹過去所苛待猶太人者。」（It would be my greatest sadness to see Zionist do to Palestian Arabs much of what Nazis did to Jews.）阿拉伯人的悲歌，自二戰結束至今，猶未稍解，讓我們話說從頭。

第二節　中東的悲歌

第一次世界大戰結束之際，奧斯曼土耳其帝國崩潰，阿拉伯國家新生，但土地大部分由英法兩國分占。英國政府宣布巴勒斯坦將是猶太人的家園，以博取猶太人對德作戰的支持。那幾乎成為二十世紀版的十字軍東征，英國的外交大臣巴爾福（Arthur James Balfour）於一九一七年十一月二日致信給英國猶太社區領袖羅斯恰爾（Walter Rothschild），讓其轉告英國與愛爾蘭的猶太民族聯盟，英國允諾給猶太人一個家園，但卻沒有嚴肅地考慮，讓猶太人在巴勒斯坦立國，如何能夠不傷害已經在巴勒斯坦居住幾百年的阿拉伯人。納粹於是戰期間，屠殺了六百萬的猶太人，自有其刻骨銘心的悲情，贏得廣大世人的同情。但巴勒斯坦並非無主之地，豈能被猶太人據為己有，在此復國？猶太國以色列得以誕生，當然由於美國的大力支持。但是這給巴勒斯坦造成深遠難解的災難：猶太人在那裡建國，巴勒斯坦人也想要建立自己的國家。以巴矛盾不但是領土的爭奪，還同時發生在宗教信仰、社會習慣及種族上。英國在以巴雙方的恐怖襲擊下，被迫退出巴勒斯坦。英國撤走，一九四八年五月以色列建國，美國予以承認，但遭遇所有阿拉伯國家的襲擊。一九四八年與一九五六年的兩次戰爭，都沒有解決問題。以色列戰勝阿拉伯聯軍，得以在巴勒斯坦穩固立足，且不給予當地巴勒斯坦人公民權利，甚至驅逐出境。猶太人沒有阿拉伯人多，但以色列在科技等方面都比阿拉伯國家水準高得太多，而且有美國撐腰。以色列在美國的全面支援下，既無懼阿拉伯聯軍，也不顧國際社會對苛待巴勒斯坦難民的抗議。於是巴勒斯坦人於一九六〇年開始以遊擊戰對抗以色列，但屢敗屢戰，付出慘痛代價。以色列於一九六四年建成灌溉系統，連接加利利海（Lake Galilee）和內蓋胡沙漠（the Negev Desert），競奪稀少的水資源，更加激怒阿拉伯人。

仇恨團結所有的阿拉伯人，來抗拒猶太人，由此出現了阿拉伯民族強人納塞爾（Gamal Abdel Nasser Hussein）。他因一九五二年革命，成為埃及的總統，從一九五六年直至逝世。他參與國際不結盟運動，並在冷戰時代採取中立的外交政策。他於一九五六年七月，將蘇伊士運河（the Suez Canal）公司國有化，運河原由法國開鑿，處於英法控制之下。法英以及以色列的聯軍因而於同年十一月攻占運河區，但美國害怕會將埃及推入蘇聯陣營，施壓要英法聯軍撤兵，令英法釋手得灰頭土臉。納塞爾更提倡泛阿拉伯主義，又兼領敘利亞，成為阿拉伯世界齊聲讚賞的人物。不過，他介入北葉門內戰，並不成功，影響了聲譽。埃及又在一九六七年的第三次中東戰爭中慘敗，此戰以色列僅僅用了六天就大獲全勝，故別稱「六日戰爭」。六日戰爭起於納塞爾要求聯合國駐軍，自西奈（Sinai）半島撤走，並威脅關閉紅海入口，不讓以色列船隻進出。以色列以此為藉口，發動猛烈攻擊。戰爭第一天，埃及戰機未及起飛，就被摧毀殆盡。埃及陸軍也在西奈半島北面的兩個關口被殲滅，故而戰爭六天就結束。以色列占領了埃及的西奈半島（後來還給埃及）、約旦河西岸以及敘利亞的戈蘭高地（至今未歸還）。六日戰爭給阿拉伯世界以沉重的打擊，也教納塞爾顏面無光，信譽大損，於一九七〇年逝世。他的繼承人薩達（Anwar Sadat）改變策略，與蘇聯分手，而與華盛頓改善關係，以便加強反以色列陣線。巴勒斯坦人失去家園，聚集在難民營，絕望無助，於一九六七年開始劫持客機以及使用其他恐怖手段，以求引起世人對他們苦難的關注。但是無論薩達的外交還是巴勒斯坦的恐怖行動，都未能動搖以色列的決心與地位。

薩達為打破僵局，趁以色列過最重要的贖罪日（the Yom Kippur Day），出其不意，派埃及軍於一九七三年十月六日，渡過蘇伊士運河東進，埃及軍初有優勢，但以色列反擊猛烈，最後戰爭陷入膠著，暴露以色列的弱點與阿拉伯的局限，遂予華盛頓調停的機會，季辛吉啟動「穿梭外交」（shuttle diplomacy），他在七個月內穿梭來往於相關國家首都之間，雖平息了以色列與埃及的戰爭，但沒有觸及巴勒斯坦問題。季辛吉以及後來的美國政府官員，都無法終止中東的亂局，因中東問題的根源就是巴勒斯坦，若不從源頭解決問題，則永遠無解。

巴勒斯坦人反對猶太國，猶太人即以武力驅逐，造成無數巴勒斯坦人流離失所，長年居住於難民營中。難民營遂成為仇恨的淵藪，在那裡成長的一代又一代人，都是參與恐怖主義的候選人。美國將以色列視為中東最堅強的盟友與基地，軍援與經援之外，無論在安理會還是以巴戰爭，一意偏袒。在阿拉伯人眼裡，以色列無異是美帝的鷹犬，所以除了與猶太人長期鬥爭之外，不惜用恐怖手段攻擊美國，最觸目驚心的是紐約的雙塔地標被炸事件，即所謂「九一一事件」，美國時間二〇〇一年九月十一日上午，阿拉伯恐怖分子劫持四架美國民航客機，分別撞擊美國紐約世界貿易中心和華盛頓五角大樓，紐約雙塔被完全摧毀，傷亡數千人之多。事後美國對阿拉伯人採取趕盡殺絕的報復手段，基本上未做反省與深思，故而報復之後，問題並未解決，恐怖事件仍然層出不窮。中東問題本已無解，卻又製造新的問題。美國深度介入中東與中亞的紛擾，不再是所謂反共產的「正義」之戰，而是與伊斯蘭國家的「文明之戰」，而其根源就是扶助以色列在巴勒斯坦復國。

伊朗於一九七九年發生革命，推翻親美的政府。早在一九〇五—一九一一年間，伊朗進行憲政革命，使許多不同的社會群體，包括教士、地主、知識分子以及商人走到一起，但改革一直停滯不前，加上俄國、英國以及美國先後干預下，伊朗社會呈現緊張狀態。到一九二一年，巴列維（Reza Shah Pahlavi）在英國的幫助下，在伊朗建立王朝，意圖快速都市化與西化，增加地主與教士的財富，擾亂了農村經濟。雖然經濟上頗有成效，但造成貧富不均，反對聲浪於一九七〇年代越來越大。當時世界貨幣不穩，油價起伏，嚴重影響伊朗的經濟，又由於高昂的政府支出，造成通貨膨脹，伊朗人的購買力緊縮、生活水準下降。此外，巴列維政權於一九七〇年代在政治與社會上採高壓政策，民眾政治參與，極為有限，反對黨不是邊緣化，就是被非法化。政府動輒以查禁、檢視、騷擾、非法拘留，以及刑求來應對社會與政治方面的抗議。於是一個半世紀未見的事情發生了，伊朗的知識分子也對受到民間歡迎的霍梅尼（Ayatollah Ruhollah Khomeini）大感興趣。霍梅尼原為哲學教授，因嚴厲批評政府於一九六四年被驅逐出境，但在境外仍致力於推翻巴拉維政權，大力宣傳其政權的罪惡。而國王依賴美國，與以色列也建立了密切關係，由此得罪了穆斯林世界，加上有欠考慮的經濟政策，使伊朗人民更覺得霍梅尼的宣傳動聽。成千上萬的群眾在一九七八年一月，上街抗議政府對霍梅尼的侮辱，其中有不少是無業遊民及農民。巴拉維有病在身，對於突如其來的浩大對抗行動，有點不知所措，不少人被政府軍鎮壓身亡，死者成為宗教烈士，更刺激了國內的暴動，動亂因而持續升溫。到這一年的九月八日，政府開始戒嚴，軍隊在首都德黑蘭向抗議者開槍，死者以百計。數周後，連政府員工也開始罷工。到十月三十一日，油田工作者也加入抗爭，石油生產於是停滯。反抗運動的規模持續擴大，到十二月十日，數十萬人在德黑蘭街上抗議，遠在法國的霍梅尼，要求巴列維退位。巴列維全家於一九七九年一月以度假之名，逃離伊朗。霍梅尼在德黑蘭的擁護者，多達百萬人，證明他的魅力，他遂於二月一日在歡呼聲中返回伊朗。伊朗軍隊於十天後宣布中立，舊政府遂被推翻。霍梅尼於四月一日宣布成立伊朗伊斯蘭共和國，教士們接著開始排斥左派、國家主義者以及知識分子等盟友，回歸保守的社會價值，反對西方價值。美國又在兩伊戰爭中，偏袒伊拉克，導致百萬人以上的傷亡。美國於一九七九年十一月，拒絕伊朗要求遣返伊朗國王，導致美國駐德黑蘭使館被占領，扣押六十六名人質事件。人質事件後，美國與伊朗絕交，至今非但未解，而且兩國關係有越來越惡化的趨勢。

中東的兩伊—伊朗與伊拉克，從一九八〇年至一九八八年打了八年血戰，傷亡慘重，估計有一百萬軍民喪生，而鮮為當時世人所知。世人多以為伊拉克是勝方，伊拉克人也在其首都巴格達（Baghdad）大事慶祝勝利，但是伊拉克耗用軍費不下五百億美元，代價不小。美國號稱中立，實際上因不喜伊朗的伊斯蘭基本教義派，偏向伊拉克，十分明顯。美國因第三次中東戰爭與與伊拉克斷交十七年後，正式恢復外交關係，彼時正當雷根總統即將任滿之際。伊拉克顯然因戰爭而財政枯竭，突然入侵盛產石油的鄰國庫威特（Kuwait），出乎美國的意料之外。啟因是庫威特對伊拉克打經濟戰，伊拉克於一九九〇年七月陳兵邊境，但所有的外國政府都認為伊拉克強人薩達姆·侯賽因（Saddam Hussein）不過是要施加壓力，迫使庫威特在經濟上或領土上讓步而已，但伊拉克卻於一九九〇年八月一日全面入侵庫威特。聯合國要求伊拉克撤兵，但薩達姆置若罔聞。對華盛頓而言，波斯灣與海灣國家攸關美國的安全利益。伊拉克是全球石油儲量排名第四的國家，美國老布希（George Bush）總統最初深信伊拉克會在國際上扮演建設性的角色，所以與伊拉克建立正常關係符合美國的長期利益。美國固然知道伊拉克一直在擴軍與不顧人權，但仍然希望能「導正」這個國家。薩達姆害怕美國鼓動革命推翻其政權，狠批美國，於一九九〇年二月，提出美國艦隊「回家」的要求。美國情報部門在三月發現在約旦邊境有六部「飛毛腿」導彈發射器，以色列在其射程之內。薩達姆聲稱：如果伊拉克被攻擊，他將置半個以色列於火海之中。西方的報導斷章取義，只講後語，略去前話。薩達姆的原意是要告訴英美，他沒有要攻擊以色列的意圖，只是要英美保證，以色列不會攻擊伊拉克。無論如何，美國老布希總統認為薩達姆入侵庫威特完全不能接受，於是聯合阿拉伯國家準備攻打伊拉克。這場戰爭代號「沙漠風暴」（Desert Storm），得到堅強的國際支持。伊拉克號稱是當時「世界第四大軍事大國」，居然很快潰敗，要因美國動用了新科技，瞬間可以癱瘓伊拉克的軍力，伊軍迅被趕出庫威特。美國的高科技戰爭震驚世界，庫威特復國。但薩達姆仍然在位，因聯合國只授權解放庫威特。將伊拉克從庫維特驅走，師出有名。但數年後小布希（G.W. Bush）總統當政，卻謊稱伊拉克擁有毀滅性武器，未經聯合國同意，擅自攻打伊拉克，薩達姆藏匿一時，但最後被發現，然後受審被處死。美國以為推翻薩達姆獨裁後，可以達到使伊拉克自由民主化的高尚目的，其結果反而使伊拉克分崩離析，動亂不已，最後不負責任地鎩羽而歸。更有甚者，又煽動中東革命，想一舉使中東國家民主化、自由化。結果更是一團糟，不僅戰亂不已，民不聊生，而且冒出更加兇惡恐怖的ISIS集團，濫殺無辜，手段極為殘忍。豈非大大的悲劇？但是不問禍從何來？美國在「道德上的自負」（moral pretension），反而造成極不道德的後果。薩達姆死後，伊拉克的情況比以前更加惡劣，阿拉伯世界內，動亂不歇，美國的干預，導致戰火連年，難民潮的規模之大，舉世矚目。阿拉伯人的悲慘始自二戰末期，歷經冷戰前後，厄運至今未改。最近以色列為報復哈瑪斯突擊，對加薩地區狂轟亂炸，大有趕盡殺絕之勢。伊斯蘭文明之弱，固然難敵強大的基督教文明，但其內部地廣人多，貧富又絕對懸殊，不能團結一致對外，且自納賽爾之後，阿拉伯世界一直沒有產生強而有力的領導人，應對挑戰，即使想要衝突，亦有心無力。中東的悲歌真不知何日可以停止。眼見中東人民的苦難，誰能無動於衷？

第三節　中國的崛起

中國自一九七八年改革開放與四個現代化以來，成長極為快速，占全球十八%的人口，從一九七九到一九九四經濟每年平均九%的成長，在八年之間翻兩番，國民經濟騰飛。到二〇一二年超過日本成為世界第二大經濟體，之後將日本遠拋在後，緊逼美國之後，大大改變人民生活水準與國家實力。軍事與國防科技也有突飛猛進的成績，航太事業尤其令人刮目相看。如此迅速的成長為人類歷史上所罕見。中國從百年屈辱到崛起，從一窮二白到經濟總量名列全球第二，按實價估算，已經超越美國。中國到此境界，絕非無故。按自辛亥革命以來，動亂、戰爭不斷，但一九四九以後，刻意經營工業化，三十年間奠定工業體系的基礎，再經過四十年的現代化，果有驚世的成績。中國另有其他國家所無的資源，那就是六百年來累積的六千萬海外華人，加上三千萬的港台中國人。他們在世界經濟上多占有一席之地，尤其在亞洲，在東南亞各國的企業更具主導角色。華人之勤奮與價值觀為成功之本，十七世紀的歐洲人已經形容華人是東方的猶太人；像猶太人一樣會經商致富。他們為中國大陸改革開放後，有或多或少的貢獻，不在話下。

中國經過艱苦的抗戰，贏得勝利，除了外蒙一地，因蔣介石簽署中蘇友好條約而斷送之外，基本得以光復故土。中國自甲午戰敗，海軍一蹶不振，海權不彰，近海島嶼未能完全掌控，除台澎金馬尚未統一，東海、南海諸島亦多未收復。南海諸島在二戰時為日軍占據，日本無條件投降後，依據「開羅宣言」與「波茨坦公告」，戰敗後的日本只能保有其本土，所有侵略所得的領土，必須歸還原主，日本「竊取的領土」（territories stolen）也必須歸還中國。《馬關條約》是不平等條約，被迫割讓的領土等同竊取，這也是台澎於戰後歸還中國的依據。「開羅宣言」明說：「在使日本所竊於中國之領土，例如東北四省、台灣、澎湖列島等，歸還中華民國；其他日本以武力或貪欲所攫取之地，亦務將日本驅逐出境」。琉球原是受中國冊封的番邦，琉球群島原非日本領土，確鑿無疑是日本用武力奪取之地，按開羅會議精神，豈有不從日本版圖剔除之理？但當初國民黨政府對美國託管琉球群島，沒有異議，留下後患，後來周恩來總理於一九五一年公開反對，並無效果。因琉球於戰後由美軍託管，成為美軍基地，美日於戰後又有共同防禦條約，美日於一九六七年開始討論將沖繩還給日本，尼克森總統在日方請求下，擅自將琉球歸還日本，且於歸還之際，將釣魚島的行政權也交由日本管理。即使琉球非中國之地，但釣魚島並不屬於琉球，斷不可隨琉球給予日本。美日「沖繩返還協定」竟將釣魚島的治權交給了日本，造成今天的中日之爭。但事實上，釣魚島屬於台灣的宜蘭縣，即使在日據時期，釣魚島也歸屬宜蘭。

位於東海的釣魚嶼、黃尾嶼、赤尾嶼三島約五點六九平方公里，明朝統稱之為釣魚島，到清朝乾隆五十年（公元一七八五年），中國將三島，以及附屬諸島納入福建管轄。日本人所謂的「尖閣群島」（Senkaku）乃日本人擅將台灣宜蘭漁民所稱之「尖頭諸嶼」的日語化。日本由《馬關條約》占據台灣後，才將之改名。從地理上來看，國際公認的海域劃分準則，也表明釣魚島是中國領土。釣魚島列島在地理上為台灣大屯山的延伸，距基隆一〇二里。依據二十世紀六〇年代生效的《大陸架公約》，釣魚島列島理應為台灣島的一部分，因為釣魚島與台灣之間海水的深度不超過二百米，而釣魚島與沖繩間海水的深度超過一千米。此外，釣魚島與沖繩諸島之間有一條既深且寬的海溝。所以從地理上來看，釣魚島絕不可能是沖繩的一部分。

中國是最早命名釣魚島的國家，明代航海人寫的《順風相送》一書，已述及釣魚島，科技史家李約瑟（Joseph Needham）已論定此書寫於一四〇三年。日人聲稱古賀辰四郎於一八八四年最先發現，其實已晚了好幾百年。日本併吞琉球後於一八九三年將之改名沖繩縣，當時有鑒於台灣人在釣魚島附近海域漁撈，建議建碑將釣魚島納入沖繩，但是明治政府外務大臣井上馨於一八八五年致內務大臣山縣有朋，明言：「該島與清國境至為接近…清國在該島等已有命名，近復在報上揭載我政府有意占據台灣附近清國所屬島嶼，對我政府至表猜疑，似予注意，不宜遽然在該島建立界碑，以免招致清國疑嫉」。日本將這些島嶼列入日本國土，是在一八九五年的甲午戰爭之後，「馬關條約」迫使中國將台灣全島及所有附屬島嶼、澎湖列島割讓給日本。釣魚島即是從此時隨台澎割讓。日本占據台灣時期的一九四四年，法院曾經判決釣魚島屬於臺北州，而非沖繩縣。抗戰勝利後台灣回歸祖國，釣魚島列島理當隨台灣重入中國版圖。授權美國管理「沖繩諸島」（含釣魚島）的是「三藩市對日和平條約」，但海峽兩岸均未與會，更未簽署。當時的中國百廢待舉，無人注意到「沖繩諸島」地域的定義。即使「三藩市和約」，也只簡要敘述了北緯二十九度以南諸島包括沖繩在內是美軍管理區，釣魚島的名字並未出現在相關條文之內，雖然釣魚島是在北緯二十九度以南的島嶼。但台灣也在北緯二十九度以南，台灣是美軍的管區嗎？當然不是！

釣魚島隨沖繩諸島一起交給日本，始於一九五三年十二月二十五日的耶誕節，琉球群島的美國陸軍少將奧格登（D. A. D. Ogden），擅自宣布「沖繩民政第二十七號文告」，其中用六個經緯點在地圖上連成了一個近似梯形的六邊形，重新劃定沖繩諸島的地域界線，釣魚島就被劃入了這個六邊形之中。幸好該文告只是琉球管理區的「再設計」（redesigned），並無國際公約的效力。

戰後琉球原來決定由中美共同託管，但國軍未依約進駐琉球。原因是蔣介石於對日甚是寬宥，又忙於內戰，無意兼顧。蔣又於二十世紀五、六〇年代的冷戰時代，在安全上依賴美日，且顧慮聯合國的席次，日本又給台三億美元貸款。以至於台灣當局還要派人到美國去「疏導」留學生的保釣運動，引起反感。在一九七一年的上半年，美日即將簽訂「沖繩返還協定」之前夕，海峽兩岸都表達了抗議，全美華人舉行了大規模的保釣運動。有二千五百人於四月十日在華府舉辦大遊行，可說是華人的創舉。十月二十九日，華裔名人吳仙標、楊振寧、約翰・芬徹（John Fincher，洪越碧的丈夫）等人，受美國聯邦參議院邀請，在參議院外交委員會聽證會上作證，從歷史、地理和現實的角度，全面講述了釣魚島是中國領土的事實。參議院外交委員會於十一月二日，仍以十六票比零票通過決議，將釣魚島的行政管轄權交給日本，但是不包括領土主權。美國華人的保釣運動於是風起雲湧，在抗議、遊說等多種因素綜合影響下，美國參議院在已簽訂的「沖繩返還協定」上，增加了書面注解：「所以當美國把管理權交給日本時，並不表示主權的轉移（美國並無主權），也不影響另一方的主權主張」。協定經參議院通過後生效，因此上述參議院書面注解，決定了美國此後在釣魚島爭議的立場。所謂「管理權」與「主權」之間的區別很大。不少人都以為美國既經「沖繩返還協定」將釣魚島交給日本託管，那麼美國一定認為日本擁有釣魚島的領土主權，但美國實取釣魚臺主權未定的立場。

楊振寧、陳省身、王浩、何炳棣、任之恭、葉嘉瑩等著名華裔學者積極參與保釣運動，重現生長於抗戰一代人士的愛國熱情。他們表現出無私的浪漫主義精神，許多較年輕的留學生甚至耽誤了學業，犧牲了學位，也影響了人生規劃，參與了自覺而蓬勃的保釣運動。全世界各地的華人四十多年來，時刻關心著釣魚島問題。但釣魚島實際在日本控制下，保釣難有進展。值得注意的是，釣魚島雖是台灣的一部分，但「台獨」分子完全不參加，後來露出「台獨」真面目的國民黨前領導人李登輝，竟然公然說「釣魚島是日本人的」！中華人民共和國與日本建交時，僅擱置釣魚島主權爭議。然而擱置只能暫時推遲，而不能解決問題，以至於造成實際由日本管轄的不利情勢。北京同情保釣，從而引起舉世華人的好感。

日本歸還台澎，而強占釣魚島，就已違反戰後的安排。美國再三申明，對中日的釣魚島之爭，不偏袒任何一方，但隨著中國的崛起，為了遏制中國，美國越來越偏袒日本，甚至將釣魚島置於美日安保條約以內。日本有恃無恐，野田內閣突然於二〇一二年十月悍然宣布購買釣魚島及其附屬的南北兩小島，實施其所謂「國有化」。動機雖不單一，但主要是在美國庇護下想要爭取戰略主動，進一步控制釣魚島，並牽制中國的和平發展。日本的「國有化」步驟對所有中國人而言，絕對是挑釁，引起全中國強烈的反彈，發生全國性的反日運動，中日交流活動大規模取消。日本此舉，既然破壞「擱置」承諾，中國政府據此採取極為強硬的態度，進行嚴厲外交譴責，宣布領海基線，向聯合國交付釣魚島領海基線聲明與地圖，發布「釣魚島白皮書」；對日採取政治與經濟的「雙冷措施」，抵制國際貨幣基金組織的東京年會，重啟東海油田；通過海監船與軍艦定期出巡、軍機飛越等，明顯對釣魚臺宣示主權。留美華裔書生保釣，未能寸進，政府出手即大有斬獲，乃因中國崛起始有實力作為保釣的後盾也。

釣魚島並不是無用的無人島，而是台灣漁民的重要漁場，具有豐富的漁業資源。更重要的是，聯合國亞洲和遠東經濟委員會於一九六八年，勘探後發現，釣魚島附近大陸架海域，可能藏有大量的石油與天然氣，日本自然垂涎欲滴。更何況釣魚島位於中國沿海大陸架上，如果日本據有釣魚島，將分享大陸架上豐富的資源，事關重大。崛起的中國絕不允許任何一寸領土的喪失。

中國的南海諸島包括西沙群島、南沙群島、東沙群島、中沙群島，分別由數量不等的島、礁、灘、暗沙、沙洲組成。諸島中面積最大的是西沙的永興島，目前約二點六平方公里（填海造陸後）。廣東水師提督李准於一九〇九年，曾率三艘軍艦巡視西沙、東沙群島，給西沙十五座島嶼勒石命名，並在永興島升旗鳴炮，重申主權。辛亥革命那年，廣東將西沙群島劃歸海南崖縣管轄。

南沙群島散布於長五百六十海里，寬四百海里，跨越北緯四—十二度、東經一〇九—一一八度。南沙最大島是中華民國管轄的太平島。水道、港灣最好的是南威島，現在在越南的占領之下。抗戰勝利後，中國從日本手中接收南海四個群島。中國政府於一九四六年歲末，先後派員乘美國提供的軍艦前往西沙、南沙群島巡視，並舉行隆重儀式，立碑紀念，派兵駐守。中國政府又於一九四七年十二月頒布南海諸島圖表，並在圖上劃定U形線，線內所有島礁、沙洲均為中國所有。台北當局視之為「傳統疆界線」，將線內海域定為「歷史性水域」。北京於一九五八年發表的《領海聲明》，與於一九九二年發表的《領海及毗連區法》，定之為「島嶼歸屬線」。兩岸都確認中國對南海諸島擁有主權。

具有歷史性權利之存在、被認為具有「內水」性質之水域，可以構成領海，完全是由一個國家在水域內行使主權的範圍而定。然而要在海域內持續行使主權，須得到相關國家的默認；如有爭議，則有舉證的責任。中國政府舉證無問題，但長期以來兩岸都無法在遼闊的南海實踐主權，於是越南與菲律賓也以主張南海為其「歷史性水域」，行侵占之實。中國擁有南海諸島，具有更確鑿有力又眾多的歷史證據。東漢楊孚《異物志》所謂「漲海」，指的就是南海諸島。《新唐書》的地理志記唐人賈耽自廣州經南海抵麻六甲海峽。南宋周去非《嶺外代答》所說的「長沙、石塘」，即今之西沙、南沙。法國漢學家馬伯樂（Paul Pelliot）也考證，南宋吳自牧《夢粱錄》所說：「七洲洋」、「昆侖洋」，即今之西沙群島以及附近海域。鄭和下西洋，遍歷南海諸島，並予以命名，如永樂群島、鄭和群島、宣德群島、伏波礁，以為紀念。南宋趙汝括《諸蕃志》、王象之《輿地紀勝》和祝穆《方輿勝覽》均把西沙群島和南沙群島分別稱為「千里長沙」與「萬里石塘」。清代陳倫炯於一七三〇年所寫《海國聞見錄》中的南洋記中，確定「七洲洋」為西沙群島，並對整個南海區域有清晰的描述。清代顧祖禹《讀史方輿紀要》所示「象石」的位置，即西沙群島。徐繼畬《瀛環志略》繪出南海諸島位置，頗為正確。除了文證，尚有許多物證，如錢幣、古碑、廟宇等。自十三世紀以來，西沙、南沙早已為華人活動的範圍；而自東漢以來，中國歷代政府在南海巡防不斷。

中國在十九世紀受到列強侵略，一八八五年的中法馬江之役後，法國占據安南，於一八八七年六月二十六日，清政府被迫訂立《中法會訂越南條約》凡五款，劃定粵越邊界和滇越部分界段。中法於一八九五年六月二十日，又簽訂《續議界務專條附章》和中法《續議商務專條附章》，重定了中越邊界，依照第三款規定：巴黎子午線東經一〇五度四三分以東各島歸中國。據此條約，西沙、中沙、東沙、南沙群島都屬於中國，可見已有明確的法理根據。清末民初中國積弱，未能嚴防，遂為外人所乘。法國據有中南半島後，於一九三〇年代之初，侵占南沙七個島礁；日本軍國主義興起，於一九三九年後占領南海諸島。日本投降後將南海諸島交還給中國，法國不服，越南於一九五一年在中國未出席的三藩市對日和約會後，宣稱對西沙、南沙擁有主權，想要繼承法國的侵占。中國外長周恩來發表聲明，對「和會」及「私約」相關立場進行了駁斥，中國絕未默認。自一九五六年起，每兩個月台灣軍方的「南威支隊」負責定期運補南沙的太平島，並巡弋南海，又於一九六三年立碑與測繪。

然而由於中國因內戰而分治，台灣當局把海軍力量放在台灣海峽的防守上，大陸的海軍力量主要也放在台海。特別是大陸計劃經濟體制時代自一九五六年起禁海三十年，最遠只允許去西沙，漁民無法前往南沙進行生產。直到一九八五年，在瓊海市政府的支持下，縣農辦主任及潭門鎮副鎮長率隊先後兩次前往農業部漁業局申請，要求重啟南沙生產，於一九八六年終獲批准。當潭門鎮派出五艘漁船重返南沙海域探路時才發現，越南等國已經占領多個島礁。南沙禁海三十年，中斷了大陸漁民對南沙的使用和保護。中國的內部因素導致菲律賓和南越有機可乘。菲律賓於一九七〇年代以來，先後侵占中業島、西月島等八處。中業島本來在台灣的掌控之下，後來因為颱風將軍隊撤走，才被菲律賓占領。越南於南北分治期間，南越一直覬覦南海諸島，首次於一九五六年入侵南沙群島，升起南越旗幟，聲稱承繼法國殖民者的主權，故而南越於一九六〇—一九六七年，多次侵入南沙安波沙洲、南鑰島、雙子礁等十五個島礁，破壞島上原有中國主權碑和建築物，又於一九七三年七月至一九七四年十二月之間，侵占了南子島、敦謙沙洲（台灣軍隊曾駐守）、鴻庥島、景宏島、南威島、安婆沙洲共六個島礁。中國外交部於一九七四年一月十一日發表聲明駁斥，重申南海諸島為中國領土，中國具有無可爭議的主權。北越於一九七五年四月二十六日，從南越手中接管了六個島礁。北越之前出版的地圖，承認中國對西沙、南沙諸島的主權，隨著南北越統一，對中國援助需求減少，遂於一九七六年六月出版的地圖，將西沙、南沙諸島劃入越南版圖，並將南沙群島改稱「長沙群島」，劃歸「福綏省紅土郡福海鄉」管轄；此後開始積少成多的蠶食。

中國於一九七四年曾與南越有「西沙自衛反擊戰」，雖收回了西沙諸島主權，但由於海域的遼闊，以及困於當時國內政治問題，沒能顧及南沙。時任海軍副參謀長的劉華清，於一九七四年的秋天，率隊考察西沙以後，建議乘自衛反擊戰的勝利，進駐南沙島礁，以絕長久之患，但當時海軍正處於文革的亂局之中，難以有所作為。曾擔任海軍副司令員的李景上將說：當時如進駐南沙島礁，中國驅逐的是南越，不僅師出有名，甚至可能得到北越的支持，但錯過了機會。南越潰敗之後，從南沙撤出，時任南海艦隊潛艇艇長的海軍少將李樹文，與其他幾位艇長聯合向上級建議，及時控制南海諸島，也無下文，讓廣袤海域的行政和軍事駐守與巡防未能落實。而坐擁地利之便的周邊國家，早已蠶食鯨吞。到一九八七年為止，越南、菲律賓、汶萊、印尼等國已經侵占了南沙二十多個島礁。而直到一九八三年五月，新中國的第一支遠航編隊，才到達南沙。

當公布南海擁有豐富的自然資源後，周邊國家受漁業與油氣的誘惑，於《聯合國海洋法公約》公布後，爭相奪取島礁，以便據此控制三百五十萬平方里的海域。《聯合國海洋法公約》有關專屬經濟區與大陸架的制度，也促使周邊國家瘋狂圍圈海域。越南繼續在南海經營，如開採大量石油，經濟與軍事相輔而行。中越雖於一九九一年十一月修復關係，但爭執不斷。無可置疑，南海攸關中國的核心利益，在政治方面，領土與主權不能輕言放棄。在經濟方面，漁業、海產、鳥糞、水果之外，南海蘊藏豐富的石油與煤氣，資源不容外國掠奪。在戰略方面，其交通樞紐的位置絕對重要，國防與軍事上的價值不言而喻。更值得注意的是，南沙部分島嶼因被周邊國家侵占，分隔出專屬經濟海域，所侵占島礁並被劃入相關國家大陸架版圖內。但無論是從「發現」、「經營」，還是從「管轄」而言，均有歷史鐵證，南沙群島為中國領土，無可質疑。

聯合國「教科文組織政府間海洋學委員會」，簡稱「海委會」，於一九八七年三月七日至四月一日在巴黎召開第十四次會議。會上通過了「全球海平面聯測計畫」，確定全球二百個海洋聯合觀測點的地址、編號和主權所屬國家，其中屬於中國的有五個。除了已經建成的沿海三個和西沙的一個之外，還有位於南沙的七十四號站，需要新建。中國國家海洋局局長嚴宏謨參加會議回國後，立即向國務院報告，並見到時任海軍司令員劉華清。中國又派出南沙海域科學考察隊，在危機四伏的海域，進行島礁勘測調查。考察結束後，劉華清、嚴宏謨於八月七日，聯名簽發《關於在南沙建海洋觀測站問題》的報告，呈送國務院和中央軍委。報告指出南沙建站的戰略意義，建議先在離大陸較近的永暑礁建站。報告遞上去兩個月沒有批覆，而越南已聲稱要干預中國在南沙群島建七十四號站。國務院、中央軍委終於一九八七年十一月六日，同意在永暑礁建設有人駐守的觀測站，南海艦隊於一九八八年一月底開赴南沙，為觀測站建設的安全做護航；除了保衛永暑礁和華陽礁以外，還要控制四到六個礁盤。同時越軍加快對無人島礁的侵占。越南兩艘軍艦滿載建築材料於一月三十一日，欲侵占永暑礁，被李樹文帶領的編隊攔阻。越軍又於二月十七日，來搶占永暑礁附近的華陽礁，李樹文以驅逐艦抵近越南的掃雷艦，與之對峙。他命令只要越軍膽敢開第一槍，就全力反擊。當時中國政府的政策是：不主動招惹，不首先開槍，不示弱，不吃虧，不丟面子，如敵占我島嶼，要強行將其趕走。越南已經搶占了南沙群島中的二十九個島礁，不可能自行撤走，不過中國於此時控制了包括南薰礁在內的九個礁，超額完成任務。

中國海軍五五二編隊於一九八八年一月二十三日到達南沙群島，於三十一日登上永暑礁，並升起五星紅旗，這也是五星紅旗第一次飄揚在南沙群島上空，迫使越軍放棄染指永暑礁。越南海軍於二月二日，想搶占中國軍隊所據的礁盤，中越在礁盤上對峙將近一個月。中國海軍於二月二十二日到三月五日，在永暑礁附近海域集中，包括驅逐艦和護衛艦在內的大小十五艘作戰艦船。中方人員於三月十三日下午，登上赤瓜礁，越軍兩艘武裝運輸船分別在赤瓜礁和東北的瓊礁拋錨，登陸艦則在赤瓜礁西北的鬼喊礁拋錨，越軍試圖兵分三路，搶占赤瓜礁和附近的鬼喊礁、瓊礁。中國海軍於三月十四日，全力保衛赤瓜礁。當天晚上七時三十分，越軍四十三人上礁，並在礁北側插上越南國旗。中方派出五十八人登上赤瓜礁，於是在東西寬僅二百多米的赤瓜礁上，雙方人員相距約一百米，各自站成一排，雙方槍口相對。越軍首先開槍，擊傷五〇二艦副槍炮長楊志亮。中國官兵立即還擊，並後撤與越軍拉開距離，以便艦炮發揮火力。雙方交火後，越軍船上的機槍也響起，中國軍艦開火還擊。越軍船艦四分鐘後起火下沉，九分鐘後沉入海底。留在赤瓜礁上的越軍沒有退路，只能棄械投降。越南的登陸艦延至九時，也升白旗投降。赤瓜礁上的中國官兵於晚上十時五十分，押著越南俘虜回到軍艦上。戰鬥共歷時三小時二十分鐘，五〇二艦在海上的戰鬥，從八時四十八分開炮還擊，到九時十五分，歷時三十七分鐘，獲得重大戰果。赤瓜礁海戰是一場成功的自衛戰，當晚中央軍委通令嘉獎，對海上艦艇編隊堅持自衛原則、嚴守戰場紀律、打出了國威、軍威進行褒獎。赤瓜礁海戰的勝利，具有震懾力，自此之後，永暑礁海洋觀測站建站工程，再無干擾，順利於一九八八年八月順利完成。中國海軍挾海戰勝利餘威，隨後收復東門、南薰、渚碧等三個島礁。

中國崛起之後，對南沙一直採取克制態度，從一九九〇年起，對南沙爭議正式提出「擱置爭議，共同開發」的政策。要因中國的國內建設需要一個和平的周邊環境，擱置爭議所以緩和局勢；更由於國家之間經濟合作的加強，彼此理解的加深，既能維護中國的主權和海洋權益不受侵害，又不致影響東南亞地區的繁榮與穩定。中國到二〇一二年的七月才成立三沙市，切實控制西沙群島，只有越南表示異議。至於南沙，至今只有九個島礁在中國有效控制中，其餘四十多個島為周邊國家所侵占，越南占領二十九個，菲律賓占八個，馬來西亞占三個，並建有港口、機場與軍事設施，甚至出現移民，糾紛不絕，成為國際矚目的議題。中國則在永署、渚碧、赤瓜諸礁，填海造島，建立機場與防禦設施，規模空前，亦因而遭到美國的疑懼。美國先慫恿菲律賓向一家國際法庭申訴，並不是聯合國的附屬國際法庭，中國既不參與，也不予理會其結果，形同廢紙。羅德里戈·羅迪·羅亞·杜特蒂（Rodrigo "Rody" Roa Duterte）當上菲律賓總統，與中國交好，美國感到無奈。美國非南海的申索國，卻以自由航行之名，不時挑戰中國在南沙的主權，但已難以動搖中國在南海的地位，要因中國之崛起，強大海上武力之建立，始能控禦孤懸千里之外的南沙島礁，計永暑島、赤瓜礁、東門礁、南薰礁、渚碧礁、華陽礁、美濟礁等七個島礁，以及台灣控制的太平島與中洲礁。到二〇一五年，經過吹沙填海，永暑礁、美濟礁和碧渚礁成為南沙三大島，陸地面積大於台灣控制的太平島、中洲礁島礁。中國國務院遂於二〇二〇年四月，批准海南省三沙市設立南沙區。三沙市南沙區管轄南沙群島的島礁及其海域，南沙區人民政府駐永暑礁。中國在南海撥亂反正，已立於不敗之地，由於近年海軍得到飛躍的發展，海權得到伸張，南疆得以穩固，是中國崛起的具體表現。

第四節　龍鷹博弈：中美從糾結到對抗

十九世紀的世界霸權與超強是大英帝國，因海權興隆於西方，以其堅船利炮，打開中國門戶，訂立第一個不平等的南京條約，五口通商，強售鴉片。美國乘虛而入，分享「南京條約」的好處，訂了「望廈條約」，自此美國老鷹跟在英國雄獅後面撿便宜，號稱「豺狼外交」（Jackal Diplomacy），豺狼吃獅子剩下來的美味。庚子事變，美國參與八國聯軍入侵北京，搶劫與殺戮之慘，使當時的美國作家狄倫（E. J. Dillon）說：「中國人受到的待遇，好像是被羅馬尼祿皇帝虐待的基督徒」。事後美國國務卿海約翰（John Hay）提出門戶開放政策，以「中國領土完整」為名，「利益均沾」其實。在二戰之前，英國仍是在中國享有「獅的一份」（the Lion's share）。二戰之後，美國取而代之，希望將中國成為民主而親美的國家。美國於戰後扶蔣剿共失敗，國民政府被推翻，再由於冷戰已起，華府介入中國內政，支援蔣之遷台政府，與北京成為死敵。中蘇組成同盟，即將新中國視為冷戰期間的敵國。韓戰之後，美國全面封鎖中國大陸，當時的美國國務卿曾宣稱中共政權只是「過度現象」（a passing phenomenon），意謂即將崩潰。哪知中國並未崩潰，二十年後，中蘇交惡，美國總統尼克森乘勢聯華抗蘇。蘇聯解體之後，美國不再需要中國，小布希（George W. Bush）於二〇〇一年就任美國總統，沿襲共和黨的右派傳統，原想箭頭轉指中國，只因紐約於同一年的九月十一日，遭遇到空前的恐怖攻擊，著名的雙塔地標全被炸毀，近三千人死亡，兩萬五千人受傷，財產損失難以估計，慘烈為美國本土前所未見。美國為了追殺恐怖分子，展開全球性的「反恐行動」，需要中國合作，不得不與華虛與委蛇，不得不推遲謀華，給中國三十年和平崛起的機會。許多美國人初不信中國能崛起，更認為中國會像蘇聯一樣崩潰。中國崩潰論揮之不去，但中國不但沒有崩潰，反而欣欣向榮，蒸蒸日上，又有中國發展已到頂點，即將衰落的虛願。及發現新興大國果然崛起，看到中國的二〇五五計劃，有超越之勢，心裡不是滋味。在美國人的心目中，中國人只需要製成衣，做玩具，不應該搞什麼高科技，所以就按捺不住，認定中國為首要敵手，無論在安全上、經濟上、價值上莫不自感受到威脅，瘋狂地掐中國的脖子，非要置之死地而後可。

中蘇交惡之後，華府才放棄圍堵中國，聯中抗蘇，奉行一中，承認北京為唯一合法的中國政府。但蘇聯崩解後，中美蜜月漸漸消失，美國政治學者哈定（Harry Harding）早在一九九二年，就曾出版一本專著，以「脆弱的關係」（A Fragile Relationship）形容中美關係。他的結論是：想要回到一九七〇年代的戰略夥伴關係，已無可能，回到一九八〇年代的經濟夥伴關係，也不太可能。他認為在貿易、人權以及高端武器擴散等議題上，將導致中美之間持續的緊張，甚至衝突。不過，他認為兩國之間為了東亞的安全、全球環境的保護，維持正常的關係，還是非常重要。他建議建立一個開放的、現實的，以及穩定的中美關係。然而美國難以忘情於台灣，以國內法繼續售台武器。雷根政府雖然簽訂了〈八一七公報〉，保證遞減對台軍售，但是無論在私下或公開場合，都在貶低此一公報的嚴肅性，所以軍售台灣問題尚未解決。當柯林頓（William Jefferson Clinton）當上美國總統後，已是一九九〇年代的晚期。中美關係由羅德（Winston Lord）主導。力主對華強硬，主張人權與貿易掛勾，結果北京嚴拒，鎩羽而歸。美國國會又於一九九五年邀請李登輝訪美，白宮同意，明顯違背一中的建交承諾，北京強烈抗議，召回大使，爆發一九九六年的台海飛彈危機。當時華府仍然尋求與北京「建設性的戰略夥伴關係」，柯林頓於一九九八年的夏天，率領一千二百人訪華，遊覽西安與長城，在北大演講，竭力修補關係，發表三不之承諾。江澤民與柯林頓的互訪，才緩解了兩國關係，從李登輝訪美一事，看到美國國務院的前後矛盾與舉止失措，以及柯林頓之輕忽此事。但不久又發生南斯拉夫中國大使館被炸事件，謊稱誤炸，引起中國大陸人民的憤怒，嚴重惡化了中美關係。李登輝於一九九九年向德國記者單方面提出兩岸是「特殊的國與國關係」，再度挑戰一中，又使台海興波。

中美關係風風雨雨，問題多多。美國耗費大量資源打恐之後，發現中國迅速崛起，認定中國的崛起，是對美國的威脅，於是不惜一切力量，想要阻擋。但到歐巴馬總統（Barack Obama）的後期，才計劃「亞洲再平衡」政策，就是要「平衡」中國的崛起。其實中國根本無意與美國爭霸，只想百年屈辱後的民族復興，自二十世紀八〇年代以來，一心一意發展經濟，之後又提出「一帶一路」宏偉的經濟規劃，尋求人類共同體的雙贏。但美國以己度人，不相信中國崛起而不稱霸。自歐巴馬開始，經川普而到拜登，極力打壓中國，以增強軍備來遏止中國，不遺餘力，甚至打台灣牌，干涉中國內政，且以日本為馬前卒，張揚聲勢，中國人對日本軍國主義的侵略記憶猶新，難免不引發反對美日帝國主義的情緒。使得兩國關係愈趨緊張。中美博弈，錯綜複雜，牽一髮而動全身，唯恐失控。

中美對抗，精確的說，應該是中國反抗美國的打壓。許許多多的說法，諸如體制之爭，民主對抗獨裁，意識形態之爭，人權自由，修昔底德陷阱，都是似是而實非的高調。至於說中國具有挑戰國際秩序的侵略性，更非實情。中國在一九四九年之前，一直是被侵略的國家，一九四九年之後，幾次邊境衛國戰爭，無不適可而止，更何況四十餘年來，中國沒有打過仗，而美國卻不斷的對外用兵，如何能說中國「好戰」，具「侵略性」呢？中美對抗趨於激烈的緣由，讀史者不可不知。

自二〇一二年中國經濟總量（ＧＤＰ）超過日本，且迅速遠遠甩開日德諸國，緊追在美國之後，中美Ｇ２態勢儼然成型，自然會引起華府執政者的關注，所以亟想知道中國如何定位兩國關係。北京領導人習近平於二〇一五年訪美時，歐巴馬給予盛大軍禮與宴會接待，惟背後暗潮洶湧，互不信任。川普繼位後訪華，故宮盛宴，禮數無以復加，寄望穩定關係；習近平回訪，川普孫女獻唱茉莉花，佛州別墅私語，杯觥交錯，風光無比。川普顯然想要以軟硬兼施的手法，奢望中國屈就美國所要的兩國關係，然而北京的答案是兩國平等互惠的新型大國關係，太平洋夠大之類，豈是美國中聽的話？美國將軍麥克阿瑟曾說過：「太平洋是美國之湖」（the Pacific is America Lake）！美國想要的是中國永不挑戰美國的霸權，唯華府馬首是瞻。具體而言有四：一是停止二〇二五年科技自主計劃，就是中國不要發展尖端科技，最好停留在中低端的科技，說得露骨一點就是：中國出口低端商品就好；二是宣布絕不對台動武，將中國領土完整的主張，視為領土擴張。美國只允許由台方自願和平統一；言下之意，就是希望台灣永遠維持獨立的現狀，也就是事實上永久的分裂。這明顯有違一中莊嚴的承諾，華府居然奢望，關係何以為繼？三是放棄南海九段線主張，停止南海島礁建設，撤除武裝。換言之，要中國放棄南海主權主張；四是不再繼續一帶一路倡議，誣指是製造債務陷阱的擴張野心。美國振振有詞，以為理所當然，卻天真得認為中國為了維持與美國的良好關係，會委屈求全，犧牲主權與發展的利益，接受屈辱而不平等關係。然而中國有底氣不接受美國的無理要求，對抗之勢，勢不可免。

自二〇一六年以來，美國不幸先後出了兩個不稱職的總統，把中美關係搞得雪上加霜。先是有狂人之稱的川普（Donald Trump），後有語無倫次、舉止失措的拜登（Joseph Biden）。兩人先後執政，使剩餘的國威，消耗殆盡。美國的臂膀雖粗，但臂粗乏力，又安得使指？川普於二〇一六年當選美國總統，開啟一大變局，世界超強怎麼會選出一個地產商，作為領導人？而此公又是極右的白人至上主義者。知識程度較高的美國人早就知道此人有「偏執狂」（bigotry）。他登上大位後不久，就開始毫不掩飾地抑制中國的崛起。他喊出「美國再次偉大」，不爽中國要「偉大復興」。當中國拒絕美國的無理要求，並堅持平等自主的兩國關係，只答應在貿易上讓利。川普在失望之餘，開始大打貿易戰，科技戰，打壓華為等高科技公司，不遺餘力，甚至促使加拿大扣押華為財務長孟晚舟，形同綁架。美國以民主與人權的美名，行帝國主義之實，曾無往不利，然而遇到中國崛起，中國既非日本、韓國、亦非中東，不能強渡關山。只是美國價值仍然好用，不惜以此挑釁中國主權的紅線，以及鼓勵日本右派勢力，默許其廢止和平憲法，更加強美日軍事同盟，激化東海、南海問題。先有「亞洲再平衡」，後有「印太戰略」，明言對付中國。於是不惜以人權為武器，極盡詆毀中國之能事，並製造新疆事件，雖無實據，卻大事宣傳「種族清洗」（genocide），意在抹黑中國。

白宮視北京為全方位最強對手，非除之而不快。美國人雖有韓戰被裝備簡陋的中國志願軍打回三八線的陰影在，但百餘年來輕易奪取大英帝國的霸權，擊敗德日兩強，以高科技滅掉擁有百萬雄獅的伊拉克，面對東方崛起的大國，猶感信心滿滿，故而打壓，鍥而不捨。一般世人，震於美國的強大，仰其鼻息，多以為中國非其敵手。值得注意的是哈佛教授，美國前國防部副部長約瑟夫奈伊（Joseph Samuel Nye, Jr.）認為即使中國經濟規模超過美國，美國也有五大優勢，所以不必高估中國。所謂美國的五大優勢首先是東西兩洋、南北無強國的地理優勢，其次是能源自主的優勢，再次是金融優勢，美元為國際貿易主要結算貨幣，四是人口優勢，美國勞動力有增無減，最後是關鍵科技的優勢，美國有阻止或延遲中國取得核心技術的能力。奈伊是著名的政治外交學者，然他對美國之長、中國之短，明察秋毫，卻不見中長美短大可商榷的輿薪。

中國周圍有十四個鄰國，遠較美國複雜，但除印度以外，邊界已無糾紛，而印度國力尚遠遜於中國，殊非大患。習近平所倡議宏偉的帶路計劃，十年有成，勢將打通歐亞大陸，貫通四海如鏈，美國干擾無效，已立於不敗之地。對北京而言，海上的一帶，易於陸上之一路，中俄伊朗都在陸路之上，也都受西方欺壓，關係之密切，前所未見。三國同心，其臭如蘭。已故美國戰略家布里辛斯基（Zbigniew Brzezinski）早於一九九七年，在其《大棋局：美國的首要地位及其地緣戰略》（*The Grand Chessboard: American Primacy and its Geostrategic Imperatives*）一書中，論及冷戰後的世界格局，歐亞各國的戰略利益，地緣戰略，發展前景，與美國的利害關係，已有中、俄、伊朗三國在歐亞大陸上聯手的杞人之憂，拜登居然使憂成真。布氏生前所未料到的是素來親美的沙特，也要加入以安全為主的上合與以經濟為主的金磚，當中東與南美的國家加入中國主導的組織之後，經濟實力可近乎世界的五成，而尤以油氣與糧食見長，配合中國製造與基建的強大能力，地緣政治之堅強，不言而喻。陸權大國聯手，陸通優於海通，以海權見長的英美日諸國，豈無便邊緣化之虞？陸權將取代主宰世界數百年的海權，將是二十一世紀地緣政治的大變局。

中國能源不足，依賴大量油氣進口，但與能源大國俄羅斯、沙特、伊朗等國已建立穩固的友好關係，再經由帶路輸送，能源與糧食皆不足為慮。美國以前自沙特進口大量石油，因而美元與石油掛鉤，成為國際貿易最重要的貨幣，建立美元霸權。然而美國石油自主，且有餘出口，與沙特成為競爭對手，而中國成為沙特的大雇主，已有以人民幣結算的趨勢，未來如成為氣候，友好國家之間，皆以人民幣結算，勢必會動搖美元的霸權地位。更有甚者，華府狂印鈔票，增加通膨，又乘俄烏之戰，凍結外國資產，任意沒收公私財產，使美國的信用，受到重創，多國持續減持美債，而美債已增至極限，大有違約之虞。美國的金融雖掌控全球，但動輒以金融與美元作為武器，制裁他國，破壞信用，遲早會被厭棄。當中國大陸與多國以人民幣交易，並開始用數字錢幣，美國金元帝國的瓦解，不是不可能的事。金融優勢云乎哉！

美國是移民國家，因其富強，引來不少富豪名士，美國許多諾貝爾獎得主，多非美國土生，但有更多的非法移民，來自窮困的中南美，雖於南疆修築「長城」，難民如潮水難以阻擋。美國人種既雜，又種族歧視極其嚴重，白人至上，土族印第安人幾遭滅絕，黑人的人權不彰，社會矛盾難解，時有種族衝突。美國雖富，但貧富極為不均，城市到處有露宿街頭的街友，槍支與毒品氾濫，甚至連各級學校都不倖免。相比之下，中國雖有人口老化的問題，但不比許多發達國家嚴重，而以中國十四億人口的規模，有更多調適的餘地，且已脫貧，社會相對穩定，美國未必有人口優勢。

美國有科技先進的優勢，但科技不是人文，能在任何有理性的國家發展，以中國人口之眾，學科技者甚多，有鑒於中國登陸月球的背面、登上火星、完成北斗導航系統、完成空間站，自製航母與高音速飛彈。美國雖作不公平與不正義的競爭，中國迎頭趕上美國的優勢，未嘗不能。

美國以其民主制度自傲，但絕非白璧無瑕，民主政治與暴民政治有時僅一線之隔。美國號稱是最成功的民主國家，要因三權分立，較能平衡制約。然就民主而言，經由選舉產生的總統，副總統以及參眾兩院議員，幾乎都是有錢有勢之輩，無錢無勢者只有投票權，何來競選權？更遑論當選？因而掌權者的階級性質極為明顯，一般百姓豈能當家作主？美國以法治嚴明自許，但法律之前並非人人平等，官司的勝敗往往取決於能否有能力請到索價昂貴的律師。而監獄的條件又大相徑庭，富人入監像住封閉的鄉村俱樂部，而窮人入監則猶如人間地獄。美國又最講「人權」，但黑人的人權問題歷史悠久而至今無解。宣稱「人人生而平等」的美國，何以曾有黑奴制度？原來蓄奴者不認為黑人是人，而是財產，所以可以擁有與買賣。林肯（Abraham Lincoln）總統以解放黑奴聞名，但他在一八六一年二月二十三日的就職演說中明白宣示：「我並不直接或間接企圖去干涉蓄奴州的慣例。我相信我沒有這樣做的合法權力，我也不傾向這樣去做」。所以美國內戰爆發之原因不在於北方堅持廢奴，而是南方堅持分離，林肯是要為維持國家統一而戰。戰後由於一八七六年總統大選的糾紛，為了使本黨的海斯（Rutherford B. Hayes）當選總統，共和黨與南方作交易，將聯邦在南方的占領軍快速撤離，以及做了其他方面的讓步，是謂「一八七七年的妥協」（The Compromise of 1877）。結果導致全面的「隔離政策立法」（segregation laws），強制公共設施必須依照種族不同而隔離使用，就是黑白隔離，黑人在南方並沒有被解放，在北方則遭遇歧視。一直要到一九六五年詹森（L. B. Johnson）總統才完成《民權法案》（Civil Rights Bill）。但是法律上雖然平權，實際上黑白仍然不平等，因未能徹底解除種族歧視心態。黑人歐巴馬雖於二〇〇八年當選美國總統，但其「黑皮白骨」，言行思維與白人民主黨總統並無異質。事實上，雖執政八年，黑人的境遇未見改善，沒有公道、沒有公理、更無正義可言！在資本主義的美國，競爭激烈，黑人起跑就晚，又不如猶裔、亞裔重視教育，社會結構難以徹底改革，即使如此，白人至上主義者仍深感不滿。可見美國的種族主義已是歷史悠久的結構性問題，美國的不治之症。

比黑人更慘的是土著印第安人，當年白人移民美國，不知帶進多少病菌，更不可原諒的是，當與原住民發生矛盾後，不惜贈送帶菌的毛毯，造成原住民的大量死亡。印第安人在美洲居住至少有一萬年，有人估計最盛時期有近億人之多，但二〇一〇年的人口普查，印第安人只占美國人口的零點八%，原因除疾病外，美國政府與原住民一共簽訂了三七一個條約，違反了三七〇個，在二百五十年間殺害了一億六千萬的原住民，最著名的是一八六三年元月發生的

「熊河屠殺」（the Bear River Massacre）。此一事件屠殺原住民最多，而最少為人所知；印第安人比黑人更慘，無權無勢，困苦無告！人權的優勢何在？

美國經過二十世紀兩次世界大戰，成為環球一霸，蘇聯解體之後，更是唯一超強，離群毀約、羞辱盟邦、執意狂為，以為霸權從此穩固，不料中國崛起，美國運勢下行，而中國持續上揚，兩國消長的事實，顯而易見。令華府大感意外，於是公然以中國為最大威脅，不惜多方打壓，不遺餘力。當武漢突發疫情，華府竊喜天禍中華，以為是中國之病而疏於防衛，結果中國有效控制疫情，而美國疫情卻一發不可收拾，而又無端甩鍋中國。以疫情打壓中國無效，再擴充軍事同盟，試圖圍堵中國，中俄雖未結盟，美國卻同時與中俄為敵，難道要逼中俄結盟。歷史昭示，搞軍事同盟，相互對峙，乃兩次世界大戰爆發的要因。美國拉幫結派，不斷提升軍備，難道還在準備大戰？識者皆知，核武大國之間不可能發生戰爭，冷戰時期美、蘇在古巴危機中戰爭一觸即發，終消弭於無形，即因雙方皆知核戰無贏家。美國要在亞洲再平衡，又如何跨越核武「恐怖平衡」的雷池？既然不可能，又一再要與俄、中核大國為敵，除了虛張聲勢、製造事端之外，只能圖利軍火商，將和平紅利移作巨大的軍火紅利。美國耶魯大學史家甘迺迪（Paul Kennedy）於二十世紀末葉研究五百年來帝國的興衰，認為經濟與軍力關涉興亡。國家須按其經濟資源發展軍事，但發展軍力的花費，即使再雄厚的經濟體，也難以無限制地供給。按史家甘迺迪之說，美國經濟已難負荷軍費的開支，中國又是美國的最大債權國，美國霸權如何能贏過中國？

澳洲的前總理陸克文（Kevin Michael Rudd），是難得的「知華派」，看到中國在經濟與科技上，已相當接近美國。中國於短短數十年間，急起直追，完成工業化，成為製造大國，引起美國的焦慮，故而不擇手段試圖遏制。如果美國科技有絕對優勢，何必焦慮與打壓？美國有先發優勢，依然掌握關鍵技術，然中國有後發優勢，可以不必重頭做起，可以彎道超車，美國可以阻擋於一時，難以遏制於久遠。況且攻人要害，難免自傷，白宮禁賣晶片給中國，攻華短板，阻華發展，不悟自棄中國廣大的市場，令美國晶片公司虧損，解僱人員，更搞亂世界供應鏈，損人害己的科技優勢又何足道哉！

從美國的歷史與傳統可知，在民主人權的外衣，掩蓋了種族主義、貧富不均，大事擴充軍備，而又揮霍無度，國債高築，槍支毒品難禁，監獄人滿為患，對外以安全為名，行擴張而具侵略性。美國史教授霍夫斯塔特（Richard Hofstadter）認為美國擴張主義有心理上的因素，美國的本土開拓於十九世紀末已經到達太平洋沿岸，已經沒有太多新的廉價土地可以開拓，於是在心理上造成恐慌，產生挫折感和苦悶；這些心理因素刺激了擴張的衝動，以釋放挫折感與苦悶，其結果就是具有侵略性政策和行動的擴張主義。擴張主義不管如何解釋，至十九世紀末已是籠罩美國的社會思潮，也就是說已經成為當時社會輿論的普遍意見，已形成「意見氣候」（The Climate of Opinion）。

奈伊未說美國的軍事優勢，美國軍費軍備遠非任何他國可及，然其布局全球，在東亞一隅，已無優勢，更何況美國絕無可能軍事干預核子大國。美國展示兵力，秀肌肉而已，威嚇無效，優勢何出？在外交上，美國國務卿布林肯與王毅外長都僕僕風塵，周遊列國，但王毅走訪，多有實際成果，如與伊朗簽了二十五年巨額款項的合作計劃，要比布林肯有實效多多。至於沙特王儲拒接拜登電話，東盟除新加坡外，不應召赴華府之會，其中消息，不言自明。式微的美國不作謙懷自省，猶視中國為最大的威脅，暴露焦慮，故而鍥而不捨打台灣牌、新疆牌、西藏牌，試圖分裂中國，無非是「傲慢與偏見」的露骨表現。在南海則不斷借自由航行之名，行干涉主權之實。在一帶一路上，極盡抹黑污衊之能事。美國換黨執政後，不僅沒有改弦更張，對華反而更加強硬，在輿論的煽動下，所謂美國的抗中共識，毫不奇怪，也正反映北京的毫不退讓。北京一再聲明中國的發展不受遏制，就是針對科技與帶路的進程；北京一再反對干涉內政，就是針對台灣與南海而言。難得有識的美國外交史家威廉斯早已洞悉：美國一意孤行的傲慢與偏見，將導致美國在外交上無可避免的希臘式悲劇。

奈伊沒有提到的是美國許多劣勢，環顧美利堅大地，雖然仍是最富強的國家，但已今非昔比。民主政治雖然華麗，卻甚脆弱，通貨膨脹，槍支氾濫，槍擊案叢出不窮，縮手無策，基建敗壞、毒品難禁、犯罪率居高不下，公私債台高築，社會益趨激越，黑白種族矛盾，至今未解，毒品失控，禍及青少年，貧富嚴重不均，底層的美國人陷入所謂「無望的海洋」，大城洛杉磯流浪街頭者多達四萬餘人。亞裔也受到無端的仇恨攻擊，川普亂政，加劇黑白之間的矛盾，民主淪為民粹，政府難有作為。美國人本來重視「誠信」，以說謊為奇恥大辱，但卸任總統川普竟是「大說謊家」（big liar），而千萬美國人不以為意，其價值之淪喪也已可見。美國憑其累積的雄厚國力，似乎經得起折騰，但畢竟不是金剛不壞之身，如任其惡化，難保沒有衰敗之日。

華府自以為是，逞強不知自身的脆弱，沒有真正學到九一一恐攻的教訓，一意以暴易暴，不覺種下的惡果。伊朗總統易卜拉欣・萊西（Ebrahim Raisi）在二〇二二年的一月三日，誓言要審判川普，以報兩年前暗殺伊朗名將卡西姆・蘇萊曼尼（Qassem Soleimani）之仇。此仇之外，美國顯然還鼓勵以色列於二〇二一年十一月，謀殺了伊朗的首席物理學家穆赫森・法赫里扎德（Mohsen Fakhrizadeh）。美國卸任總統與國務卿，負有外國的血債，炸毀北溪油管，背國家恐怖主義的惡名，情何以堪！

最感諷刺的是，美國久唱中國崩潰論，哪知會出現美國崩潰論？俄國總統普丁先曾警告說：美國正在蹈前蘇聯十五個獨立共和國崩解的覆轍。普丁說美國會像蘇聯一樣解體，也許有以其人之道，還諸其身的心理元素。但說的最具體的卻是美國退休將軍伊頓（Paul D. Eaton），當前總統川普鼓勵暴徒攻擊美國國會山莊的周年之際，他公開警告說：變亂會於下一次二〇二四總統大選時再起，屆時軍隊很可能會支持政變。伊頓將軍與另外兩位將軍塔古巴（Antonio

Taguba）與安德生（Steven Anderson）又聯名在著名的《華盛頓郵報》（*the Washington Post*）上發表文章說：我們想到下一次政變會成功，不禁感到「冷徹入骨」（cold to our bones）。這三個武將並非憂天的杞人，德州參議院克魯斯（Ted Cruce）證實他的州有三十%的人，認為用軍事手段推翻政府是正當的。果正如此，美國引以為傲的民主，豈非要徹底破產？事實上，二〇二一年一月六日在美國首都發生攻擊國會的事件，已造成嚴重的政治危機，至今未解，因為始作俑者美國前總統，依然故我，不肯認輸，有七〇%以上的共和黨人，依然相信選舉舞弊的「大謊言」（the big lie）！依然認為選輸的川普應該是總統！依然兩黨水火不容、勢均力敵，遂令《經濟學人》（*the Economist*）發文，擔憂美國的民主殿堂，會因選舉的質變與權力制衡的失效，而搖搖欲墜！美國號稱「美利堅合眾國」（the United States of America）.是十三州經過折衷與妥協，而後成立的聯邦政府，在共同認可的憲法下，成為一個國家。各州除國防與外交以外，保留州內的自主權。後來循例加入的有五十州，每一州不論大小，也都擁有同樣的自主權。各州既然可以自由加入，豈不可以自由退出？十九世紀中葉美國的南北戰爭，就是因南方要獨立而爆發，造成一場慘烈的骨肉相殘。美國內戰後逐漸崛起，到二十世紀稱霸世界。川普亂政後，兩黨既無共識，也不妥協，呈現紅（共和黨）藍（民主黨）分裂之勢。川普的信徒有高達五十二%的人認為分裂可以接受，甚豈認為武力對抗政府是合理的，極右派的共和黨參議員克魯斯，更聲稱他的德州如果獨立，將是世界第十大經濟體，並擁有NASA與石油，分裂意識溢於言表。其實，如果加州獨立，將是第五大經濟體。即使拜登的追隨者也有四十一%的人認為分裂是有可能的。最近加拿大作者馬切（Stephen Marche），出版新書，書名赫然是《再一次的南北戰爭》（*The Next Civil War*）。他認為美國政治看起來非常糟糕，兩極化已根深蒂固，不像是一個完整的國家。二〇二一年一月六日的暴亂是響亮的警鐘，美國正陷入內戰的邊緣。雖然美國的憲法不允許分裂，州變成國也沒那麼容易，需要聯合國的認可，如何分別建立郵政與金融系統，更是大問題，三十一點四萬億的國債又如何處理？更是棘手的問題。但是當極右派視攻擊體制為合法，當左翼不再容忍現狀，當白人至上主義者、新納粹分子、黑人命也是命的活動家，又蜂擁而起，互不相容之際，去聯邦化的分離主義，會被認為是可行的選項。世事難以逆料，預測未來不易，但大勢所趨，卻不容忽視。美國作家托特都夫（Harry N. Turtledove）也已有《美利堅分裂國》（*The Disunited States of America*）的想像。這本二〇一七年出版的小說，認為各州將不再同意共同的憲法，聯邦無法持續後，形成分離的國家，互派使節、互通貿易，到二〇九〇年俄亥俄州與維琴尼亞州還會爆發戰爭。雖是虛構的小說，但小說常能反映社會現實。想像或將成為現實，能不為美國有識之士的警惕。根據美國的民意調查，共和黨人和民主黨人的價值觀差異越來越大。比價值觀分歧更嚴重的是經濟上的壓力，美國大部分地區的經濟，在過去二十年裡，都是低增長或幾乎無增長。又遇到失控的疫情，濫發鈔票，通貨膨脹一發不可收拾，聯邦政府失能，欲振乏力，對解決問題，束手無策。執政者無能，使得冰凍三尺的種族問題與貧富不均，顯得更加嚴峻，能不給小說家以想像的空間。

美國雖曾擊敗德日、取代大英稱霸、搞垮蘇聯，其鋒之銳似不可擋，以為也可遏制中國崛起，很可能打錯算盤。中國並無致敗之道，法西斯德日因瘋狂侵略而敗，大英帝國因殖民地的喪失而名存實亡，戰後日本至今猶有美軍駐守，唯命是從，何從反抗？蘇聯因經濟難以支撐軍備而崩潰。中國的經濟體量已接近美國，超越指日可待，華府亦自稱中國是全方位的挑戰，如仍視傲慢為實力，以偏見是正義，欲置中國於死地，豈可得乎？然而拜登並未死心，亟言要與中國競爭而不衝突，但他所謂競爭，並非兄弟登山，各自努力，而是我贏你輸，要別人不競不爭，讓他獨贏，維持霸權。為此自知必須先要鞏固內政，然內政如麻，拜登為了解困，想要複製羅斯福（Franklin D. Roosevelt）的「新政」，但既無羅的個人魅力，更無羅的「新政聯盟」（The New Deal Coalition）。此一政治聯盟從一九三二年到一九六〇年代為止，支撐民主黨近三十年之久，而拜登僅有國會微弱的多數。更何況川普雖然下臺，但他挑起的「民粹主義」，聲勢仍大，死忠的「川粉」仍然謊稱去年大選舞弊，質疑拜登總統的合法性。如此紛擾不已，可見其國內的團結，根本是奢望。新冠疫情得到緩解，但社會亂源依舊，連美國的民主與人權也受到嚴重的挑戰。拜登在亂局中欲以巨款振興，欲以聯邦政府之力，主持基礎建設，理所當然，例如艾森豪的公路網絡、肯尼迪的登月計劃、約翰遜的大社會構想。但今非昔比，一九六〇年代的美國，經費仍然充裕，聯邦政府投資基建、研究、發展與教育的經費，可占六點四%，往後持續下降，到了二〇一九年僅占二點六%。自從一九八〇年代雷根總統說：「笨蛋！問題在政府」之後，四十年間所形成整個世代的「小政府」政治氛圍，十分強勁。拜登要反其道而行之，顯與限縮政府的保守主義風潮抵觸，不僅要改變聯邦政府的角色，而且還要改變已經根深蒂固的政治哲學，其難度可想而知，而垂垂老矣的拜登居然信心滿滿，依然樂觀，失望可期。

拜登想要花大錢翻新基建，但錢從何來？唯有在高築的債台上加碼。印鈔之外，他想將稅率從三十七%增加到三十九點六%，基本回到川普二〇一七年減稅之前的水平。川普在位四年，大事減稅，特別將大企業的稅收從三十%降到二十一%，只占聯邦收入的六點六%，GDP的一%。拜登想要增加到二十八%，甚至說可以妥協到二十五%。即使如此，也需要由國會通過才能算數。民主黨人雖使一點九兆新冠救濟金在國會順利過關，但想要龐大預算繼續在國會順利通過，絕對不是件容易的事。反對聲浪已經出現，共和黨的參議員很少有人願意與拜登妥協，而其參院領袖麥康納（Mitch McConnell）更高調反對增稅，他也不贊成大手筆的基建。拜登要得到共和黨的合作已經困難重重，而民主黨內也有雜音，認為拜登要基建、要加強教育、要幫助窮困家庭，雖然正確，但素為底層百姓請命的桑德斯（Bernie Sanders）參議員，看在眼裡，覺得要達到這樣的目標，非大大增加有錢人之稅不可，已公開對民主黨主流意見表示不滿。拜登沒有「政治推銷員」的天賦，四面楚歌，如何能夠撥亂反正？

川普初見武漢爆發「新冠一九」（Covid-19），有點喜形於色，言語之間以為中國將因疫情而倒大霉，孰知這把大火延燒到美國，而且一發不可收拾。川普尷尬之餘，「甩鍋」給中國，難以得逞，最後輸掉連任。拜登繼任美國總統，無能改弦易轍。川普亂政之後，拜登繼任總統，以「美國回來了」相號召。他的意思是要拉攏被川普冷落的盟邦，重建美國的聲望與領導地位。他自一九七〇年代起就已涉入美國政治與外交政策，經驗看來老到，但當他坐上大位，雖知單打獨鬥不可能振興美國，極欲與歐洲加強舊好，但風光的形式多於實質。仍然昧於現實，為川普煽起民粹挾持，受制於鷹派勢力，難以改弦更張。美國在外交上蠻橫成性，由於龐大的軍力與避不開的美元，威力無比，令受害者莫可奈何，故而拜登依舊懷抱霸權心態，仍然覺得美國的力量無限，有效控制世界。以至於無法在多元的世界，建構具有建設性合作共贏的美國外交政策。鷹派無法征服世界，似已征服華府。拜登的民主黨政府，沒有魄力擺脫右派保守主義的制約，不敢終止明顯失敗的貿易戰，可見一斑。拜登既不能滿足鷹派的大胃，也無法解決國內外的難題，妄論解除世人的苦難。拜登雖表同情巴勒斯坦人，但未能挽回川普偏袒以色列的蠻橫政策，依舊欺凌、鎮壓，甚至屠殺巴勒斯坦人，以巴衝突難有了局。伊拉克、敘利亞等地區，亂源未解。阿富汗的倉皇撤退，荒腔走板，徹底暴露了拜登的無能。美國的第一流人才多在企業界、學界，政界以庸才居多。拜登不僅不能領導民意，反而被民意牽著鼻子走。他只能在被川普煽動的反中、仇中的民粹上，變本加厲，拉攏盟邦合圍中國，然盟邦更各有其國家利益，難能一呼百應。美國放棄阿富汗，疑把爛攤子威脅中國，讓穆斯林恐怖分子擾亂新疆，孰知「塔利班」（Taliban）的發言人穆賈希德（Zabiullah Mujahid），不斷向北京遞送橄欖枝，視中國是最重要、最特殊的夥伴，遙望北京提供資源，重建阿富汗，更想能搭上歐亞班列，為此保證會驅除「東伊運」恐怖分子出境。若然，美國制華豈非又事與願違？然而屋漏又逢連夜雨，艾達風災造成洪水泛濫，災民苦不堪言，拜登被災民痛罵，情何以堪？

拜登政府內外交困，國外阿富汗潰敗，信譽硬傷，國內通膨壓力日增，仍不敢降低關稅，顯然是騎虎難下，唯有反中、仇中到底。於是出現毫無理性的情緒反應，倒果為因，雙標不已，極盡渲染詆毀之能事，視干涉中國內政為道德高度，而控俄羅斯干涉美國選舉為罪大惡極。美國可以追殺恐怖分子，趕盡殺絕，嚴刑逼供，慘絕人寰，而不許新疆用職教的方式來處理恐怖事件。新疆維吾爾族的人口日增、日趨富裕，卻悍然指責新疆「種族滅絕」，居然三人成虎，從國務卿到媒體人，都狂言不慚，殊不知「種族滅絕」，乃西方帝國主義與殖民主義的產物，在澳洲、在非洲，血跡斑斑，在北美印第安土族慘遭清洗，尤其觸目驚心，人口從幾千萬到如今的幾十萬，華府對印第安人採取「追殺」（search and destroy）政策，白紙黑字，載諸史冊，不容抵賴。美國及其盟友經常把人權當作攻擊中國的「提款機」，顯得十分蠻橫無理。更可悲的是，以民主、自由、多元為傲的美國，幾乎成為仇中的一言堂，連《紐約時報》著名記者湯馬斯佛里曼（Thomas Friedman）在為文檢討美國的中國政策時，也說：「與中國打交道時，說話一定要溫柔，但手裡始終要有大額關稅，加上航空母艦」。令人驚訝的在呼應老羅斯福著名的帝國主義金句：「溫言在口，大棒在手」（speak softly but carry a big stick）。拜登在「極右派」輿論的籠罩下，明知中國不會屈從，但身不由已。美國今日懊悔在阿富汗經營二十年的潰敗，如果對華政策一路走到黑，二十年後能不重蹈覆轍？大唐詩人杜牧不云乎：「後人哀之而不鑒之，亦使後人而復哀後人也」。

世界上尚有明理公正之士，新加坡的印度裔學者外交家馬凱碩（Kishore Mahbubani）就有膽識向西方世界直言：美國無法阻擋中國崛起，想要遏制，必然徒勞無功。他在〈美國應該對中國謙虛一點〉（The U.S. Must Approach China with Humility）的文章中說：中國已存在五千年，而美國只有二百五十年，年輕的美利堅與有智慧的文明古國打交道會有困難，並不令人奇怪，故謂美國對付中國有麻煩，完全可以理解，但美國不能看不到較為長遠的人類歷史。他引用英國史學家馬濴生（Angus Maddison）的話說：如果你看兩千年的歷史，世界兩大經濟體一直是中國與印度，西方崛起只不過是近二百年的事，就是十九世紀的歐洲和二十世紀的北美。過去的兩百年是世界史一時的偏離常規，所有的偏離都會回到正軌。西方退縮到正常的世界權力範圍，是再自然不過的事了。人類歷史的進程不可能被遏制，今日中國與明日印度的回歸，也是很自然的發展。固然美國自一九一九年取代英國，成為世界老大，已長達一百三十年之久，積習難改，感覺世界第一的皇冠應該永遠屬於自己。馬凱碩遺憾華府缺乏對華完整的長期戰略，而應對地球上最古老的文明，尤其需要。他說此一見解，來自季辛吉博士。他又說中國並沒有威脅到美國，絕無可能以軍事攻打美國，也沒把軍隊派到美國的邊境，也無戰艦飛機經常臨近美國偵察。更重要的是：美國應知中國更不會威脅美國的富裕，因為中國經濟的成長是美國中產階級富足的主要發動機，如果中國摧毀美國中產階級的富裕，豈非自毀經濟成長的主要發動機？這個世界上最古老的文明絕不愚蠢。他說應該理解到：美國的富裕是給世界的禮物，也是給中國的禮物。在這個新興的世界上，包括美國在內的西方建立了以聯合國系統為基礎的世界秩序，而他曾在聯合國當大使十年，深知中國不僅要保存此一秩序，而且還要維護它。他看到的悖論是：美國反中，而中國反而在擁抱美國所建立的世界秩序。

馬凱碩針對美國讀者，故有委婉勸導之意。他不好意思說：美國常搞「單邊主義」，破壞世界秩序的往往是美國自己。美國向全世界說：「美國優先」，霸權心態難以更改，往往倒果為因。美國想要領導世界，解決問題，卻自己常是問題的製造者。馬凱碩辯才無礙，能在西方主流媒體發言，但他的言論在美國畢竟不屬政治正確，華府執政者未必聽得進去。中美關係緊張要因美國忌憚中國的快速崛起，不惜全方位打壓，卻將交惡的責任推給中國。但是形勢比人強，川普單幹，撼動不了中國；拜登聯合盟友圍堵中國，又不給力。美國國內通膨的壓力迫於眉睫，才又發現中美是舉世最重要的關係，於是不斷主動要求通話與訪華，以避免衝突，就在二〇二一年九月十日，「九一一」事件的前一天，拜登事隔七個月，再也忍不住給習近平通了電話，至於華府是否真能改弦更張，並不樂觀。馬凱碩已經預言：「中國贏了」（China has won）。

美國的內部問題，儘管十分棘手，仍想重新管控世界，然其目的不是為了人類共同的命運，合作共贏，而是要拉幫結派，主要對付北京，不允許迅速崛起的中國超過美國。拜登糾正川普弊政不一，唯獨遏制中國，不僅川規拜隨，而且變本加厲，以為川普單打不夠力，更要呼朋喚侶，以便齊心合力來對付中國。川普執政時的美國國防部長馬提斯（Jim Mattis）曾勸說與越南共同建立瞄準中國的飛彈基地，雖經三年協商無成，可見美國聯越抗華想法的一廂情願，被譏為五角大廈自欺欺人的「愚蠢鬧劇」。然而拜登在鷹派的挾持之下，依舊想盡辦法要在西太平洋對抗中國，經常在中國近海偵察，與中國海軍在南海、台海對峙，升高緊張，不惜強加意志於盟國，將更多的轟炸機集中到關島、日本、澳洲，南韓等已經龐大的軍事基地，甚至希望北約盟邦也來亞洲參一腳。就此而言，拜登並沒有真正回到多邊主義，而是繼承美國蠻橫的「美國例外主義」，無非是拉幫手來單邊對抗北京。什麼是「多邊觀點」（multipolar perspective）？正是習近平於二〇二一年四月二十日在博鰲論壇上所說：世界的前途與人類的命運應由所有的國家來決定，不能由一國或少數幾個國家來決定，而後強加於別國！劍指美國，不言可喻。

美國難以放棄霸權思維，依舊到處長臂管轄，要制裁、遏制中國，但效果不彰，原因很簡單，西方早有屢試不爽的名言：「國家之間沒有永久的朋友，只有永遠的利益」，德法諸國，都與中國有密切的經濟利益，唯有與美國虛與委蛇。亞洲的日本與中國也有重大的經濟利益，但仍在美軍占領之下，只好以「美命是從」，無可奈何。南韓雖也有美軍駐守，但並無意與中國對抗。再說英美等五眼聯盟，只有澳大利亞願意當急先鋒，不斷挑釁中國，結果慘遭報復，自絕於最主要的貿易國，至政權更改後，力求與華恢復友好關係。而五眼中的紐西蘭雖在澳洲之旁，始終保持距離以策安全，更不隨美國起舞。中國在紐西蘭整個出口貿易收入中獨占二十九%，兩國並已簽了自由貿易協定，不可能挑釁最重要貿易國的中國。故其外長馬胡塔（Nanaia Mahu）明白說：五眼有關安全與情報，沒有必要涉及所有的議題，包括人權在內。美國操弄新疆議題，無限上綱，反而弄巧成拙，被北京斥為世紀謊言。紐西蘭不願隨美、澳起舞，得到北京的善意回應，而美國也無可奈何。

華府當局者迷，美國前外交官傅立民（Chas W. Freeman Jr）為西方罕見的知中派，他直指美國在國際賽局中，是個「很容易被識破的選手，除了激進的開局之外，沒有後續計畫」。他認為目前的美中關係就像「弗里曼的戰略動力學第三定律」（Freeman's third law of strategic dynamics），即每次敵對行為都會引來更敵對的反應。他斷言華府正與北京在作一場注定會輸的比賽。貿易戰證明已經輸了，證明對抗無益。他建議中美合作，從合作中雙方都能獲益。傅氏在全美國瘋狂反中的氛圍中，直言不諱，有膽之外尚有見識，其見識來自真正了解中國。他能說一口流利的北京話，是尼克森最初訪華的先遣與翻譯。他早在二〇〇七年就曾為文說，中美之間必須互相了解各自的想法與做法，知道什麼是真實的，什麼是想像的。他必定認為川普與拜登的對華策略，想像遠遠多於真實，因為不切實際的做法，所以必定會輸。中方一再聲明：合作雙利、對抗兩傷。傅立民的逆耳忠言很可能聽不進去，在仇中與理盲的今日美國，必然會被視為親中而惡之。真所謂金玉毀棄，瓦釜雷鳴，莫可奈何。

拜登以北京為全方面的頭號強敵，想要全力遏制，但環顧時局，畢竟事與願違。根本原因：力不從心。美國自第四十五屆總統唐納川普以來，以反全球化煽動民意而當選。但全球化已是世界潮流，各通有無，技術與資源互補，原是雙贏之舉。美國所獲利益甚巨，只乃製造業外移，中下層美國人的生計受到影響，與川普以可乘之機，借「美國第一」口號，鼓動人心。但是口號只是宣言，並無實效，不僅難以落實，且有強大的反作用。川普不顧盟國反對撕毀伊朗核議，撕毀巴黎氣候協定，強加各國關稅，對歐日領導人頤指氣使，結果在國內疫情爆發與族群動亂，一發不可收拾，國外離心，信用破產，以此來求美國第一，何異以冰致蠅？川普不能連任，事所必致。

拜登頓感掌控全球不給力，遂欲收縮，以便全力來阻遏視為最大威脅的中國。既不停止無效的貿易戰，又打壓中國的高科技，並以自由航行為名，闖進南海、台海，玩台灣牌以激中國大陸之怒。不僅如此，除了英美澳聯盟之外，又組織印太戰略，無不劍指中國，更以民主與人權作為武器，詆毀中國，試圖極限施壓。當拜登政府邀北京派人到嚴寒的阿拉斯加會談，楊潔篪與王毅於二〇二一年年三月到來，美國總統安全顧問蘇利文與國務卿布林肯高調出馬，一出場就故意讓記者在場，想要以實力地位威懾中國，傲慢的下馬威用意，不言可喻。哪知道被楊王直言對決：「不允許美國再以實力地位對中國說話」，嚴詞句以對：「中國不吃這一套」！成為流傳的金句，王毅更要美國「好好改一改」，教訓之意難不令美國人難堪。楊王不是說爽的，而是有底氣的不接受美國的無理要求。中美在阿拉斯加的交鋒，有不少人指中方「戰狼外交」，不過是因有狼，才須戰狼。此後北京根本不理會華府，華府屢請會面，也只容在京外的天津相見，並提出改進關係的清單，包括要求無罪釋放華為財務總長孟晚舟。中國何來不接受美國以實力地位跟中國說話的底氣？楊王不僅回嗆美國人的蠻橫與無禮，而且可以說明癥結所在。美國於二戰結束後，憑其實力布局戰後世界，無國能不吃美國的一套，日本被美軍占領，無不聽命，然當日本經濟快速成長，有日本第一的聲勢之際，華府即加以遏制與打壓，日本毫無招架之力，忍受二十年經濟停滯的後果。蘇聯龐然大物不吃美國這一套，冷戰多年之後，也終於解體。歐洲列國名為盟邦，並非平等，在美國主導的北約軍事保護下，只有唯美命是從。伊拉克與利比亞膽敢不吃美國這一套，就有滅國之禍，北韓與伊朗不吃美國這一套，即遭嚴厲的經濟制裁，倍受煎熬。在美國執政者的心眼裡，哪有不吃美國這一套之理？然而楊潔篪說：二十年前，中國就不吃美國這一套；其實，七十年前中國就不吃美國這一套了。當年意氣風發的麥帥率領聯軍直趨鴨綠江，並揚言中共的農民軍如果干預，將是一場大屠殺（a big slaughter）；結果中國不信邪，把美軍打回三八線。美國因而封鎖中國大陸二十年，仍無法搞垮中共政權，最後解鈴的還是美國繫鈴人。中國韜光養晦，於三、四十年間和平崛起，躍登全球第二大經濟體，坐二望一之勢已成，軍備更日新月異，製造軍艦如下餃子，經政實力不容小看，如何會吃美國這一套呢？

美國全面圍堵，看到的卻是東升西降：打貿易戰自己輸的更慘，要與中國「脫鉤」（de-coupling），無奈全球供應鏈環環相扣，如何脫之？無法實踐的宣示，終究為識者看破手腳。北京更是全球一百餘國最大的貿易國。美艦在南海自由航行，騷擾有餘，撼動不了島礁的穩固，又給中國軍艦臨近阿拉斯加海岸自由巡航的理由。雖常玩台灣牌，始終不敢跨越「一中」的紅線。同時又看到北京頻頻與中南美國家建交，巴西等國參與一帶一路，不免有後院失火之感。中國更進入太平洋島國，與所羅門建交之餘，又建立安全關係，令華府急派大使前往久經忽略的島國。華府意圖遏制北京，想要推遲中國的發展，來勢洶洶，但收效甚微。美國對付中國無所不用其極，包括操作中國人權，布林肯以美國國務卿之尊，不顧新疆維吾爾族人口日增，硬說新疆有「種族滅絕」，顯然以人權為武器以圖抹黑中國，反而使人想起二百年來西方霸權的殘忍無道，何嘗在乎弱小國家的人權？引來斑斑可考的白人劣跡，諸如北美的印第安人與澳洲的原住民，卻是毫無疑義的種族滅絕。加拿大又一再發現大批印第安兒童的殘骸，西方所指的種族滅絕，反而落到自身。美國鼓動香港動亂，國會議長裴洛西（Nancy Pelosi）稱之為「美麗的風景」，結果美麗的風景發生在她的國會裡面！然而她要立法懲治暴徒，卻譴責中國立法平香港之亂，雙標一至於此。

華府深知不可能與核子大國直接交戰，所以要與北京談「護欄」，以防止戰爭，可以見之。不過，中國的統一意志，不可動搖，美國雖有一中承諾，極不願見中國統一，卻有擦槍走火之虞。川普即將卸任之時，他國務卿欲派美國駐聯合國大使訪台，北京將以行動回應，大使專機在空中盤旋數小時終於折回，足見華府雖無翻臉的「底氣」，但在紅線邊緣玩火的危險。按一旦觸動北京底線，戰端一起，置台灣於危境，顛覆中美關係。當年密訪北京破冰的季辛吉，以九十六高齡親赴北京，重申當年的一中承諾，誠如季辛吉所說，中美大戰將是人類的大災難。其實美國有識之士，多不樂見中美關係惡化，如曾任五角大廈的官員噶爾（Franz Gayl），曾給拜登總統寫千字公開信，警告不要因台灣與中國發生大戰。他認為中國大陸擁有台灣的主權，北京會用盡一切手段收復台灣。如果發生戰爭，不僅人員大量傷亡，而且美國會輸。他因而激烈批評華府的對台政策，特別反對繼續維持美國國內的「台灣關係法」，認為此法最終會引發戰火。他抱怨拜登受制於美國國會一百六十三名參眾議員所組成跨黨派的「國會台灣決策小組」（The Congressional Taiwan Caucus）。他建議拜登絕對不要軍事介入中國的內戰，一旦開打，兩國都無法承受。他希望兩國元首好好坐下來談；若失去這個機會，將是極其愚蠢的事。噶爾的這封公開信在號稱新聞百分百自由的美國，居然無處可以發表，他到處碰壁之後，異想天開寄去胡錫進的《環球時報》上發表，結果被美國國防部處罰，被取消安全認證，受到反情報檢查。他雖接受著名的《新聞周刊》（*Newsweek*）的訪問，但周刊沒有獲准發表整封信。台灣應該警惕，當烟塵定後，噶爾的意見一旦成為主流，台灣不就要步南越、烏克蘭與阿富汗的後塵了嗎？

中美博弈，美國打貿易戰，嚴禁高科技出口給中國，屢施制裁，處處打壓。但中國依然能造航空母艦、完成北斗系統，登上月球與火星，看來中國科技發展已自成體系，有能力與美國科技作長期的競賽，極有可能彎道超車。美國於金融有絕對的優勢，經驗既豐富，美元尤無往不利；美金成為儲備貨幣，由於舉世的認可，然而美國無限制地印鈔，來維持金元霸權，且不時以美元作為政治制裁的武器，收割他國的羊毛，未嘗不會導致不義自斃的結局。中國與俄國、伊朗石油交易不再用美元結算，已啟其端，中東產油大國沙特也要與中國以人民幣結算，大勢所趨。美元帝國是否能夠永久維持，成為懸念，又有預估，中國的GDP於五年內將會超過美國，十年後將超過更多。美國人均之富裕，仍遙不可及，但總量畢竟代表國力。美國失去第一，在心理上絕難接受。華府雖知面對強敵，毫不掩飾地打壓北京，但很不給力。中國的崛起不容易遏制，要因中國的經濟體量，歷史悠久，龐大人口的凝聚力，以及高超的行政效率，西方國家難以相提並論。馬凱碩說美國不是挑戰一百年的共產黨，而是挑戰四千年的中國文明，可稱睿見。

拜登於二〇二〇年繼任美國總統，不僅未能改弦更張，甚且變本加厲，繼續遏制中國，更不能抑制川普所激起的仇中狂潮。拜登認為川普所以未能得逞，由於單打獨鬥，所以需要拉攏盟邦助拳，呼朋喚侶，以合縱連橫來圍攻中俄。看起來聲勢浩大，雖宣稱「美國回來了」，聯合所有小兄弟對付中國，來勢洶洶。但老邁的拜登，色厲內荏，有心無力，以至於事倍功半。因即使盟邦，各有其國家利益，哪可能任由老大哥任意擺布？歐盟固受制於北約，日韓仍然由美軍駐守，不得不呼應華府的召喚，但虛與委蛇，顯而可見。法德等國派幾艘軍艦到南海，除擺姿態，有何實效？美、澳、印、日，所謂「四方聯盟」，誇稱亞洲北約，虛有其表。如還想重演「八國聯軍」，未免時空錯亂矣。

美國自川普與中國開打貿易戰以來，風風火火，不惜違背WTO規則，猛徵不合理的高關稅，結果損人害己，反而禍及美國的消費者，激化通膨，愚不可及。美國諾貝爾經濟學獎得主克魯曼（Paul Krugman）甚至斷言，川普發動的貿易戰，已經證明中國贏了，美國徹底失敗。他說川普誤認為貿易赤字是嚴重的問題，因國際貿易不是零和遊戲，不可能只允許別國購買美國商品，而不要去買別國的商品，茫然不知進口激增是因為很多商品都是在國外生產，而國外商品要比國內製造既便宜又好用的緣故。川普增加中國商品的關稅，反而使供應受限，美國工廠一時也做不出消費者所需要的產品，只是抬高了商品的價格，使通膨飆升，增加美國消費者的負擔。克魯曼的結論是：川普的貿易戰既愚蠢又昂貴，失敗得甚是徹底，所造成的損失難以挽回，發動貿易戰，絕對是錯誤的。克魯曼還加料說：這僅是川普與外國打交道愚昧無能的冰山一角。他也沒放過川普的貿易沙皇拿瓦羅（Peter Kent Navarro），在他看來那個不入流的經濟學者，在克魯曼眼裡，他是極為可笑的重商主義者，其實貿易戰開打之時，識者早已指出，必定是雙輸的局面，只是沒想到開打的美方輸得更慘！貿易戰不但未如川普所想，將工廠搬回美國，而且將美國在中國的市場拱手讓人，同時也減少美國的對華出口。雖然傷及中國的私營企業，卻讓中國的國營事業控制了供應鏈。華府為了補貼輸華受阻的農產品，又增加了國家債務赤字，所以貿易戰使美國受害甚深，可稱理盲。理盲又加史盲，忘了一九三〇年代美國因經濟大恐慌，祭出高關稅，危害全世界，忘了慘痛的歷史教訓。美國為遏制中國，甚至想要「斷鏈」，兩國經濟環環相扣，美國又欠債中國近百兆美元，何來斷法？誠如新加坡學者馬凱碩所說，要「殃華」，反而自殃。約翰霍普金斯大學的藍普頓（David M. Lampton）教授也呼籲拜登不要隨民粹起舞，不應將美國疫情、經濟困境、種族歧視、社會動盪等問題都歸咎於北京。他認為「打反中牌」，只是在轉移焦點，掩飾自己施政無方。若無法撥亂反正，美中關係將難以轉圜。藍教授所說有理，但他並非當今美國民意的主流。反華竟成為美國政客群的共識。

拜登不知改弦更張，更繼續打科技戰，美國商務部加大施壓力度，對先進製成半導體和晶片製造設備，實施新出口限制，甚至還要限制美籍華人協助中國發展。拜登明說競爭，實掐脖子，使絆子，非理性的不惜殺敵八百，自殺一千！令許多人驚悚，但以中國市場之大，美國又如何能夠長臂管轄？德國總理蕭茲（Olaf Scholz），雖然弱勢，不顧華府的反對，將晶片廠出售給中國，接受中國控股二四點九％的漢堡港碼頭。利之所在，德國哪肯輕易放棄？何況美國不理會德國能源所需，公然反對北溪油管於前，又乘俄烏戰爭，爆破油管於後，如此自私陰毒，能不令柏林寒心？還不趕快走自己的路。果不所料，蕭茲公開聲明絕不跟著美國與中國「脫鉤」（Decoupling），更強調說不能與中國脫鉤！脫鉤勢必會打亂全球的供應鏈。德國曾在梅克爾主政下，原已與中國建立雙贏互利的經濟關係，並完成中歐投資協定，卻被華府多方設計破壞，並拉攏歐盟對抗中國。但是美國試圖阻止蕭茲防華，難以如願。蕭茲在其政府裡的綠黨分子眾聲喧嘩中，於十一月四日毅然出訪北京，得到德國企業界普遍的歡迎。德國工商總會（DIHK）主席強調，德國無法與中國脫鉤，說是「沒有中國，德國會變得更窮」。德國工商總會主席萬斯勒本（Martin Wansleben）談到中德關係時直言：「若無中國，也無世界」，歐洲乃至全世界，都必須與中國合作，以便解決氣候變化、糧食安全等至關重要的問題。有趣的是，蕭茲成功訪華回德之後，反對的聲音卻嘎然而止！使德國內外的反華聲音，顯得如何的一廂情願。美國想要聯合盟邦與中國脫鉤，以便孤立中國，終究猶如鏡中花、水中月。蕭茲短短大約十二小時的訪華，成功的一小步，卻是拜登失敗的一大步。失敗在哪裡？失敗在歐盟大國不再追隨美國圍堵中國，更積極要與中國合作。美國以為俄烏戰爭鞏固了北約，卻未料重創歐洲的經濟，傷了同盟國的心，還想以道德的高帽來約束盟國，妄說與中國合作就是失節，但歐洲人那肯「餓死事小，失節事大」呢？更何況反中是無端之舉！蕭茲打開的「破口」，能不使拜登的圍堵決堤？即使是美國的公司，利之所在，豈願損失在中國至少三十％的市場？所以華府禁運晶片，只好延期一年執行，但一年之後，又如何能夠不再延期？事實上，如果美國與中國大陸在半導體脫鉤，價格勢必會上漲三十五至六十五％左右，並嚴重打亂全球的供應鏈，使全球經濟復甦更加困難。據美方估算，如果完全中斷與中國大陸交流，三年之後，美國半導體企業將會失去十八％的市占率和三十七％的收入，損失一點五萬至四萬個美國高科技產業的工作機會。更何況中國早有準備，故而處變不驚。最近已有報道，大陸的中芯晶圓工廠已於去年生產十四奈米晶片，更令美國感到驚異與焦慮。我們看到中國有能力發展出傲人的航天事業，晶片彎道超車，極有可能。中國尚未反制，如果禁止稀土加工的供應，將全面影響美國的電動車、電動車的電池，以及再生能源系統的生產。再說美國猛打晶片戰，未必得逞。上海舉辦進口博覽會，美國晶片公司蜂擁而至，可以概見其中消息。

美國想以四條繩索困住中國的科技、台灣、南海、帶路，不能得逞。拉幫結派圍堵中國大陸，在外交上除了英、日、加少數幾個國家之外，大都虛與委蛇。美國欲以一國之私利，奪舉世之共利，雖然用盡心機，必然失道寡助，華府如何能夠占上風呢？在軍事上，想要阻嚇中國，也是徒勞。因美國絕不會與擁核國家開戰，只想要別國打代理人戰爭。但烏克蘭前車之鑒，即使英日盟邦，豈肯為美國捨身流血？華府要台灣備戰，甚至必須殊死巷戰，但在台灣避戰的聲音越來越高，顯然也不願意當馬前卒、充炮灰。美國想要別人打代理人戰爭，以消耗中國，恐怕也將成為畫餅。總之，美國打壓中國，在各方面都漸落空，東南亞、中東、甚至中南美，都不願意應美國之招而站隊。習近平倡議的一帶一路，互惠互利，已有成效，連南美的一些國家也已加入，帶路的穩定發展可期。美國詆毀無效，替代方案無影，帶路已經無可阻擋。川普與拜登相繼把台灣作為抗中的棋子，因在別處制華不給力，只好出此下策，一再以國內法與台官方來往，以至於國會議長裴洛西，以美國政治第三號人物，大張旗鼓訪台，引發大陸大規模的圍島軍演，飛彈越空，加劇台海危機。華府所謂北京反應過度，就已知道中國大陸是玩真的，紅線不可越，若想試探北京，結果得不償失。

回顧半個世紀以來，九位美國總統，平均每人只在位五年，對華政策難具遠程規劃，不時受民粹干擾，尤其因涉及台灣問題而產生摩擦，要因於中美建交之初，未能徹底解決，如埋地雷，不時引爆，不斷修補。一中是中美關係的基礎，惟華府有口無心，公報規定必須減少軍售以至於到終止，然而華府根據「台灣關係法」，不僅繼續軍售給台灣，而且質與量與日俱增。但是台灣關係法既是美國的國內法，而與中美三個公報相抵觸，絕非北京所能接受，因領土的完整，乃中國的核心利益，華府一意孤行，一直威脅到北京與華府之間的關係。

美國抗中，總認為臥榻之旁，不容旁人鼾睡，涉及到美國人強烈的歷史使命感。美國人覺得生來就要推行民主、擴張疆域、將自主政府原則向全世界作為示範。美國的這種「彌賽亞自覺」（messianic consciousness）極具活力，能量除來自傑佛遜總統所標舉的十八世紀啟蒙精神之外，溫斯羅普（John Winthrop）所表達的「新英格蘭清教主義」（New England Puritanism），反對教主專制，提倡勤儉生活，同樣有推波助瀾之效：認為新大陸將是基督在地上的王國，從而點亮獨立、革命、民主的熱情。這種使命感在十九世紀充分表現在「昭昭天命」的口號。「昭昭天命」具有以救世自居的宗教熱情，而尊崇上帝意志的選民只能是「白種盎格魯—撒克遜族群的新教徒」（white Anglo-Saxon Protestants）顯然具有「種族主義」（racism）的內容。此一根深蒂固的宗教信念，加上自信為民主的典範，塑造了強烈的美國性格，而茫然不覺對他國、他民的傷害，漠視美國原住民印第安人遭遇到「種族清洗」，卻無中生有劍指中國，污衊新疆。

美國要維持霸權，更要世界美國化。美國化並不是赤裸裸的武力征服，而是在神聖使命感的激蕩下，借由音樂、電影、飲食、科技等文化滲透，以及間諜監聽、操弄外國政府與干預別國內政，達到使其「美國化」的最終目的。就此而言，「美國化」可以說是一種「隱性帝國主義」（covert imperialism），有別於老牌的「顯性帝國主義」（overt imperialism）。誠如一位英國史家所說，美國並不是安詳的瑞士。即使在二十世紀之前的歷史上，也不少見騷亂與戰爭，美利堅合眾國根本就是在戰爭中誕生的。美國進入二十世紀，更有驚人的改變，完全拋棄了舊日「反戰」與「輕武」的陳腔濫調，積極整軍經武，即使「二戰」勝利之後，仍然維持龐大的軍備，冷戰以後也沒有稍歇軍備。軍人出身的艾森豪總統早在二十世紀五〇年代就曾警告龐大「軍工業複合體」（the Military-Industrial Complex）的危害性，但美國身不由己，不僅無法改變，軍工勢力及其影響，與日俱增。

美國為了遏制中國，不惜損人害己。全球化互惠互利，是世界的潮流，也是美國的原創，卻為了壓制中國，竟欲與貿易最大國「脫鉤」，搞單邊主義，打亂產業鏈，逆潮流而行，豈能行遠？及知脫鉤絕無可能，改稱「去風險」（de-risking），仍然視與中國交易有風險，換湯不換藥而已。美國取代英國成霸，打垮日本超趕的經濟，使軍事強國蘇聯不戰而潰，猶如順水推車，順利的很。然而面對全方面崛起的中國，力不從心、事倍功半。美國雖未死打壓中國之心，大有不碰南牆不回頭的態勢，但美國也有句流行的名言說：「打不過就加入」（If you can't beat them, join them），意思是說：如果打不倒對手，只好合作做朋友。這原是美國人務實的認知，但到目前為止，美國仍然自覺信心滿滿，想要中國永遠無法超越，看來非碰南牆不止。

第五節　中國走向世界的挑戰

中國百年來飽受西方與日帝霸淩，半個世紀前，猶一窮二白，而今經過改革開放四十年的努力，成為美國之後全球第二大經濟體，軍事實力也位居世界前三。中國的快速崛起，西方世界由於種族與文化的偏見，在心理上很難接受中國在世界的新角色。美國尤忌憚中國可能後來居上，毫不掩飾不願中華復興。所以北京面對首要的挑戰無過於美國的遏制，美國學者甚至有中美不免一戰的「修昔底德陷阱」之說。不過核大國之間開戰，難以想像，惟中國視台灣為核心利益之核心利益，和平統一不成，勢必武統，美國不至於直接軍事干預，以免核戰之險，但其他多方面的干預必不可免。北京如何面對台海危機，無疑是一大挑戰。

台灣是中國大陸的重中之重，並不是新的主張。中國視國共內戰是解放戰爭，解放軍名稱未改，就是因為台灣尚未解放。對北京而言，領土與主權的完整，乃是不可逾越的紅線，所以國家統一為重中之重。然而戰爭畢竟是最後的手段，冷戰之後，兩岸開始交流，有和平氣象，但和平的前景是統一。蘇起以巧妙的「九二共識」，歸納敏感問題協商的結果為：一中雖可各表，既是各表，你表我不能表，才是一中的共識，至少在通往戰爭的路上，可以原地踏步，得以苟安。然而蔡英文執政後，就是要戳破敏感的神經，要對方承認各表，豈非變成兩中？既無可能，便公然毀棄來之不易，有益無害的「定海神針」——九二共識。果然大陸明言：沒有九二共識，天會搖，地會動。天沒搖，地沒動嗎？從此兩岸溝通斷絕，益之以疫情，來往驟減，仇恨加深，更加上民進黨以抗中保台為口號，鼓勵香港抗中，以爭取選票，贏得選舉，美國又為其私利，為了遏制中國，將台灣逼向戰爭之路。

北京經過三十年的振軍經武，已有武統的能力，但台胞畢竟是同胞，仍然堅持和平統一。然而由於美國忌憚中國的崛起，而一再違背對華承諾，視三公報如無物，反而強調其國內法，頻頻打擦邊球，干預有關台灣事務，且試圖碰觸中國的紅線，而蔡政府百依百順，隨聲起舞，令北京面對欲和統而不能，大有被迫動武的壓力。凡有識之士莫不知，北京絕無可能退讓其重中之重！

台灣一直維持中華民國的國號，國號只是國家的代號，就像人的姓名可改，但人不可改。在台灣的中華民國以三萬六千平方公里的土地，代表九百六十萬公里的中國，長達二十年之久，已屬難得。當聯合國於一九七一年票決中國的席次，由中華人民共和國取代，接著包括美國在內的大多數國家，承認北京為中國唯一合法的政府。於是中華民國的國號不幸成為空號，在法理上不再能代表中國，而台灣的主權屬於中國。說中華人民共和國從未統治過台灣，毫無意義，因主權屬於國家而非國號。戰後日本將台灣歸還給中國之時，當時的中華民國也從未統治過台灣！

台灣若想要擺脫中華民國的國號，也無濟於事，因為已經是空號，於是想出不倫不類的「中華民國台灣」，只能自欺而騙不了人。好像住房已經過戶給別人，你住在裡面，雖私自塗改門牌，如何能改變產權？若乾脆宣稱台灣獨立，民進黨就有台獨黨綱，但分裂直接挑戰到中國的主權，觸動中國的反分裂法，中國豈能不維護主權而戰？台灣又安能不戰而能獨立。所以宣揚獨立的民進黨，雖兩次執政，不敢獨立建國，足見難以擺脫一中的緊箍咒。於是高喊「抗中保台」，忘了自己仍自稱中華民國，不免抗到自己嗎？至於搞去中國化，如果能去掉中國文化，試問台灣的文化所剩餘幾？故而無論如何去不掉中國；不過。民進黨的努力，當然有些效果，多少煽動了島上仇恨中國大陸的民粹。影響之下，連國民黨也多視統一為畏途。即使馬英九當了總統，雖說不獨，也說不統。試問永久不統，何異獨立？走向獨立，何異走向戰爭？

美國呼朋喚侶，想要圍堵中國，多不如意，中國的朋友只有增多，並未減少。只有以台制華，最得心應手，於是加速軍售台灣、官員訪台、軍人入台、鼓勵台獨、違背承諾，促成台海的兵凶戰危。美國刻意踐踏紅線、故意挑釁，不無有要台灣打代理人戰爭之意圖。從美國逼台灣延長兵役，要武裝台灣成為刺蝟島，以及要賣地雷車、紅隼槍等武器看來，美國不但希望台灣打，而且還要打殊死的巷戰！美國明知兩岸軍力懸殊，但考慮的是：盡量把台灣「武裝到牙齒」（armed to the teeth），自家不必捲入，至少可以消耗大陸的軍力，達到遏制中國的目的。至於犧牲台灣，對美國而言，是台方自衛必須付出的代價，他豈有愧心？依兩岸的民心士氣、軍備實力觀之，華府的故伎，未必得逞。若真的開打，未必能消耗大陸多少軍力！而台灣必然島毀人亡。

台灣的民進黨有不少人，相信美國會出兵保台，拜登曾多次說會，但立刻被其屬下打臉，而拜吐面自乾，不以為意。至於美國芝加哥大學教授米爾斯海默（John Mearsheimer）也說：美國必須遏制中國，應盡全力，保衛台灣；言下之意，包括出兵保台。此君以新現實外交專家聞名，認為國際關係由大國霸權，基於現實利益主導，此乃無可改變之冷酷事實。所以他認為美國想要借烏克蘭打趴俄羅斯，極其愚蠢，因會逼普丁到牆角，必然會引爆核戰，陷世界於萬劫不復之險境，所以非常不現實。但他對台海的看法，卻絕然不同。他以為中國會像孟羅主義一樣，將整個亞洲作為禁臠，攬括東海、台海、南海。美國不能接受這種現實，所以必須全力遏制，而遏制中國必須要保衛台灣。他還抱怨俄烏戰爭，耽誤了對付中國威脅的時間，還加強了中俄關係，極不符美國的利益。他將中國視為比俄羅斯更嚴重的威脅，可以理解，但作為現實主義者，他極端反對與俄衝突，以免核戰之禍，卻不在乎中國也是擁核大國，何以在烏克蘭會有原爆風險，而在西太平洋就不會？何以主張不支持烏克蘭抗俄，而支持台灣抗中？未見米氏有所回應。他難道沒有考慮到，中美關係遠較美俄關係更為複雜。美國雖已不擇手段遏制中國、想要斷鏈，圍堵中國，但中國仍然是美國最大的貿易國，直到最近，美國進口總額，中國貨物仍獨占十七%，大於加拿大加墨西哥的占比，也無別國接近中國的數據。換言之，北京面對美國的遏制，政經地緣博弈，見到美國戒不掉中國的商品，又如何能起軍事衝突呢？海默教授，只見徐妃之半面，所言差矣！然而對北京而言，台灣問題延宕未解，因兩岸同屬一中，中國人不打中國人，一直想以和平統一，因七十多年的分立，長期反共民粹的醞釀，民進黨崇美媚日心態的助長，久而懼統、避統、而拒統成風。既然不統，根本不考慮和談，不正視一國兩制，也不考慮台灣方案，事實上是不宣布台獨的台獨，遲早是通往武統之路。美國口說一中，意在一中一台，對北京言而無信。當年華府尚需與北京維持正常關係，力圖維持兩岸分裂的現狀，不愿挑起事端。如今美國無極限遏制中國，不惜大玩台海牌，與鄰為壑之心，昭然若揭。統能和，獨必戰，如何避戰，仍是極其棘手的挑戰。

大國之間戰略的博弈，主要靠政經軍事、社會和諧等實力，美國軍經實力第一，政治效力不彰，社會有欠祥和。中俄實力稍遜美國，而中國鵲起迅速，政治高效率，社會動員力道極強，俄國幅員最為遼闊，資源極為豐富，核武庫舉世無雙。如中俄聯手，絕非美國之福。美國著名戰略家季辛吉，傳承馬基維利（Niccolò Machiavelli）的權術思想與梅特涅（Klemens von Metternich）的均衡外交，當年建議聯華制蘇，儼然有成。雖年屆百齡，依然老驥伏櫪，思考並發表有關戰略言論。按他的權謀思維，為美國籌劃，豈能不作聯俄制華之想？川普曾求教於他，亦想向普丁示好，不料美國搞出一個「通俄門」，質疑俄國總統普丁介入美國總統選舉，暗助川普，使川普當選後，焦頭爛額，撇清與普丁關係之不暇，遑論聯俄？更有甚者，美俄關係不僅未得改善，反而愈變愈壞，及俄烏軍事衝突，美國成為烏克蘭的後臺老闆，極限制裁俄國，使華盛頓與莫斯科的關係跌到冰點，已成仇敵，而同時極限打壓中國，將中俄兩國同列為戰略對手，無異促成中俄無封頂的友好關係、高度信任。中俄兩國齊心，其利斷金，共同對付美國的挑戰，足令季辛吉大軍師感慨萬千。

習近平於二〇一二年執政後，首訪莫斯科，看來是超前部署，制敵先機的戰略遠見。習連任後又首訪莫斯科，習普在各種場合見面之多，屈指難數，兩人已建立豐厚的互信與友誼。在中俄建交七十年之際，習近平與普丁於二〇一九年六月五日，在克林姆林宮孔雀石廳（The Malachite Room）簽署了「新時代全面戰略協作夥伴關係」的聯合聲明，更將兩國關係推向高峰。普丁在莫斯科熱烈歡迎習近平，國事之外，更加深了私人的友誼。習、普杯酒交歡無疑有利於共同面對的挑戰，而華府的作為，有意或無意，迫使中俄越來越親近。

中俄雖無盟約，但兩國關係發展下來，比盟國更為契合；反觀美國，盟國眾多，卻意見不一，川普上臺後更肆無忌憚，對盟國不假辭色，甚且為了美國的利益，占朋友的便宜。一盤散沙與堅如磐石，相映成趣。不僅如此，美國以領袖世界自居，推動全球化，一旦發現全球化未必是美國化，便要脫鉤，毀約退群，棄全球化如敝履，搞單邊主義，自掃門前雪，卻又忍不住要管他人瓦上霜，在中美洲、中東地區，尤其恣意妄為，霸道橫行，不得人心。反觀習近平倡議一帶一路，將雙贏互利的環球規劃，並付諸實施，已頗有成效。中國乘勢堅持多邊主義，強調人類生命共同體，開創互利共贏新世界，俄國聞風響應，中俄反而有占世界話語權上風的趨勢。

中國面對美國的霸凌，非韜光養晦或低調所能迴避。韜光養晦原意是獨善潛修，養精蓄力，不強出頭，但將之英譯為「hidden intension」（隱藏意圖，不使外露），會誤以為陰藏什麼陰謀詭計，即使譯成「low profile」（低調），也可誤作為蓄勢待發的姿態，都與中文的原意落差甚大，反增外國人的疑慮與攻訐的口舌。其實，西方國家，尤其是美國，情報無孔不入，中國的情況豈能不瞭若指掌？他們真正恐懼的不是無憑的口說，而是發現中國的突飛猛進，恐懼中國會後來居上，挑戰美國的霸權。有此恐懼，才會有所謂「修昔底德陷阱」的說法。修昔底德是希臘的歷史學家，他寫了一本名著《伯羅奔尼薩斯戰爭史》，敘述希臘城邦之間的戰爭，說是新興的大國雅典，必然會挑戰當時的強國—斯巴達；此後，西方歷史上發生了很多類似事件，如近代的德國「挑戰英國，日本挑戰美國」，都發生了大規模的戰爭。按此邏輯，中美勢必一戰。因為美國現在疑懼中國，所以哈佛大學教授艾利森（Graham Allison）引用修昔底德陷阱之說為慮，然也有不以為然者，哈佛另一學者奈伊認為艾氏所舉十六史例，有十二例不符新興大國挑戰在地大國而導致戰爭。

西方因其歷史文化背景之故，崇拜霸權，因爭霸而有層出不窮的戰爭。西方對「霸」的概念十分明確，而且有一個專門名詞：「hegemony」。而中國傳統崇王黜霸，「霸」是被鄙視的，而西方傳統根本沒有「王道」的概念。在西方觀念裡，「霸」的概念是很清晰的、是被尊崇的，因為強大才能稱「霸」，美國以霸為是，西方很多國家也都以為是，因為他們按照自己的傳統和邏輯，國力強大起來，一定會稱霸。中西概念完全不同，所以中國人一再說「不稱霸」，西方人不相信，他們會說：「你既然強，為什麼不稱霸？」

中美博弈，有認知上的差異：中國根本不認為中美之間的矛盾是霸權之爭，更無意想以新霸權來挑戰舊霸權。中國尊王黜霸，王道乃是中華所尊奉的悠久傳統，也是中國和平崛起的精神依據。因為不稱霸，所以才能「和平崛起」，和平崛起就是王道。中國傳統尊王黜霸，王霸之辨，甚是清晰，可是包括美國在內的西方國家只知有「霸道」、連「王道」一詞的正確英譯都沒有，可見無此概念，故而不信中國不稱霸。但是中國作為大國，「不稱霸」的立場，既一致又一貫，可以證明絕無爭霸的問題。中國是以王道對抗霸道。王道在中華文化中有悠久的傳統。古代中國也富有睦鄰政策，講人道、興滅國、求和平。中國聖賢幾乎無人願談西方人所謂的戰爭的權利，無不知道戰爭得不償失，侵略戰爭尤不被允許。中國傳統思想當中，除法家外，無不崇尚天下太平，儒家與墨家尤愛和平，即使兵家也以不戰而屈人之兵為最高的原則。墨家主張「非攻」，墨子的宗旨最為嚴格，他說：「殺一人，謂之不義，必有一死罪矣。若以此說往，殺十人十重不義，必有十死罪矣；殺百人百重不義，必有百死罪矣」。按照梁啟超的說法，墨子發明了「非攻」的真理，所非的是「攻」，不是「戰」，意謂極端反對侵略主義，只認為自衛是必要的。儒家可稱「和平主義者」（the pacifists），講究德治，認為動武乃是不得已之事，所以在儒家的政治哲學裡幾乎沒有製造戰爭的概念。孟子所謂「春秋無義戰」，指春秋時期戰爭頻繁，但沒有一場是正義的戰爭；「善戰者服上刑」，好戰者要受重刑，此話擲地有聲。《尚書》是中國最古老的史書，記載說「有苗」，注曰「討而不服不討自來，明御者必有道」。意即有苗這個人，討伐其而不服，感化之後不討自動來歸。這充分說明儒家相信道德力量，不允許未有威讓之時就挾持義兵。所以孟子說「仁者無敵」，仁者討伐暴君，受暴君之害的民眾主動迎接王師，不需要打仗。蕭公權老師曾經說過，中國在二千多年前已經放棄了好戰的商鞅，然而歐洲到今天仍然敬重十五—十六世紀義大利講權術的政治思想家馬基維利，認為他是最偉大的政治哲學家，霸權承襲的傳統一直延續至今。而中國傳統上並不贊同嚴刑峻法，漢初已有人以強大的秦國之所以速亡，故而宣揚孔子所提倡的王道精神。王道就是用說理而非動武的方式來解決問題，因為以武力讓人就範，不足以服人心。唯有以德才能服人。中國文化使得中國人普遍地較為愛好和平，儘量用說理而非動武來解決問題，認為以武力讓人就範是得人心，難以使人信服，成為中國人最高的政治理想，深信和平為最佳處理人際與國際關係的方式，對和平與正義共處，抱有信念，希望所有的人都生活在和平與正義的世界秩序之中。

愛好和平並非消極主張，然而確有消極面向。美國漢學家費正清就曾指出：秦始皇雄才大略，不求進取，居然修長城以自衛，一千六百多年後，明朝又重修長城。他認為：長城雖然在軍事上沒有太大用處，卻生動說明中國被困在長城之內不求進取的心態，過於重文輕武確有遺患，二千多年來中國的重文輕武，使得現代中國人深感古人在軍事上過於保守，導致中國近代長期的積弱不振，史家雷海宗教授有鑑於此，曾經發表〈無兵的文化〉一文，中國並非無兵，而是缺乏尚武精神。缺乏尚武精神，不是王道的真精神；王道不是「人為刀俎，我為魚肉」，真正的王道是要能積極保衛自己，而且要有能力來維繫世界的和平。中國雖然被霸權欺凌百年，但是振興以來沒有發動過侵略戰爭，只有衛國戰爭，在國際上也完全沒有所謂霸道的行為。中國正可以以王道精神來應對環球變局，西方強權以己度人，把中國的崛起認為是新霸權挑戰舊霸權，所以不惜圍堵、遏制，美國也不能理解中國政府所提出的所謂「平等互惠」的境界與大國關係的準則。崛起的中國推行以王道精神為基礎的世界新秩序，必可一新世人的耳目。王道跟霸道是兩種不同的價值觀。有人或說，王道是中國的舊概念，而且也含有大一統天下的意識。但王道是一種精神，我們可以現代的語境來適應現代的世界。王道有其實質內容，不外乎儒家的仁義道德，若作新的詮釋，可為今用。王道並非空泛的說教，「仁」可詮釋為廣博愛人、無私而彼此感通，而絕不容忍害群之馬、姑息惡徒，就是孔子所說的「無求生而害仁」。「義」可詮釋為辦事客觀公正，而絕不一意孤行。義與仁又不可分，在儒家學說中，仁義是並稱的。「道」可詮釋為達到目的的途徑，以人類福祉為目的的道路，路分兩途，即王道與霸道，兩者不相為謀。霸道圖私利，而王道能存亡繼絕、維護秩序與安寧，所以王道長，霸道才能消，才能實現天下太平。「德」可詮釋為得到，所謂「內德於己」，即人類有天賦的良知，能夠自省，有所戒懼，而「外德於人」，吸取外在的成敗經驗；內外兩者相合，不僅是做人的道理，也是處事之道。如果世界上國與國之間以仁義道德為最高的準則，有共同的是非之心，則王道行矣！若把舊的「仁義道德」作為今用，就可以為世界和平提供可行的遠景。而今北京提倡「和平共存」、「互利雙贏」、「人類命運共同體」，豈不是王道精神的體現。

百餘年來，大國博弈的歷史證明，霸道無法給世界帶來和平，只會導致動亂與戰爭。試看十九世紀是大英帝國主導的世界，二十世紀漸由美利堅主導。美國在二十世紀之初，尚是後起之秀，但到二十世紀中期，已富強甲天下，美國人的「昭昭天命」已經落實，「美國世紀」（American Century）所依賴的武力與美元，所向無敵，世界的美國化似指日可待。但是美國的霸權思維，偏狹的心理，不能以智慧與人道主義，激發全人類友好的共同命運，而只想用武力掌控這個世界。當然依然是西方「強權即真理」（Might Is Right）的觀念，這種觀念必然導致你死我活的鬥爭，是損人利己的資本主義與帝國主義的行為模式，何來持久和平？霸道既無法給人類帶來和平，難道不可以試行中國的王道，利己利人，以實現和平與世界樂利共存？

中國的崛起雖會觸動美國霸權的敏感神經，兩國之間也有價值觀之異與戰略矛盾，但是「鬥而不破」的態勢，也非常明顯，雙方的經濟互補關係，更是非常密切。希臘城邦有各自的貿易系統，不像中美之間有千絲萬縷的關係，包含太多經濟、社會、文化上的合作與互動，更何況還牽涉許多別國的利益。美國發動貿易戰，向中國商品徵收高關稅，實際上讓美國消費者承受，正見相互之間難以切割的關係。美國想與中國脫鉤，說來容易，難以做到。此亦可以證明，現在中美之間的鬥爭，跟美蘇冷戰對峙，情況並不一樣。何況兩國都擁有先進的裝備與核武器，沒有一方可能輕啟戰端。所以中美之間不可能重蹈「修昔底德陷阱」的覆轍，因為當下的世界局勢與古代大不相同，無論時空與政經都不可同日而語，更何況中美兩國各自的歷史經驗也非常不同。關於歷史經驗到底可不可以學，西方有很多人說歷史不可能重複，包括大哲學家黑格爾都認為歷史經驗不可學。然而明代學者于慎行在其《讀史漫錄》書中指出，歷史經驗非不可學，但要得法，「天下之事有異情而同形者，當曹操伐吳之時，則降者之而戰者勝；及魏勢既成之後，則戰者敗而守者全。何也？前之形未成而後之勢已定也」。所以不同形勢可以造就完全不同的歷史。就此而言，于慎行的觀點比黑格爾更高一層：事前不是不可學，是要注意內在情景與形勢、形態，有時候形態相同，可是內情不同。相同的事件，情勢不同會導致完全不同的結果。如果學習歷史先例而不知情與勢的不同，很可能適得其反，甚至造成難以挽回的災難。中國認知到，霸權損人害己，西方主導的現代國家，國家之間的關係並不平靜。十九世紀以來，西方列強爭霸，向海外擴張，弱小國家固然受其宰割，苦不堪言，而列強之間的爭霸也走向殘酷的戰爭。所以歷史昭示：霸權是世界和平的禍源。歐戰之後，斯賓格勒目睹大戰的慘烈，感歎西方文明的沒落。二戰之後，哈佛教授杭廷頓則感歎文明衝突不可避免，而重建世界秩序，談何容易。中國應該如何面對美國霸權的挑戰？中國希望雙方建立平等的大國關係，但美國則認為臥榻之旁豈容他人酣睡？中國在一九五〇年代多次受到美國的核訛詐，逼得陳毅外長說：不要褲子，也要原子。顯然，中國更有擁有核武的正當性和迫切性。中國在一九五〇年代曾得到蘇聯的幫助發展核武，後來蘇聯取消所有的援助，撤走人員、帶走圖紙。不過，中國繼續自行研發原子彈，進展神速於一九六四年試爆成功，於一九六七年就擁有更厲害的氫彈，令當時的美蘇都感不安，核武不啻是衛國神器。這是中國面對強權不能沒有的硬實力。

中國在二十一世紀的今天，經濟實力已坐二望一，而美國為眼前的利益越來越不願負擔世界責任。尤其川普入住白宮之後，不僅數次提出「美國第一」，撕毀條約，一意孤行，拜登繼政，變本加厲，樹敵斷鏈，以為霸道之可行。如中國能以其影響力，以王道行天下，讓全世界各國人民能夠雙贏互利，獲得真實的和平紅利。如今中美博弈，美國雖然仍是霸主，視中國為最具實力的戰略對手，極限打壓，不遺餘力，但已力不從心。原因有三：其一、遏制若求有效，須防患於未然，也就是美國人所說的「Nip in the bud」（扼殺於萌芽之時）。美國一直充當「世界警察」，即使在蘇聯崩解之後，仍然疲於奔命，到處打仗；驀然回首，中國已完成工業化，軍經實力不可小覷，屹立於東方，想要阻擋，豈不已晚？其二、美國原想聯俄制華，但華府受制於民粹，敵視中俄，已失先機。中俄面對美國的傲慢，已成背靠背的戰略關係，有若唇齒相依。其三、川普與拜登先後成為不稱職的美國領導人，超級大國，由庸才主政，一詐一愚，豈能不敗？有詞客填浪淘沙令曰：「老特又班翁，相繼稱雄，一崇詐術一愚庸，胡作非為無極限，諸事皆空。力盡未心從，欲鬥潛龍，呼朋喚侶志不同，滾滾江波東逝去，逝去如風」。美國與大國博弈，勝算多多，蘇聯解體後，更無敵手，卻碰到崛起的中國，感到硬骨頭難啃，中美博弈，方興未艾。博弈之間，呈現出文化的差異，而差異加劇矛盾，難有了局。美國的策略基於霸道文化，加上其政治偏狹所產生的傲慢與蠻橫，總是以強勢施壓，逼迫對方讓步，甚至屈服。中國雖表明不吃美國那一套，顯然已有底氣，然而華府仍不信邪，一意孤行，不悟中國文化重禮尚往來，當朋友有美酒，財狼來時有獵槍。美國對華極限施壓，不留餘地，中國必然視為財狼。如此博弈，鹿死誰手，拭目以待！中國的崛起已不可阻擋，美國人有諺語說：「打不過就加入吧」（If you can't beat them, join them），果然有美國駐蘇聯最後一任大使馬特洛可（Jack Matlock, Jr.），主張與中俄合作，才合符美國的最佳利益，馬大使雖親見冷戰的勝利結束，不願見冷戰再起，更不忍見重複冷戰期間幾度瀕臨毀滅的危機，何況當今人類面臨的最大的挑戰是疫情，是毀滅性武器，是氣候異變與生態惡化，以及跨境難民等棘手問題，而這些問題非各國合作不可，大國尤不可缺席，否則無從解決世界難題。世人應記取二十世紀二次慘烈世界大戰的教訓，若核子大國發生戰端，更將是人類的浩劫。馬大使勸美國外交政策制定者，改弦更張，對未來的國際交往，不要自己說了算！不要介入別國的紛爭，以外交對話避免衝突，多營造和諧氣氛，對重要問題採取合作的態度。但人微言輕，挽不了美國民粹的洪流。看來美國不會改弦更張，只會蠻橫到底，恐怕免不了帝國衰亡的宿命。

第六節　俄烏之戰打亂地緣政治與世界格局

俄軍於二〇二二年之春，陳兵邊境多時後，揮師進攻烏克蘭，震動世界，美國領導西方世界全力譴責，予以極限經濟制裁，普丁成為大惡人。然莫斯科所謂特殊軍事行動，絕非偶然，更非突發，要因美國於蘇聯解體後，把繼承蘇聯的俄羅斯視為戰敗國，又憂其東山再起，故而極不信任，處處防堵，尤其於俄國收回克里米亞之後，華府借此制裁。事實上，三十年來美國及其北約毫無節制地東擴，越來越逼近俄羅斯邊境。北約原是與華約對抗的軍事組織，蘇聯解體之後，華約不復存在，但北約非僅不解散，更且逐漸擴大，明顯劍指繼承蘇聯的俄羅斯聯邦。俄國衰敗之餘，原想融入歐洲安全體系，即使強人普丁上台後，也曾委曲求全，三次要求加入北約，均被美國拒絕，明顯見外，不想要擁有大量核武庫的俄國融入歐洲。美國領導的北約無疑是有針對性的軍事組織，得寸進尺，明顯劍指俄國，更鼓勵烏克蘭加入北約，逼到俄羅斯的家門口，還不時與烏克蘭舉行軍事演習，在烏東攻擊俄民，全不把俄國的安全放在眼裏。美國前國務卿季辛吉在二〇一四年就已警告烏克蘭不應該加入北約，以避免與俄國親兄弟為仇，不然衝突會螺旋上升，已預見戰爭可能爆發的主因。季辛吉認為烏克蘭不必在東西之間選邊站，而應作為兩邊的橋梁，因開仗容易而終戰難。季辛吉更有眼光指出：對俄國而言，烏克蘭不是另外一個國家，俄國的歷史始於「基輔俄」（Kievan-Rus），是俄國宗教的發源地，烏克蘭長久是俄羅斯帝國的一部分，兩國歷史重疊之處甚多。俄國在一七〇九為自由而戰的「普塔亞之役」（the Battle of Poltava）就發生在烏克蘭的土地上。俄國黑海艦隊的基地就在克里米亞，島上俄國人占多數的六〇％，原是俄國的一部分，前蘇聯總理赫魯曉夫於一九五四年劃歸烏克蘭，並未視烏克蘭為外國，對俄國人而言，俄烏原是同文同種，本是一國。有兄弟般的情誼。烏克蘭獨立的歷史很短，到二〇二二年只有二十三年，又遇二〇一四年發動顏色革命，親美拒俄，更慫恿新納粹的「亞速營」（the Azov Battalion），在烏東對親俄族群施暴，以及禁用俄語等不友善的行為。又選出猶太裔喜劇演員澤倫斯基（Volodymyr Zelenskyy）為總統，上任之後，親朋好友多鷄犬升天，多居高位，貪腐橫行，又多擁有美國籍，不但親美，還刻意要求加入北約，並將之入憲。華府予以鼓勵，並邀澤倫斯基訪問白宮，看來烏克蘭加入北約勢所必行。普丁陳兵威脅無效，忍無可忍之下，引發戰端。俄國攻打烏克蘭，在法理上是入侵，但在情理上並非無端啟釁，同根相煎，最足悲戚。

美國拜登政府的團隊沒有像季辛吉那樣具有歷史感與戰略高度的軍師，為了壓制俄羅斯，一意孤行，有意教唆烏克蘭反俄，將之作為棋子，踐踏俄國的紅線。事關俄羅斯的安全，普丁陳兵邊境，要求保證北約不再東擴，烏克蘭不入北約，但是拜登就是不予理會，強說烏克蘭是主權國家有權選擇，不免大言欺人。拜登有意激怒普丁動武，目的在誘戰以削弱俄羅斯的軍力，而此陰謀論居然為美國國防部長奧斯丁（Lloyd J. Austin, III）無意中所證實。美國一直預測俄羅斯要攻打烏克蘭，卻毫無防止戰端的動作，豈非好像在盼望開仗？更不可思議的是，拜登在俄軍入侵前，一再說美國不會軍事介入，不是要俄軍放心去打嗎？要烏克蘭打代理人戰爭，昭然若揭。開打之後，多國斡旋勸和，美國提供軍備拱火。政論家哈貝（Katie Halper）譴責美國為了圖利軍火商，有意要在烏克蘭打代理人戰爭，言之有據。自一九五〇年代美國艾森豪總統警告「軍工合體集團」（military-industrial complex）的危害性，為了龐大的軍火利益，不惜鼓勵戰爭。半世紀多以來，軍工的影響力不但沒有消失，反而變本加厲。美國不僅在輿論上鋪天蓋地為烏克蘭撐腰，且在武器與金錢上不斷輸送，將烏克蘭作為代理人戰爭的態勢越來越明顯。俄羅斯以軍事大國與強國，預定的特別軍事行動，居然沒有馬到成功，反而成為持久戰，要因烏克蘭背後有強大的、以美國為首的北約，實際上已是美俄的大博弈。

俄國常規軍力不敵北約，普丁於開打前為防北約介入，已有超前部署，下令其先進而量大的核武庫高度戒備，以震懾北約。北約果然沒有與君偕亡的勇氣，絕不敢冒第三次世界大戰之險，只好給普丁關門打孩子的空間。當烏克蘭失去制空權，澤倫斯基屢次要求北約在烏境畫禁飛區，以保護烏克蘭的天空，但華府與北約斷然拒絕，以免與核牙犀利的俄羅斯直接交戰。澤倫斯基明知無望，依然一再要求，禁航不得，連重武器也難以要到。要求不歇，以凸顯美國及其北約的偽善。美國引誘於前，很可能遺棄於後，澤倫斯基情何以堪！歐美以道德譴責俄羅斯入侵，無線上綱，卻被烏克蘭以道德綁架，不斷抱怨救亡不力，頗為難堪。澤倫斯基得到最多的是，以其演員長技，利用西方媒體，贏得國際輿論無比的同情。西方多國議會邀請他作視訊演說，引用各國災難經驗，以昔論今，強調烏克蘭所受俄國入侵的種種殘暴惡行，若不制止，他國也將受同樣之禍，極盡妖魔化俄國之能事，不遺餘力要求國際援助抗俄，激情的演說博得震屋的掌聲，聽眾全體起立致敬，博得滿堂彩。烏國總統成為西方世界的寵兒，只是無法得到北約的軍事介入。他在英國議會引用邱吉爾二戰時英倫之戰的豪語，卻無法獲得美國的參戰，美國只敢暗中相助，給予情報以及輕武器來延長抗俄戰爭，更不免有讓烏克蘭人民的血，來拖跨俄羅斯的聯想。澤倫斯基缺乏政治歷練，缺少歷史觀，不知妥協的藝術，在西方媒體上雖然十分風光，被捧為抗俄的大英雄，但實際上無異是華府的棋子。澤倫斯基困守首都基輔，大城毀為瓦礫，烏人死傷枕籍，數百萬人流離失所。他一人成名而萬骨枯，於心何忍？

烏克蘭入北約，於北約只是無關緊要的錦上添花，而攸關俄國的安危，所以只要承諾北約不再東擴，烏克蘭不入北約，就不會有戰事。澤倫斯基以為加入北約就有了安全，卻反而迎來浩劫。他善演喜劇，卻演出政治大悲劇。他完全可以避免戰爭而未避免，愚何可及？筆者為此填了一闋鷓鴣天詞以寄慨：

烽火烏啼二月天，新春又見起狼煙，
愁城困守銷魂夜，戰地哀吟化血年，
今日恨、寫千篇，無端兵甲擾人間，
是非未定憑誰說，推果知因入史編。

美國總統拜登不敢直接軍事介入，但對俄大肆打單邊的、極限的、全面的經濟戰，包括取消Swift等所謂核彈級的金融制裁，來勢極為凶惡，但俄羅斯畢竟是大國，擁有龐大的物產資源，仍有反制的餘地，諸如將外企國有化、以盧布購石油天然氣等，西方不買，中國與印度買，西榆既失，東榆有成。因而美國拿經濟制裁作為武器致勝，未免過於樂觀，所謂銀行阻止不了坦克，經濟無法達到武力的效果。事實上，核彈級的經濟制裁並沒有阻擋俄軍的進攻，戰事反而更加擴大，欲借此打倒糧食與能源充足的俄羅斯，談何容易？

華府號召抗俄，以為北約與歐盟在「道德」的召喚下，可以在其領導下，共同打經濟戰，圍毆俄羅斯。看來歐美步調一致，聲勢浩大。但歐洲國家依賴俄國的石油、天然氣，糧食等，德國依賴俄國的能源尤甚，使德法義等歐盟國家的經濟損失巨大。弔詭的是制裁俄國，反而制裁德法諸國更甚。美國於以歐為壑之餘，更以高價油氣賣給盟國，連法國總統馬克宏都公開抱怨。既要歐洲捨命相挺，又要大賺歐人的錢，情何以堪？更不可思議的是：居然從海底爆破北溪油氣管道（Nord Stream），造成巨大的財務損失與環境破壞，瑞典與丹麥就近調查確定是故意的人為破壞。北溪兩管是德俄兩國共同投資建造的，不可能破壞耗資巨大的自家資產，其他歐洲小國無此能耐，最大的嫌疑犯莫過於一直指責北溪管道的美國，顯然借此機會斷絕俄氣西送，猶如斷奶，一了百了，舉世的明眼人，心如明鏡，華府有動機、有利益、有能力為之，捨美國其誰？但華府一口否認，並指普丁所說不實。不料美國著名調查記者赫什（Seymour Hersh）於二〇二三年的二月在他私人的書寫格（Substack）上，發表甚為細緻的調查報告說：美國海軍潛水夫在挪威的協助下，設置炸藥，嚴重破壞了北溪管道，認為是華府所做極為愚蠢之事。報告發表後，白宮矢口否認，指控錯誤，但全是虛構，卻毫無辯解，但事據理據。而該記者又是資深而有信譽之人，絕無可能憑空虛構，已經引起美國國會議員的擔憂。一旦確定是白宮下令幹的，惡行公諸於世，形同恐怖分子，信譽盡失，如何向歐洲盟邦交代，裂痕如何彌補？所謂歐美同心，恐怕表遠多於裡。歐美未必能同心合力，更何況極限經濟制裁，反作用很大，傷人勢必自傷，甚而傷及全球經濟。至於美國毫無忌憚充公俄國商業機構，沒收其私人財產，更自毀資本主義體制與信譽，嚴重傷到美元的信用，一旦美元不再是美金，其霸權將跛一腳，對美國而言，情何以堪。

俄烏戰爭的另一地緣政治大變局，是中俄關係更加緊密。美國圖華之心早已有之，習近平自二〇一三年掌權之後，已預見美國的威脅，即有聯俄的遠見，故首次出訪就是莫斯科。此後習普見面不下三十八次之多，兩人建立了深厚的個人友誼。當美國外交抵制二〇二二年北京冬奧，普丁親自飛到北京，出席開幕式，並與習近平舉行高峰會議。此次兩雄相見，無疑進一步加強兩國之間的「全面夥伴關係」，果然從公布的聯合聲明可知，中俄在經濟、金融、能源、貿易、投資、科技、文化諸方面，將有更多的合作。全球與地區事務也都有共識，兩國重申相互保障核心利益，國家主權，領土完整，反對外國勢力干預內政，針對美國霸權不言而喻。習普強調安全利益不容侵犯，說得更是詳盡。聲明中強烈批評美國搞小圈子，為澳洲提供核子潛艇，有違核子擴散協定，在印太地區無端挑釁中國。雙方更誓言相互保障核心利益，俄方明確聲明台灣是中國不可分割的一部分。值得我們注意的是：俄方將如何協助保障此一中國核心利益？中俄之間還建立了前所未有的信任。中俄關係應該如何稱呼？奧地利歐洲安全政策院主任查卡洛娃（Velina Tchakarova）於二〇一五年就創了一個有趣的新詞：「龍熊」（dragonbear），中國龍與俄國熊聯手，美國鷹如何酣睡？

中美俄三強鼎立，二對一的優勢不言而喻。美國曾聯中抗俄成功，中國崛起，未嘗沒有聯俄抗中的想法。中國原想與美國友好，和平雙贏，無奈美國看不得中國崛起，頓生霸權不保的恐懼，把中國視為頭號敵人，美國既然以中國為最大的挑戰，理當聯俄制華，川普曾有意聯俄之意，但為疑莫斯科干預美國二〇一六年的總統大選所累，所謂「通俄門」鬧得沸沸揚揚，與俄益發無緣。當烏克蘭因顏色革命而變天，普丁收回克里米亞，華府立即經濟制裁，迫使俄國自中國取得經貿上的補償，使得中俄走得更近。拜登初有意會晤普丁，緩和美俄關係，以鬆動中俄之密。然而俄國大使返回華府後，首先去會見的是將離任的中國崔天凱大使。普丁又與習近平視訊會議，相談甚歡，將中俄二十年睦鄰友好條約再延長五年，雙方互相支持國家的統一與領土的完整，並聲稱兩國關係達到前所未有的高度。拜登想要緩和與俄關係，但既制裁又對俄國領導人普丁不加辭色，憑空說普丁是「殺人犯」（a killer）。俄烏戰起，又指普丁為戰犯（war criminal），更到訪波蘭時公開說不能讓普丁繼續掌權，無疑想要推翻俄國的政權，犯了大忌，使美俄關係淪為萬劫難復的境地。中俄之間不可能完全沒有矛盾，而美國人竟然左右開弓，同時與中俄為敵，無異催化中俄兩國同仇敵愾，視美國為世界不穩定的麻煩製造者，必須要共同來抗拒美國的霸道，俄國外交部已宣告說：美國已不被允許主宰地緣政治。

美國忌憚中國崛起，已感硬骨頭難啃，看到中俄合作居然沒有禁區，上不封頂，如此強強合，警覺到中俄聯手，以中國的經濟體量與俄國的武庫，難以匹敵俄國核彈與中國銀彈的組合拳，顯示不可忽視的經軍實力，世局豈能再任由華府擺布，美國的霸權會越來越難以維繫。美國自蘇聯解體後三十年的獨霸局面，或將告終。美國豈能再次偉大？茲事體大，美國約翰哈布斯金大學教授布朗氏（Hal Brands）承認對抗中俄聯手，很不容易，但已別無選擇。如果朝鮮與伊朗再加入，則整個歐亞大陸連成一片，華府將面臨嚴重的戰略劣勢。美國作者祖布林

（Robert Zubrin）憂慮中俄聯手，居然為文警告普丁說：如與中國聯手，「你將被中國奴役」（Putin's Chinese Yoke）。他認為以中國人口之多，經濟體量之大，遠超過俄國，必將為中國所併吞，更危言聳聽說：拿破崙與希特勒都未能征服俄國，而蒙古曾統治俄國長達三百年。他竟以昔日蒙古比擬今之中國，無非想要挑撥離間。祖布林以此恐嚇俄羅斯不要親近中國，雖然幼稚可笑，卻也難掩美國人的焦慮之深！美國也有有人怕制裁俄羅斯，反而會使中國成為主要的受益者，甚至會取代美國的霸權。停止「北溪-2號」，怕會給中國帶來利多，更有不少人希望制裁俄羅斯，同時也對中國進行制裁。更有不少美國人認為北約東擴，以及培養烏克蘭親西方勢力，是對俄羅斯的挑釁，將導致美俄之間的衝突，不值得為烏克蘭的前途，冒大規模的陸戰，甚至有核戰的危險，所以主張對俄讓步，以便迅速結束戰爭，更希望戰後重新贏回俄國，以便在戰略上對付真正來自中國的威脅。俄烏之戰正酣，卻已劍指遠在東方的中國。

俄軍於二〇二二年之春，入侵烏克蘭，華府掌控世界輿論，大事宣傳俄國踐踏鄰國主權，殘暴無道，拜登直呼普丁為戰犯，以為普丁破壞了二戰以後世界秩序的大不韙。拜登自覺站在「道德」的高度，把普丁詆毀成罪大惡極的惡魔。也有美國人怕制裁俄羅斯，會使中國受益，甚至會給中國帶來利多，威脅到美國的霸權。更有人希望制裁俄羅斯的同時，也對中國進行制裁。但俄烏之戰正酣，面對烏克蘭戰局，已騎虎難下，無法兼顧。然仍想要迫使北京站在他所謂的「歷史正確的一邊」，威脅北京不要與惡魔共舞。美國國家安全顧問沙利文赴羅馬會晤楊潔篪之前，極為囂張地警告北京：如果在軍事上試圖幫助俄羅斯抵消西方制裁所造成的損失，美國不會坐視，甚至以脅迫的語氣說：如果中國與俄國沆瀣一氣，同樣會承擔經濟制裁的後果！沙利文忘了在阿拉斯加被楊潔篪嗆過：「中國不吃這一套！」如今還要變本加厲來威脅中國就範，看似愚蠢，目的無非在乘機裂解中俄關係，離間中俄。北京所顧忌的不是美國的威脅，而不能不堅持領土與主權完整的原則，北京雖知俄國攻打烏克蘭事出有因，固然與烏克蘭曾有長久的友誼，但自烏國顏色革命後，已成華府的傀儡，受其指示，毀棄商約，中傷中國利益，甚至有證據顯示：烏國的亞速營人員參與香港反中活動，也想要在香港搞顏色革命。北京維持莫斯科的友誼，理所當然，並不會真正感到為難。雖然如此，仍不宜完全贊同俄國的軍事行動，但絕不附和美國譴責俄國入侵，更反對美國單邊制裁，擅自以金融為武器，明言繼續與俄羅斯維持正常經濟來往，更強調自我做主的外交政策，明顯有底氣不理會美國的脅迫。北京豈不知美國削弱俄國後，然後再施回馬槍，全力來搞中國。華府以道德高調逼北京選邊，但北京不入華府圈套，站定公正立場，維持中俄友好關係，堅定不移，北京從地緣政治考量，絕不可能中計，放棄長久以來經營的中俄關係。中國已與俄國簽訂高達一一七五億美元石油與天然氣的合約，為中國建立能源安全網路，豈能為了美國的威脅而毀約？更何況美國在烏戰之前，已步步緊逼中國；烏戰開打之後，仍不忘劍指中國，如果讓俄國倒下，北京豈無唇亡齒寒之感？烏戰之後，莫斯科將轉向東方，已無可疑，中俄經此考驗，互信大增，中俄經貿激增，頻繁舉行軍事演習，中俄艦隊環繞東亞巡航，俄國又擬將一大塊西伯利亞領土，讓中國東北農民耕種，遠東大開發可期，必然更加唇齒相依，兩國關係勢必穩如泰山。若無烏戰，安得如此？美國霸權要面對的不僅是中國，而是中俄合拳。美國設想先搞垮俄羅斯，再來對付中國的圖謀，終將落空。美國欲阻中國崛起，更加困難了。

烏戰之前，中歐關係在德國總理梅克爾（Angela Dorothea Merkel）主導下，不顧華府干擾，頗有進展。烏戰之後，華府乘烏戰加強北約，拉近歐盟，離間中歐，以抗中俄。然而美國主持G7峰會發表共同聲明，各國面和心不和。法國總統馬克宏於會後，席不暇暖就已表明：G7非反中俱樂部，德國總理也無意願反中，表示不會事事追隨美國反中，連最親密的英國強森也違背承諾，決定將英國最大的晶圓廠（Newport Wafer Fab）賣給中國，北約秘書長更說中國不是敵人，使拜登難以如願。可見眾擎不易舉也。G7一紙聲明足以證明只是給足美國面子而已，沒有裡子可言，更何況自G20成立後，G7只是少數富國的俱樂部，對世界的影響遞減。更使拜登難堪的是：他極力破壞中歐貿易投資協定，使其胎死腹中；不過，歐盟有三十國要齊心合力，言行一致，談何容易？利之所在，貿易協定未嘗沒有起死回生的可能。有鑒於澳洲曾追隨美國打壓中國，無所不用其極，但換了政權，利之所在，不得不對華前倨後恭，華府也莫可奈何。更何況歐洲各國對美國未嘗沒有意見，且不說川普曾得罪了許多盟友，拜登也未把盟友平等看待，搶法國潛艇的生意於前，又乘烏戰裹挾歐盟，發動對俄所謂核彈級的經濟制裁，使德國不得不停止北溪二號輸氣管。不料俄國反制裁，要求以俄幣盧布購買油氣，不僅使因制裁而大跌的盧布迅速回升，更使歐盟左右為難，既不願不以歐元支付，又恐有斷氣與通貨膨脹失控之憂，危及整個歐洲的經濟。美國自己不缺能源，但要以其天然氣救濟歐洲，既遠水難救近火，而又杯水車薪，無從填補俄羅斯油氣之不足，頓感茲事體大，豈無聽命美國得不償失之感？更難免不有拜登一意孤行，要搞垮普丁，全不顧歐洲受損之重的想法。華府想以北辰自居，而以歐盟為相拱的眾星，卻顧己而不顧人，豈能服眾？拜登乘普丁入侵烏克蘭，似乎穩固了歐美關係，實際上利益不一，想要齊心合力，豈能久乎？

美國以為中國與歐美有極其龐大的貿易額，作為要挾，不知歐美是中國最大的市場，中國也是歐美與許多其他國家的最大市場，如果貿然對華也作大規模的經濟制裁，不僅會遭遇到難以承受的反制裁，而且很可能導致全球經濟停擺，傷人自傷，智者不為。所以歐盟主席米歇爾和歐盟委員會主席馮德萊恩於烏戰正酣的二〇二二年四月一日，急不及待要與中國國家主席習近平視訊會議。習近平希望歐盟在國際舞臺上扮演更積極的角色，在戰略上獨立自主，意謂不要當美國的附庸，並給與中國公司公平、透明、非歧視的環境。歐洲的主要國家雖難以擺脫美國的制約，但為了實際利益，絕不樂見與中國打新冷戰。美國主導的北約雖不參戰，想要消耗俄國，無意停戰，歐洲受池魚之殃不歇！作為歐盟領頭羊的德國，前總理梅克爾有其謀略，但她離任後，繼承人蕭茲（Olaf Scholz）技術官僚出身，作為領袖遠非梅克爾之儔，俄國入侵烏克蘭之後，不得不附從拜登，不惜陷德國於經濟險境，北溪被炸，亦不敢追究。故歐盟難如中國所望：能自主而不受華府牽制，獨立行事。然而歐盟有鑒於現實利益所在，面對全球性挑戰，無論經貿、投資、能源、綠色發展，以及共同處理新冠肺炎疫情、氣候變化、生物保護等迫上眉睫的議題，仍須與中國深化合作。主導歐盟的德法兩國更難放棄龐大的中國市場，可見中歐協定雖因美國操作新疆人權議題，只是暫時停擺，利之所在，烏戰之後，中歐關係勢必回復正常，互利互贏。

華府促歐盟抗中的一個具體方案，就是要挑戰中國的一帶一路。美國原本唱衰帶路，誣之為「債務陷阱」。中國貸款既非高利，又不曾逼債，何來陷阱？美國的企業家薩克斯（David Sacks）就能看到帶路是「中國極為成功的市場經驗」（a very successful marketing experience for China），所以他建議G7需要自己的帶路與中國競爭。G7終於認識到：一路像海上一串珍珠穿越印度洋，陸路蜿蜒歐亞，像是巨龍。規模宏大，想要仿行，提出所謂「要建得更好」（Build Back Better）的帶路計劃，且要「回到更好的世界」（Build Back Better World）。計劃貌似亮麗，內容空乏，卻已使不少專家學者為之興奮，認為發展中國家可以左右逢源了！未免過於樂觀。習近平的帶路倡議，有其淵源，由於產能過剩，且有足夠的資金，又有打通西部的需要，更有助於歐亞非等落後地區的基建，極有雙贏互惠的好處，行之有年，已經立下成功的基礎，中歐班列的暢通與快速成長，更可知倡議者的遠見。西方若要複製帶路，僅僅為了挑戰中國，如何能夠給力？更何況美國債台高築失控，國內需要基建都已捉襟見肘，何來幫助其他國家基建？歐盟因烏戰經濟受創不輕，更無力為他國基建？想要去模仿已具成效的中國帶路？終究淪為畫餅。識者已多斷言：想要建設更好的帶路，宣示雖然容易，要實踐太難了。中國帶路後勁勃發，深可期待。

美國與烏戰有難以推卸的責任，開打之後，敵友俱損，惟美國沒收俄國公私財產，軍工製造業缽滿盆滿，高價出售油氣給盟邦，吸收歐洲資本，無疑得利最多，但僅是近利。華府以寰宇自居，以「道德」號召抗俄，卻處處呈現私利，甚而以鄰為壑，如何令人敬重，號令四海？其實，就在烏戰之前，美國影響力已遠非昔比，已不能一呼百諾。白宮號召外交抵制北京冬奧，只有少數國家跟進，一葉可以知秋。美國干預阿富汗、伊拉克等地的失敗，以及號稱民主自由的偽善與雙標，充分暴露在世人眼前。然而白宮及其執政團隊，依然傲慢自大，依舊未改長臂管轄與單邊制裁的老套，仍然喜歡藉人權等議題，進行政治操弄，粗暴干涉別國內政，但不自知掌控世界事務的能力，已經衰微。烏戰爆發之後，華府要求各國經濟制裁俄羅斯，僅有四十餘國響應，中東、中亞，印度、非洲大多數國家都未隨華府起舞。美國拉攏印度，搞印太戰略抗中，視為盟友，卻昧於印度與俄羅斯的長期友好關係，以為新德里可以跟進反俄，孰料印度不理美國，公然購買俄油相助，且因俄之故，中印關係趨於緩和，所謂「印太戰略」，無印不成略，尤令拜登尷尬。歐盟隨美國「義憤」起舞，制裁普丁，然而熱情過後，面對普丁的反制裁，失氣缺糧，糧價油價上漲，激化通膨，反而自踩痛腳，未必能與美國同仇敵愾。實際上，複雜的歐盟不僅步調不一，而且已有內訌。拜登政府對外不能如臂使指，烏戰又持續不決，需索無度，有難以為繼之虞，而國內問題叢生，政黨惡鬥，債臺高築，通貨膨脹，政治與經濟都有危機，難以掩飾。而其領導人拜登老態龍鍾，民調下跌，不符眾望，為國會掣肘，難有作為，可稱內外交困，所謂東升西降，豈不謂然？

華府指控中俄要改變現行的國際秩序，其實是美國並不遵守國際秩序，全球化豈非是國際秩序，美國為了壓制中國，悍然搞單邊主義，逆全球化而行，不避霸道行徑，往往罔顧聯合國的決議，每以其意為國際秩序，反而是北京在積極維持全球化的多邊主義。英國女作家奧斯汀（Jane Austen）名著《傲慢與偏見》書中的主角警示：「草率決定」（hasty judgments）的惡果，以及所謂「好事」，有「膚淺的好」與「扎實的好」之分。作者有意暴露那個衰敗時代的教養、文化與習俗。此舊世紀的「傲慢與偏見」，也可見之於新世紀的美國，具體表現在道德上的自負，以及「政治上的偏狹」，以自以為是的道德與正義，以人權為名來「長臂管轄」，以民主自由為理由來改變他國政權。美國憑其百年來的強勢，掌控金融，炫耀武力，揮舞大棒，卻自認是為了執行普世價值的正義行為，卻在中東等地造成失控的混亂局面，以及駭人聽聞的人道災難。對此美國當局全無反省，依然故我，然而隨著國力的衰微，傲慢如何能夠得逞？

華府始料未及的是：烏戰已加速改變了地緣政治的棋局。後冷戰美國獨霸時代加速終結。

美國雖從烏戰獲利，但已不勝負荷，騎虎難下，最後也是輸家，歐美所支持的烏克蘭，國破山河殘破，難以收拾，歐洲受傷不輕，沉淪之後，豈不感到與美國結盟，未見其利，多見其害。德法大國能不欲將國運掌於己手，歐盟若能統一事權，獨立於美國，或可成為問鼎的勢力。俄羅斯的國力因烏戰而耗損，固為美國所樂見，但俄國地大物博，資源充沛，未必不能復興。中國不受美國裹挾，更不隨之起舞，中俄關係經此考驗，必更穩固，俄國更加靠攏中國，緊密合作從地上到太空，勢所必然。

美國的霸權扎根於美元與美軍。美國因疫情狂印鈔票，國債持續高築，打貿易戰激化通膨，任意充公別國的資產，割別國的羊毛，以美元作為制裁的武器，信用大失，促使多國拋售美債。中國持續拋售之外，與俄羅斯貿易已以人民幣結算，最引人注目的是北京與中東產油大國沙特，也將以人民幣結算，勢必挑戰到美元的獨霸地位！沙特盛產石油，原與美鈔掛鉤，然美國大量開採頁岩油，成為石油輸出國，從互惠變成競爭關係，危及美元與石油掛鉤。而中國需要大量石油，正好取代美國與沙特成為互惠關係，石油與人民幣掛鉤，必會水到渠成。然則美元的霸權地位，豈能不地動山搖？

以美國為首的七大工業國，無論軍經實力，以富人俱樂部傲視寰宇，然自包括G7在內的G20出現，G7不僅繼續存在，而且增強其作用，為美國所用。美國既不再能單打獨鬥，拉幫結派，不遺餘力，G7與北約、五眼，都如軍事同盟，不悟兩次世界大戰，都因軍事同盟對抗而起。北京有智慧不結盟，但在美國的壓力下，北京倡議的金磚五國與上海合作組織，成為不受華府影響的獨立團體。北京似未料到的是：有許多國家如伊朗、智利、埃及，甚至沙特等，都主動要求加入上合與五磚，五磚可望超過十磚。美國加北約的軍力，依然舉世無雙，但面對中俄核子大國，不能與子偕亡，便無用武之地，只能秀肌肉而已。虎牙雖利，咬不到人，何異紙老虎？世事如棋局，變幻多端，美國由盛而衰，已可於變中見之。

結語　居今應知昔

日裔美國政治學者福山於蘇聯崩解後，宣稱歷史已經終結，以美國價值為主的世界將是永恆的大同世界。此一預測，徒成虛願，端因福山沉湎於自信的一偏之見。美國的價值與制度並非白璧無瑕，而是上承西方近代霸權傳統而來。霸權基於資本主義與海外擴張，落實於帝國主義，西方大國強食亞非拉之弱肉，令非西方世界遍唱悲歌。西方列強以掠奪爭勝，引發大國博弈，導致在二十世紀的兩次世界大戰，可說是人類歷史上的浩劫。這兩次世界大戰的主角都是號稱最文明、最進步的國家。斯賓格勒視文化為有機體，就像生物一樣，既有生就有死，會因退化而衰亡。他認為帝國主義戰爭時代，必然由「盛極而衰亡」（der Untergang des Abendlanes）。斯氏預言至今已過百年，百年來之間仍然是戰爭的世紀，要因霸權之間，爭戰不已，然衰亡的趨勢，已見端倪。

第一次世界大戰主要是英德爭霸，英德不分勝負，各自耗損殆盡，美國介入，遂於戰後崛起。德國敗後復起，日本脫亞入歐，參與西方帝國主義俱樂部，與德意兩法西斯國家聯手，與英美法爭霸，遂有第二次世界大戰，戰後美國稱霸，蘇聯在希特勒鐵蹄下轉敗為勝，德日降伏後，自成強權。美國為了維持其霸權，與蘇聯冷戰，越半個世紀而有餘。冷戰沒有演變成第三次世界大戰，拜核子武器恐怖平衡之賜。蘇聯於一九九一年因經濟不濟，東歐離心，自動解體。美國不戰而勝，更加趾高氣揚，視俄羅斯為戰敗國，不予尊重。華府更下視他國，傲慢無禮，自以為是，更不惜自私雙標。美國的外交政策可以隨時更改，端看一時利益之所在。時而強行其意志，動輒以制裁與武力相威脅，不免積怨日深，一旦怨深決堤，發動不對稱的恐攻。美國以暴易暴，世界永無寧日。美國霸權心態難改，即來自泰西強權政治傳統，又自二十世紀以來，以後起之秀，以強制勝，先後擊敗英德日蘇等強國，屢試不爽，故而自信十足。

當中國崛起，美國首次碰到非西方文明的對手。經濟學家伯格坦（C. Frederick Bergsten）於二〇〇五年，以G2來形容中美經濟關係。此一經濟概念進而成為中美關係的寫照，並得到有力人士，如卡特總統國家安全顧問布里辛斯基、史學家佛格森（Niall Ferguson）、前世界銀行行長左立克（Robert Zoellick），以及中國經濟學家林毅夫等人的首肯，認為G2同心協力，不僅可以穩定世界經濟，而且有助於國際的安全。但是華府誤判中國戰略，視為威脅，非打壓遏制不可，枉論合作？俄烏之戰，影響到全球的經濟與安全。為了有效解此危機，似非由G2出手不可。但華府不聽智者季辛吉、學者米爾斯海默（John Mearsheimer）等人的理性建議，應該重視俄羅斯的安全顧慮，不宜於冷戰結束之後，北約不應納烏克蘭入北約，繼續東擴。然而小布希總統鼓勵烏克蘭加入北約於前，拜登邀烏克蘭領導人澤林斯基到白宮拱火於後，使烏克蘭將入約寫入憲法，全不顧俄國普丁陳兵警告，終於爆發入侵的悲劇。烏克蘭的一意孤行，美國的魯莽慫恿，豈無戰責？安能單單怪罪普丁？戰事既起，拜登為了消耗俄羅斯，不惜烏國人命，毫無和意，除提供軍火，極限制裁俄羅斯外，更口不擇言，惡言相向，意圖置普丁於死地，豈有意解決危機？

烏戰未了，以巴衝突又起，世局已變。北京與華府仍然是最重要的雙邊關係，但關係愈趨緊張。北京方面一再說明，中國和平崛起是以「人類共同命運體」為原則，並聲稱中美和平相處是未來五十年最重要的課題，是走聰敏的雙贏路線，雙贏的前提是國家與文明之間，必須相互尊重，要對話不要對抗，求同存異，反對單邊主義，霸權政治，以追求共同的價值與利益。北京基本上仍然繼續一九五〇年代宣布的互相尊重領土與主權的完整、互不侵犯、互不干涉內政、平等互利、和平共存的五項原則。

然而美國忌憚中國的崛起，非遏制其發展不可。華府原想聯俄制中，卻陰錯陽差，同時敵對中俄，反而使中俄關係愈趨緊密，無論政治、經濟、軍事多方面都加強合作。今年二月冬奧期間，中俄兩國更發表聯合聲明，達到不是同盟而勝於同盟、沒有上限的高度。然而畢竟不是同盟，更能運用自如，更加有彈性的關係。兩國相互協調，尊重核心利益，安全關切，以及軍政經的合作。證明美國想要分化中俄關係，已經徹底失敗。

北京與莫斯科背靠背，將是對美國霸權極大的挑戰。爭霸就是非贏即輸，必須決出勝者，戰爭就難以避免。但像中俄美擁有核武的大國，除非想要互相毀滅，不可能動武，也就不可能再有世界大戰。吊詭的是，恐怖的核武器卻得到平衡恐怖的實效，卻有助於維持世界的和平。國與國之間的矛盾，往往由於價值觀的不同，也就是杭廷頓所謂的文明衝突。問題是美西方以其價值為普世價值，想要強加於所有的國家，中俄不服，便認為是要破壞世界既有的秩序。美國如能奉行自由主義思想大師以賽亞．伯林所講的文化多元觀，對峙未嘗不可調和。所謂調和，就是並存，互相尊重。但華府主政者根深蒂固的政治偏狹，揮之不去的「非我族類，其心必異」的心態，又在抗拒中俄的激揚民粹下，豈能放下身段，和平共存？

西方在十八世紀原是理性主義時代，又叫古典時代，講究理性，但時至十九世紀，進入浪漫主義時代，重視意志與感情，以至於革命浪潮，此起彼伏，一直延續到二十世紀，成為西方思潮的主流，即使到二〇〇一年的「九一一事件」，當然是非常非理性的行為，但美國也毫無理性反省，只作以牙還牙，以眼還眼的報復，天涯海角，趕盡殺絕，只是情緒性的惡性循環。中國五四新文化所迎接的西方其文化，主要就是帶有浪漫色彩的西方文化，表現在「全面西化」、「打倒孔家店」等行為，多是非理性的情緒發洩。連所提倡的科學還是非理性的「科學主義」（scientism），民主也是非理性的「民粹」（populism）。現代西方的新帝國主義，四處掠奪欺凌，自稱是「白種人的負擔」（the whiteman's burden），更是非理性浪漫思維的產物。美國霸權是集新帝國主義的大成，而以民主自由在「道德上的自負」，以及好萊塢作為宣揚，有「隱性帝國主義」之稱，雖少老牌帝國主義赤裸裸的侵略，然霸凌的實質如舊，長臂管轄、干涉內政、收割羊毛、抵近偵察，甚至軍事干預。美國霸權面對中國崛起，打壓不留餘地，手段盡出，不再隱藏，卻見霸權已今非昔比，力不從心。世事更見禍亂，華府偏袒以色列，中東矛盾與暴力有增無減，歐洲大陸烏戰難以結束，台海危機又起，疫情之後，經濟衰退可慮，這就是美國主導的國際秩序。

華府指責中俄破壞的國際秩序，於二戰後經由聯合國所建立，但美國常常不尊重聯合國，甚至繞過聯合國，而搞Ｇ７與北約的小圈子，以美國認可的秩序為國際秩序，已有底氣的中國，豈能伏從？北京原無意挑戰美國，認為天下之大，可以並存雙贏，但華府臥榻之旁不讓他人酣睡，認為一山難容兩虎。北京別無選擇，只能對抗，然無意爭霸，而是以王道對霸道，西方世界習霸道為常，幾無王道概念。王道扎根於理性的儒家，有異於西方浪漫思維。西方十八世紀啟蒙時代的法國古典主義者，如大哲伏爾泰，即敬重孔子，還譯介了《論語》。王道並非是古老的抽象概念，而轉換為當今的人類命運共同體，落實到雙贏互利的「一帶一路」。理想高遠，規模宏大，任務艱巨，然已行之有年，頗有成效，及有大成，當沿路較為落後貧窮的國家，能夠得到發展而富裕，走向雙贏，有助於世界和平，並非虛言。然而華府卻非理性的抵制與污衊。

美國得天獨厚，東西兩洋相隔，南北無敵手，幾無安全顧慮。二戰時成為盟邦的軍火工廠，大發戰爭財，二戰勝利之後，美國經濟一枝獨秀，拯救西歐，天下無敵，原是領導世界，捨我其誰，怎奈由於政治偏狹，過於是自信，自以為是，可以橫行而不顧後果。蘇聯既潰，仍不信任俄羅斯，全不顧俄國的安全考量，烏戰一起，世局又亂如麻。美國於火中取栗，極限制裁，而罔顧金融信心喪失殆盡；為賺私利，罔顧盟友的利益，甚至悍然炸毀北溪油管，以斷俄國輸歐能源管道，形同國家恐怖主義，雖經自家人爆料，仍矢口否認，以為又奈我何？蠻橫無理，令歐人寒心，豈無揮之不去的後果？

由美西方主導的現代文明，在物質科技上大放異彩，耀眼奪目，但在亮麗豪華的背後，所呈現的則是弱肉強食，巧取豪奪，欺凌奴役，暴力不絕，而所優為者，都是大國強權。彼此博弈，爭強鬥狠，導致空前慘烈的戰爭。經過兩次世界大戰之後，美國成為西方霸權的集大成者，制定國際規範，但國際規範未必總是符合美國的利益，輒以其強勢，獨斷獨行，乘人之危，大賺暴利，又長臂管轄，棄規範於不顧，是以所謂國際規範，乃華府意志凌駕之規範，在其軍威與金元之下，大多數國家，包括其盟邦在內，只能道路以目。華府視中俄為威脅，尤以中國為全方面的挑戰者，無非是這兩大國敢於不接受美國的霸凌。中美之間的關係越來越緊張，對美國而言，中國威脅美國的霸權，但對中國而言，是美國無理阻擋中國的發展，違背不干預中國的內政。美方不能理解中國文化崇王黜霸，不屑以暴易暴，也可以說是中西文明之間的矛盾。美方以稱霸為雄，沒有中國的王道概念。王道在當今的語境裡，簡單說就是雙贏，而霸道唯我獨尊，有贏無輸。霸道是戰爭的路，王道才是和平的路。展望未來的王霸之爭，鹿死誰手，或可拭目以待。

美國同時打壓中俄，信心未失，但是為了遏制，居然逆勢而動。全球化原是由美國所主導的潮流，只因中國得利於全球化，而反對全球化，回頭搞單邊主義，中國反而成為主張全球化最積極的國家。華府昧於順者昌，逆者亡的道理，後果可想而知。更令人不解的是，美國的主政者忘了布里辛斯基的警言，如果中俄伊朗聯手，將反轉地緣政治的大棋局。直白的說，後果是陸權將代替海權主導世界，英美日等海權國家勢必邊緣化，美國能承擔此一後果乎？

後記

兩年前「縱橫捭闔一局棋」完稿之際，俄烏戰爭爆發未久。今日後見，未料俄國總統普金所謂的「特別軍事行動」，已進入第三個年頭。西方各國申討俄國侵略烏克蘭，大逆不道，卻不悟白宮只要說烏克蘭維持中立，不可能加入北約，戰禍就可避免，如此簡單之舉而不為，如今烏克蘭烽火連天，斷垣殘壁，傷亡枕籍，仍然入約無望，何苦來哉！美國雖有意削弱俄羅斯，然俄國固然受創，但美國以鋪天蓋地的經濟制裁，不僅沒有打垮俄國，去年俄國的經濟成長，尚超過割戰爭羊毛獲利的美國。華府以鄰為壑，歐洲遭殃甚深，烏克蘭國破山河破碎，尤其慘烈。美國軍火商雖大發戰爭財，但白宮已覺援烏難以為繼，騎虎難下之困，儼然出現；俄、烏、美、歐四輸之勢，儼然成形。此一悲劇原可輕易避免，奈因華府政治的褊狹，一意孤行，基輔一廂情願，莫斯科不忍東擴威脅，以至於此！

豈知一波未平，一波又起，中東風暴驟興。巴勒斯坦人被以色列困在加沙走廊，如住露天監獄，困頓無望。哈馬斯組織憤激之餘，發動突擊，成千猶太人喪生，百餘人被俘。以色列極右派總理納坦雅胡（Binyāmīn Nētanyāhū）遂以反恐為名，非清除哈馬斯不願宿手，然而除非殺盡巴勒斯坦人，哈馬斯不可能絕跡，所以對加沙地區作毀滅性的空襲與地面攻擊，狂轟濫炸，不避醫院與教堂，更不顧無辜百姓的死活，平民死亡已逾三萬，其中不少婦孺，傷殘者更難以估計，更見餓殍遍野，哀鴻遍地，幾成人間煉獄，經由電視螢幕呈現在世人眼前，種族屠殺的景象，令舉世震驚。猶太大科學家愛因斯坦（Albert Einstein）曾哀嘆其族人以希特勒對待猶太人之殘忍，來對待巴勒斯坦人，言之痛心。不幸的是，以色列的執政者不知己所不欲，勿施於人的道理，不僅奪巴勒斯坦人之國，蠶食其地，且欲清洗其民，而美利堅難辭其咎。蓋以色列之立國及其成為中東橫行的小霸王，無不由於美國的保駕與力挺。美國偏袒猶太國，漠視巴勒斯坦人的權益，無疑是中東亂局無解的主因。前任美國總統川普更將以色列的侵占合法化，更悍然不顧聯合國的決議與阿拉伯人的反對，將美國大使館移往耶路撒冷。拜登總統仍不敢或不願得罪猶太人，故而應對納坦雅胡在加沙的趕盡殺絕，極盡虛偽之能事，眼見慘絕人寰的情景，不得不說要與納坦雅胡畫紅線，但紅線沒有牙齒，救濟加沙饑餓的平民，又緩不濟急，效果甚微，卻又繼續提供以色列大量經援與殺傷性武器，更在聯合國安理會一票否決停火決議，使嚴重的人道危機無解，美國的偽善與虛假使其高唱的民主人權，蒼白失色，信譽喪失殆盡。

百餘年來，美國憑其經軍實力，一意孤行而無人敢攖其鋒，然自川普以素人執掌大權，離群毀約，聲稱美國第一，不惜損人利己，結果人己兩傷。拜登覺得孤掌難鳴，於是拉攏盟邦，呼朋喚侶，不容中國崛起，但國力聲望今非昔比，要別國站邊，事倍功半，打壓中國，八年於茲力不從心，但依然沒有警覺中國有「不吃美國這一套」之底氣，所以美國國務卿在今二〇二四年的莫尼黑安全會議上，提到「不在餐桌上，必須在菜單裡」的主張，意謂不在餐桌上強食，只能是菜單上的弱肉，依然是你死我活的零和遊戲，多少反映西方的霸權思維與美國的褊狹文化，依然故我。反觀中國堅持多邊主義，以人類命運共同體為號召，落實於一帶一路的雙贏計劃，原是華夏「興滅國，繼絕世」的精神遺產，正與餐桌菜單說，反其道而行，於今舉世亂局，不啻是空谷足音，但西方視而不見，聞而不聽，以為是中方的認知作戰，而不以為意，甚而鄙之。於此可見，中美之間與其說是意識形態之爭，不如說是文化的隔閡，也就是霸道與王道的區別。

富強華麗的西方現代文明，潛藏好戰鬥狠的野性，乃霸道之根，戰爭之源。戰爭就是人類互相殘殺，竟然史不絕書，而於今為烈！聰明的世人發明殺人的武器，日新月異，更造出足以毀滅地球的核子武器，冷戰時期美蘇競爭核武，曾置世人於蘑菇雲之懼，不得安寧；如今烏戰不歇，莫斯科明言，若北約出兵救烏，惟有以核彈應之，並將其戰略核武庫準備就緒，而北約也不示弱，作大規模的軍演，一旦擦槍走火，鋌而走險，後果不堪設想！按自然災害難以避免，然而戰爭是人為的災難，若不能避免，難辭其咎。讀史知興替，理當和平相處，互利雙贏，以冀達到世無義戰的高尚境界，以免人類遭遇難以挽回的浩劫。

二〇二四年三月十二日

寫於大未來居

縱橫捭闔一局棋：現代強權博弈四講

2024年4月初版　　定價：新臺幣520元

著　　者　汪榮祖
叢書主編　沙淑芬
內文排版　菩薩蠻
校　　對　王中奇
封面設計　兒日

副總編輯　陳逸華
總 編 輯　涂豐恩
總 經 理　陳芝宇
社　　長　羅國俊
發 行 人　林載爵

出 版 者　聯經出版事業股份有限公司
地　　址　新北市汐止區大同路一段369號1樓
叢書主編電話　(02)86925588轉5310
台北聯經書房　台北市新生南路三段94號
電　　話　(02)23620308
郵政劃撥帳戶第0100559-3號
郵撥電話　(02)23620308
印 刷 者　世和印製企業有限公司
總 經 銷　聯合發行股份有限公司
發 行 所　新北市新店區寶橋路235巷6弄6號2樓
電　　話　(02)29178022

行政院新聞局出版事業登記證局版臺業字第0130號

本書如有缺頁，破損，倒裝請寄回台北聯經書房更換。　ISBN　978-957-08-7314-6 (平裝)
聯經網址：www.linkingbooks.com.tw
電子信箱：linking@udngroup.com

國家圖書館出版品預行編目資料

縱橫捭闔一局棋：現代強權博弈四講/汪榮祖著．
初版．新北市．聯經．2024年4月．416面．14.8×21公分
ISBN 978-957-08-7314-6（平裝）

1.CST：國際關係 2.CST：政治發展 3.CST：外交史

578.09 113002890